es 1491
edition suhrkamp
Neue Folge Band 491

In den siebziger Jahren trat als neues Thema der politischen Auseinandersetzung und des politischen Handelns das des »linken Terrorismus« auf, das den Zustand der westlichen Staaten beachtlich verändert hat. Heute wird jede Form politischer Gewalt unter diesen Begriff subsumiert; er ist zu einem Mythos geworden. Diesen »Terrorismus-Diskurs« von seinen ideologischen Implikationen zu befreien, ist das Ziel des vorliegenden Bandes. Die Darstellung der Ereignisse in verschiedenen europäischen Ländern (Bundesrepublik Deutschland, Italien, Frankreich und die Niederlande), die zur Ausdifferenzierung einer Taktik des »bewaffneten Kampfes« aus dem Untergrund (populär »Terrorismus« genannt) führten oder nicht führten, ist geeignet, eine gesellschaftliche Selbstreflexion zu fördern, die nicht auf den »Terrorismus-Diskurs« hereinfällt. Im Mittelpunkt steht dabei der Zusammenhang zwischen sozialstrukturellen Veränderungen und sozialer Bewegung, welche in den sechziger Jahren vor allem als Jugend- und Studentenbewegung in Erscheinung trat und deren Beziehung zum »linken Terrorismus« klärungsbedürftig ist. Erst wenn es gelingt, die Hintergründe der moralischen Empörung zu rekonstruieren, von der die gesamte Nachkriegsentwicklung, besonders aber die der sechziger Jahre gekennzeichnet war, kann die Herausbildung einer »terroristischen Strategie« verständlich werden, ohne sich in Schuldzuschreibungen zu verlieren. Vor diesem Hintergrund werden die Ereignisse und Entwicklungen in der Bundesrepublik Deutschland und in Italien rekonstruiert, den Ländern, in denen der »linke Terrorismus« besondere Bedeutung erlangte, und mit der Situation in Frankreich und in den Niederlanden kontrastiert, wo er, jedenfalls als »hausgemachter«, damals ausblieb.

Angriff auf das Herz des Staates

Soziale Entwicklung und Terrorismus

Analysen von Henner Hess,
Martin Moerings, Dieter Paas,
Sebastian Scheerer und
Heinz Steinert

ZWEITER BAND

Suhrkamp

edition suhrkamp 1491
Neue Folge Band 491
Erste Auflage 1988
© Suhrkamp Verlag Frankfurt am Main 1988
Erstausgabe
Alle Rechte vorbehalten, insbesondere das der Übersetzung,
des öffentlichen Vortrags
sowie der Übertragung durch Rundfunk und Fernsehen,
auch einzelner Teile.
Satz: Hümmer, Waldbüttelbrunn
Druck: Nomos Verlagsgesellschaft, Baden-Baden
Umschlagentwurf: Willy Fleckhaus
Printed in Germany

1 2 3 4 5 6 – 93 92 91 90 89 88

Inhalt

Henner Hess
Italien: Die ambivalente Revolte   9

Dieter Paas
Frankreich: Der integrierte Linksradikalismus   167

Martin Moerings
Niederlande: Der subventionierte Protest   281

Zu den Autoren   343
Inhalt des ersten Bandes   344

Zweiter Band

Henner Hess
Italien:
Die ambivalente Revolte

»Meines Erachtens liegt der entscheidende Irrtum darin, daß man meint, erst käme die Ketzerei und dann das Laienvolk, das sich ihr hingibt (und sich in ihr verliert). In Wahrheit kommt erst die Lage des einfachen Volkes und dann die Ketzerei. –
Aber warum werden die Ketzer dann von manchen Herren ermuntert?
Weil sie manchen Herren ganz gut in den Kram passen – als Spielsteine in einem Spiel, bei dem es meist nicht um Fragen des Glaubens geht, sondern um Fragen der Macht. –
Wahrlich, es waren finstere Zeiten, in denen ein kluger Mann sich genötigt sah, Dinge zu denken, die zueinander im Widerspruch standen.«

Umberto Eco, *Der Name der Rose*
(München: Hanser, 1982, 254, 258 u. 26)

Vorbemerkung

Wir tun wahrscheinlich nicht schlecht daran, wenn wir von der These ausgehen, daß die Protestbewegungen der sechziger Jahre und die mit ihnen verbundenen Ereignisse nicht auf eine allgemeine Ursache und auch nicht auf einen Komplex allgemeiner Ursachen, sondern daß sie sowohl in den USA als auch in den einzelnen europäischen Ländern auf verschiedene, jeweils eigenständige und voneinander unabhängige Bedingungen zurückzuführen sind. Erst die Medien – so geht die These weiter – haben dann das relativ geschlossene Bild einer internationalen »revolutionären Phase« vermittelt, ein Bild, das auf eher oberflächlichen Erscheinungen beruht (auf einigen Ideen und Aktionsformen, die auch wieder vor allem über die Medien von einem Land zum andern sich ausgebreitet haben) und nachträglich die Suche nach gemeinsamen Ursachen suggeriert.[1] Akzeptiert man diese These, dann wird es notwendig, auch bei Vergleichsuntersuchungen zunächst von den speziellen Problemen eines Landes auszugehen und dessen Besonderheiten nicht zu frühzeitig zu verwischen. Wie notwendig und auch nützlich ein solches Vorgehen ist, wird dem Leser bei der Darstellung der italienischen Entwicklung sofort deutlich werden – wenn er die Ausgangssituationen und Ereignisse in anderen Ländern, die ganz unterschiedliche Dauer der einzelnen Bewegungen und auch die jeweils verschiedene Zusammensetzung der einzelnen Trägergruppen (Studenten, Arbeiter, Subproletariat, marginalisierte Jugendliche) als Hintergrund sich bewußt hält.

Wir finden dann bei dem Versuch, die Sozialgeschichte des Terrorismus in Italien nachzuzeichnen[2], zwar durchaus Gemeinsamkeiten mit der deutschen Entwicklung, aber auch bedeutsame Unterschiede.

Wie in Deutschland hat sich in Italien der sozialrevolutionäre, linke Terrorismus als ein Zerfallsprodukt unter vielen aus der Studentenbewegung von 1968 entwickelt. Und auch die Ursachen für diese Studentenbewegung sind – grob gesehen – in beiden Ländern sehr ähnlich. Das Ende der Wiederaufbauperiode nach dem Kriege hatte die relative Befriedigung materieller Bedürfnisse (zumindest in jenen Schichten, aus denen die Studenten vor 1968 fast ausschließlich kamen) und bei der jungen, nicht mehr durch faschistische Herrschaft, Krieg und Nachkrieg geprägten Generation die Hinwendung zu postmaterialistischen Werten gebracht. Charakteristisch dafür war die Forderung nach mehr Beteiligung an den Entscheidungen im universitären und politischen Bereich und nach mehr Freizügigkeit in allen Gebieten des Alltagslebens, auch die Forderung nach der nun eigentlich möglichen Verwirklichung demokratischer Ideale, sozusagen das Einklagen der in der ›re-education‹ gemachten Versprechungen. Im politischen Bereich kollidierte diese Bewegung für mehr soziale Gleichheit, mehr Basisbeteiligung und Basisdemokratie mit einer zunehmenden Einbindung der traditionellen Arbeiterparteien (und bisherigen Träger von Veränderungshoffnungen) SPD und PCI in das bestehende System, so daß die neue Jugendopposition sich nicht in ihnen und durch sie ausdrücken konnte, sondern links von ihnen artikulieren mußte. Auch in den Bereichen der Universität und des Alltagslebens versuchte die etablierte Generation, die hergebrachten Strukturen aufrechtzuerhalten, so daß die Revolte der studentischen Jugend nicht nur linksradikale, sondern libertäre, antiautoritäre Züge annahm.

Auf die ersten Unterschiede stoßen wir bei inhaltlichen Aspekten des Protests, bei Argumenten, die in Deutschland häufig aus theoretischen Überlegungen abgeleitet, in Italien stärker aus unmittelbarer Erfahrung resultieren. Das gilt z. B. im politischen Bereich für den Imperialismus-Vorwurf. Während die Rolle der Bundesrepublik gegenüber der Dritten Welt nur über komplizierte ökonomische Analysen als Imperialismus darzustellen war, und ihre Bündnispolitik mit den USA, die ja gerade den imperialistischen Vietnam-Krieg führten, oder mit diktatorischen Regimen als Legitimation für interne gewalttätige Opposition – stellvertretend für ferne unterdrückte Völker – wenig Resonanz fand, ist die koloniale Überlagerung des Südens in Italien ein brennendes internes Problem, der Vorwurf des Imperialismus gegenüber den unterentwickelten Gebieten im eigenen Land und gegenüber der aus diesen Gebieten in den industrialisierten Norden gewanderten Bevölkerung besitzt größere Evidenz und findet stärkeren Anklang.

Letztlich vom Mezzogiorno-Problem bestimmt ist auch ein weiterer wichtiger Unterschied. In Italien entstand nämlich, ganz anders als in Deutschland, in der zweiten Hälfte der sechziger Jahre zugleich eine linksradikale Oppsition auch in der Arbeiterschaft. Ganze Wellen wilder Streiks in der norditalienischen

Großindustrie – kulminierend im sogenannten Heißen Herbst von 1969 – richteten sich nicht nur gegen die Unternehmer bzw. die staatliche Wirtschaftsverwaltung, sondern auch gegen die systemkonformen Entwicklungen in den großen Arbeiterparteien und in den Gewerkschaften. Getragen wurde diese Bewegung von den sogenannten operai-massa, den ungelernten und angelernten Fließbandarbeitern, die aus dem unterentwickelten Süden zugewandert waren und unter denen praktisch keine gewerkschaftliche Tradition bestand, weshalb sie gegen ihre elenden Arbeits- und Wohnbedingungen (verachtete Arbeitsmigranten im eigenen Land) eher in spontaner und nicht selten auch in gewaltsamer Weise protestierten.

Das zeitliche Zusammenfallen und die zunächst weitgehende inhaltliche Übereinstimmung von Studentenbewegung und sogenannter autonomer Arbeiterbewegung gab den linksradikalen Kräften in Italien ein weit stärkeres Momentum als in Deutschland (vorweg sei z. B. angemerkt, daß etwa die Roten Brigaden aus Kontakten hervorgegangen sind, die einige Studenten mit autonomen Basisgruppen in Mailänder Fabriken geknüpft hatten).

Die Schärfe der staatlichen Reaktion auf diese Protestbewegungen war wiederum in beiden Ländern recht ähnlich, aber doch aus verschiedenen Gründen. Rührte sie in Deutschland vor allem aus einer übermäßigen Empfindlichkeit gegen alles, was sich rebellisch und links artikuliert, und sei es noch so harmlos, so war sie in Italien eher als Antwort auf eine tatsächliche Bedrohung der bestehenden Ordnungen zu verstehen, eben weil die Protestbewegung nicht auf die studentische Jugend beschränkt blieb. Eine italienische Besonderheit war aber vor allem die gewalttätige nicht- oder para-staatliche Reaktion auf den Linksruck der späten sechziger Jahre, nämlich eine 1969 einsetzende Welle von Terroranschlägen, die von neofaschistischen Gruppen ausging, aber erwiesenermaßen auch von gewissen Kreisen der Christdemokratischen Partei und Teilen des Geheimdienstes unterstützt und von Polizei und Justiz nur sehr zögernd und unvollständig bekämpft wurde. Ziele dieser sogenannten »Strategie der Spannung« waren einerseits die direkte Einschüchterung der Gewerkschaften und Linksparteien, andererseits mit der Erzeugung von Unsicherheit und Chaos eine Verschiebung der öffentlichen Meinung nach rechts, eine Mobilisierung von Forderungen nach einer starken, ordnungschaffenden Alternative zum dazu unfähigen demokratischen System, schließlich das Stimulieren eines Staatsstreichs, wozu es übrigens auch einige recht weit gediehene Ansätze gab. Daraus erklärt sich die in Italien eher gelungene Legitimierung der sozialrevolutionären Gewalt als Verteidigung gegen Faschismus.

Schon angesichts dieser wenigen Punkte kann es nicht überraschen, daß – bei allen sonstigen Gemeinsamkeiten bezüglich der Entstehung und des Schicksals solcher Gruppen wie RAF und BR – der sozialrevolutionäre Terrorismus in Italien eine wesentlich größere positive Resonanz und auch eine wesentlich breitere soziale Basis hatte als in Deutschland. Die Bedeutung dieser Tatsache zeigt sich dann noch einmal ganz deutlich, wenn man die Ursachen für die Kontinuität des Terrorismus in der zweiten Hälfte der siebziger Jahre analysiert. Während die zweite Generation von Terroristen in Deutschland aus den »Komitees gegen die Folter« hervorging, kaum politisch, sondern fast ausschließlich mit dem Hinweis auf die Haftbedingungen der »historischen« Führer argumentierte, und man also mit einem gewissen Recht von »Mitleids-« oder »Gefangenenbefreiungsterrorismus« sprechen kann, erwuchs sie in Italien aus einer neuen, in Deutschland unbekannten Protestbewegung marginalisierter Jugendlicher, hat also einen weniger sekundären, stärker eigenständigen Charakter. Hier gibt es, auch wenn sich die »unerhörten Begebenheiten« der Gewalttakte oberflächlich ähneln mögen, kaum noch Gemeinsamkeiten.

Wie die Protestbewegungen war also auch der Terrorismus in Italien stärker in der Gesellschaft verwurzelt als in Deutschland. Er konnte zudem, ganz im Gegensatz zu Deutschland, an eine Tradition revolutionärer Gewalt anknüpfen, er operierte effektiver und zumindest teilweise näher an den Problemen »revolutionärer Subjekte« wie der Massenarbeiter und der marginalisierten Jugendlichen, und die politische Argumentation der »bewaffneten Partei« wurde von der Intelligenz des Landes viel ernsthafter diskutiert. Die Ursachen dafür, daß er dennoch auch in Italien letztlich nicht zu einer wirklichen Gefahr für das bestehende System wurde, sind vielfältig. Eine wichtige ist sicherlich darin zu sehen, daß die Methoden des bewaffneten Kampfs, wie er von den Terrorgruppen geführt wurde, doch über das hinausgingen, was in breiteren Kreisen der Bevölkerung noch hätte akzeptiert werden können, und dann in ihren objektiven Folgen nicht das angestrebte Ziel, sondern eher das Gegenteil erreichten. Statt revolutionäre

Veränderungen voranzutreiben, wurde der Terrorismus Anlaß zur Bildung eines konservativen Konsenses und Legitimation für verschärfte legale Repression der ganzen Linken. Insofern war die Revolte ambivalent und blieb stets in dem Widerspruch zwischen subjektiv gemeintem Sinn und objektiver Funktion verfangen. Die objektive Funktion des Terrorismus, radikale Veränderungen, wie sie Ende der sechziger Jahre in Italien weit eher möglich waren als in unseren Vergleichsländern, zu verhindern, ist so deutlich, daß viele Italiener angesichts böser Erfahrungen die Terroristen sogar nur als »Spielsteine in einem Spiel« sehen, in dem die direkten Akteure zwar Genossen, die irren, sein mögen, die manipulierenden Hintermänner aber Feinde sind, die nicht irren.

1. Die Protestbewegungen der sechziger Jahre und ihre strukturellen Ursachen

1.1 Die allgemeine politische Entwicklung Italiens nach dem Zweiten Weltkrieg

Italien hat ein anderes Ende des Faschismus erlebt als Deutschland, ein weniger fremdbestimmtes und darum weniger beschämendes, und diese Tatsache wirkt sich, wie wir im folgenden immer wieder sehen werden, bis heute aus. Als die Alliierten 1943 im Süden landeten, ersetzte König Vittorio Emanuele III. auf Ersuchen des Großen Faschistischen Rates seinen Regierungschef Mussolini durch den Marschall Badoglio. Badoglios Regierung trat zu den Alliierten über, während im Norden Mussolini unter deutschem Schutz seine Republik von Salò errichtete. Das Land blieb bis zum April 1945 in zwei Teile gespalten. Im nördlichen Teil entwickelte sich trotz blutiger Repression und bei nur geringer Unterstützung durch die Alliierten eine breite antifaschistische Streik- und Partisanenbewegung: Im März 1944 streikten über eine Million Arbeiter, im Herbst 1944 betrug die Zahl der aktiven Partisanen 120 000, insgesamt wurden nach dem Krieg 358 000 Widerstandskämpfer anerkannt, 72 500 waren gefallen. An dieser Bewegung waren alle demokratischen Kräfte beteiligt, jedoch spielten die Kommunisten und die Sozialisten die bedeutendste Rolle.[3]

Schon seit 1942 hatten sich auch die antifaschistischen Parteien reorganisiert. Sie gründeten im September 1943 das Nationale Befreiungskomitee (Comitato di Liberazione Nazionale, CLN), eine Art Vorparlament mit dem Anspruch, die Führung des politischen Lebens zu übernehmen. Neben zwei kleineren Parteien, die sich später auflösten (der aus dem bürgerlich-intellektuellen Widerstand hervorgegangenen Aktionspartei und der konservativen Honoratiorenpartei Democrazia e lavoro), gehörten dem CLN die Liberale Partei, die Democrazia Cristiana, die Kommunisten und die Sozialisten an. Die Liberale Partei (PLI) war die vorfaschistische bürgerliche Regierungspartei gewesen; sie trat in der Folge ihre Führungsrolle an die Democrazia Cristiana ab, die 1942 aus der katholischen Volkspartei (Partito Popolare Italiano) hervorgegangen war. Kommunisten und Sozialisten waren ein Volksfrontbündnis eingegangen, strebten jedoch keine sozialistische Verfassung an, sondern nur eine sogenannte »fortschrittliche Demokratie«. Besonders die Kommunisten waren zu vielen Zugeständnissen bereit, um die antifaschistische Einheitsfront aufrechtzuerhalten (dabei spielte natürlich auch die politische Linie Stalins eine Rolle, die die Einbeziehung Italiens in die westliche Sphäre anerkannte). Sie nahmen z. B. die Verschleppung der Landreformen und der Entfaschisierung sowie die Rebürokratisierung der CLN-kontrollierten Verwaltung und die Rückkehr der z. T. besetzten Fabriken in die Hände der alten Eigentümer ohne konsequente Opposition als faktisch notwendig hin und zeigten sich in der Frage der durch die Zusammenarbeit mit dem Faschismus kompromittierten Monarchie nachgiebig (Italien wird erst 1946 nach Volksabstimmung Republik). Immerhin konnten in der Verfassung von 1946 die Möglichkeit staatlicher Planung und Nationalisierung der Wirtschaft sowie der Auftrag zu einer Landreform verankert werden, so daß die Kommunistische Partei auch heute noch ihre Politik ganz auf diese von ihr mitbeschlossene Verfassung stützen kann.

Der beginnende Kalte Krieg und die faktische Restaurierung der kapitalistischen Wirtschaftsordnung brachten seit 1947 den Zerfall der antifaschistischen Einheit. 1947 spaltete sich von der Sozialistischen Partei die antikommunistische Sozialdemokratische Partei (PSDI) ab. Im gleichen Jahr entließ Ministerpräsident de Gasperi (DC) nach einer USA-Reise seine kommunistischen und sozialistischen Minister, worauf Italien in die Marshall-Plan-Hilfe einbezogen wurde. 1948 erhielt die Democrazia Cristiana bei der ersten

Parlamentswahl mit 48,5% der Stimmen die absolute Mehrheit der Sitze, nach einer Kampagne, die vor allem vom skrupellosen Einsatz der Kirche gekennzeichnet war.[4] Die linke Volksfrontliste erreichte nur 30% der Stimmen und verlor damit gegenüber den Wahlen zur verfassunggebenden Versammlung fast eine Million Wähler. Von der 1944 gegründeten Einheitsgewerkschaft CGIL (Confederazione Generale Italiana del Lavoro) spalteten sich im Juni 1948 (mit finanzieller Unterstützung der amerikanischen AFL/CIO) die katholische CISL und die sozialdemokratisch-republikanische (später zu gut 50% sozialistische) UIL ab. Auch die extreme Rechte formierte sich wieder, nach der sogenannten Jedermannsfront (Fronte dell'Uomo Qualunque) entstanden die Monarchistische Partei und der neofaschistische Movimento Sociale Italiano (MSI), die beide vor allem im Süden Erfolge erringen konnten.[5]

Die vierziger und fünfziger Jahre waren gekennzeichnet durch die Herrschaft eines konservativen historischen Blocks (um es in der Sprache Gramscis auszudrücken). Die politische Führung in diesem Block übernahm die Democrazia Cristiana. Die DC war (und ist) nicht so eindeutig, wie vor der faschistischen Zeit die Liberale Partei, die Vertretung des Großbürgertums und der Großindustrie, vereinigte vielmehr in sich sehr heterogene Strömungen, die von einer gewerkschaftlichen und progressiv-katholischen Linken bis zu einer agrarisch-konservativen Rechten mit Basis in Süditalien reichten. Die verschiedenen correnti (Fraktionen) mit eigenen Führern und eigenen Klientelsystemen boten zwar ein Bild innerer Zerrissenheit, ermöglichten es der Partei aber auch, sehr verschiedene Interessen zu artikulieren und damit breite Wählerschichten anzusprechen.[6]

Von 1948 bis 1963 regierte die DC zum Teil allein, vor allem aber in häufig wechselnden Koalitionen mit den kleineren Parteien, den Liberalen, den Republikanern und den Sozialdemokraten, manchmal auch mit Unterstützung der Monarchisten und Neofaschisten. Mit dem Rückgang ihrer Wählerstimmen in den Wahlen von 1953, 1958 und 1963 sowie der wachsenden Opposition von Sozialdemokraten und Republikanern gegen ihre Rechtstendenzen wurde es für die DC immer schwieriger, diese sogenannte zentristische Linie einzuhalten. Das Anwachsen der kommunistischen Stimmen machte den Linksblock gefährlicher, und der Wirtschaftsboom mit seiner schnellen Industrialisierung ließ infrastrukturelle und soziale Maßnahmen des Staates dringend erforderlich werden (Wohnungsbau, Gesundheitswesen, Ausbau des Bildungssektors). Teile der DC suchten deshalb das Regierungsbündnis mit den Sozialisten (1957–1962: Zeit der apertura a sinistra), um sowohl eine breitere Regierungsbasis zu schaffen als auch den Linksblock zu spalten. Der Kurswechsel des Vatikans (politische Neutralität unter Johannes XXIII.) und die internationale Entspannung schufen dafür das nötige Klima. Die Sozialisten erfüllten ihrerseits die Voraussetzung für ein Regierungsbündnis mit der DC, indem sie 1957 die Aktionseinheit mit den Kommunisten aufkündigten. Der tieferliegende Grund dafür war die Verschiebung der Linksstimmen zugunsten der Kommunisten in der Wahl von 1953, so daß die Sozialisten befürchten mußten, in eine Isolierung zu geraten; die Rechtfertigung für den Bruch sahen die Sozialisten dann in der Verteidigung des russischen Einmarsches in Ungarn durch den Kommunistenführer Togliatti. Als in der Wahl vom April 1963 die DC erstmals unter die 40%-Grenze fiel und die Kommunisten 25% überschritten, wurde im Dezember 1963 die erste Mitte-Links-Regierung (Centro sinistra) gebildet.

Von 1963 bis 1971 regierten Mitte-Links-Koalitionen in wechselnden Zusammensetzungen, doch war ihren beiden Hauptzielen kein Erfolg beschieden. Grundlegende Reformen (Wirtschaftspolitik, Verbesserung der Infrastruktur, Mezzogiorno-Politik, Ehe- und Familienrecht) wurden aufgeschoben oder verwässert, weil einerseits der rechte DC-Flügel dagegen opponierte, andererseits nach dem Ende des Wirtschaftsbooms (1963/64) die Mittel dazu fehlten. Ebensowenig gelang es, durch die Vereinigung von Sozialisten und Sozialdemokraten eine sozialdemokratische Massenpartei zu schaffen, die den Kommunisten das Wasser hätte abgraben können. Die neue Partei (PSU) erhielt bei den Wahlen von 1968 nur 14,5% der Stimmen, während die Kommunistische Partei und der linkssozialistische PSIUP zusammen 31,4% verbuchen konnten. 1969 trennten sich Sozialisten und Sozialdemokraten wieder.

Für unser Thema besonders wichtig sind die Entwicklung und die politische Linie der Italienischen Kommunistischen Partei (Partito Comunista Italiano, PCI). Nicht nur, weil sie als politische Kraft heute so bedeutungsvoll ist, sondern vor allem, weil sich die Entstehung und Entwicklung der außerparlamentarischen Linken bis hin zu den gewalttätigen Gruppen auch als Ergebnis einer Hegemonie-Krise des PCI innerhalb des Oppositionsspektrums erklären lassen.

Die Partei wurde als Partito Comunista d'Italia (PCd'I) 1921 im gleichen historischen Kontext wie die KPD gegründet. Sie war eine Abspaltung von der Sozialistischen Partei, und ihre von ihrem ersten Führer Bordiga gegen die Bündnisbestrebungen Gramscis geprägte sektiererische Haltung gegenüber der klassischen Arbeiterpartei[7] trug viel zur Niederlage gegen den Faschismus bei (1922-1926). Früher und schmerzlicher als andere Parteien der III. Internationale hatte sie sich dann mit dieser Niederlage auseinanderzusetzen. Dabei erkannten sowohl Gramsci (im Gefängnis) als auch Togliatti (im Exil), daß der Faschismus nicht nur – wie es eine verbreitete These wollte – die auf reine Repression gegründete Diktatur des Finanzkapitals und einiger weniger Monopolisten war, sondern daß er seinen Erfolg auch der Fähigkeit verdankte, den Konsens großer Massen zu mobilisieren. Um ihn zu bekämpfen, mußte man also auf ein breites Bündnis zwischen Arbeitern, Bauern, Mittelschichten und Teilen des Bürgertums hinsteuern, mit den entsprechenden Parteien zusammenarbeiten und in Italien vor allem auch auf den Katholizismus eingehen (Thesen des Parteikongresses von Lyon 1926). Die italienischen Parteiführer standen damit zunächst in Konflikt mit der seit 1928 in der Kommunistischen Internationale offiziellen Sozialfaschismus-Doktrin, die den Kapitalismus kurz vor seinem Zusammenbruch und sowohl im Faschismus bzw. Nationalsozialismus wie auch in der Sozialdemokratie zwei gleichermaßen zum Scheitern verurteilte Rettungsversuche sah, weshalb ein Bündnis mit der Sozialdemokratie oder mit bürgerlichen Parteien nicht in Frage kam. 1935 wurde diese Doktrin aufgegeben, und von da an verfolgte die Sowjetunion eine antifaschistische Bündnispolitik (Volksfront in Frankreich, Bürgerkrieg in Spanien, Zweiter Weltkrieg). Als Togliatti 1944 nach Italien zurückkehrte, war er entschlossen, diese Erfahrungen beim Neuaufbau Italiens im Rahmen einer antifaschistischen Koalition anzuwenden.

Aufgrund seiner Einschätzung der internationalen und der nationalen Lage verwarf Togliatti die Idee vom revolutionären Sprung; er wußte, daß der Sozialismus in Italien nicht durch einen entscheidenden Stoß gegen den bürgerlichen Staat und die ihn tragenden politischen und sozialen Kräfte herbeizuführen war. Seine Politik – und die Politik des PCI seither – zielte auf Reformen innerhalb der bürgerlichen Gesellschaft. Es galt und gilt für den PCI, in die »Forts und Kasematten« der bürgerlichen Gesellschaft einzudringen, eine neue Mehrheit, einen neuen »historischen Block« zu bilden, die »Hegemonie der Bourgeoisie« durch eine »Hegemonie der Arbeiterklasse« abzulösen (alle Begriffe von Gramsci). Dabei kommt es vor allem darauf an, Einfluß auf die Mittelschichten auszuüben, um zu verhindern, daß der Faschismus erneut eine Massenbasis gewinnen kann. Ebenso wichtig ist es, einen Bruch mit dem Katholizismus zu vermeiden, vielmehr ein Bündnis mit den links-katholischen Kräften zu suchen und der sozialen Verankerung der DC im Katholizismus zu begegnen, indem man sich selbst »in die Falten der Gesellschaft einschmiegt« (Togliatti). Der »italienische Weg zum Sozialismus«[8] – 1956 im Zuge der Entstalinisierung auch offiziell als eigenständige Linie proklamiert – wird als kontinuierlicher Prozeß verstanden, in dem durch Massenorganisation und Massenaufklärung einerseits, durch Mitarbeit am demokratisch-parlamentarischen System auf allen Ebenen andererseits der Staat schließlich dem Einfluß der großen Kapitalgruppen und der reaktionären Kräfte entzogen und zum Instrument struktureller Reformen gemacht werden soll.

In bezug auf die Wirtschaft knüpft der PCI dabei an die Existenz eines ausgedehnten staatlichen Sektors an, der lediglich demokratischer Kontrolle unterstellt werden müsse. In bezug auf die Administration des Landes strebte der PCI von vornherein nach Dezentralisierung, gemäß dem von der DC lange blockierten Verfassungsauftrag, mit der Absicht, die Möglichkeiten demokratischer Mitsprache zu erweitern, aber auch in der richtigen Erkenntnis, daß es ihm in den Kommunal-, Provinzial- und Regionalverwaltungen eher gelingen würde, Einfluß zu gewinnen und mitzuregieren.

Entsprechend diesem Programm wurde die Partei gleich nach Kriegsende nicht als Kaderpartei, sondern als sogenannte »Massenpartei neuen Typs« reorganisiert, mit hohen Mitgliederzahlen (1943: 5–6000, 1946: 1 770 000 Mitglieder[9]), um in allen Schichten präsent zu sein und auf allen Ebenen tatsächlich praktische Politik machen zu können.

Die immer eindeutigere Konzentration auf die Gewinnung von Wählerstimmen und auf die parlamentarische Arbeit brachte allerdings die Partei in den sechziger Jahren in eine schwere innere Krise. Togliatti starb 1964, als der reformerische Impetus der

Mitte-Links-Regierungen schon verbraucht und ihr Mißerfolg offensichtlich war. Eine Mehrheit in der Partei sah jedoch weiterhin im Centro sinistra die einzige Möglichkeit, die progressiven Kräfte zu stärken und das Land vor einem Rechtsruck zu bewahren. Sie tendierte auf eine Zusammenarbeit und sogar auf eine Vereinigung mit den Sozialisten und den Sozialdemokraten, um die Isolierung der Kommunisten aufzuheben, der Linken im Parlament und in der Regierung mehr Gewicht zu geben und langfristig eine Wählermehrheit zustandezubringen, die einer vereinigten Arbeiterpartei die Regierungsübernahme ermöglichen würde.[10] Eine Minderheit (vor allem um Pietro Ingrao) warnte jedoch vor der sogenannten Sozialdemokratisierung und vor einer auf parlamentarische Absprachen und nur zwischen den Parteiführungen ausgehandelte Kompromisse reduzierten Strategie. Dieser Minderheit ging es weniger um eine Eroberung des Staatsapparats mit dem Stimmzettel, die sie für verfrüht und von zu vielen Zugeständnissen belastet hielt, sondern vielmehr (unter Berufung auf Gramsci) um den »Stellungskrieg« an der Basis der Gesellschaft. Es war die Ansicht der Ingrao-Gruppe, daß sich nur so ein neuer historischer Block herausbilden könne. Auf dem Parteitag von 1966 kam es zu heftigen Auseinandersetzungen um die Strategie-Frage, die auch in den folgenden Jahren andauerten und die Partei lähmten. Die Parteiführung war ängstlich darauf bedacht, den Konflikt zu unterdrücken. Ingrao wurde isoliert; seine politischen Erben (vor allem Rossanda, Natoli und Pintor), die auch von maoistischen Gedanken beeinflußt waren und eine eigene Zeitschrift, *Il manifesto*, gegründet hatten, wurden 1969 aus der Partei ausgeschlossen. Die FGCI (Federazione Giovanile Comunista Italiana) wurde heftig gemaßregelt und verschiedener Abweichungen bezichtigt, nachdem sich innerhalb dieser Jugendorganisation der Partei eine sehr lebendige Diskussion entwickelt hatte, die sowohl auf die neue Klassenzusammensetzung in den norditalienischen Fabriken als auch auf die internationale Solidaritätsbewegung jener Jahre einging (Vorwurf des terzomondismo, der einseitigen Konzentration auf die Dritte Welt). Ihre Zeitschrift *La città futura* wurde von der Parteiführung zum Schweigen gebracht. Aufgrund dieser internen Auseinandersetzungen versäumte es die Partei, die schwerwiegenden sozialen Veränderungen der sechziger Jahre rechtzeitig zu analysieren und auf sie einzugehen. Die große Streikbewegung in der zweiten Hälfte der sechziger Jahre entwickelte sich ohne und gegen sie, auf die spontanen Aktionen der Arbeiter reagierte sie zunächst mit Abwehr. Die Studentenbewegung kam für sie unvorhergesehen, die FGCI war Ende der sechziger Jahre dezimiert und ohne Einfluß, viele ihrer Mitglieder gingen zu den linksradikalen studentischen Gruppen über.[11]

1.2 Die wirtschaftliche Entwicklung und die autonome Arbeiterbewegung

Die skizzierte politische Entwicklung ist zu sehen auf dem Hintergrund einer tiefgreifenden Umstrukturierung der italienischen Wirtschaft und damit der italienischen Sozialstruktur. Formen und Inhalte der Arbeiterkämpfe der späten sechziger Jahre, die von diesen Wandlungen bestimmt wurden, sind neben der reformistischen Wende des PCI ein zweiter wichtiger Faktor bei der Erklärung des italienischen sozialrevolutionären Terrorismus.

Italien hat sich in der Nachkriegszeit von einem stark agrarisch bestimmten Land zu einem Industrieland entwickelt. Lag die Zahl der in der Landwirtschaft Beschäftigten 1951 noch bei 38%, so betrug sie 1961 30%, 1971 18%. Immerhin lag Italien 1973 mit 17,4% noch weit über dem EG-Durchschnitt von 9,2%. Andererseits ist jedoch die Landwirtschaft unproduktiv und leidet an Überalterung der Arbeitskräfte; die landwirtschaftlich nutzbare Fläche – 25 Mill. ha – wird zu einem Viertel schlecht, zu einem Zehntel gar nicht genutzt, so daß Italien neben Rohstoffen und technologisch hochstehenden Industriewaren auch Lebensmittel importieren muß (und seine Zahlungsbilanz nur durch den Tourismus und die Überweisungen der Arbeitsemigranten ausgleichen kann). Der Dualismus zwischen entwickeltem, industrialisiertem Norden und zurückgebliebenem, agrarischem Süden spiegelt sich auch im Charakter der Landwirtschaft wider: In der Po-Ebene finden wir eine moderne kapitalistische Landwirtschaft, im Süden Latifundienwirtschaft mit Halbpacht und Saisonarbeit oder Kleinsteigentum. Die Modernisierung der Landwirtschaft im Norden und die bei unvollkommener Landreform und verfehlter (Aufbau einiger kapitalintensiver Chemie- und Stahlwerke) oder durch Korruption versandeter staatlicher Entwicklungspolitik anhaltende Stagnation im Süden haben dazu geführt, daß die Landwirtschaft zum großen Arbeitskräftereservoir der norditalienischen Industrie geworden ist. Von 1951 bis 1967 verließen im

Norden 2 600 000, im Süden 1 500 000 Bauern das Land und zogen in die Städte.

Die allgemeine demographische Veränderung war jedoch noch weit umfassender, denn die Migration ging nicht nur vom Süden nach dem Norden und vom Land in die Stadt, sondern auch von den kleinen Städten in die Großstädte, von Mittelitalien und aus dem Veneto in das industrielle Dreieck Mailand–Turin–Genua. Allein von 1952 bis 1962 wechselten 15 724 000 Italiener ihren Wohnsitz, ein Drittel der Bevölkerung. Verbunden damit war ein Wandel in der Beschäftigungsstruktur; so stieg der Anteil der Arbeiter an der aktiven Bevölkerung zwischen 1951 und 1971 von 47% auf 56%, der Anteil der lohnabhängigen Mittelschicht von 10% auf 15%, während der Anteil der selbständigen Mittelschicht von 40% auf 26% sank (damit allerdings im europäischen Vergleich immer noch hoch ist).

Die italienische Industrie ist in den fünfziger Jahren – und insbesondere in den Jahren des Wirtschaftswunders von 1955 bis 1961 – von einem rapiden Wachstum gekennzeichnet. Setzt man die Industrieproduktion von 1951 mit 100 an, so stieg sie bis 1961 auf 220; im gleichen Zeitraum verdreifachten sich die Investitionen, und das Volkseinkommen wuchs von 1951 = 100 auf 1961 = 178.

Die wichtigsten Ursachen dieses Booms lassen sich in folgenden Punkten zusammenfassen:

a) Die Entwicklung einer eigenen Erdöl- und Erdgasproduktion als neuer Energiebasis anstelle der importierten Kohle und die Ausweitung und Modernisierung der Schwerindustrie schufen die Grundlagen für die schnelle Entwicklung der metallverarbeitenden und der chemischen Industrie. Dabei spielten die staatlichen Holdings IRI (Istituto per la ricostruzione industriale) und ENI (Ente nazionale idrocarburi) eine entscheidende Rolle.

b) Die Einführung neuer Technologien brachte eine Steigerung der Produktivität in den Großbetrieben. So lag die mittlere jährliche Zuwachsrate der Arbeitsproduktivität pro Stunde in der gesamten verarbeitenden Industrie Italiens zwischen 1953 und 1963 bei 8,7%, bei Fiat jedoch durchschnittlich bei 20%.

c) Der interne Markt für Konsumgüter dehnte sich sprunghaft aus. So lag z. B. die Zahl der neuzugelassenen Autos 1953 bei 112 200, 1960 bei 253 000 und 1968 bei 1 000 000. Auch hier assistierte der Staat durch den Bau eines der größten und kostspieligsten Autobahnnetze.

d) Auf dem externen Markt war die italienische Wirtschaft vor allem deshalb konkurrenzfähig, weil die ihr zur Verfügung stehende industrielle Reservearmee ein relativ niedriges Lohnniveau möglich machte. Selbst im Jahrzehnt von 1959 bis 1968 betrug die durchschnittliche jährliche Zuwachsrate der Reallöhne nur etwa 3%, während im gleichen Zeitraum die Produktionssteigerung pro Beschäftigtem 68% betrug, also mehr als das Doppelte. Von 1959 bis 1961 stiegen die Löhne der Arbeiter in Italien um 11,7% und damit wesentlich langsamer als in unseren Vergleichsländern: Deutschland 25,7%, Niederlande 22,8%, Frankreich 17,7%.

Neben der im europäischen Vergleich besonders intensiven Ausbeutung der Arbeiterschaft, ist die italienische Industrie charakterisiert durch eine weitere Besonderheit, die ebenfalls wichtige politische Konsequenzen hat: den Dualismus zwischen Groß- und Kleinindustrie und den enorm hohen Anteil der Kleinbetriebe am industriellen Sektor. 1961 waren 66,9% der gesamten Beschäftigten der verarbeitenden Industrie in Betrieben mit bis zu 100 Beschäftigten konzentriert (in Deutschland im gleichen Jahr 35,8%), in Betrieben mit über 1000 Beschäftigten nur 13,7% (in Deutschland 28,2%). Diese Verhältnisse haben sich bis heute kaum verändert, eher ist als Antwort der Konzernleitungen auf die Militanz der Arbeiter in der Großindustrie eine Tendenz zur Dezentralisierung zu beobachten. Die autonome Arbeiterbewegung, die uns zu beschäftigen hat, ist nämlich vor allem ein Phänomen der Großindustrie und hat die Millionen von Arbeiter der mittleren und kleinen Firmen kaum erfaßt. Die enorm hohen Arbeitsausfälle durch Streiks (1960–1970 158 Mill. Arbeitstage bei einer aktiven Bevölkerung von 19 Mill. – zum Vergleich: Deutschland bei einer aktiven Bevölkerung von 27 Mill. 2,3 Mill. Arbeitstage, Frankreich bei einer aktiven Bevölkerung von 20,5 Mill. 25,7 Mill. Arbeitstage) haben die italienische Wirtschaft nur deshalb nicht zusammenbrechen lassen, weil sie praktisch allein die Großindustrie betreffen, die kleinen und mittleren Betriebe aber das Rückgrat der Wirtschaft bilden und durch Auftragsverlagerung z. T. von den Streiks in der Großindustrie profitieren. Diese Wirtschaftsstruktur ist kein Zeichen für rückständigen Kapitalismus, sondern Zeichen einer Spezialisierung des italienischen Kapitalismus auf den Export von arbeitsintensiv hergestellten Konsumgütern mit niedrigem technologischem Gehalt. Auf diesem Gebiet sind die kleinen Betriebe flexibler in der Anpassung an einen schwankenden Markt und – besonders nach den Erfolgen der Arbeiter der Großindustrie in den letzten Jahren – durch die Existenz eines großen peripheren Proletariats (Teilzeitarbeit, Heimarbeit usw.) bevorteilt.[12]

Die revolutionären Hoffnungen der linksradikalen Gruppen waren ganz auf die Minderheit des militanten Proletariats der Großindustrie gerichtet und mußten schon deshalb illusionär bleiben. Der PCI dagegen versuchte in seiner Politik stets, nicht nur auf ein Bündnis mit den Mittelschichten hinzuarbeiten, sondern vor allem auch einer Spaltung der Arbeiterschaft vorzubeugen. Darauf beruhen unter anderem die verschiedenen politischen Linien und der Vorwurf des Verrats, der von den Linksradikalen gegenüber dem PCI erhoben wird. Als einer der Basisfaktoren zur Erklärung des sozialrevolutionären Terrorismus interessiert uns jedoch hier nur die Entwicklung der militanten autonomen Arbeiterbewegung. Deshalb ist im weiteren nur auf die Lage in den Großbetrieben einzugehen.

Ganz im Gegensatz zur heutigen Situation war die italienische Arbeiterklasse in den fünfziger Jahren und auch noch in der ersten Hälfte der sechziger Jahre schwach und wenig kampfbereit. Dafür sind vor allem drei Gründe verantwortlich:

a) Nach der Zerschlagung der Einheitsgewerkschaft hatte eine scharfe anti-kommunistische Repression eingesetzt. So wurden z. B. bei Fiat, dem größten privaten Konzern, der stets symbolisch für die Ereignisse in der Großindustrie stehen kann, systematisch die Mitglieder der CGIL und die Mitglieder des PCI und der Sozialistischen Partei in Strafabteilungen zusammengefaßt oder entlassen, so allein 1954 1128 Aktivisten der CGIL und 647 Mitglieder der Betriebskommissionen. Dagegen wurden die damals unternehmerfreundlichen Gewerkschaften CISL und UIL gefördert, und bei Fiat wurde auch eine von der Firmenleitung abhängige gelbe Gewerkschaft SIDA gegründet.

b) Die Einführung der halbautomatischen Fließbandproduktion führte zu einer neuen Zusammensetzung der Arbeiterklasse; der Anteil der qualifizierten Arbeiter, bei denen die CGIL traditionellerweise ihren Rückhalt hatte, sank zugunsten des Anteils der unqualifizierten Arbeiter, die meist direkt oder über die Bauindustrie aus der Landwirtschaft kamen, zunächst aus dem Veneto, dann vor allem aus dem Süden. Ende der fünfziger Jahre erreichte der Anteil der Zuwanderer aus dem Süden bei Fiat 60 bis 70 %.

Diese meist sehr jungen, stark katholisch geprägten Arbeiter standen außerhalb aller gewerkschaftlichen Tradition.

c) Das Überangebot an Arbeitskräften erlaubte die selektive Einstellung »verläßlicher« Kräfte, wofür die Polizeibehörden und die Priester der Herkunftsgemeinden die Informationen lieferten.[13]

Von 1954 bis 1962 fand bei Fiat kein Streik statt. Bis zu den Kämpfen von 1969 war der Organisationsgrad in dieser Firma extrem niedrig, von den 140000 Beschäftigten gehörten nicht mehr als 6000 den Metallarbeiterverbänden der drei großen Gewerkschaften FIOM (CGIL), FIM (CISL) und UILM (UIL) an. Ebenso gering war die Organisation der Arbeiter im PCI; unter den 60000 Arbeitern des Werkes Fiat-Mirafiori gab es weniger als 500 eingeschriebene Kommunisten. Doch war Fiat keineswegs ein Sonderfall. In vielen Betrieben gab es überhaupt keine gewerkschaftlichen Betriebskommissionen, so z. B. 1959 nur in 696 von 2135 untersuchten Mailänder Betrieben mit über 40 Beschäftigten.[14]

Das lag neben der fehlenden gewerkschaftlichen Tradition der neuen Arbeiter auch an der Politik der Gewerkschaften selbst. So hielt besonders die CGIL an der Zentralisierung der Tarifverhandlungen zwischen Gewerkschaftsführern und Unternehmerverbänden fest und vernachlässigte die Basisarbeit. Der Gewerkschaftsapparat bürokratisierte sich immer mehr und besaß immer weniger empirische Kenntnisse von den tatsächlichen Problemen an den Arbeitsplätzen. Er konnte sich nicht auf die neue Klassenzusammensetzung und die spezifische Lage der operai-massa (der Arbeiter am Fließband) einstellen. Seine Konzentration auf gestaffelte Lohnerhöhungen für die Arbeiter verschiedener Qualifikationsstufen ging an der Kernfrage der dequalifizierten Masse vorbei.

Als diese Masse zum ersten Mal als revoltierende auf den Plan trat, waren nicht nur die Unternehmer, sondern auch die Gewerkschaften und Linksparteien völlig überrascht und versuchten, das Ereignis als »Provokation« zu erklären. Am 6. Juli 1962 schloß die UIL kurz vor Beginn eines von den anderen Gewerkschaften proklamierten Streiks im Rahmen neuer Tarifverhandlungen einen Separatvertrag mit der Fiat-Leitung ab. Daraufhin legten Tausende von Arbeitern gegen den Willen der Gewerkschaftsfunktionäre spontan die Arbeit nieder, blockierten die Fabriktore, marschierten zur Piazza Statuto im Zentrum Turins, bestürmten die dort gelegene UIL-Zentrale und lieferten sich mit der Polizei eine viertägige erbitterte Straßenschlacht.[15]

Diese Revolte blieb jedoch vorläufig ein Einzelfall. Mit dem Ende des Wirtschaftsbooms, der in seinen letzten Jahren sogar eine relative Vollbeschäftigung gebracht hatte, schwand die Verhandlungs- und Protestmacht der Arbeiter. Es kam zu zahlreichen Entlassungen, die Beschäftigtenzahl ging von 1963 bis 1965 um 5,2% zurück, bei den Frauen sogar um 12,3%. Zugleich verschlechterten sich die Arbeitsbedingungen in der Industrie, denn die italienischen Unternehmer versuchten, die Rezession vor allem durch erhöhte Arbeitsintensität zu überwinden. Die Arbeitsunfälle stiegen stetig an, 1969 wurden 1,6 Mill. gemeldet, bei 8,2 Mill. in der Industrie Beschäftigten hatte also fast jeder Fünfte einen Unfall. 4000 davon waren tödlich; diese »legalen Morde« spielen in der Argumentation der Terroristen übrigens immer wieder eine Rolle. Zugleich hatten die italienischen Arbeiter erheblich längere tariflich vereinbarte Normalarbeitszeiten als ihre Kollegen in anderen Ländern.

Auch die allgemeinen Lebensbedingungen trugen dazu bei, den Zündstoff für eine Explosion aufzuhäufen, die dann mit dem Ende der Rezession in den Jahren nach 1967 kam. Um die Industriestädte des Nordens, vor allem um Turin und Mailand, waren zahlreiche neue Trabantenstädte entstanden, in denen die Immigranten wie in Ghettos hausten. Trotz des Bau-Booms führte die Über-Nachfrage nach Wohnraum zu einem ständigen Ansteigen der Mietkosten (1957=100, 1960=142, 1962=167,7). Die Wohnungen waren meist überbelegt und mit sanitären Einrichtungen nur sehr schlecht ausgestattet.[16] Die Gemeinden versäumten es völlig, städtebauliche Konzeptionen zu entwickeln, die dem rapiden Wachstum entsprochen hätten. Die öffentlichen Investitionen für die Infrastrukturen waren unzureichend, es fehlte in katastrophaler Weise an Verkehrsmitteln, Schulen, Krankenhäusern usw.

Zwar hatte sich die Kaufkraft der Arbeiter der sechziger Jahre gegenüber jener der vorhergehenden Generation fast verdoppelt, das alte Problem des Hungers war für sie überwunden, und sie partizipierten in bescheidener Weise an den Errungenschaften der Konsumgesellschaft, aber parallel dazu hatten sich ihre Bedürfnisse vervielfacht. Zu diesen Bedürfnissen gehörten nicht nur die elektrischen Haushaltsgeräte, das Fernsehen, das Auto und dergleichen Konsumgüter, sondern auch die menschenwürdige Wohnung, ein Urlaub, eine bessere Erziehung für die Kinder, eine bessere Gesundheitsversorgung, bessere Altersversorgung usw., kurz: ein Leben, das näher an jenem durch das Fernsehen nun allgemein verbreiteten Standard lag. Bedürfnisse und tatsächlicher Lebensstandard klafften derart auseinander, daß es zu einem gefährlichen Zustand relativer Deprivation kam, der die neue Generation rebellischer machen mußte, als es die alte gewesen war.

Für das Verständnis der erbitterten und zerstörerischen Formen, die die Streikbewegung der späten sechziger Jahre häufig annahm, ist zudem nochmals auf eine weitere Besonderheit der neuen Arbeitergeneration hinzuweisen, die sie in vielleicht noch stärkerem Maße als die relative Deprivation von der alten Generation unterscheidet. Bis zur Einführung der halbautomatischen Massenproduktion besaß der Industriearbeiter eine spezifische Qualifikation, die er sich in einer langen und harten Lehrzeit angeeignet hatte, auf die er aber dann auch stolz war und die ihm großes Selbstbewußtsein als Produzent an »seiner« Werkbank gab, die es ihm sogar erlaubte, bei Schwierigkeiten in der Fabrik in den handwerklichen Sektor auszuweichen. Diese Qualifikation fehlt dem Arbeiter der sechziger Jahre im allgemeinen, und damit fehlen ihm auch das stolze Klassenbewußtsein und die Mobilitätschance. Er arbeitet nicht mehr an »seiner« Werkbank, sondern ist nur noch ein kleines Anhängsel an der Maschinerie der Massenproduktion, gezwungen, in millionenfacher Wiederholung bis zur psychophysischen Erschöpfung die gleichen primitiven Bewegungen auszuführen. Die Arbeit hat ihren Sinn als produktive Tätigkeit verloren, und damit verändern sich zugleich Inhalte und Formen des Protests in der Fabrik, sind zum großen Teil (zumindest bevor die Gewerkschaften im Laufe des Jahres 1969 ihren Einfluß zurückgewinnen) ohne klare inhaltliche Forderungen einfach negativistische Angriffe auf die Produktion überhaupt: wilde, nicht vorher angekündigte und nicht von den Gewerkschaften dirigierte Streiks, individuelle Sabotagen, die zur zeitweiligen Stillegung der Maschinen führen, und vor allem auch wachsender Absentismus.[17] Diese Protestformen, die Organisationsfeindlichkeit der jungen Arbeiter, ihr »disziplinloses« Auftreten erweckten bei den Führungskadern der Gewerkschaften und vor allem bei den Führungskadern des PCI Verständnislosigkeit und Mißtrauen. Außerdem waren die Gewerkschaften durch ihre Spaltung und der PCI in der zweiten Hälfte der sechziger Jahre durch die oben geschilderte innere Krise geschwächt.

Die Protestbewegung in der Großindustrie, die nach dem Ende der Rezession 1967 zögernd begann und dann in den gewaltigen Streiks des sogenannten Heißen Herbstes 1969 kulminierte, ging deshalb zunächst von der Basis aus, war also »autonom« im Sinne der Unabhängigkeit von den traditionellen Organisationen der Arbeiterbewegung. Zu dieser Unabhängigkeit trug weiterhin bei, daß sich eine andere soziale Kategorie – ebenfalls bis dahin ohne Bindung an die Gewerkschaften – zum ersten Mal in großem Stil an der Bewegung beteiligte: die Angestellten. Auch das hat seine strukturellen Gründe in Veränderungen ihrer Arbeitssituation. In der Vergangenheit war die Zahl der Angestellten klein gewesen, eine besonders gepflegte Nähe zur Firmenleitung und vielerlei Vorzüge gegenüber den Arbeitern (Karrieremöglichkeiten, Monatsgehalt, mehr Urlaub, größere Selbstbestimmung und saubere Umgebung am Arbeitsplatz) hatten ihnen ein gewisses Gefühl von Exklusivität vermittelt. Mit der modernen Wirtschaft war die Zahl der Angestellten enorm gewachsen[18], und ihre Arbeitsbedingungen hatten sich industrialisiert. Im Großraumbüro führen sie heute repetitive Tätigkeiten an zirkulierenden Papieren aus, die den Charakter von Fließbandarbeiten angenommen haben; ihre Karrieremöglichkeiten haben sich verringert, da besondere Qualifikationen nicht mehr benötigt werden; ihre Einkünfte haben sich denen der Arbeiter angeglichen; und das Gefühl der Verantwortung für das Betriebsgeschehen ist einer wachsenden Entfremdung gewichen. Ein besonders explosiver Widerspruch kennzeichnet zudem die Lage der technischen Angestellten, deren Zahl sich im Verhältnis zu den administrativen vervielfacht hat: Sie kommen nach einer Ausbildung an Fachschulen oder Universitäten mit relativ hoher Qualifikation in die Betriebe und sehen sich dort an automatisierten Geräten meist Aufgaben gegenüber, die unter ihrem Niveau liegen und für die sie auch unterbezahlt werden. Es wird geschätzt, daß etwa 80% der Techniker an den Streiks und Straßendemonstrationen teilgenommen haben, und Techniker spielen sowohl in den verschiedenen anti-gewerkschaftlichen Basisgruppen als auch in den terroristischen Gruppen eine prominente Rolle.

Die neue Zusammensetzung der Arbeiterklasse, die Autonomie der Arbeiterkämpfe und ihr Charakter als voluntaristische Insubordination waren von einigen linkssozialistischen Intellektuellen um Raniero Panzieri in der Zeitschrift *Quaderni rossi* seit 1961 theoretisch reflektiert worden. In dieser Tradition standen verschiedene operaistische (von operaio = Arbeiter), d. h. spontaneistische und anarchosyndikalistische Gruppen, vor allem Potere operaio veneto und Potere operaio toscano, die nun 1968/69 – ebenso wie die trotzkistische Gruppe Avanguardia operaia und der stalinistisch-maoistische, vom PCI abgespaltene Partito Comunista d'Italia sowie zahlreiche kleinere studentische Gruppen – in einer Situation allgemeiner Unruhe und wachsender Kampfbereitschaft (bei besserer Position der Arbeiter durch die neue Konjunktur) vor allem bei diesen beiden Schichten, den operai-massa und den Technikern, Resonanz suchten und fanden. Sie konnten, obwohl ihnen die Arbeiter zunächst häufig mit Mißtrauen begegneten, vielerorts in die von den Gewerkschaften und Linksparteien gelassenen Lücken eindringen. Sie wirkten als eine Art Ferment nicht nur mit ihren theoretischen Aussagen (Notwendigkeit der Großen Weigerung und der Insubordination, Protest als Negation, Revisionismusvorwurf gegenüber den großen Arbeiterorganisationen), sondern vor allem auch bei der Entwicklung neuer Organisations- und Kampfformen. In den Betrieben begann die Vollversammlung als Entscheidungsinstanz eine große Rolle zu spielen, ebenso die direkte Demokratie mit jederzeit abwählbaren Delegierten und mit imperativem Mandat. Überall wurden Basiskomitees (Comitati unitari di base, Gruppi di studio usw.) gegründet. In all diesen Organen spielte die Zugehörigkeit zu Gewerkschaften keine Rolle.[19]

Die Arbeitskämpfe nahmen einen zusehends härteren Charakter an. Im Gegensatz zu früher wurden Arbeitskämpfe einerseits nicht mehr vorher angekündigt, andererseits auch während Verhandlungen mit der Firmenleitung fortgeführt. Der wilde, nicht von den Gewerkschaften kontrollierte Streik wurde zum Normalfall. Statt ganzer Betriebe streikten nun häufig nur bestimmte Abteilungen, so daß zwar die Gesamtproduktion lahmgelegt wurde, die meisten Arbeiter aber, da scheinbar arbeitswillig, bezahlt werden mußten. Der Arbeitsrhythmus wurde verlangsamt, die Produktion punktuell sabotiert, wobei man die große Verletzbarkeit der integrierten Großproduktion ausnutzte. Wenn die Firmenleitung dann mit der Schließung des Betriebs antwortete, kam es zu Besetzungen, zu sit-ins, go-ins, Straßendemonstrationen. Das gewalttätige Eingreifen der Polizei führte dann häufig zu gewalttätiger Reaktion und zu manchmal tagelang andauernden Straßenschlachten mit Barrikaden, Verwundeten, Toten und Hunderten von Festnahmen. Die Beteiligung der Arbeiter und Angestellten der Großbetriebe ist ungeheuer hoch, Streiks von 300000 bis 500000 und Demonstrationen von 50- bis 100000 Teilnehmern sind an der Tagesordnung.[20]

Charakteristisch war von Anfang an, daß die Arbeiter nicht nur quantitative, sondern auch qualitative Forderungen erhoben. Zunächst bezogen sich diese auf innerbetriebliche Verbesserungen wie die Kontrolle der Bandgeschwindigkeiten durch die Arbeiter, die Verbesserung der Sicherheitsvorkehrungen, das Recht auf Versammlungen während der Arbeitszeit, kürzere Arbeitszeiten, Anerkennung der Basisdelegierten als Verhandlungspartner usw. Der Heiße Herbst von 1969 drehte sich nicht nur um die nationalen Tarifverträge (obwohl natürlich deren Neuabschluß als Anlaß nicht unterschätzt werden darf), um Lohnerhöhungen, die 40-Stunden-Woche, die Abschaffung der das Land in verschiedene Bezirke teilenden Lohnzonen, die Gleichstellung von Arbeitern und Angestellten. Er bezog sein enormes Momentum vor allem aus den gleichzeitig erhobenen Forderungen nach umfassenden strukturellen Reformen: einer Rentenreform, einer Gesundheitsreform, einer Steuerreform, einer Wohnungsreform (Schlagwort: Casa, fisco, salute!). Die Streiks gingen nun auch weit über die Großindustrie hinaus: Am 12. November 1969 streikten für die Wohnungsreform fast 20 Millionen Menschen, für 24 Stunden ruhte bis auf einige Notdienste das gesamte wirtschaftliche Leben des Landes.[21]

Aktionen dieses Ausmaßes wären allerdings im Rahmen einer spontanen, nur von der Basis ausgehenden Bewegung wohl nicht möglich gewesen. Sie sind auch nach außen hin Zeichen dafür, daß die Gewerkschaften ihre führende Rolle zurück- und großenteils neugewonnen hatten und nun die Interessen und Aktionen verschiedener Gruppen von Arbeitern und Angestellten vermitteln und organisieren konnten. Die Gewerkschaften hatten sich in einem langsamen Prozeß unter dem Druck der Initiative von unten gewandelt, vor allem hatten sie viele der Basiskomitees – nach anfänglichem großen Mißtrauen – akzeptiert und in ihre eigene Struktur als unteres Niveau integriert. Die von den Arbeitern selbst praktizierte Einheit (z. B. Wahl der Vertreter auf weißen

Stimmzetteln, d. h. ohne Angabe der Gewerkschaftszugehörigkeit, durch alle Arbeiter, ob organisiert oder nicht) fand ihren Ausdruck nun in der Föderation der drei großen Gewerkschaften, wenn auch unter Wahrung der jeweiligen Identität. Eine Rückflußbewegung zu den traditionellen Arbeiterorganisationen, die Anfang der siebziger Jahre noch zunahm, drückt sich auch in den Wahlergebnissen des PCI aus. Für die linksradikalen Gruppen war das eine Enttäuschung, da sie darin einen Sieg des Revisionismus sehen mußten.

1.3 Die Entwicklung des Erziehungswesens und die Studentenbewegung

Die zweite soziale Bewegung mit linksradikalen Inhalten, von der unsere Erklärung des sozialrevolutionären Terrorismus ihren Ausgang nimmt, ist die Studentenbewegung. Deren tiefere Ursachen liegen in der Entwicklung des italienischen Erziehungswesens und in der damit verbundenen sozioökonomischen Lage der italienischen Studenten und Gymnasiasten. Die Probleme, die in diesem Bereich in den sechziger Jahren entstanden sind – und die sich in den siebziger Jahren noch verschärft haben –, lassen sich zurückführen auf die in Italien mißglückte Kopplung von wirtschaftlicher Entwicklung und Entwicklung des Arbeitsmarktes einerseits und Entwicklung des Erziehungswesens andererseits.

In ihrer Expansionsphase, also bis etwa zum Ende der fünfziger Jahre, hatte die Wirtschaft vor allem großen Bedarf an ungelernten oder angelernten Arbeitskräften, den sie ohne Mühe aus der großen industriellen Reservearmee (Landwirtschaft, Frauen) decken konnte. Eine über die elementarsten Qualifikationen hinausgehende Schulbildung war nicht erforderlich. Noch bis 1963 nahm die Zahl der Industriearbeiter, die nur den Abschluß der fünfjährigen Grundschule (Scuola elementare) oder nicht einmal diesen vorweisen konnten, ständig zu und umfaßte 1963 etwa 7 Millionen von den rund 8 Millionen in der Industrie Beschäftigten. Die weitergehende Schulbildung, auch die dreijährige untere Mittelschulstufe (Scuola media inferiore), blieb ein Privileg der Mittelschichten. Im Zuge der Modernisierung machte sich jedoch in der Industrie ein Mangel an qualifizierten Arbeitskräften bemerkbar, der u. a. auf dem Fehlen einer guten Schulbildung beruhte, auf der sich berufliche Spezialisierungen verschiedenster Art hätten aufbauen lassen können. In den moderneren Sektoren der Wirtschaft erhob sich deshalb schon Ende der fünfziger Jahre die Forderung nach einer achtjährigen Schulpflicht. Diese wurde schließlich 1963 von der Mitte-Links-Regierung eingeführt; die drei Jahre der unteren Mittelschulstufe wurden schulgeld- und lehrmittelfrei und für alle Kinder obligatorisch. Die Regierung kam damit nicht nur einem schon seit 1948 bestehenden Verfassungsauftrag sowie den Forderungen der Wirtschaft nach, sondern auch dem Druck der aktivsten Teile der unteren Mittelschichten und der Arbeiterschaft, die für ihre Kinder eine Erleichterung des Zugangs zu höheren Schulen angestrebt hatten. Die Stagnation der Arbeiterlöhne und die allgemeine Geringschätzung der Handarbeit hatten dazu geführt, daß die Schule als Vehikel sozialen Aufstiegs angesehen wurde, als Fluchtweg aus der Arbeiterexistenz.

Diese Einstellung zur Schule führte aber dann dazu, daß die Schulreform von 1963 ihren Zweck im Hinblick auf den Arbeitsmarkt verfehlte. Während nämlich einerseits auch weiterhin beträchtlich viele Kinder (Mitte der sechziger Jahre noch bis zu einem Drittel) die Pflichtschule nicht vollständig absolvierten und deshalb nur als unqualifizierte Arbeitsuchende auftreten konnten, wurde für die anderen die untere Mittelschulstufe zum Durchgangsstadium auf ihrem Weg in eine Mittelschichtexistenz. So betrug die Zahl der Absolventen der dritten Mittelschulklasse, d.h. der letzten Pflichtklasse, 1968 zwar 507 500 gegenüber 311 700 im Jahre 1960, die Zahl der dann in den Arbeitsmarkt Überwechselnden stieg jedoch im gleichen Zeitraum nur von 82 000 auf 91 700. Das führte zu einem gewaltigen Anschwellen der Schülerzahl in der Gymnasialstufe (Scuola media superiore) sowie der Zahl der Studenten an den Universitäten. 1951 gab es an den Gymnasien 430 000 Schüler, 1968 1 780 000; die Zahl der Studenten wuchs von 1951 225 000 auf 1968 550 000 und 1970 808 000.[22]

Diese vom Arbeitsmarkt abgekoppelte eigendynamische Entwicklung im Erziehungswesen stellt für die italienische Gesellschaft ein gefährliches Konfliktelement dar. Das Überangebot an Arbeitskräften mit Gymnasial- und Hochschulabschluß könnte nur durch staatliche Intervention, und zwar durch einen beträchtlichen Ausbau des tertiären Sektors (vor allem sozialhelferische und Lehrberufe) aufgefangen werden, wozu aber der italienische Staat aus finanzieller Schwäche einerseits und mangelnder planerischer Umsicht und Inititative der politischen Führung andererseits nicht in der Lage war und ist. So blieben schon 1970 mehr als 10% der Gymnasialabsolventen arbeitslos, und die Universität wurde statt zum Sprungbrett in eine bessere Existenz zum Abstellgleis für Jugendliche mit äußerst prekären Zukunftsaussichten. Ende der sechziger Jahre fanden nur etwa 20% der Absolventen der geisteswissenschaftlichen, juristischen, ingenieurwissenschaftlichen und Architektur-Fakultäten eine ihrer Ausbildung angemessene Beschäftigung, während die anderen unter dem typisch italienischen Phänomen der Unterbeschäftigung und Gelegenheitsarbeit zu leiden hatten. 1966 blieben 25% der laureati überhaupt beschäftigungslos (die laurea ist der offizielle Studienabschluß, der zur Führung des Doktortitels berechtigt, im Niveau jedoch höchstens dem deutschen Magister gleichzustellen ist), wobei zu bedenken ist, daß nur jeder dritte bis vierte Student die Universität mit diesem normalen Studienabschluß verließ und daß die Lage der Abbrecher natürlich noch ungünstiger ist. Noch um die untergeordnetsten Posten in der staatlichen Verwaltung, die zwar schlecht bezahlt werden, aber immerhin einige Sicherheit garantieren, wetteiferten in den concorsi (Wettbewerben) bis zu hundertmal so viele Anwärter, wie Stellen zu vergeben waren. Hinzu kommt, daß die Selektion auf dem akademischen Arbeitsmarkt nur in sehr geringem Maß gemäß universalistischen Kriterien, also gemäß Qualifikation, erfolgt, vielmehr noch vorwiegend partikularistisch bestimmt ist, d.h., vor allem von der Existenz bzw. Nicht-Existenz klientelärer Beziehungen abhängt.

Aus diesen Bedingungen erklären sich Frustration und Unruhe eines Großteils der Studenten, vor allem jener, die nicht aus den traditionellen Akademikerfamilien der Oberschicht und der oberen Mittelschicht stammten. Die Revolte erfaßte jedoch auch die letztgenannten. Um diese Tatsache zu erklären, muß man sich den Verhältnissen zuwenden, unter denen der italienische Student in diesen Jahren studiert und lebt. Die Universitäten sind in keiner Weise auf das enorme Wachstum der Studentenzahlen eingestellt, die meisten sind mit dem Drei- bis Vierfachen ihrer Kapazität belegt. Für die halbe Million Studenten des Jahres 1968 gibt es nur etwa 3000 Professoren, während nach der letzten Universitätsreform von 1923 den 43 000 Studenten immerhin 2000 Professoren gegenübergestanden hatten. Hinzu kommt, daß das Engagement der Professoren sehr gering ist. Sie wohnen häufig nicht am Universitätsort und widmen sich wegen der niedrigen Gehälter meist noch anderen, einträglicheren Beschäftigungen. Der Studiengang mit einer Vielzahl von Prüfungen ist genau geplant und vorgegeben. Der Lehrbetrieb ist verschult, ein sehr umfangreicher, aber standardisierter und von den Professoren als praktisch unveränderlich betrachteter Wissensbestand wird in die Studenten hineingepaukt. Offizieller Vermittlungsmechanismus sind die Vorlesungen, in denen – und das z. T. auch nur von Assistenten – ein Text doziert wird, der auch als Skriptum zu kaufen ist. Das Niveau dieser Skripten ist meist sehr niedrig und entspricht nicht dem Stand der modernen Wissenschaft. Eine Diskussion über die Inhalte findet nicht statt. Seminare, der eigentliche Ort akademischer Diskussion und eigener wissenschaftlicher Arbeit der Studenten, gibt es kaum. Vom Studenten wird eine rein rezeptive Haltung gefordert, er hat den Text der Skripten auswendig zu lernen und am Ende des Studienjahres möglichst wortgetreu wiederzugeben. In den sehr kurzen, oft nur zehn Minuten dauernden Prüfungen tritt der Professor dem Studenten als unumschränkte Autorität gegenüber, die über sein Schicksal entscheidet – wobei alle möglichen wissenschaftsexternen Faktoren eine Rolle spielen –, ohne daß es je zum Dialog kommt. Die Durchfallquote ist hoch. Der Lehrbetrieb wird deshalb als rituell, inhaltsleer und in keiner Weise stimulierend, die Prüfung aber als reines Repressionsinstrument empfunden, mit dessen Hilfe Kritiklosigkeit und Anpassung erzwungen werden. Bei der ungenügenden Kapazität der Universitäten und bei dem beschriebenen Lehrsystem ist es nicht verwunderlich, daß ein Großteil der Studenten die Universität überhaupt kaum besucht, sondern individuell und isoliert aus den Skripten auf die Prüfung hin lernt. Viele wohnen – auch wegen der Wohnungsnot an den Universitätsorten – weiterhin bei ihren Eltern und unterstehen auch in fortgeschrittenem Alter noch ganz deren Autorität. Andere leben – nach alter italienischer Tradition – am Universitätsort in Pensionen, in denen oft drei bis vier Studenten in einem Zimmer zusammengepfercht sind und an deren Besitzer – vor allem im Falle der Studentinnen – die familiäre Autorität delegiert ist. Das System des studentischen Absentismus erlaubt es den finanziell weniger gut gestellten Studenten, auch während der Studienzeit zu arbeiten, und die Zahl der studenti-lavoratori (Werkstudenten) ist schon Ende der sechziger Jahre sehr groß. Die

Lage dieser Studenten ist also nicht nur durch das Eingebundensein in die 1968 noch ganz autoritären Institutionen Familie und Universität geprägt, sondern zusätzlich noch durch ihre subalterne Position am Arbeitsplatz.[23]

Die Generation, die in den sechziger Jahren an die Universitäten strömte, war aber nun nicht mehr bereit, sich anzupassen und sich in die veralteten, autoritären Strukturen zu fügen. Es war eine Generation, die die materiellen Entbehrungen des Krieges und der unmittelbaren Nachkriegszeit nicht mehr miterlebt hatte, deren Erwartungen und Bedürfnisse vielmehr vom wachsenden Wohlstand und von der Konsumgesellschaft geprägt waren. Nur daß es dieser Generation nicht genügte, als Käufer materieller Güter angesprochen zu werden (die Entdeckung der Jugend als Markt hat allerdings wesentlich zur Stärkung ihres Selbstbewußtseins beigetragen), sondern daß sie vor allem immaterielle Güter und Freiheiten beanspruchte, größere individuelle Autonomie auf allen Gebieten vom Studium bis zum Sexualleben.

Die Studentenbewegung war in diesem Sinne eine libertäre Revolte. Und da die italienische Gesellschaft sich zwar ökonomisch zu einem modernen kapitalistischen Land entwickelt und in kürzerer Frist als andere Länder ökonomische und soziale Strukturen umgewälzt hatte, aber zugleich auf dem Gebiet der Kultur, der Religion, des familiären Lebens, des Universitätssystems, der verkrusteten Parteipolitik, des Rechts überkommene Normen und Verhaltensweisen zu erhalten suchte, war die antiautoritäre Revolte in Italien ein tiefergreifendes und umfassenderes Ereignis als in anderen westlichen Ländern. Symptomatisch dafür ist die Tatsache, daß die Studentenbewegung keinesfalls auf einige Zentren beschränkt blieb, sondern in heftigen Ausbrüchen bis in die kleinsten Universitätsstädte durchschlug und vor allem ihr Momentum in außeruniversitäre Bereiche, in das ganze öffentliche und vor allem in das private Leben hinein fortsetzte. Auch ihr Erfolg war letztlich größer als in anderen Ländern, wenn man ihn an der Ausgangssituation mißt. Die Anstöße aus der libertären Bewegung wurden von anderen Reformkräften aufgegriffen und durchgesetzt und haben Italien in eine moderne Konsumgesellschaft im nicht nur materiellen Sinn verwandelt.

Das Entstehen der Jugendbewegung ist also auch im Zusammenhang mit der Entstehung der Konsumgesellschaft zu sehen, allerdings in einem widersprüchlichen: Die Konsumgüterindustrie braucht die Jugendlichen, spricht sie als vollwertige Subjekte an und stimuliert damit ihr Selbstbewußtsein; die Jugendlichen aber lehnen eine Beschränkung auf die materielle Seite der Konsumgesellschaft ab, soweit dadurch nur überholte soziale Zwänge bestärkt werden sollen (Konsumterror), und betonen ihre immaterielle, permissive Seite.[24] Geht man von dieser Grundthese aus, so lassen sich sowohl die Inhalte als auch die Formen der Studentenbewegung erklären.

Die Unruhen an den italienischen Universitäten kommen nicht als plötzliche Eruption. Sie beginnen bereits im Jahre 1963, als fast alle Architektur-Fakultäten von den Studenten besetzt werden. Diese Fakultäten hatten besonders großen Zulauf und waren entsprechend überfüllt, der Lehrkörper stammte zum großen Teil noch aus der faschistischen Zeit und bot Programme an, deren veralteter Inhalt für die Studenten leicht am internationalen Standard zu messen war.[25] Im Januar 1966 setzt sich die Unruhe an der Sozialwissenschaftlichen Universität von Trient mit einer ersten dreiwöchigen Besetzung fort. Diese Universität war erst 1962 unter maßgeblichem Einfluß der Democrazia Cristiana gegründet worden und sollte – modelliert am Vorbild amerikanischer Universitäten – sozialwissenschaftliche Kader für Wirtschaft und Verwaltung ausbilden. Sie war zwar eine Reformuniversität und gab sich einen modernen Anstrich, doch bestand ihr Problem von Anfang an darin, daß sie mit ihren Versprechungen eine besondere Art von Studenten aus dem ganzen Land, vor allem auch aus dem Süden, anzog, nämlich die progressivsten, aktivsten, hoffnungsvollsten, daß sie diese Versprechungen aber in bezug auf die Inhalte der Lehre nicht einhielt. Erwartung und Erfüllung klafften hier also besonders weit auseinander. Dazu kam, daß die kleine Stadt Trient weder praktisch noch geistig auf den Zuzug von ein paar Tausend Soziologie-Studenten eingestellt war: Die Wohnungsnot war katastrophal, und die Studenten waren einer durchgängig konservativen und streng katholischen Bevölkerung konfrontiert, die ihren Bedürfnissen, ihrem äußeren Erscheinungsbild, ihren non-konformistischen Verhaltensweisen verständnislos bis feindlich gegenüberstand.[26] Trient blieb für die nächsten Jahre ein Zentrum der Unruhen, und aus der Trentiner Studentenbewegung gingen schließlich Renato Curcio, Mara Cagol und einige andere Gründungsmitglieder der Brigate Rosse hervor.

Die Anlässe der Universitäts- und Institutsbesetzungen, die sich im Frühjahr 1967 allgemein ausbreiteten, sind immer inneruniversitärer Art: im ganzen Land die Enttäuschung über das von Erziehungsminister Gui vorgelegte Gesetz 2314 (Modifiche all'ordinamento universitario), das nicht einmal eine Mini-Reform des Universitätswesens zugesteht, an der Università Cattolica in Mailand eine Erhöhung der Studiengebühren, an der Sozialwissenschaftlichen Universität in Trient der Versuch, die »laurea di sociologia« zu einer »laurea di scienze politiche e sociali, ad indirizzo sociologico« zu degradieren usw. Die ersten Forderungen der Studenten sind durchgängig korporativ und reformistisch: paritätische Vertretung der Studenten in den Universitätsgremien, Reform der anachronistischen Lehrinhalte und Mitspracherecht der Studenten bei ihrer Neubestimmung, Reduzierung der Prüfungen, mehr Seminare statt Vorlesungen, mehr Diskussion und Dialog statt Drill usw. Zum Teil werden diese Forderungen von den Studenten selbst verwirklicht. So wird beispielsweise die Trentiner Universität zu Beginn des Studienjahres 1967/68 in eine am Modell der Berliner Kritischen Universität orientierte sogenannte contro-università umgewandelt. Sie ist charakterisiert durch neue Methoden des selbstbestimmten Studiums, neue Inhalte der controcorsi und vor allem durch den enormen Enthusiasmus und Arbeitseifer der Studenten. Das Beispiel der Trentiner controcorsi findet schnell an anderen Universitäten Nachahmung. Die bisher unumschränkten Autoritäten sehen sich sit-ins, go-ins, Besetzungen und ständiger kritischer Infragestellung gegenüber.

An den Universitäten herrscht eine euphorische Aufbruchsstimmung. Vollversammlungen, ad-hoc-Abstimmungen, kleine informelle Gruppen, die ad-hoc-Konsensus zustandebringen, bestimmen die Szene, während die traditionellen studentischen Vertretungskörperschaften (vor allem die Unione Nazionale Universitaria Rappresentativa Italiana mit ihren lokalen Unterorganisationen) von der Entwicklung überrollt und zur Bedeutungslosigkeit verurteilt werden.[27]

Da viele der späteren Terroristen diese Zeit noch in der Schule verbrachten, ist es wichtig anzumerken, daß die Bewegung sich schon in der Anfangsphase und stärker als in anderen Ländern auf die Gymnasien, auf die Berufs- und Fachschulen ausbreitete. Im Januar 1968 wird das Lyzeum Berchet in Mailand von 600 Schülern besetzt, und von da an bieten die Schulen im ganzen Land ein ähnliches Bild wie die Universitäten.[28] Die Schüler fordern Änderungen im Lehrprogramm und eine bessere pädagogische, psychologische und soziologische Ausbildung der Lehrer, verbunden mit deren besserer Bezahlung, sie fordern Diskussionsmöglichkeiten während der Unterrichtsstunden über selbstgewählte Themen, Selbstverwaltung, die Ersetzung der Notengebung durch ein von Lehrern und Schülern gemeinsam getroffenes Urteil am Jahresende, weniger Hausaufgaben und nachmittägliche controcorsi mit Experten von außerhalb der Schule.

Die Professoren und die Universitätsverwaltungen – verwirrt durch die neuen Formen des Protests, unfähig und unwillig, der Lehre neue Methoden und Inhalte zu geben, und in keiner Weise bereit, Abstriche an ihren Privilegien hinzunehmen – reagieren im allgemeinen strikt ablehnend auf die reformistischen Forderungen der Studenten. Als Antwort auf die Störungen des normalen Vorlesungsbetriebs und auf die Besetzungen veranlassen die Rektoren nicht nur akademische Disziplinarmaßnahmen, sondern auch den Einsatz von Polizei und Carabinieri. Die Studenten werden aus den Universitäten vertrieben, ihre anschließenden Demonstrationszüge gewaltsam zerstreut. Daraufhin kommt es auch von seiten der Studenten, deren Aktionen zunächst gewaltlos und z. T. explizit auf die non-violence der amerikanischen Bürgerrechtsbewegung bezogen waren, immer häufiger zu Gewaltanwendung. Am Ende des Studienjahrs 1967/68 stehen laut Aussage des Justizministers Gonella 2700 Studenten vor Gericht.

Auf die unzähligen Zusammenstöße der Jahre 1967 und 1968 kann hier nicht eingegangen werden.[29] Herauszuheben ist die berühmte Straßenschlacht, die am 1. März 1968 in Rom stattfand, und zwar in der Valle Giulia, rund um die Fakultät für Architektur. Das Neue und Aufsehenerregende an diesem Ereignis war die Tatsache, daß die etwa 10000 Studenten zum ersten Mal in großem Stile mit Gewalt zurückschlugen und daß nicht nur Hunderte von Studenten, sondern auch 150 Polizisten verletzt wurden. Für viele, die auf studentischer Seite beteiligt waren oder sich mit diesen identifizierten, hatte die These vom Studenten als einem neuen revolutionären Subjekt Auftrieb erhalten.

Die revolutionäre Linie, die Kritik am politischen und sozialen System als ganzem, gewinnt nun größeren Anklang. Die Universität – so wie sie ist – wird als integraler Bestandteil dieses repressiven Systems gesehen, in dem auch der Mensch nur als Ware betrachtet und behandelt wird. Die Universität produziert – gemäß den Thesen eines 1968 in Trient veröffentlichten Dokuments[30] – einerseits eine an bestimmten Punkten des Systems benötigte Ware Arbeitskraft (was für Italien aber nur sehr bedingt richtig ist) und erzieht andererseits den Träger dieser Arbeitskraft zu Gehorsam und Anpassung (was für die italienische Universität eher zutrifft). Veränderungen an der Universität und in der Lage der Studenten können – nach der nun immer mehr sich durchsetzenden Meinung – nur durch einen Umsturz des ganzen Systems zustandegebracht werden. Die globale Infragestellung, die Große Negation, wird zum programmatischen Schlagwort.[31]

Für unsere Zwecke ist es wichtig zu erklären, warum die Studentenbewegung eine linksradikale politische Richtung einschlug, warum linksradikale Gesellschafts- und Revolutionstheorien als adäquate Interpretationen der Lage und der Kämpfe der Studenten den größten Widerhall fanden. Immerhin waren die Universitäten bis mindestens 1960 (bis zu den Protesten gegen die Regierung Tambroni) Zentren nationalistischer und faschistischer Strömungen und waren die Studenten seit hundert Jahren gegen alle reformistischen und revolutionären Bewegungen die Vorhut der reaktionärsten Teile der Bourgeoisie gewesen. Aus dieser Erfahrung resultierte auch die anfänglich verbreitete Ablehnung studentischer Kontaktversuche von seiten der Arbeiter. Die schwierige ökonomische Lage und die prekären Berufsaussichten der Studenten aus dem kleinen und mittleren Bürgertum hätten auch dazu führen können, daß der daraus entstehende Protest neofaschistische Inhalte annahm. Diese Spekulation ist durchaus nicht so absurd, wie sie in Anbetracht der tatsächlichen Ereignisse zunächst scheinen mag; immerhin gibt es, vor allem an der römischen Universität und an den Universitäten des Südens, starke faschistische Gruppen (was übrigens vor allem in Rom zu einer enormen Verschärfung der Konfrontation beitrug), immerhin konnten die Neofaschisten mit populistischen Parolen die Unzufriedenheit anderer, in ähnlich schwieriger Lage befindlicher Gruppen in ihre Kanäle steuern, so z. B. die endemische Violenz großer Teile des römischen und neapolitanischen Subproletariats und die Revolten des mittleren und kleinen Bürgertums in Reggio Calabria und Aquila. Eine Erklärung liefert unsere Grundthese, die die Studentenbewegung vor allem als – wenn auch widerspruchsvolles – Produkt der Konsumgesellschaft, als libertäre Revolte gegen überholte autoritäre Zwänge interpretiert. Dieser

Protest aber läßt sich in der Sprache faschistischer Demagogie nicht ausdrücken.

Die gleiche These kann auch erklären, warum die Bewegung sich inhaltlich nicht an einem orthodox marxistischen Modell orientiert hat, warum nicht die Sowjetunion zum Vorbild einer neuen Gesellschaft oder zumindest die Politik des PCI zum Leitfaden wurde. Es mag stimmen, daß unter den bürgerlichen Studenten der Antikommunismus noch stark verwurzelt war und diese deshalb für eine dezidiert antikommunistische, wenn auch von links antikommunistische, Ideologie empfänglicher sein mußten als für eine marxistisch argumentierende Systemopposition.[32] In der Sowjetunion sah man nun den Zwilling des modernen kapitalistischen Staates, die Enthüllungen nach dem XX. Parteitag der KPdSU hatten das System des »realen Sozialismus« als Herrschaft eines verknöcherten bürokratischen Apparats, als autoritäres, ja terroristisches Gulag-System entblößt, mit dem man sich nicht identifizieren konnte. Die Unterdrückung jedes Dissenses innerhalb der Sowjetunion und des von ihr beherrschten Blocks und der Konflikt mit dem China Maos machten dieses Modell für eine libertäre Bewegung inakzeptabel – und die Erstickung des Prager Frühlings im August 1968 bestätigte diesen Eindruck. Das Verhältnis zum PCI war natürlich durch dessen reformistische Politik, durch seine Integration in die bestehenden Verhältnisse gestört. Gerade die Stärke des PCI, die Tatsache, daß die Politik dieser Partei unmittelbare Konsequenzen in der Verwaltung auf kommunaler, provinzialer und regionaler Ebene, aber auch Bedeutung auf nationaler Ebene hat, mußte sie von rein verbalen, absoluten Forderungen weg zu einer stark realpolitischen, verantwortungsethischen Linie führen, die sich zwar stark von der »Realpolitik« der Democrazia Cristiana unterschied, die aber mit ihren Stichworten Reformen, Sauberkeit = Korruptionslosigkeit, Disziplin, ›austerity‹ und Produktivität auf von der Idee der Großen Negation geprägte Geister keine Anziehungskraft ausüben konnte.

Dem libertären Charakter der Studentenbewegung entsprachen deshalb eher die Ideen der anarchistischen, spontaneistischen, voluntaristischen Tradition von Bakunin über Luxemburg bis Marcuse und die maoistische Alternative zum autoritär-bürokratischen sowjetischen Modell. Der Haß auf übermächtige Apparate, die Revolte gegen die Entfremdung des Individuums in der modernen Industriegesellschaft, gegen die Arroganz der Macht erklären die Begeisterung für die gegen die Großmächte gerichteten Aufstände der kleinen Völker und Volksgruppen, für den algerischen Befreiungskrieg, die kubanische Revolution, die antikolonialen Kämpfe in Angola und Mozambique, die Bewegung der amerikanischen Schwarzen, die Kämpfe der Palästinenser, den Prager Frühling usw.

Drei weitere Ereignisse sind vor allem als größere Einflüsse auf die Studenten hervorzuheben. Zunächst der Vietnam-Krieg, der zumindest seit der Trentiner Vietnam-Woche von 1967 bei allen Demonstrationen eine Rolle spielte. Der Widerstand eines kleinen Bauernvolkes gegen die Omnipotenz der amerikanischen Kriegsmaschinerie wurde zum Symbol dafür, daß der Mensch wieder ins Zentrum der Welt gerückt wurde; das entsprach der voluntaristischen Überzeugung von der Bedeutung des subjektiven Faktors, die in den Theorien der Studentenbewegung überall eine zentrale Rolle spielt. Ebenso wichtig war die chinesische Kulturrevolution, die fälschlicherweise nicht als Machtkampf innerhalb der chinesischen Führungsgruppe, sondern als Revolte des einfachen Mannes, der Massen des Volkes gegen die Bürokratie, als Streben nach dem einfachen Leben, als Befreiung der Kreativität des Menschen, als Vorbild direkter Aktion und direkter Demokratie gesehen wurde. Die Parolen Maos und der Roten Garden wurden begierig aufgegriffen: Die Rebellion ist gerecht! Vor jedem Aufbau muß das Alte vollständig zerstört werden! Schießt auf das Hauptquartier! usw. Das dritte Ereignis war der Pariser Mai. Hier war anscheinend die Phantasie an die Macht gekommen, hier wurden spontan die alten Werte, die falschen Wahrheiten zerstört, die Verführungen der Fernseh- und Reklamegesellschaft negiert, aus dem Nichts heraus neue Formen von Kommunikation geboren, das Verbieten verboten. Besonders eindrucksvoll war die plötzliche Eruption, die – von allen unvorhergesehen – so große Massen erfaßte und Frankreich an den Rand einer Revolution zu bringen schien. In der an der Oberfläche bleibenden Interpretation der italienischen Studenten hatten hier tatsächlich die Straßenkämpfe der Studenten des Quartier Latin als Auslöser eines Streiks von 10 Millionen Arbeitern gewirkt, der nur durch die verräterische Politik der Gewerkschaften und des PCF schließlich abgewürgt worden war. Neben dem Vietnam-Krieg, der chinesischen Kulturrevolution und dem Pariser Mai sind auch die amerikanische und vor allem die deutsche Studentenbewegung nicht ohne Einfluß auf die inhaltliche Prägung des studentischen Protests in Italien geblieben.

Als Charakteristikum der italienischen Szene ist noch der große Einfluß des linkskatholischen Dissenses hervorzuheben, insbesondere wegen seiner gesinnungsethischen Note, die für die Erklärung individueller Entscheidungen zum Terrorismus bedeutsam wird. (Dieser Dissens ist zu vergleichen mit jener stark moralisch geprägten protestantischen Strömung, die in Deutschland von der Ostermarschbewegung bis zur Entstehung der RAF eine Rolle spielt.) Während die Kirche unter Pius XII. ein Bollwerk des staatstragenden Konservatismus und der beste Verbündete der DC gewesen war, erhielten unter dem Pontifikat Johannes XXIII. Gedanken sozialen Engagements größere Beachtung und beförderten unter den Gläubigen die Kritik an der Kirche der Reichen und die Hoffnung auf eine Wandlung zu einer wahrhaft christlichen Kirche der Armen. Als sich die offizielle Kirche von dieser zögernd eingenommenen fortschrittlichen Position unter Paul VI. wieder entfernte, brachen nicht nur die großen katholischen Arbeiterorganisationen CISL und ACLI mit Kirche und DC und entwickelten radikale, antikapitalistische Haltungen, sondern es entstanden auch überall Gruppen von Arbeiterpriestern und Basisgruppen von Gläubigen, die Sozialarbeit in den Baracken- und Ghetto-Vierteln der Großstädte leisteten. Die Studentenbewegung nahm diese Einflüsse auf und gab ihrerseits mit neuen Methoden dem Dissens Auftrieb: Kirchen wurden besetzt, Gottesdienste durch sit-ins und die Entfaltung von Spruchbändern gestört, Gegenpredigten gehalten. Die offiziellen katholischen Studentenorganisationen lösten sich auf, und die Università Cattolica von Mailand, bis dahin das kulturelle Zentrum einer orthodoxen katholischen Elite, aus dem führende christdemokratische Politiker hervorgegangen waren, wurde 1967 und 1968 zu einem Zentrum der studentischen Revolte, was einer italienischen Kulturrevolution gleichkam.[33]

Die obige Darstellung der italienischen Studentenbewegung war auf deren strukturelle Ursachen und allgemeine Inhalte beschränkt. Dabei darf nicht übersehen werden, daß die Massenmobilisierung unter dem Einfluß bestimmter Fermente stand, nämlich unter dem Einfluß einer Vielzahl von Zeitschriften (wie *Quaderni Piacentini, Giovane critica, La sinistra, Classe operaia,*

Lavoro politico, Classe e stato, Falce e martello, Nuovo impegno usw.) und einer Vielzahl kleiner politischer Gruppen, vor allem der operaistischen (wie Potere Operaio) und der marxistisch-leninistischen bzw. maoistischen (wie Unione dei Comunisti Italiani, Movimento dei Lavoratori per il Socialismo oder Partito Comunista d'Italia), die zum großen Teil schon vorher existiert, aber ein Schattendasein geführt hatten und die nun aufblühten und Zulauf erhielten.

Die marxistisch-leninistischen Gruppen boten – wie in Deutschland die K-Gruppen – in der Endphase der Studentenbewegung die Alternative straffer Parteiorganisation mit sektenhaftem Charakter an, verloren aber damit wieder an Bedeutung, während – anders als in Deutschland – den operaistischen Gruppen, die weiterhin das Spontane und Bewegungshafte betonten, eine Verbindung von Studentenbewegung und autonomer Arbeiterbewegung wenigstens in Ansätzen gelang. Während die Studentenrevolte als massenhafte Bewegung 1969 zu Ende ging, fanden die Hoffnungen der aktivsten Studenten auf eine nah bevorstehende Revolution durch diese Verbindung neuen Auftrieb: Sie konnten sich – wenn auch fälschlicherweise – als Detonator des Heißen Herbstes sehen.

2. Die Reaktion auf den Protest: Repression und Provokation

Auf sozialen Unruhen – ausgelöst durch strukturelle Veränderungen und zu Bewegungen kanalisiert durch den Einfluß politischer Gruppen, die die veränderte Lage theoretisch interpretieren und bestimmte Aktionsformen beispielhaft vorexerzieren – können die herrschenden wirtschaftlichen und politischen Mächte mit Zugeständnissen sozialintegrativer Art und/oder mit Repression reagieren. Das Schicksal einer sozialen Bewegung wird nie nur durch ihre Eigendynamik und durch die Ressourcen, die ihr zur Verfügung stehen, sondern weitgehend auch durch die Art der Reaktion auf sie bestimmt. Zwar hat es in Italien im Laufe der letzten hundert Jahre nicht an Versuchen gefehlt, in Unrast geratene Bevölkerungsgruppen durch Zugeständnisse zu integrieren[34], doch haben die schwache Stellung der Wirtschaft in der internationalen Konkurrenz und die finanzielle Schwäche des

Staates durchgreifende Reformen und ein Anheben des allgemeinen Lebensstandards auf das Niveau etwa unserer Vergleichsländer stets verhindert, so daß man noch stärker als dort auf Repression angewiesen blieb.[35] Die staatlichen Repressionsorgane sind aber in Italien schwächer als in anderen europäischen Ländern und unfähiger zu geregelter und gleichmäßiger Kontrolle und Prävention, das heißt: Sie sind stärker auf punktuellen brutalen Gewalteinsatz angewiesen. Zugleich muß der herrschende Block immer wieder auf illegale Repression zurückgreifen. Die repressiven Maßnahmen können zwar kurzfristig die angestrebte Wirkung zeigen, wirken jedoch auf die Dauer kontraproduktiv. Die brutale Gewalt der Polizei und die durch nicht- oder parastaatliche Gruppen ausgeübte illegale Repression führen, verbunden mit ihrer Deckung durch die politische Führung und die Justiz, zu weiterem Legitimationsverlust, zu weiterer Verringerung des Konsenses und immer wieder, zumindest bei Teilen der Oppositionsbewegungen, zur Eskalation in Gegengewalt.

Das ist der allgemeine Hintergrund, auf dem die Reaktion auf die oben geschilderten sozialen Bewegungen, auf dem das Vorgehen der Polizei und der rechte Terrorismus zu sehen sind, die eine so bedeutende Rolle bei der Entstehung des sozialrevolutionären Terrorismus spielen.

2.1 Die italienische Polizei

Italien hatte 1971 ca. 228 000 der Zentralregierung unterstehende bewaffnete Polizeikräfte und damit die höchste Polizeidichte in Westeuropa, nämlich einen Polizisten auf 246 Einwohner. (Für unsere Vergleichsländer sehen die Verhältnisse folgendermaßen aus: Frankreich 1 : 310, Deutschland 1 : 343, Niederlande 1 : 557.)[36] Die Organisation der Polizei ist relativ kompliziert, auch wenn wir die kommunalen Polizeien außer acht lassen und ebenso den Corpo delle Guardie di Finanza (Zoll- und Steuerpolizei, Grenzschutz und Küstenschutz, zugleich mit Aufgaben bei der Aufrechterhaltung der öffentlichen Ordnung, 1971 ca. 40 000 Mann, dem Finanzministerium zugeordnet) und den Corpo degli Agenti di Custodia (das Wachpersonal der Gefängnisse, 1971 ca. 12 000 Mann, dem Justizministerium zugeordnet) und nur die beiden wichtigsten Gattungen betrachten: den Corpo delle Guardie die Pubblica Sicurezza (PS) und die Arma dei Carabinieri (CC).

Die Pubblica Sicurezza ist die eigentliche Polizei; ihre Stärke betrug 1971 etwa 80000 Mann, sie ist dem Innenministerium zugeordnet, die Befehlshaber in den Provinzen sind die Quästoren, die wiederum von den Provinzpräfekten abhängen. Die schlagkräftigste Truppe der Pubblica Sicurezza sind die kasernierten und ganz auf ›riot-control‹ abgestellten Reparti mobili e celeri, kurz »la celere« genannt. Die Carabinieri, die älteste und traditionsreichste italienische Polizeitruppe, deren Stärke sich 1971 ebenfalls auf etwa 80000 Mann belief, sind Teil der Armee und werden von Armeegeneralen kommandiert, haben jedoch fast ausschließlich Aufgaben der inneren Sicherheit (ursprünglich vor allem auf dem Land) wahrzunehmen. Sie unterstehen in bezug auf Rekrutierung, Disziplin, Bewaffnung, Ausrüstung, Ausbildung und in ihrer Rolle als Militärpolizei dem Verteidigungsministerium, in bezug auf ihre Kasernierung und ihre Alltagstätigkeit als Garant der inneren Sicherheit dem Innenministerium, in bezug auf ihre Aufgaben bei der Ausführung richterlicher Haftbefehle, dem Schutz von Justizgebäuden und dem Transport Gefangener dem Justizministerium. Kurzum: ein Dschungel von Kompetenzen und Befehlsgewalten.[37]

Dieser Dschungel ist eine der Ursachen für die Ineffizienz der italienischen Polizei. Denn ineffizient ist diese Polizei, zumindest bei der Kontrolle der Kriminalität, auch wenn sie zahlenmäßig in Europa an der Spitze liegt. Italien ist – nach einem Wort Pajettas – »ein Polizeistaat mit einer Polizei, die nicht funktioniert«.[38] Im Jahre 1975 blieben 79% aller bekannt gewordenen Delikte unaufgeklärt, bei den Diebstählen allein erreichte die Aufklärungsquote sogar nur 4%. In Rom wird fünfmal so viel eingebrochen wie in Amsterdam, zehnmal so viel wie in London. Pro Jahr gibt es fast 300 Fälle von Entführung, aber 1972 konnten 50%, 1973 61% und 1974 sogar 68% der Täter nicht gefaßt werden. Man schätzt, daß sich etwa 20 Millionen illegale Feuerwaffen in privater Hand befinden.

Eine weitere Ursache für die Ineffizienz ist die Rivalität, ja sprichwörtliche Feindschaft zwischen Pubblica Sicurezza und Carabinieri, deren Aufgabenbereiche sich weitgehend überschneiden. Sie fahnden nach den gleichen Leuten, aber die Fahndungen bleiben unkoordiniert, nicht selten kommt es bei Zivileinsätzen sogar zu Schießereien, wenn jede der beiden Seiten die andere für Kriminelle hält. Vorzeitiges Zuschlagen gegen Terroristen, die vom Rivalen noch observiert wurden, hat auch auf diesem Gebiet zu vielen Pannen geführt. Hinzu kommt, daß trotz der großen Zahl von Beamten für den eigentlichen Einsatz gegen die Kriminalität zu einem bestimmten Zeitpunkt immer nur sehr wenige zur Verfügung stehen. So wurde für die Pubblica Sicurezza errechnet, daß von den ca. 80000 Mann pro Tag nur 5460 tatsächlich auf den Straßen eingesetzt werden, das sind pro Schicht 1365 Mann in ganz Italien. Während in Paris etwa 500 Polizeiwagen Tag und Nacht patrouillieren, sind es in Mailand nur 50, in Turin 30, in Neapel 29.

Was macht also die Polizei? Sie ist überlastet mit Personen- und Gebäudeschutz, mit allen möglichen skandalösen Diensten für die Präfekten und Quästoren, vor allem aber mit administrativen Aufgaben, d. h. zum Beispiel mit der Erteilung und Überwachung von Lizenzen für alle öffentlichen Tätigkeiten der Bevölkerung (PS), und mit dem Sammeln von Informationen über alle Bürger und für eine Vielzahl von Institutionen (CC). Hinzu kommt natürlich als ein weiterer wesentlicher Grund, daß gar nicht die Bekämpfung der gewöhnlichen Kriminalität, sondern vielmehr die der sovversione, der staatsfeindlichen Tätigkeit, als eigentliche Aufgabe der Polizei aufgebaut wurde, auch als die sovversione noch in nichts anderem bestand als in legitimen und legalen Forderungen von Landarbeitern, Pächtern, Arbeitern oder später Studenten.[39]

Man hat die italienische Polizei »un'industria del Meridione« genannt, und tatsächlich stammen 80% der Polizisten aus dem Süden und dem südlichen Mittelitalien. Allein aus den drei Regionen Kampanien, Apulien und Sizilien kommen 50%, aus Ligurien dagegen 1%, aus Piemont 2% usw. Ihrer sozialen Herkunft nach stammen 45% aus Arbeiterfamilien, 28% aus Familien von Kleinbauern und Pächtern, 24% aus Familien von Handwerkern, Kleinhändlern und kleinen Angestellten, nur die Führungskräfte aus den höheren Schichten. Arbeitslosigkeit und Elend im Mezzogiorno sind das Stimulans für die Berufswahl, nur äußerst selten Überzeugung und Berufung. Die polizeiinterne Zeitschrift *Ordine Pubblico* hat 1975 eine Umfrage unter Polizisten durchgeführt. Eine der Fragen bezog sich auf die Tätigkeit vor dem Eintritt in die Polizei. 30,2% waren arbeitslos gewesen und 4,7% Emigranten. Die Schulbildung ist relativ schlecht. 1969 besaßen 48% der Beamten nur den Grundschulabschluß (5 Jahre Schulzeit), 49% das Examen der unteren Mittelschule (8 Jahre Schulzeit) und

3% das Abitur. Die Ausbildung auf den Polizeischulen wird allgemein als miserabel bezeichnet, so daß das professionelle Niveau der italienischen Polizei sehr niedrig ist, von einem für eine moderne Polizei notwendigen psychologischen Training zu schweigen. In der zitierten Umfrage von *Ordine Pubblico* antworteten 97% der Befragten, daß sie keine adäquate Berufsausbildung erhalten hätten. Böse ausgedrückt also ein »Heer von desperados« (D'Orsi), dessen Soldaten sich wegen der schlechten Bezahlung, der entwürdigenden Behandlung durch die Offiziere und der Überbeanspruchung als Sklaven fühlen. Gegenüber *Ordine Pubblico* erklärten nur 6,4% der Befragten, mit ihrer Tätigkeit zufrieden zu sein.[40]

Diese Frustration übersetzt sich nicht nur in irrationale Aggression gegen den Gegner auf der Straße, auf dem Feld, in der Universität und hat also aus der Sicht der Kommandierenden funktionale Wirkungen, sondern seit 1969 auch in politischen Protest, der sich z. T. irrational in schnell unterdrückten Revolten[41], rational in der Forderung nach einer (inzwischen realisierten) Polizeigewerkschaft und in Wahlergebnissen ausdrückt. Dazu einige Zahlen aus einem Mailänder Wahlbezirk, in dem ausschließlich Beamte einer kasernierten Polizeiabteilung ihre Stimmen abgeben, zuerst die Ergebnisse der nationalen Wahlen von 1972, dann die der Regionalwahlen von 1975: MSI 45% – 20%, DC 32% – 28%, PSI 5% – 12%, PCI 9% – 30%, der Rest ging zu gleichen Teilen an die Ultralinken einerseits, PLI und PRI andererseits. In den Kasernen von Rom stieg der Anteil des PCI von 17 auf 27%, in der Unteroffiziersschule von Nettuno von 32 auf 42%. Immerhin waren noch 1968 aus den Regionen Sardinien, Alto Adige und Val d'Aosta Stimmenabgaben von um die 90% für den MSI berichtet worden.[42]

Der Wandel um die Mitte der siebziger Jahre unterstreicht aber nur die politische Ausrichtung der Polizei, wie sie bis zu diesem Zeitpunkt bewußt betrieben worden war. Die Pubblica Sicurezza hatte seit 1946 ausschließlich DC-Innenministern unterstanden; auch die Verteidigungsminister, denen die Carabinieri unterstehen, hatten bis auf zwei sozialdemokratische Ausnahmen (1950–1952 Pacciardi, später der Verwicklung in einen Staatsstreichversuch angeklagt, 1970–1974 Tanassi, später wegen Bestechung durch die Firma Lockheed ins Gefängnis gesetzt) dieser Partei angehört. Bis zum Jahre 1960 stammten 62 von 64 Präfekten 1. Klasse aus dem faschistischen Beamtenapparat, 64 von 64 Präfekten 2. Klasse, 241 von 241 Vizepräfekten, 7 von 10 Generalinspektoren, 135 von 135 Quästoren und 139 von 139 Vizequästoren; von 1642 Polizeioffizieren der unter dieser Ebene stehenden Ränge hatten nur 34 eine Beziehung zum antifaschistischen Widerstand gehabt.[43] Diese Führung konnte sich auf die zu ihr passenden gesetzlichen Regelungen stützen: Das Reglement der Carabinieri stammt von 1814 und wurde nur in der faschistischen Zeit leicht revidiert, das Reglement der Pubblica Sicurezza trägt die Unterschrift Mussolinis.

Unter dem Innenminister Scelba wurden nach 1948 etwa 3000 Mann, die aus den Reihen der Resistenza in der unmittelbaren Nachkriegszeit in die Pubblica Sicurezza eingetreten waren, aus der Polizei ausgeschlossen, dafür das Personal der berüchtigten Polizia dell'Africa Italiana eingegliedert, ebenso wie eine große Zahl von sogenannten »repubblichini« (Mussolinis letzte Gefolgsleute in seiner Repubblica Sociale von Salò), die erst kurz zuvor durch die Amnestie von 1948 freigekommen waren. In der darauffolgenden Zeit wurde die Selektion der Neuzugänge stets sehr gewissenhaft gehandhabt, wozu das Überangebot an Bewerbern die Möglichkeit bot. Der Informationsdienst der Carabinieri prüfte sorgfältig, ob der Kandidat regierungs- und kirchentreu war, einen guten Leumund in seinem Herkunftsort hatte und ob sich unter seinen Verwandten und Freunden nicht nur keine Vorbestraften, Homosexuellen oder Geisteskranken, sondern auch keine Kommunisten befanden.[44]

Im Morgengrauen des 30. Oktober 1949 zieht eine Gruppe von landlosen Bauern aus Melissa (Kalabrien) auf ein Stück unkultivierten Landes, das zum Latifundium des Marchese Berlingeri gehört, und beginnt, es zu bearbeiten, wozu sie die Bodenreformgesetze berechtigen. Der Marchese hatte eine Woche vorher angekündigt, daß er solche Maßnahmen auf seinem Gut nicht dulden würde. Gegen zwei Uhr nachmittags erscheint eine Abteilung von 100 Polizisten der celere. Die Bauern, die den ganzen Tag über eine Attacke mafioser Feldhüter befürchtet hatten, sind zunächst beruhigt durch diesen Schutz. Ein Offizier fordert sie jedoch auf, die »Waffen«, ihre Hacken, fortzuwerfen, und kurz darauf eröffnet die Polizei das Feuer mit Gewehren und Handgranaten. Augenzeugen berichten, daß die Polizisten von dem zum Mittagessen genossenen Wein angetrunken waren. Ein Junge von 15, eine Frau von 25 und ein Landarbeiter von 29 Jahren werden getötet, 15 weitere Menschen schwer verletzt. Etwa eine Stunde lang dauert die Jagd auf die fliehenden Bauern an; wessen die Polizei habhaft werden kann, der wird schwer mißhandelt. Die offizielle Version lautet später, die Bauern hätten den Konflikt durch den Wurf von Handgranaten provoziert, durch die die Opfer in ihren eigenen Reihen entstanden wären. Niemand wird für das Massaker zur Verantwortung gezogen.

Im Dezember 1949 entläßt der Industrielle Orsi aus seinem Stahlwerk in Modena (Emilia) 560 Arbeiter, durchweg politisch und gewerkschaftlich aktive. Die Arbeiter des Werkes antworten mit einzelnen Streiks. Daraufhin verfügt der Industrielle die (nach italienischem Gesetz illegale) Aussperrung. Am 9. Januar 1950 wird von den Gewerkschaften der Generalstreik erklärt. Ein langer Zug von Arbeitern zieht zur Fabrik, wo sie von einem starken Polizeiaufgebot erwartet werden. Als der Demonstrationszug vor den Werktoren angelangt ist und die Kundgebung beginnen soll, eröffnet die Polizei das Feuer. Eine Gruppe von Gewerkschaftsführern und Parlamentariern eilt zum Präfekten, wo sie jedoch nur mit Beleidigungen und Drohungen empfangen werden. Inzwischen geht das Massaker weiter, das schließlich 6 Tote und 50 Verletzte zur Folge hat. Die Quästur verbreitet die Version, daß einige tausend Arbeiter die Ordnungskräfte mit Feuerwaffen, Handgranaten, Hämmern, Steinen und Knüppeln angegriffen hätten; von der Polizei war aber niemand verletzt worden. Der Innenminister verfügt eine Kommunikationssperre über die Stadt, um die Wahrheit nicht nach außen dringen zu lassen. Es gibt keine gerichtliche Untersuchung.[45]

Die Reihe dieser Beispiele ließe sich beliebig verlängern.[46] Die Unterdrückung politischen Protests allein in den Jahren 1948 bis 1954 spiegelt sich in folgenden Zahlen wider: 75 Tote, 5104 Verwundete, 148 269 Festgenommene, 61 243 Verurteilte, 20 426 Jahre Gefängnis und 18 lebenslange Freiheitsstrafen.[47] Insgesamt tötete die Polizei von 1946 bis 1970 allein im Zusammenhang mit Landbesetzungen, Streiks und Demonstrationen 133 Menschen. Die Zahl der Verwundeten wird für den gleichen Zeitraum auf rund 10000 geschätzt. Dabei sind natürlich immer nur direkt politische Fälle berücksichtigt; zieht man Grenzfälle zwischen politischem Protest und gewöhnlicher Kriminalität – wie etwa das sizilianische und das sardische Banditentum –, gewöhnliche Kriminalität und »Versehen« hinzu, so erhöht sich die Zahl sprunghaft: Isman schätzt, daß die Polizei in den dreißig Jahren zwischen 1946 und 1976 mehr als 1500 Menschen erschossen hat. Allein im Jahre 1976, im ersten Jahr nach der Legge Reale, einem Gesetz, das der Polizei auch offiziell größere Freiheit beim Schußwaffengebrauch gab, starben 70 Menschen, überwiegend Kleinkriminelle, die zu fliehen suchten, sowie eine ganze Reihe unbescholtener Bürger, die aus Versehen getroffen wurden. Ein Leser italienischer Zeitungen kann leicht feststellen, daß die Kette bis heute nicht abgerissen ist. Diese Schußfreudigkeit der Polizei auch bei der Bekämpfung der gewöhnlichen Kriminalität ist symptomatisch.

Natürlich ist bei alledem zu berücksichtigen, daß es in Italien auch eine Tradition revolutionärer Gewalt bzw. eine Tradition der gewalttätigen Revolte gibt. So wurden in politischen Auseinandersetzungen zwischen 1946 und 1970 auch 13 Polizisten getötet.[48] Diese Tradition soll uns weiter unten beschäftigen. Doch kann schon jetzt gesagt werden, daß sie eine reaktive Erscheinung ist, fast immer ausgelöst durch gewalttätige repressive Maßnahmen entweder der Polizeikräfte oder auch illegaler Gruppen. Der typische Ablauf der bisher behandelten Ereignisse sieht folgendermaßen aus: Angehörige der unteren Bevölkerungsschichten, im Süden vor allem Tagelöhner und Pächter, im Norden meist Arbeiter, formulieren Protest gegen ihre schlechte ökonomische Situation, gegen Korruption, gegen provokative Akte von Landbesitzern oder Industriellen, gegen die zahlreichen Übergriffe der Neofaschisten, gegen bestimmte politische Tendenzen der Regierung usw. auf gewaltlose Weise und überwiegend in Wahrnehmung gesetzlich garantierter Rechte (Landbesetzungen, Demonstrationen, Streiks). Die nationale oder lokale politische Führung will auf die vorgebrachten Forderungen nicht eingehen und sucht den Konflikt von der ökonomischen oder politischen Ebene auf die der öffentlichen Ordnung zu transponieren. Die Polizei tritt in Aktion auch dort, »wo jede andere Polizei es für ausreichend ansehen würde, einfach die Augen offenzuhalten«.[49] Sie provoziert die gewalttätige Auseinandersetzung, um den gewünschten Wechsel der Konfliktebene legitimieren zu können. Die Justiz garantiert der Polizei, sollte es überhaupt zu Anklagen kommen, auch in Fällen von offensichtlich illegalem Vorgehen Straflosigkeit.

Für unser Thema besonders wichtig ist die Tatsache, daß diese Tradition auch gegenüber den Bewegungen von 1968/69 fortgesetzt wird.

Die den Studenten gegenüber angewandte Gewalt unterscheidet sich von der gegen die Tagelöhner, Pächter und Arbeiter ausgeübten nur insofern, als gegen die Studenten nicht, zur gleichen Zeit gegen die Bauern in Avola und Battipaglia (im Süden) und gegen die Arbeiter in Turin sehr wohl scharf geschossen wurde. Die Toten und Verletzten unter den Studenten[50] sind eher Opfer aus der Kontrolle geratener Konfrontationen. Die Gründe für die Zurückhaltung einerseits sind vielfältig, vor allem aber gehören die Studenten meist der gleichen sozialen Schicht wie die politische und polizeiliche Führung an, werden als nicht so gefährlich betrachtet und haben eine weit größere Beschwerdemacht. Die Gründe für die große Aggressivität der Polizisten andererseits sind in deren letztlich auf die eigene soziale Herkunft und Lage zurückzuführenden psychischen Haltung zu suchen. Gegen Bauern und Arbeiter werden die Befehle oft eher mit einem Gefühl des Verrats (in der oben zitierten Untersuchung von *Ordine Pubblico* gaben 61% der Befragten an, gegenüber streikenden Arbeitern ein Gefühl von Solidarität oder zumindest von Verständnis zu haben), gegen Studenten aber mit einer Art Klassenhaß ausgeführt, der durchaus nicht nur auf die von manchen Medien geschürte Pogromstimmung zurückzuführen ist. Die schwierige Überwindung des traditionellen Respekts vor den »jungen Herren«, Haß und vor allem Neid mischen sich im Bild vom Studenten: »... Geld, lange Haare, schöne Kleider, jede Menge Mädchen und ein bißchen Revolution.«[51]

In der Wirkung auf jene Personen, die für den Fortgang unserer Erklärung des sozialrevolutionären Terrorismus wichtig sind, haben diese Unterschiede keine große Rolle gespielt. Sie haben sich einerseits mit den Opfern der »harten« Mittel identifiziert, andererseits die von ihnen selbst erfahrene Gewalt der »sanften« Mittel (immerhin auch Prügelorgien mit Toten) auf das gleiche Niveau gehoben. Zu den Erlebnissen der Gewalt kommt als Erfahrung von Repression natürlich auch noch die Welle von Verboten und gerichtlichen Verfolgungen, die 1969 einsetzte wegen Widerstands gegen die Staatsgewalt, Anstiftung zu Straftaten, Verbreitung falscher und tendenziöser Nachrichten, Umsturzpropaganda, Anstiftung zum Klassenhaß usw. (z. T. Delikte, die das ungebrochene Handhaben des aus der faschistischen Zeit stammenden Strafgesetzbuchs, des Codice Rocco, demonstrieren). Nach Aussage des Innenministers Restivo wurden allein zwischen Oktober

1969 und Januar 1970 gegen ca. 13 000 Personen Prozesse eingeleitet, bis das Parlament eine Amnestie beschloß.[52]

2.2 Die Strategie der Spannung

Der entscheidende Punkt jedoch wurde mit dem Geschilderten noch nicht berührt, nämlich die neofaschistische Terrorwelle und die mit ihr verbundenen Manöver des MSI, bestimmter Kreise aus der DC und von Teilen des Staatsapparats, also die sogenannte »strategia della tensione«, die Strategie der Spannung.

Auch diese Form der illegalen, nicht-staatlichen Repression hat ihre Tradition in Italien. Man denke etwa an den sogenannten squadrismo, die Attentate, Überfälle, Provokationen, die von Mussolinis Gefolgsleuten in den Jahren 1919 bis 1926 verübt wurden.[53] Im ländlichen Süden, vor allem in Sizilien und Kalabrien, stellte und stellt die Mafia ein von der sozialen Funktion her ähnliches Phänomen dar. Obwohl die mafiosen Gruppen weder in ihrer Entstehung noch in ihrer gesamten Tätigkeit allein von dieser Funktion her erklärt werden können, bilden sie doch seit über hundert Jahren vor allem auch den illegalen Arm der Großgrundbesitzer und jener konservativen politischen Kreise, die sich durch die soziale Entwicklung, durch Pächter- und Landarbeiterorganisationen, Genossenschaften, Gewerkschaften, Linksparteien in ihren Privilegien bedroht fühlen und die staatliche Repression für ungenügend halten. So wurden in Sizilien in den Jahren 1945 bis 1965 41 Exponenten der Bauernbewegung ermordet, davon allein 30 in den Krisenjahren 1946 und 1947.[54] Und bis heute ist die Kette dieser Art politischer Morde in Sizilien und Kalabrien nicht abgerissen.

Der schwarze Terror war die Antwort auf die Studentenbewegung, vor allem aber auf die großen gewerkschaftlichen Erfolge des Jahres 1969, auf den allgemeinen Linksruck im Lande. Schon nach der Bildung des ersten Centro sinistra hatte der Carabinieri-General De Lorenzo 1964 einen Staatsstreich versucht, dessen Hauptzweck darin bestanden hatte, die Sozialisten durch die Androhung der diktatorischen Alternative in ihren Reformforderungen zu bremsen – »... entweder der PSI trat in den Kapitalismus ein, oder der Kapitalismus verließ die Demokratie«.[55] Nun übernahmen die Neofaschisten die aktive Rolle im Spiel der illegalen Repression. Im Movimento Sociale Italiano hatte es seit langem zwei Flügel gegeben, die »harten« Befürworter einer Terrorstrategie und die »weichen« Befürworter einer parlamentarischen Linie und eines Bündnisses mit den Mitte-Rechts-Parteien.[56] Das Centro sinistra hatte die MSI-Fraktion im Parlament isoliert, und die Partei war allgemein in eine Krise geraten, aus der sie nach der Übernahme des Vorsitzes durch Almirante (1969) den Ausweg in einem aggressiven Kurs suchte. Pino Rauti kehrte mit seiner Kampforganisation Ordine Nuovo in die Partei zurück. Almirante versuchte, »einen kreativen Nationalismus gegen den Bürgerkrieg der Linken« zu erwecken; er behauptete: »Die Demokratie ist unfähig zur Verteidigung Italiens – also verteidigen wir es.« Ende der sechziger Jahre begannen die finanziellen Quellen für die Partei und ihre Unterorganisationen wieder reichlicher zu fließen, es spendeten Industrielle, Bauunternehmer, Hotelbesitzer, Großagrarier, Banken. Dutzende von neofaschistischen Blättchen und Zeitschriften sprossen aus dem Boden, und eine Vielzahl neuer Bünde, Bewegungen und Fronten wurden gegründet, während die schon existierenden Gruppen sich auf der Basis der neuen kämpferischen Strategie reorganisierten und vor allem unter Jugendlichen neue Mitglieder anwarben.[57] Besonders bedeutsam waren die Beziehungen zu den griechischen Obristen und zum griechischen Geheimdienst ESESI. Seit Beginn des Jahres 1969 ging die Kurve faschistischer Attentate und Überfälle steil nach oben. Allein in Mailand wurden in diesem Jahr 145 Anschläge verübt, meist gegen lokale Sektionen der Linksparteien, aber auch gegen Gewerkschaftsbüros und Synagogen. Ihren Höhepunkt erreichte diese Welle mit der Bombenexplosion in der Landwirtschaftsbank an der Piazza Fontana (16 Tote, 88 Verletzte). In Rom wurden von der Partisanenorganisation ANPI zwischen Anfang 1969 und Ende 1973 pro Woche mehr als zwei Gewalttaten der Rechtsextremisten registriert, insgesamt fast 700 Überfälle auf Personen, wobei zum Schlagen und Stechen Messer, Ketten, Flaschen und Eisenstangen benutzt wurden. Die Opfer wurden oft gezeichnet, oder es wurde ihnen nach dem historischen Vorbild der zwanziger Jahre gewaltsam Rizinusöl eingeflößt. 1975 legte ein Untersuchungsausschuß der Regionalregierung der Lombardei eine Dokumentation vor, die zwischen dem 1. Januar 1969 und dem 28. Mai 1974 über 1100 faschistische Gewalttaten, d.h. im Durchschnitt vier pro Woche, verzeichnet. Die Welle kulminierte wieder 1974 – nach dem Erfolg der Linken beim Referendum über das

Scheidungsgesetz – in dem Bombenanschlag auf eine gewerkschaftliche Kundgebung an der Piazza della Loggia in Brescia (8 Tote, 103 Verletzte) und im Attentat auf den Expreßzug München–Rom, den Italicus (12 Tote, 50 Verletzte). Sie ist auch später nicht abgeebbt, wie die zahlreichen durch die NAR (Nuclei Armati Rivoluzionari) verübten Morde an linken Jugendlichen, an Polizisten, an mit Untersuchungen über den rechten Terrorismus beschäftigten Richtern usw. sowie der Anschlag auf dem Bahnhof von Bologna im August 1980 (85 Tote, 200 Verletzte) beweisen. Sie wird ergänzt durch einige weitere Staatsstreichversuche: 1970 Borghese, 1974 Sogno, im gleichen Jahr Verschwörung der Rosa dei venti (Windrose).[58]

Ziele dieses Terrors waren einerseits die direkte Einschüchterung der Gewerkschaften und Linksparteien, andererseits über die Erzeugung von Unsicherheit und Chaos eine Verschiebung der öffentlichen Meinung nach rechts, eine Mobilisierung von Forderungen nach einer starken, ordnungschaffenden Alternative zum dazu unfähigen demokratischen System. Zur Erreichung des zweiten Zieles konnte es nur vorteilhaft sein, wenn es gelang, die Urheberschaft besonders der Bombenanschläge den Linken in die Schuhe zu schieben. Diese Taktik wurde vor allem in der Anfangsphase verfolgt.[59] Man versuchte auch, ultralinke Gruppen zu infiltrieren und sie zu gewalttätigen Aktionen zu provozieren. Am besten eigneten sich dazu einige von der übrigen Linken isolierte, schlecht organisierte anarchistische Grüppchen mit wirren Ideen; teilweise wurden solche Gruppen überhaupt erst von Provokateuren gegründet, wie z. B. der Zirkel »22. März« in Rom, dem auch Pietro Valpreda angehörte (zunächst Hauptangeklagter wegen des Anschlags an der Piazza Fontana) und dessen aktivstes Element Mario Merlino sich später als Angehöriger der Avanguardia Nazionale, einer faschistischen Gruppe, entpuppte. In bezug auf manche maoistische Gruppen kam eine gewisse ideologische Berührung der beiden Extreme in ihrer Systemkritik den Unterwanderungsbemühungen zugute; so wurde vor allem von der Paduaner Gruppe um Franco Freda und Giovanni Ventura (Jahre später als eigentliche Bombenleger an der Piazza Fontana verurteilt) ein als »Nazimaoismus« bezeichnetes Ideengebräu gepflegt.[60]

Polizei, Gerichte und Staatsführung konzentrierten sich im Rahmen der gleichen Strategie auf die pista rossa, die rote Spur. Die Attentate wurden zum Anlaß genommen, zahlreiche Razzien und

Festnahmen in der ultralinken Szene durchzuführen. Der gleich nach dem Anschlag an der Piazza Fontana festgenommene Eisenbahner Pinelli stürzte aus einem Fenster des Mailänder Polizeipräsidiums und starb, Valpreda saß drei Jahre in Untersuchungshaft, bis sich seine Unschuld herausstellte. Gleich vielen anderen wurde die Protestdemonstration am ersten Jahrestag des Blutbades in der Landwirtschaftsbank auseinandergetrieben, ein Student erschossen. Wie später bewiesen werden konnte, vernichtete die Polizei Beweismaterial, das auf eine pista nera, eine schwarze Spur, hindeutete. Entsprechende Nachforschungen wurden von der Polizeiführung und vom Geheimdienst SID behindert. Erst langsam kam die Wahrheit – zumindest zum Teil – ans Licht, was vor allem den von der Zeitschrift *Lotta continua* sofort eingeleiteten Nachforschungen und ständigen Protesten (contrainformazione – wofür der Chefredakteur Baldelli zunächst wegen Verleumdung verurteilt wurde), dann einigen couragierten Untersuchungsrichtern und schließlich dem Druck auch der historischen Linken zu danken ist. Nun begannen aber die Gerichte, die Prozesse zu verschleppen; Innenministerium und Verteidigungsministerium verhinderten eine Reihe von Zeugenaussagen und Nachforschungen, indem sie sich auf das militärische Staatsgeheimnis beriefen. Inzwischen war immerhin bewiesen worden, daß über den General Miceli, Chef des SID (Servizio informazione difesa), 500 000 Dollar aus der Kasse der amerikanischen Botschaft an die neofaschistischen Gruppen geflossen waren, daß ein gewisser Gianettini (gemeinsam mit Freda und Ventura verurteilt) als Agent des SID aktiv an den Vorbereitungen zum Bombenanschlag von Mailand beteiligt war, daß auch die Affari riservati des Innenministeriums ihre Hand im Spiele hatten. Die Geheimdienste mußten gesäubert werden, ihre Führer wurden vor Gericht gestellt (die Generale Miceli und Maletti, der Admiral Henke und einige untere Ränge). Mit der Untersuchung über die Verstrickung der politischen Spitze beschäftigte sich ein Prozeß in Catanzaro, doch scheint deutlich, daß die vorgeladenen Politiker Andreotti, Rumor und Tanassi nicht bereit waren, die Wahrheit zu sagen. Ein Polizeikommissar und zwei ebenfalls mit dem Verfahren beschäftigte Untersuchungsrichter wurden erschossen: 1972 Calabresi in Mailand, 1976 Occorsio in Rom, 1979 Alessandrini in Mailand. Zwölf Zeugen starben unter z. T. mysteriösen Umständen.[61]

Die Strategie der Spannung war aber nicht auf den Terror beschränkt, insbesondere in den Anfangsjahren stand auch ein politisches Programm der rechten DC-Führung und der ihr verbundenen Medien dahinter, das immerhin nicht geringe Erfolge verbuchen konnte. Man versuchte, den Eindruck zu erwecken, daß »rot« mit Gewalt und Chaos gleichzusetzen war, und stellte die Attentate als logische Fortentwicklung des Heißen Herbstes dar. Die soziale Basis, die man für einen Rechtsruck zu mobilisieren versuchte, war der Mittelstand, dessen ökonomische Stellung durch die wirtschaftliche Entwicklung bedroht war und der wegen der Statusverbesserungen, die die Arbeiter erreicht hatten, seine soziale Deklassierung befürchtete. Letztlicher Hintergrund war die Auseinandersetzung der beiden großen Parteien, DC und PCI, um die Mittelschichten als politische Bündnispartner. Den sich abzeichnenden Erfolgen des PCI setzten Teile der DC den Versuch entgegen, in Kollaboration mit dem MSI eine neue rechte Mehrheit im Volk zu organisieren, die es ermöglichen sollte, nicht nur den Weg des PCI in die Regierung zu blockieren, sondern auch aus den Fesseln des Centro sinistra hinauszukommen und die gewerkschaftlichen Positionen wieder zu schwächen.

Zentrum dieser Politik war Mailand, wo sich ein »Antikommunistisches Bürgerkomitee« konstituierte, dem Christdemokraten, Liberale, Sozialdemokraten und Faschisten angehörten und das unter dem maßgeblichen Einfluß des DC-Politikers De Carolis stand. Es sprach für die maggioranza silenziosa, die schweigende Mehrheit. Hauptforderung war die Wiederherstellung von Ordnung, programmatisches Dokument ein Geheimbericht des Mailänder Präfekten Mazza an den Innenminister Restivo vom Dezember 1970, der im April 1971 in mehreren rechtsstehenden Zeitungen veröffentlicht wurde. Darin war die Rede von 20000 militärisch bewaffneten linken Untergrundkämpfern, deren Ziel es sei, »das öffentliche Leben zu stören, vandalistische Akte mit großen Schäden für öffentliches und privates Eigentum zu begehen, Gewalt gegen wehrlose Bürger anzuwenden und die Feiheit einzuschränken«. Weiterhin hieß es: »Die Bevölkerung ist – auch wenn das in ihren Reaktionen noch nicht so deutlich zum Ausdruck kommt – erbittert über die fortdauernden Demonstrationen, Unruhen, Straßensperren und über die sich in den Universitäten, Schulen, Büros und Fabriken ausbreitende Gewalt... über die Explosionen des Hasses gegen jede legitime Autorität, die im Namen einer falsch verstandenen, zu Zügellosigkeit, Willkür und Gewalttätigkeit degenerierten Freiheit notwendigerweise in Chaos und Anarchie führen müssen.«[62] Neofaschistische Gruppen, deren paramilitärische Lager, deren Attentate usw. werden in dem geheimen Lagebericht nicht erwähnt.

Der MSI versuchte, durch Beteiligung an dieser DC-Politik seine eigene Massenbasis zu vergrößern und sich damit als Bündnispartner für ein Centro destra aufzuwerten, während seine letzten Ambitionen in Richtung eines Putsches à la Griechenland gingen. Die Verstärkung der Basis gelang auch zeitweilig. Der MSI errang bei den Regionalwahlen von 1971 13,9%; in einigen Städten gab die Wahl Anlaß zu Freudenfeiern, so vor allem in Palermo mit 19,5%, in Catania mit 27% und in Rom mit 15,2%. Auch der Erfolg bei den nationalen Wahlen von 1972 war beträchtlich, in der Kammer stellte der MSI mit 8,7% 56 Abgeordnete (im Senat mit 9,2% 26). Das Centro sinistra brach auseinander, und bei der Wahl des Christdemokraten Leone zum Staatspräsidenten sowie bei der Kampagne um das Scheidungsrecht zeichnete sich eine rechte Koalition ab.[63]

Noch bedenklicher war die Tatsache, daß es den Neofaschisten gelang, in den Unruhen von L'Aquila und Reggio Calabria die Führung zu ergreifen und sie mit ihren Parolen zu beherrschen. Besonders die Ereignisse von Reggio Calabria zeigten, daß in manchen Regionen durchaus die Chance bestand, die aus der Unzufriedenheit mit den ökonomischen Zuständen herrührende Gewaltbereitschaft mancher Schichten in faschistische Kanäle zu leiten. Die Stadt lebt hauptsächlich vom Kleinhandel und von der staatlichen Administration, 70% der ökonomischen Aktivitäten liegen im Bereich des tertiären Sektors und der Verwaltung. Als die Rivalin Catanzaro zur Regionalhauptstadt gemacht werden sollte, kam es zum Aufstand, der von Juli 1970 bis Februar 1971 dauerte, große Verwüstungen anrichtete, die Stadt teilweise total isolierte und schließlich den Einsatz von 5000 Polizisten (über das Meer herangebracht) notwendig machte. Getragen wurde die Revolte vom alten Mittelstand (Händler und Handwerker), vom neuen Mittelstand (Verwaltungsangestellte) und vom Subproletariat, geführt wurde sie vom christdemokratischen Bürgermeister, vom Bischof, vor allem aber von einem Aktionskomitee unter der Präsidentschaft des ehemaligen Sekretärs der faschistischen Gewerkschaft CISNAL und späteren Senatoren Ciccio Franco.[64]

Die Ziele der Strategie der Spannung (Wechsel der Konfliktebene vom Bereich der Ökonomie und Politik in den Bereich der öffentlichen Sicherheit und Ordnung, Verschiebung der öffentlichen Meinung nach rechts und Mobilisierung einer rechten Massenbasis) konnten dennoch letztlich nicht oder nur teilweise erreicht werden. Die Arbeitskämpfe gingen weiter; die Organisationen der historischen Linken gewannen viele Arbeiter und Studenten, die ihnen aus Furcht vor einem rechten Staatsstreich wieder zuströmten, zurück bzw. weite Teile der Mittelschicht neu, wie die Erfolge des PCI bei den Regionalwahlen von 1975 und den Parlamentswahlen von 1976 zeigten. Die langsam sich durchsetzende Wahrheit über die eigentlichen Hintergründe und Hintermänner des Terrors wirkten schließlich kontraproduktiv. Immerhin aber – und das ist als Ergebnis dieser Jahre nicht zu unterschätzen – war die Herrschaft der DC doch insofern gefestigt worden, als unter dem Eindruck der realistischen Gefahr einer Gewaltlösung von rechts die Regierungsübernahme durch eine linke Koalition von den Linksparteien selbst als zu riskant angesehen und eine entsprechende Politik aufgegeben wurde: Der Führung des PCI blieb nur der Vorschlag eines »Historischen Kompromisses« (vgl. dazu unten 3.3.1).

Für unser Thema ist entscheidend, daß kleine Teile der Bewegungen von 1968/69 andere Konsequenzen zogen und unter dem Eindruck der Strategie der Spannung Tendenzen zum sogenannten »bewaffneten Widerstand« zu zeigen begannen.

3. Lotta armata

3.1 Traditionen der Rebellion

Bevor wir nach der Klärung seiner Voraussetzungen zur Schilderung des »bewaffneten Kampfs« der siebziger Jahre übergehen, muß zumindest kurz darauf hingewiesen werden, daß sich seine Akteure in Italien – ganz im Gegensatz zu ihren deutschen Pendants – auf eine eigene Tradition revolutionärer Gewalt (oder besser: auf eine Tradition der gewalttätigen Revolte) gegen den Staat und gegen die ihn beherrschenden und mit seiner Hilfe herrschenden Schichten berufen können und auch immer wieder berufen haben.

An erster Stelle ist hier der endemische Agrarrebellismus zu nennen, der die Geschichte des Südens durchzieht und seinen Ausdruck im Banditentum wie auch in lokalen Volksaufständen fand und findet. Banditentum als klassische Form der individuellen Revolte auf dem Land entsteht vorzugsweise in Regionen, die von einem der Bevölkerung fernstehenden Zentralstaat kolonial überlagert, oder in Perioden, in denen durch den Einbruch des Kapitalismus in die Landwirtschaft die alten Lebensverhältnisse drastisch verändert werden.[65] Der Bandit wird in solchen Situationen für die Bauern zum Symbol des Kampfes gegen neue Ungerechtigkeiten und für die alten Rechte, obwohl das ihm in der Legendenbildung angedichtete Robin-Hood-Stereotyp eher als Projektion der Volksstimmung denn als Beschreibung seines tatsächlichen Verhaltens gelten muß.[66] Das im Banditentum steckende revolutionäre Potential war stets umstritten. Zu oft geht die Entwicklung vom revoltierenden »peasant bandit« zum im Dienste der außerstaatlichen Repression stehenden »landlord's bandit« (Hobsbawm). Die Geschichte des legendären Sizilianers Salvatore Giuliano ist dafür das bedeutsamste, wenn auch keinesfalls einzige Beispiel aus der italienischen Nachkriegszeit.[67] Immerhin hat einer der ersten sozialrevolutionären Terroristen, nämlich Feltrinelli, versucht, der unbewußten Revolte der sardischen Banditen revolutionäres Bewußtsein zu vermitteln und auf dieser Basis eine Guerilla-Bewegung aufzubauen.

Weniger umstritten als Bestandteil der revolutionären Tradition sind die lokalen Aufstände der Tagelöhner, Pächter und Kleinbauern. Die Beispiele aus der Geschichte sind auch hier unzählig. Immer wieder – und noch bis 1980[68] – entlädt sich der Unmut der Dorfbevölkerung in Angriffen auf das Rathaus, im Verbrennen der Archive usw. Die größte Bedeutung hat natürlich in diesem Zusammenhang die Landnahmebewegung von 1943 bis 1950, an der Zehntausende von Bauern beteiligt waren und die in ihrem revolutionären Momentum das Gegenstück zur Partisanenbewegung des Nordens darstellt. Die damit verbundene Gewalt von seiten der Bauern war – wie schon oben betont wurde – fast immer reaktiv, so wie auch im Zusammenhang mit den sonstigen Aufständen regelmäßig von Provokationen berichtet wird, die das Eingreifen von Carabinieri und Polizei legitimieren sollten.[69] Doch bekommt sie als Gegengewalt, weil besser zu legitimieren, erst recht vorbildhaften Charakter. In letzter Zeit sind einige Versuche von Terroristen bekannt geworden, in Kalabrien und in Sardinien an diese Tradition anzuknüpfen.[70] Illustre Vorläufer haben die heutigen Terroristen auf diesem Gebiet in den bekannten anarchistischen Führern Cafiero und Malatesta, die im Sommer 1877 einen Aufstand unter den Bauern Campaniens zu stimulieren versuchten, der jedoch – nach anfänglichen Erfolgen in einigen Dörfern – schnell zusammenbrach.[71]

Das wichtigste Vorbild für bewaffneten Kampf ist aber zweifellos die Partisanenbewegung gewesen. Die Resistenza von 1943 bis 1945 war nicht nur ein nationaler Befreiungskrieg gegen die deutschen Besatzungstruppen, sondern – insbesondere für die Kommunisten und die Sozialisten, aus deren Reihen der Großteil der Partisanen kam[72] – als Kampf gegen die Faschisten zugleich das Vorspiel einer sozialen Revolution gegen die Monarchie und gegen die gesamte, durch die Kollaboration mit dem Faschismus endgültig diskreditierte herrschende Klasse. Die Umwandlung der befreiten Gebiete in Republiken (Val d'Ossola, Carnia, Torriglia usw.), die Besetzung der Fabriken und Vertreibung der Eigentümer, die Inhalte der Partisanenlieder sind dafür die deutlichsten äußeren Zeichen.[73] Viele der Widerstandsgruppen sowohl in den Bergen als auch in den Städten wurden spontan gegründet, die Kommunikation mit den Führungsspitzen der Parteien in Süditalien war schlecht, die Erbitterung über die mangelhafte Unterstützung durch die Alliierten groß. Die sogenannte Wende von Salerno, die Erklärung Togliattis, mit der Monarchie und mit der Regierung Badoglio zusammenarbeiten zu wollen, traf auf Unverständnis.

Die Entwaffnung der Partisanen nach dem Krieg gelang nur teilweise, ebenso das Bemühen der Linksparteien, ihre Anhänger auf den Kurs einer zwar progressiven, aber nichtsdestoweniger bürgerlichen Demokratie festzulegen.

Die milde Behandlung der Faschisten durch die Gerichte, die Entlassung vieler für die blutige Repression der Jahre von Salò Verantwortlicher aus den Gefängnissen führte am 6. Juli 1945 in Schio bei Vicenza zu einem ersten Akt offen illegaler Volksjustiz. Eine Gruppe ehemaliger Partisanen drang nachts in das Gefängnis ein und erschoß nach einem summarischen Prozeß 53 politische Häftlinge. 1946 bildeten sich im Biellese und in der Emilia neue bewaffnete Verbände, die Guardie Rosse und der Movimento di Resistenza Popolare, die zum großen Teil aus enttäuschten ehemaligen PCI-Mitgliedern bestanden, die Volksjustiz fortsetzten und – als Sportgruppen getarnt – sich auf bewaffnete Erhebungen vorbereiteten. Sie trafen in der Bevölkerung auf viel Sympathie, auch bei der sozialistischen Führung auf Verständnis, während sie von der Führung des PCI scharf verurteilt wurden. Eine weitere Gruppe, die Volante Rossa, war in der Umgebung Mailands noch bis Anfang 1949 tätig.[74]

Die Stimmung unter den Arbeitern, die Hoffnung, die fehlgeschlagene Revolution von 1945 doch noch nachzuholen und die Restauration der ersten Nachkriegsjahre gewaltsam rückgängig zu machen, fand ihren besten Ausdruck in den Ereignissen nach dem von einem jungen Antikommunisten verübten Attentat auf Togliatti am 14. Juli 1948. Im ganzen Land kam es daraufhin zu Streiks und Fabrikbesetzungen, die versteckten Waffen wurden hervorgeholt, Radiostationen und Zeitungsredaktionen besetzt, Barrikaden gebaut und mit Maschinengewehren bestückt. Besonders in Turin, Mailand, Venedig, Genua und Rom entwickelten sich harte Kämpfe mit der Polizei, viele Mailänder Industrielle flüchteten in die Schweiz. Aber die Erhebung war spontan und unkoordiniert, die Führung lag bei den jeweiligen lokalen PCI- und Gewerkschaftssektionen, die vergeblich darauf warteten, daß die Zentralen in Rom die Gelegenheit ergriffen und das Stichwort zur Umwandlung des Aufstands in die Revolution gaben. Die Leitung des PCI tat im Gegenteil alles, um die Gewalt in friedlichen Protest zu überführen und die Streiks zu beenden, so daß die Unruhen am 16. Juli wieder abflauten und dann die üblichen gerichtlichen Nachspiele fanden.[75]

Die fünfziger Jahre waren relativ ruhig, aber der Dissens innerhalb der Kommunistischen Partei ließ sich nur mühsam verhüllen. Immerhin begann die Partei nach dem Ausschluß aus der Regierung und dem Beginn des Kalten Krieges, wieder einen geheimen Parallelapparat aufzubauen und sich auf eine mögliche Illegalität vorzubereiten. Der Organisator dieses Apparats war Pietro Secchia, oft »der lange Arm Stalins« oder »der italienische Beria« genannt. Er ist aber eher dadurch zu charakterisieren, daß er nicht durch die Schule des Exils und der Komintern gegangen war, vielmehr während der faschistischen Zeit im Gefängnis saß und dann den Widerstand in Mailand organisierte und deshalb die ursprünglich von Bordiga gegen Gramsci vertretene harte Linie mit ihrem Extremismus und ihrem Glauben an eine unmittelbare Revolution verkörperte. In den strategischen Diskussionen der

Parteispitze vertrat er gegen den »pessimismo dell'intelligenza« Togliattis und dessen Linie des »partito di governo« den »ottimismo della volontà« und die Linie des »partito di lotta«.[76] Auch nachdem Secchia 1954 seine Parteiämter verloren hatte und Togliatti jede »doppiezza« bekämpfte, blieb in der Industriearbeiterbasis die Überzeugung weit verbreitet, die Partei betreibe doch eine Doppelstrategie, führe den Kampf innerhalb der demokratischen Institutionen nur aus taktischen Gründen und warte immer noch den geeigneten Zeitpunkt für die gewaltsame Machtübernahme ab. An diese Stimmung versuchten die Roten Brigaden später anzuknüpfen, woraus sich ihre differenzierte Haltung gegenüber der Kommunistischen Partei erklärt: die heftige Kritik an der Parteispitze und die Solidaritätsappelle an die Masse der Mitglieder.

Zu Beginn der sechziger Jahre flammte die Militanz wieder auf. Im Sommer 1960 kam es in ganz Italien zu schweren gewalttätigen Auseinandersetzungen im Anschluß an Demonstrationen gegen die Regierung Tambroni, die sich auf die Neofaschisten stützte. Als ein nationaler Kongreß des MSI nach Genua einberufen wurde, mobilisierten PCI, PSI, PRI, PR und PSDI die Bevölkerung zu einer Kampagne gegen dieses Vorhaben, das in Anbetracht der antifaschistischen Tradition der Stadt zweifellos eine offene Provokation war. Am 30. Juni kam es zu einem Protestmarsch, an dem 100 000 Personen teilnahmen. In der Nacht vom 1. auf den 2. Juli begann die Bewegung den Parteien aus den Händen zu gleiten: Der Stacheldrahtverhau um das Kongreßgebäude wurde von Traktoren niedergerissen, im Hafenviertel wurden Hunderte von Molotow-Cocktails hergestellt und Barrikaden gebaut, im Industriegürtel formierten sich die alten bewaffneten Partisanenverbände wieder, und man schätzt, daß etwa eine halbe Million Menschen bereit war, am folgenden Tag auf das Zentrum der Stadt zu marschieren. Im Morgengrauen des 2. Juli wurde die Genehmigung zum Kongreß zurückgezogen.[77] Während wir es hier mit einem letzten Ausläufer des auf Gewalt zurückgreifenden antifaschistischen Widerstands zu tun haben, beginnt mit den Ereignissen auf der Piazza Statuto in Turin im Juni 1962 die erste der für uns wichtigen sozialen Bewegungen, die oben ausführlicher behandelt wurden.

3.2 Die frühen siebziger Jahre: Von der Gewaltdiskussion in der radikalen Linken zur bewaffneten Partei

Defensive Formen der Gewaltanwendung, d. h. begrenzte Formen gewaltsamen Widerstands gegen die Polizei bei Demonstrationen, Besetzungen usw., später auch offensive Formen, wobei die gewaltsame Auseinandersetzung mit den Ordnungskräften gesucht und provoziert wurde, sind im Zusammenhang mit den geschilderten Bewegungen der späten sechziger Jahre massenhaft aufgetreten. Während zu Beginn der siebziger Jahre die meisten der an diesen Bewegungen Beteiligten, vor allem die Arbeiter, wieder zu den Organisationen der traditionellen Arbeiterbewegung zurückströmten, blieb doch links davon ein breites Spektrum von Gruppen und Grüppchen, von um Zeitschriften, Untergrundradios, Film- und Theaterzirkel organisierten Kollektiven erhalten, das von Anarchisten und Situationisten über Operaisten, Marxisten-Leninisten, Trotzkisten, Internationalisten und betriebliche Basisgruppen bis zur vom PCI abgespaltenen Manifesto-Gruppe reichte.[78] Die soziale Basis dieser Gruppen, die Acquaviva in ihrer Funktion als Diskussionsforen mit den Jakobiner-Klubs der Französischen Revolution vergleicht[79], waren vor allem die Jugendlichen zwischen 15 und 25 Jahren. Durch den Ausbau des Erziehungssystems bewegten sich große Teile dieser Generation im relativen Freiraum der Schulen und Universitäten, die traditionellen Parteien und Gewerkschaften hatten auf sie keinen Zugriff. Hier lebte das radikale Moment der Bewegungen von 1968/69 fort, hier blieb die Idee der Revolution (wenn auch oft sehr diffus: revolutionäre Kunst, sexuelle Revolution, Revolution einfach als magische Beschwörungsformel usw.) beherrschend, hier wurden als Reaktion auf die Blockierung der revolutionären Hoffnungen, auf die staatliche Repression und auf den para-staatlichen Terror der neofaschistischen Gruppen sowie in Anknüpfung an die oben geschilderte revolutionäre Tradition auch Formen halbklandestiner und vollklandestiner Gewalt diskutiert.

Nicht immer hat diese weitverbreitete Diskussion zu Aktionen geführt; oft blieb es bei einer vagen Bereitschaft, die aber die große Resonanz jener Minderheiten erklärt, die zur Tat übergingen.

3.2.1 Feltrinelli und die Gruppi di Azione Partigiana (GAP)

Das Auftreten sozialrevolutionärer terroristischer Gewalt lag aufgrund der geschilderten Bedingungen in Italien in ganz anderem Maße als in unseren Vergleichsländern sozusagen in der Luft. Dennoch ist auch hier keinesfalls eine Welle terroristischer Aktionen spontan und an vielen Punkten zugleich losgebrochen. Die allgemeine Bereitschaft bedarf zum Umschlagen in die Tat eines Vorbilds, braucht eine Person oder eine Gruppe, die beispielhaft vorangeht, die diese weithin theoretisch anvisierte Möglichkeit nun als konkrete vorexerziert.

Diese Rolle hat in Italien der Verleger Giangiacomo Feltrinelli gespielt. Feltrinelli stammte aus einer der reichsten Industriellenfamilien Italiens. Aus Opposition zu seinem sehr konservativen Stiefvater näherte er sich gegen Kriegsende der Kommunistischen Partei und nahm Kontakt zu Partisanengruppen auf. Für eine eigene Partisanentätigkeit war es jedoch zu spät, was er zeitlebens bedauerte. Da er über die Vorgänge in monarchistischen Kreisen gut orientiert war (der König verkehrte im Salon seiner Mutter), konnte er 1946 die Kommunisten über einen bei negativem Ausgang der Volksabstimmung über die Monarchie geplanten Staatsstreich informieren. Durch ihre Bekanntmachung wurden diese Pläne von vorneherein vereitelt, aber das Thema des Staatsstreichs von rechts beherrschte fortan als zweiter wichtiger Faktor die Gedankenwelt Feltrinellis. Er befreundete sich mit Pietro Secchia, dem damaligen Leiter des geheimen militärischen Apparats der Kommunistischen Partei, und stand in Verbindung mit der Kampfgruppe Volante Rossa, weshalb er zweimal verhaftet wurde. Von der Arbeiterbasis des PCI fühlte er sich jedoch nie voll akzeptiert. Er gründete ein Institut zur Erforschung der Geschichte der Arbeiterbewegung und einen Verlag, dessen Publikationen jedoch immer weniger die orthodoxe Parteilinie ausdrückten. 1957, nach der Niederschlagung des Ungarnaufstandes und nach der Affäre um die Veröffentlichung von Pasternaks *Dr. Schiwago* (Feltrinelli hatte das Manuskript selbst aus Moskau herausgeschmuggelt), trat er aus der Partei aus. Es folgten einige Jahre mondänen Lebens, während derer sein Verlagshaus (und sein Portemonnaie) jedoch für alle unorthodoxen linken Strömungen offen blieb. Durch seine freundschaftlichen Beziehungen zu Pietro Nenni, dem Führer der Sozialisten und damaligen Vize-Premier, erfuhr er 1964 über den Staatsstreichversuch De Lorenzos mehr als die Öffentlichkeit, verurteilte jedoch die Kompromiß-Politik des erpreßten PSI und begann, Pläne zu einer bewaffneten Verteidigung der Demokratie zu entwickeln. Mehrere Reisen führten ihn nach Lateinamerika, Castro und Guevara wurden seine Freunde und Vorbilder. In Bolivien setzte er sich für Régis Debray ein, wurde verhaftet und von dem späteren Mörder Guevaras, dem Polizeichef Quintinilla, verhört, der schließlich in Hamburg mit einer Pistole aus dem Besitz Feltrinellis erschossen wurde. 1968 erschien er in Berlin und Paris bei Dutschke und Cohn-Bendit, in den Kreisen des ›radical chic‹ traf er mehrmals auf Ulrike Meinhof. 1969 nahm er – übrigens zusammen mit einigen späteren RAF-Mitgliedern – an einem Trainingslager in Jordanien teil, zu dem Palästinenserführer Habbash hatte er schon seit längerem gute Beziehungen. In der trotzkistischen Zeitung *La sinistra* veröffentlichte er einen Artikel über die Notwendigkeit des bewaffneten Kampfes auch in Europa, den ersten dieser Art, der in Italien erschien. In seiner Schrift *Estate 1969* (Sommer 1969)[80] analysierte er differenziert die beobachtbaren Vorzeichen und die möglichen Formen eines Staatsstreiches von rechts, der seiner Meinung nach nicht unbedingt so plump wie der griechische sein müßte, obwohl er auch das nicht ausschloß; die Ereignisse der folgenden Jahre gaben ihm in vieler Hinsicht recht. Lazagna, ein sehr bekannter ehemaliger Partisanenführer und Freund Feltrinellis, berichtet, daß Feltrinellis Vorstellung, wie die Demokratie in einem solchen Fall zu verteidigen wäre, ganz und gar am Fokus-Konzept Che Guevaras orientiert war. Während Lazagna einem Staatsstreich sofort mit Streiks, Straßenkämpfen, Besetzungen, also mit Massenaktionen, begegnen wollte, um die Bevölkerung gleich in den Widerstand einzubeziehen, hatte Feltrinelli kein Vertrauen in die Chancen solcher mehr politischer Mittel. Für ihn hieß Widerstand Organisation kleiner militärischer Gruppen, Flucht in die Berge und dann, ausgehend von Guerilla-Basen, langer Partisanenkampf, der nach und nach die ganze Bevölkerung erfassen sollte. Die zukünftige Sierra Maestra Italiens sah Feltrinelli in den Bergen des kolonial überlagerten Sardinien, zu den sardischen Hirten und Banditen versuchte er Kontakte zu knüpfen. Auch die Masse der emigrierten Arbeiter sah er als Rekrutierungsbasis.[81]

Als Feltrinelli wegen falscher Zeugenaussage in einem Prozeß gegen eine anarchistische Gruppe angeklagt und sein Verlag von der Polizei im Zusammenhang mit dem Anschlag an der Piazza Fontana durchsucht wurde, ging er in die Klandestinität. Von seinen Gütern in Kärnten aus bereiste er unter falschen Namen Nord- und Mittelitalien und organisierte seine Gruppi d'Azione Partigiana (GAP). Dieser Name nimmt bewußt Reminiszenzen aus der Resistenza auf, er erinnert an die Gruppi di Azione Patriottica (G. A. P.). In einigen Großstädten und in abgelegenen Bergdörfern wurden konspirative Wohnungen eingerichtet, man übte sich in nächtlichen Märschen, im Kartenlesen und im Gebrauch von Waffen und Funkgeräten. Daneben kam es u. a. zu Brandanschlägen auf die Verwaltungsgebäude von Industriefirmen, die als Antworten auf Arbeitsunfälle, sogenannte »weiße Morde«, volksjustizhaften Charakter trugen. Ihre spektakulärsten Erfolge hatten die GAP, als es ihnen 1970 und 1971 mehrmals gelang, sich in den Ton des ligurischen Regionalfernsehens einzuschalten und ihre Parolen über den Äther zu verbreiten. Das war vor allem das Werk der Genueser Gruppe, die unter dem Namen »Circolo XXII ottobre« unabhängig von Feltrinelli entstanden war und später Anschluß an die GAP gefunden hatte. Bei diesem Zirkel handelt es sich um ein äußerst schillerndes Phänomen. Einige Beteiligte, z. B. der führende Kopf Mario Rossi, hatten ehemals der lokalen Sektion des PCI angehört, andere, darunter ein älterer Ex-Partisan, kamen aus den Reihen des vom PCI abgespaltenen Partito Comunista (marxista-leninista) d'Italia, bei einigen weiteren der 17 späteren Angeklagten scheint es sich um gewöhnliche Kriminelle gehandelt zu haben, der Organisator der Entführung des Industriellensohns Gadolla, bei der die Gruppe 200 Millionen Lire Lösegeld erpressen konnte, der 40jährige Vandelli, der mehr als die Hälfte des Lösegelds für sich behielt, war aktives Mitglied des MSI, so daß sogar an Infiltration und Instrumentalisierung dieser Gruppe zu denken ist.[82]

Feltrinelli versuchte, auch die Roten Brigaden, die 1971 mit ihren ersten Anschlägen von sich reden machten, unter ein einheitliches Kommando zu integrieren, was ihm aber nicht gelang. Er starb 1972, als er in Segrate bei Mailand Sprengstoff an einem Hochspannungsmast anbringen wollte und dieser Sprengstoff vorzeitig explodierte – so lautet jedenfalls die offzielle Version.

Der Fall Feltrinelli ist nicht nur deshalb so interessant, weil er den ersten auch organisatorisch durchgeführten Ansatz zu »bewaffnetem Kampf« in Italien darstellt, sondern auch deshalb, weil sich an ihm besonders deutlich verfolgen läßt, wie Eigeninitiative des Handelnden einerseits und aktuelle Umweltfaktoren andererseits in ihrer Interaktion die Karriere eines Terroristen (wenn man Feltrinelli schon so nennen kann) bestimmen. Feltrinellis Aktionen sind keinesfalls allein kontrollinduzierte sekundäre Abweichung: Er wollte Partisan, Guerillero sein.[83] Aber er fand andererseits die historische Situation vor, die den Partisanenkampf scheinbar notwendig machte, und unbegründete Haftbefehle und Haussuchungen beschleunigten sein Abtauchen in die Illegalität.[84]

3.2.2 Die Brigate Rosse (BR)

Nach dem Tode Feltrinellis scheinen die Reste der GAP – soweit sie der Verhaftung entgehen konnten – in jener neuen Gruppierung aufgegangen zu sein, deren Name, wenn auch fälschlicherweise, bis heute oft stellvertretend für den gesamten linken Terrorismus in Italien steht: in den Roten Brigaden. Die ersten Mitglieder der BR, der sogenannte historische Kern, hatten sich mit dem Ende der großen sozialen Bewegungen von 1968/69 in Mailand in einer Vorläuferorganisation, dem Colletivo Politico Metropolitano (CPM), zusammengefunden. Sie stammten aus drei unterschiedlichen Bereichen: der Universität von Trient, den betrieblichen Basisgruppen einiger Mailänder Großfirmen und der kommunistischen Jugendorganisation FGCI von Reggio Emilia.

Aus Trient kamen die in der Anfangsphase der BR wohl wichtigsten Persönlichkeiten, Renato Curcio und seine Frau Margherita Cagol. Curcio war der uneheliche Sohn einer kleinbürgerlichen Waldenserin und eines großbürgerlichen Vaters, den er nur selten zu Gesicht bekommen hatte. Ein Bruder seiner Mutter war Partisan gewesen und noch am Tage der Befreiung in einen Hinterhalt geraten und erschossen worden; durch die Erzählungen der Mutter wurde dieser Onkel zu einer Vorbildfigur. Curcio erhielt eine traditionelle katholische Erziehung. Die Hotelkarriere, die sein Vater für ihn vorgesehen hatte, schlug er aus und ging 1964 mit einem Stipendium an die Universität Trient, um Soziologie zu studieren. 1967 war er einer der aktivsten Promotoren der Negativen Universität, und im gleichen Jahr trat er in die Redaktion der Zeitschrift *Lavoro politico* ein. Zu seinen engsten Mitarbeitern gehörte schon damals seine langjährige Freundin Margherita

(Mara) Cagol, die in jeder Hinsicht konventionell und streng katholisch erzogene Tochter eines Drogeriebesitzers aus Sardagna di Trento.[85]

Unter dem Einfluß von Curcio schwenkt der in Verona herausgegebene und ursprünglich linkskatholische *Lavoro politico* ganz auf eine maoistische Linie um. Von dieser Linie her wird in den Leitartikeln der Revisionismus des PCI scharf verurteilt, zugleich aber ebenso »gewisse philocastristische Ideen, die in Italien umlaufen.« Curcio schreibt: »Wer annimmt, daß eine Revolution im heutigen Italien mit Guerilla-Kampf gleichzusetzen wäre, ist ein Kleinbürger auf der Suche nach Emotionen, kein proletarischer Revolutionär.«[86] Er wendet sich gegen »bewaffnetes Abenteurertum« und gegen die millenaristische Parole »Fascisti, borghesi, ancora pochi mesi« (Faschisten und Bourgeois, euch bleiben nur noch wenige Monate). Die Revolution wird seiner Meinung nach ein langer Marsch sein, und dabei muß das Proletariat von einer revolutionären Partei geführt werden. Diese Partei sahen Curcio und sein Freundeskreis damals im Partito Comunista (marxista-leninista) d'Italia, der sich 1966 vom PCI abgespalten hatte und dem sie Ende 1968 beitraten. Es war die Zeit des Abebbens der Studentenbewegung, in der die sektenhaften, dogmatischen K-Gruppen eine Alternative zu bieten schienen. Kurz nach dem Beitritt der Gruppe *Lavoro politico* spaltete sich die sowieso schon kleine Partei in eine linea rossa und eine linea nera, und die ehemaligen Genosssen bezichtigten sich gegenseitig, Konterrevolutionäre und Neorevisionisten zu sein; schließlich schloß im August 1969 die linea rossa, bei der Curcio verblieben war, auch dessen Gruppe mit dem Vorwurf des politischen Abenteurertums und des organisierten Fraktionismus aus. Nach der Studentenbewegung war also auch diese Erfahrung in Frustration und Isolierung geendet.

Zugleich hatte sich Curcios Stellung zur Gewalt unter dem Einfluß des Heißen Herbstes, der polizeilichen Repression und des beginnenden rechten Terrorismus geändert. Von traumatischem Eindruck scheint dabei der Vorfall von Avola gewesen zu sein, wo sich Curcio in den Ferien aufhielt und wo die Polizei bei einer Demonstration zwei Landarbeiter erschoß.[87] Curcio verzichtete, obwohl er alle notwendigen Scheine beisammen hatte, auf das Endexamen[88] und zog mit Mara Cagol, die er zuvor noch kirchlich geheiratet hatte, sowie mit ein paar Gesinnungsgenossen nach Mailand.

Hier setzte er seine politische Tätigkeit in Zusammenarbeit mit einigen betrieblichen Basisgruppen fort: dem Comitato autonomo di base bei Pirelli, dem Gruppo di studio bei IBM und dem Gruppo di studio bei Sit-Siemens. Auf den strukturellen und ideologischen Hintergrund dieser Basisgruppen wurde oben bereits eingegangen. Sie setzten sich vor allem aus Technikern und Angestellten zusammen; aus ihren Reihen kamen später so bekannte Terroristen wie Mario Moretti, der in der Zeit nach 1975 zum führenden Kopf der BR wurde, und Corrado Alunni, der später die BR verließ und die Terror-Gruppe Prima linea organisierte.

Zu den Erwähnten aus Trient und Mailand stößt aus Reggio Emilia eine weitere, relativ große Gruppe um Alberto Franceschini, die wiederum einen ganz anderen Hintergrund hat: Die zukünftigen brigatisti aus Reggio stammen fast durchweg aus Arbeiterfamilien und sind zum großen Teil selbst Arbeiter, alle erzogen in der kommunistischen und sozialistischen Tradition der Emilia; nicht wenige ihrer Väter sind aktive Widerstandskämpfer gewesen. Ihre politische Heimat ist zunächst die FGCI, in die – zumindest in Reggio – 1968/69 viele Ideen der neuen Linken eindringen und die anfangs auch Raum für sehr lebendige Debatten bietet, bis im Laufe des Jahres 1969 Kritiken und Verweise der Parteiführung diese Offenheit einzuschränken beginnen. Einige der aktivsten Diskutanten, aktiv zugleich in der Jugend- und Betriebsarbeit der Partei, die mehr zum operaismo neigen und der Partei revisionistische Züge vorwerfen, scheiden aus oder werden ausgeschlossen. Unter Führung Franceschinis gründen sie einen Zirkel, der sich Collettivo politico operai e studenti nennt. Die Gruppe versucht, sowohl mit Arbeitern aus dem PCI als auch mit Schülern aus der FGCI im Dialog zu bleiben, stößt jedoch auf Ablehnung. Ein Teil der Gruppe geht deshalb nach Mailand, wo man sich einen fruchtbareren Boden für politische Tätigkeit erhofft.[89]

Im September 1969 entsteht in Mailand das Collettivo Politico Metropolitano. Seine Gründer definieren es als Frucht der autonomen Fabrikkämpfe, setzen sich jedoch zum Ziel, über die Kämpfe im Bereich der Fabrik und der Universität hinauszugehen und die Offensive gegen das gesamte spätkapitalistische System als revolutionären Kampf zu organisieren. Im Dezember 1969 veranstaltet der CPM eine Tagung in Chiavari bei Genua, um unter anderen Linksgruppen für seine Linie zu werben. Das Abschlußdokument *Lotta sociale e organizzazione nella metropoli* umreißt in großen Zügen das Programm, das später auch für die Brigate rosse bestimmend ist.[90] Dieses Programm betont zunächst die Bedeutung der sogenannten proletarischen Autonomie, die als die einzige fruchtbare Basis für zukünftige politische Arbeit bezeichnet wird. D. h.: der Kampf des Proletariats muß unabhängig von den bürgerlichen politischen Institutionen, also außerhalb der Parteien, Gewerkschaften, Justizinstanzen usw. geführt werden, ebenso aber auch unabhängig von den vorgegebenen wirtschaftlichen Institutionen, dem gesamten kapitalistischen Produktions- und Verteilungsapparat, von den kulturellen Institutionen, also der herrschenden Ideologie in all ihren Formen, und von den normativen Zwängen, der Sitte, der bürgerlichen Moral. Dieser totale Bruch ist notwendig, um die letzten Ziele zu erreichen: die Niederwerfung des gesamten Ausbeutungssystems und den Aufbau einer alternativen, kommunistischen Gesellschaftsordnung. Über die Methoden des Kampfes heißt es, daß man den Spontaneismus des operaismo und des studentismo überwinden müsse, weil sein Ziel nur die formale und oberflächliche Radikalisierung der Klassenauseinandersetzungen sei (damalige Linie von Lotta continua: an alle möglichen gewalthaften Konfliktereignisse anknüpfen und die Gegensätze verschärfen) und höchstens zu einer sehr sporadischen, apolitischen und vergänglichen Einheit von Arbeitern und Studenten führen könne. Vielmehr gelte es – hier zeigt sich das leninistische Erbe der K-Gruppen –, eine Kette von dauerhaften Organisationskernen zu schaffen, deren Aktionen zwar auch an aktuelle Problemsituationen anknüpfen sollten, die aber im Laufe der Zeit dem Kampf des Proletariats doch eine einheitliche Linie geben könnten. Die Roten Brigaden bilden später in ihrem Selbstverständnis diese Kerne, weshalb sie auch im Plural auftreten; sie sind das Vorbereitungsstadium für den Übergang zur bewaffneten Partei bzw. zum Partito Comunista Combattente, zur Kämpfenden Kommunistischen Partei. Die Revolution wird im Anschluß an Gramscis Formulierung als Stellungskrieg aufgefaßt, als Geschehen von langer Dauer, es könne sich nur um einen »revolutionären Prozeß« und nicht um einen »revolutionären Augenblick« handeln. Auch hiermit setzt sich der CPM von Parolen wie »Wir wollen alles und sofort!« ab, die als »billige slogans von Zauberlehrlingen« bezeichnet werden. Nur wird der Stellungskrieg anders interpretiert als bei Gramsci und beim PCI. Die Macht des unter dem Zepter des Yankee-Imperialismus vereinigten Weltkapitalismus, dessen absolute politische und ideologische Kontrolle über die Völker Europas und Nordamerikas, mache einen Stellungskrieg mit politischen und ideologischen Mitteln allein illusorisch, so daß nur militärische Mittel übrigblieben. Dabei könne es sich angesichts der militärischen Stärke des Kapitals allerdings auch wiederum nicht um eine allgemeine Insurrektion handeln, sondern nur um Guerilla-Kampf in den Zentren der spätkapitalistischen Gesellschaft, in den großen Städten. Die Guerilla-Aktionen müßten einen dreifachen Zweck verfolgen: den Feind durch punktuelle Angriffe zu desorganisieren, das Volk durch Propaganda der Tat aufzuklären, also den objektiven, in den entwickelten Ländern schon bestehenden Bedingungen für den Aufbau des Kommunismus die subjektiven für eine revolutionäre Umwälzung hinzuzufügen, und das Volk durch stets weitergreifende Einbeziehung in die Aktionen zu organisieren.[91]

Nachdem sich der CPM zunächst – jeweils nach den Namen der von der Gruppe herausgegebenen kurzlebigen Zeitschriften – in Sinistra Proletaria und dann in Nuova Resistenza umbenannt hatte, wurden ab September 1970 die ersten gewalttätigen Aktionen unter dem Signum Brigate Rosse durchgeführt. Verglichen mit späteren sind diese ersten Taten relativ harmlos und bleiben auch ganz im Rahmen der Auseinandersetzungen in der Großindustrie. Die BR verüben Sabotageakte in den Fabriken, stecken Autos von Betriebsleitern in Brand, richten Sachschaden in Sektionen des MSI an usw. 1972 kommt es zur ersten rein politischen Entführung in Italien überhaupt: Hidalgo Macchiarini, ein wenig beliebter Betriebsleiter von Sit-Siemens, wird für zwanzig Minuten im Inneren eines Lieferwagens festgehalten und mit einem Schild um den Hals fotografiert, auf dem eine Reihe von Kampfparolen stehen. Es folgen einige weitere Entführungen dieses Stils, die sich jedoch in ihrer Virulenz ständig steigern.

1973 dauert die Entführung des Fiat-Personalchefs Ettore Amerio schon acht Tage; dabei entdecken die BR, welche enorme Öffentlichkeitswirkung sie durch die Herausgabe laufender Kommuniqués zur Aktion an die Presse, die jede Information begierig aufgreift, erzielen können. Die Entführung des Genueser Richters Sossi dauert 1974 35 Tage, zum erstenmal wird die Forderung nach Freilassung gefangener Genossen (und zwar jener des XXII ottobre) gestellt. Es kommt bei der Diskussion um diese Forderung zu heftigen Konflikten innerhalb der Regierung und innerhalb der Justiz (ein Gericht gestattet den Austauch, der Generalstaatsanwalt Coco legt sein Veto ein), was die BR als Erfolg verbuchen. Zu dieser Zeit können sie sich auch – und zwar durchaus nicht nur in Kreisen der außerparlamentarischen Linken – großer Sympathien erfreuen. Das ist einerseits auf eine in Italien weitverbreitete populistische Stimmung (die brigatisti als italienische Robin Hoods) zurückzuführen, andererseits darauf, daß die BR von vielen Arbeitern tatsächlich als authentischer Ausdruck einer auch von ihnen gewünschten radikaleren politischen Linie akzeptiert werden. Außerdem sind ihre Sabotageakte und Propagandaentführungen noch kaum als Terrorismus zu bezeichnen, vor allem wenn man sie auf dem Hintergrund der Bombenanschläge von rechts sieht.[92] Sie haben bis 1974 noch nicht getötet und noch niemanden ernsthaft verletzt; ihre Entführungen sind oft von sehr werbewirksamen Gesten im Stil der Tupamaros gekennzeichnet: Macchiarini schickt man die Uhr zurück, die er im Laufe der Entführung verloren hatte, Sossi setzt man in Mailand aus, steckt ihm aber eine Fahrkarte nach Genua in die Tasche usw.

Dennoch unterscheidet sich ihre Gewalt in wichtigen Punkten von den gewalttätigen Massenaktionen der Vorjahre. Im Gegensatz zu den Streiks, Demonstrationen, Hausbesetzungen geht es bei den Taten der BR in Theorie und Praxis um den bewaffneten Angriff auf einzelne Repräsentanten der Macht, es handelt sich um klar umgrenzte Einzelaktionen, die nicht mehr von der großen Zahl der direkt Interessierten, sondern von einer kleinen Gruppe stellvertretend durchgeführt werden. Damit lassen sich diese Aktionen weit leichter im traditionellen Sinne kriminalisieren, und den Tätern stellt sich ziemlich schnell das Problem der Klandestinität, während die Teilnehmer an Massenaktionen allein durch ihre große Zahl eine gewisse faktische Immunität genossen. Um zu verstehen, wie es zu »Terrorismus« als sozialem Phänomen kommt, muß man also davon ausgehen, daß die Handlungen der Brigate Rosse tatsächlich in mancher Hinsicht eine neue Qualität von Gewaltanwendung darstellen und zugleich berücksichtigen, daß und wie diese neue Qualität gesehen, wie darauf in neuer Weise reagiert wird: indem z. B. andere Straftatbestände (associazione a delinquere, banda armata) zur Definition herangezogen werden und indem in den Massenmedien ein ganz spezifischer Terrorismus-Diskurs entsteht. Ohne diese neue Etikettierung, bei einer stärkeren Betonung nur gradueller Veränderungen im Gewaltgeschehen, hätte das Problem auch als nicht völlig neues gesehen und behandelt werden können.

So scheinen die brigatisti selbst in der Anfangsphase z. B. den Schritt in die Klandestinität, der ihren Aktionen dann eine neue Qualität gab, nicht unbedingt für notwendig gehalten zu haben. Vielmehr sahen sie ihre Tätigkeit zunächst nur als etwas konsequentere Fortsetzung eines politischen Kampfes, den sie schon seit Jahren führten, der zwar immer gewaltsamere Formen annahm, aber doch in die allgemeine Linie der Massenaktionen integriert blieb bzw. diese am Rande begleitete. Diese Einstellung scheint man zunächst durchaus mit der Selbstetikettierung als Stadtguerilla-Gruppe vereinbart zu haben, an der die Fremdetikettierung vor allem angesetzt hat. Doch trugen die Aktionen selbst schon den Keim der qualitativen Veränderung in sich, denn ein halbklandestines Leben zieht eine Kette von Entscheidungen und Ereignissen nach sich, die die Wahlmöglichkeiten der Akteure immer mehr einschränken und das Abtauchen in den Untergrund schließlich immer notwendiger werden lassen.[93]

Und das Leben im Untergrund hat seine eigene Dynamik, die eine Rückkehr immer unwahrscheinlicher macht. So muß es durch Folgekriminalität finanziert werden, also z. B. durch Banküberfälle (sogenannte proletarische Enteignungen); auch Entführungen zur Freipressung von Gefangenen sind Beispiele solcher Folgekriminalität. Vor allem aber setzt es einen Prozeß der sozialen Isolierung in Gang. Die Kommunikation nach außen, auch mit politisch ähnlich Gesinnten, wird weitgehend abgeschnitten, und die allein verbleibende, dadurch in Bedeutung und Wirkung aufgewertete Binnenkommunikation verschärft Wesenszüge und Überzeugungen, die bei den Beteiligten schon vorher ausgeprägt waren: Die großenteils berechtige Gesellschaftskritik wird zu einem stereotypisierten manichäischen Weltbild, das kaum noch Differenzierungen kennt; die gesinnungsethische Sensibilität und die von vielen gefühlte pädagogische Berufung wandeln sich zum Glauben an das absolut Gute der Revolution, für die keine eigenen und fremden Opfer zu groß sind, und zur megalomanen Vorstellung, die einzige bewußte Avantgarde mit einer großen Mission zu sein. Die Mitglieder der Gruppe sind bedingungslos aufeinander angewiesen und werden durch die gemeinsamen Aktionen und die alle bedrohenden Gefahren seitens der Polizei zusammengeschweißt. Ihre Energie, ihr Mut, ihre Todesbereitschaft lassen sich nicht nur aus ihren Überzeugungen, sondern auch aus gruppendynamischen Faktoren wie dem Kameradschaftsgefühl und der ständigen gegenseitigen Kontrolle erklären.

All das gilt in noch stärkerem Maße für die Endphase der Tätigkeit des sogenannten historischen Kerns und dann für die Tätigkeit der sogenannten neuen BR. Im Juni 1974 werden bei der Besetzung des Paduaner MSI-Büros zwei Neofaschisten erschossen. Diese Tötungen waren nicht geplant gewesen, ein Kommuniqué erklärt sie zu Arbeitsunfällen, versucht sie aber doch zu legitimieren. Zugleich zeitigt der verstärkte Polizeieinsatz nach der Sossi-Entführung Erfolge; mit Hilfe eines Infiltranten, Silvano Girottos, gelingt es, viele brigatisti, darunter Curcio und Franceschini, festzunehmen. Curcio wird zwar von einem Kommando unter Führung seiner Frau noch einmal aus dem Gefängnis befreit, 1975 jedoch zum zweitenmal verhaftet. Als die Polizei die Spur der Entführer des Vermouth-Produzenten Gancia – wie die spätere Entführung des Genueser Reeders Costa war auch diese eine reine Finanzierungsaktion – aufnehmen kann, stößt sie auf Mara Cagol, die in einem Feuergefecht erschossen wird. Im März 1976 wird Giorgio Semeria verhaftet, der als letzter noch mit Energie die bisherige Linie der bewaffneten Propaganda vertrat, jene Linie einer relativ realistischen Politik, die – mit stetem Bezug auf aktuelle soziale Konflikte – durch publikumswirksame Aktionen vor allem die Arbeiter in den Großbetrieben ansprechen und mobilisieren wollte.

Die zweite Phase der Tätigkeit der BR ist durch ein neues strategisches Ziel gekennzeichnet: den sogenannten »Angriff auf das Herz des Staates« durch die »Desorganisation der feindlichen Kräfte«. Dieses Ziel ist verbunden mit einer neuen, wesentlich brutaleren Taktik, für die das Etikett Terrorismus nun nicht mehr zu hochgegriffen ist: Schüsse in die Beine als »Bestrafungen und Warnungen« sowie kaltblütige »Hinrichtungen«. Betroffen sind, als Vertreter des feindlichen Staates, der – angesichts der gewählten Kampfmittel notwendigerweise – personalisiert gesehen wird, Richter und Staatsanwälte, Caribinieri und Polizisten sowie Politiker aus den Reihen der Democrazia Cristiana, die sogenannten »Faschisten in weißen Hemden«, die sich nach Meinung der BR von den Schwarzhemden nur graduell unterscheiden, aber auch eine ganze Reihe von Journalisten, die die BR – verärgert über die schlechte Presse, die sie nunmehr haben – der psychologischen Kriegführung bezichtigen und als »Söldner im Dienste des imperialistischen Staates der multinationalen Konzerne« bezeichnen.[94] Daneben wird der Kampf im Bereich der Großbetriebe weitergeführt, ebenfalls in der neuen, virulenteren Form; Opfer sind vor allem die mittleren Führungskader. Schließlich verschärfen die neuen BR den Konflikt mit dem PCI. Ein vorrangiges Ziel ihrer Propaganda und ihrer Aktionen ist es nunmehr, die konterrevolutionäre Rolle der berlingueriani (der Parteiführung um Enrico Berlinguer) zu enthüllen, aber man scheut nun auch nicht mehr davor zurück, untere Partei- und Gewerkschaftskader umzubringen.

Im Zusammenhang mit dieser Angriffslinie ist auch die Entführung und Ermordung Aldo Moros im Frühjahr 1978 zu sehen. Zwar fiel diese spektakulärste Kommandoaktion in die Zeit des Turiner Prozesses gegen den historischen Kern der BR, und eines ihrer Ziele war der Austausch des Präsidenten der DC gegen die Gefangenen. Auch kann angenommen werden, daß der Streit zwischen Verhandlungswilligen und Nicht-Verhandlungswilligen, der in und zwischen den Parteien sowie in der Öffentlichkeit entbrannte, ein angestrebtes Ziel der Aktion war. Zwar scheinen die BR auch die Hoffnung gehabt zu haben, von einer verhandelnden Regierung zumindest faktisch als eigenständiger Faktor im politischen Leben des Landes anerkannt zu werden, sozusagen als Bürgerkriegsgegner. Aber die Aktion bleibt letztlich doch unverständlich, wenn sie nicht im Zusammenhang mit dem Angriff auf die berlingueriani und mit Moros Rolle bei der Einbeziehung der Kommunisten in die die Regierung tragende sogenannte programmatische Mehrheit gesehen wird, also im Zusammenhang mit einer Entwicklung, die den von Berlinguer vorgeschlagenen Historischen Kompromiß seiner Verwirklichung sehr nahe brachte. Die Divergenzen im Zusammenhang mit Moros Entführung und vor allem seiner Ermordung scheinen übrigens innerhalb der BR ziemlich groß gewesen zu sein. Und die offizielle Version des angestrebten Ziels, wie sie heute aus Äußerungen der Hauptakteure Valerio Morucci und Mario Moretti zu rekonstruieren ist, war in ihrer abstrakten Großspurigkeit sicherlich nur der allgemeinste Nenner: Moro sei als Führer der DC der Repräsentant des SIM in Italien gewesen (SIM = Stato imperialista delle multinazionali, eine Art Superregierung der kapitalistischen Welt), im Auftrag des

SIM habe er die christdemokratische Macht erneuern und eine autoritäre Verfassung durchsetzen wollen; in ihm hoffte man, das Zentrum der Macht, das Herz des Staates, zu treffen und mit diesem Stoß einen neuen Sprung in der revolutionären Entwicklung einzuleiten; erst während Moros Verhör habe man erkannt, daß man mit solchen Überlegungen die wirklichen Verhältnisse falsch interpretiert habe.[95]

Die Verhaftung zahlreicher brigatisti in den Jahren 1974 bis 1976 machte es für die Verbliebenen notwendig, verstärkt neue Kämpfer zu werben. Dabei konnte man auf die Reste der NAP zurückgreifen (vgl. 3.2.3), doch akzeptierte man auch viele Neuzugänge, die man nicht mehr aus einer langen gemeinsamen Vorgeschichte kannte. Manche dieser Neuzugänge kamen zweifellos aus politischer Überzeugung, darunter eine ganze Reihe von Arbeitern, denen es gelang, in der Halbklandestinität zu verbleiben, sogar Positionen in Gewerkschaften als Tarnung zu behalten.[96] Anderen kam es in geringerem Maße auf die politischen Ziele an, sie wurden eher durch das Abenteuerliche der Unternehmungen angelockt und trugen dazu bei, daß die Aktionen der BR immer mehr ihren mit sozialen Konflikten verbundenen politischen Charakter verloren und eine rein militärische Eigendynamik entwickelten; zugleich erhöhte sich die Gefahr der Infiltration, ja der Provokation und Fremdsteuerung.

In den späteren programmatischen Äußerungen der BR hat sich das Kampfterrain nicht nur vollständig von der Fabrik weg verschoben, auch der »Angriff auf das Herz des Staates« ist zu einer starken Konzentration auf die Gefängnisse geschrumpft; jeder Bezug zu politischen Problemen fehlt, über das faschistische Attentat von Bologna, die großen Finanzskandale von 1980 und das Versagen der Regierung nach dem Erdbeben in Süditalien oder über den Skandal der Freimaurerloge P2 findet sich kein Wort. Die einst immerhin von differenzierten Analysen begleitete Programmatik ist zur hohlen Phrase von »der Organisation der Massen im bewaffneten Kampf für den Kommunismus« verkommen.[97]

Noch ein Wort zur Organisation der Brigate Rosse, auf die durch die Aussagen Fabrizio Pecis, des 1980 verhafteten Führers der Turiner Kolonne, etwas Licht gefallen zu sein scheint. Peci schätzt die Zahl der 1980 noch aktiven brigatisti auf insgesamt ca. 500, von denen allerdings nur etwa 50 »regolari« sind, die sich – meist als Illegale, z. T. aber auch noch mit ihrer wirklichen Identität – voll dem bewaffneten Kampf widmen und von der Organisation eine monatliche Zahlung von 250 000,– Lire (= 550,– DM) plus Spesen erhalten, woraufhin die etwa 450 »irregolari«, die Zuarbeiter, verzichten müssen. Basiselement in der Struktur der hierarchisch aufgebauten BR ist die Brigade (brigata), die meist aus zwei bis fünf irregolari besteht. Es gibt logistische Brigaden, die Dokumente, Waffen, Fahrzeugkennzeichen usw. beschaffen und sich um Wohnungen und die medizinische Versorgung kümmern, Brigaden, die ihre Tätigkeit auf Fabriken konzentrieren und in diesem Bereich Informationen sammeln und Anschläge vorbereiten, politische Brigaden, die vor allem Daten über Politiker zusammenstellen, und schließlich Abwehrbrigaden, deren Aufmerksamkeit der Polizei, der Justiz und den Gefängnissen gilt. Die Brigaden sind also logistische Basis, Informationsdienst und Flankenschutz der nächsthöheren Einheit, der Kolonne (colonna), die jeweils die regolari eines bestimmten geographischen Gebiets zusammenfaßt. Im Sommer 1980 gab es fünf solche Kolonnen, und zwar in Turin, Mailand und Genua sowie im Veneto und in Rom; in Neapel und in Sardinien befanden sich zwei neue Kolonnen im Aufbau. Jede Kolonne hat einen Führer, der die gesamte Aktivität der BR in seinem Gebiet dirigiert, und auf dem Niveau der Kolonne fallen alle Entscheidungen über Bestrafungen, Enteignungen, Hinrichtungen usw., die keine nationale Bedeutung haben. Die Kolonnen sollen im Prinzip nur über ihre Führer Kontakt haben, doch können für spezielle Aufgaben sogenannte Fronten (fronti) geschaffen werden, die die Zusammenarbeit auf logistischem Gebiet, bei der Propaganda, bei Aktionen usw. erleichtern; es arbeiten dann also die auf eine bestimmte Tätigkeit spezialisierten Mitglieder einer Kolonne mit den entsprechenden Partnern in anderen Kolonnen zusammen. Die Spitze der Pyramide wird von zwei Organen gebildet, der Strategischen Direktion (direzione strategica) und dem Exekutivkomitee (comitato esecutivo), die sich durch ihre verschiedenen Aufgabenbereiche unterscheiden. Das Exekutivkomitee stellt die politische Führung dar, hier wird über die Richtung der Kampagnen Beschluß gefaßt; bei der Strategischen Direktion liegt dagegen die militärische Führung. Die vier bis fünf Mitglieder des Exekutivkomitees sind zugleich Mitglieder der Strategischen Direktion, sie scheinen also die zentralen Figuren zu sein; außerdem gehören zur Strategischen Direktion die übrigen Kolonnenführer, soweit sie also nicht schon im Exekutivkomitee sitzen, und je nach den anstehenden Problemen einige Spezialisten der verschiedenen Fronten.[98]

Zweifel an diesem blue-print sind angebracht, wie immer, wenn über die Organisationsweise von Geheimgesellschaften gesprochen wird. Was die Mitglieder selber darüber von sich geben, ob in Aussagen bei der Polizei oder in Kommuniqués, entspricht oft eher theoretischen Entwürfen als der Wirklichkeit, und was Polizei und Medien darüber sagen, entspringt meist der Phantasie. Alle haben ein Interesse daran, die Geheimgesellschaft möglichst als straff organisiert und undurchdringlich erscheinen zu lassen, die Mitglieder aus Prestigegründen, die Polizei, um ihre Mißerfolge bei der Bekämpfung zu erklären, die Medien aus Sensationsbedürfnis.[99]

3.2.3 Die Nuclei Armati Proletari (NAP)

Die Nuclei Armati Proletari sind unabhängig von den Brigate Rosse, wenn auch unter deren vorbildhaftem Einfluß, 1974 entstanden und nach dreijähriger Tätigkeit 1977 als eigenständige Gruppe endgültig zerschlagen worden. Sowohl in ihren Ursprüngen als auch in der Funktion, die die Gewalt für sie hat, sowie in der Zielgruppe, an die sie ihre Appelle richten, unterscheiden sie sich wesentlich von den GAP und von den BR. Ihre Mitglieder kamen einerseits aus den Reihen von Lotta continua, der vielleicht wichtigsten Gruppe der außerparlamentarischen Linken, andererseits aus den Reihen des Subproletariats. Als katalysatorisches Moment wirkte die Erfahrung des Gefängnisses, um das auch Theorie und Praxis der NAP fast ausschließlich kreisen.

Wie die meisten anderen außerparlamentarischen Gruppen, wie die Unione dei comunisti italiani, wie Avanguardia operaia und Il manifesto, ist auch Lotta continua 1969 entstanden, und zwar in Turin und unter dem Eindruck der Arbeiterkämpfe bei Fiat. Es waren vor allem operaistisch eingestellte Studenten der Gruppen Potere operaio toscano aus Pisa und Potere proletario aus Pavia sowie der Trentiner Studentenbewegung, die Kontakt zu den revoltierenden Fließbandarbeitern suchten und deren Aktionen einen breiteren Rückhalt in der gesamten Protestbewegung geben wollten.

Es war das mit der Wochenzeitung *Lotta continua*, die am 1. November 1969 zum erstenmal in einer Auflage von 65 000 erschien[100], explizit verbundene Ziel, »Möglichkeiten zu finden, die Arbeiterkämpfe mit jenen der Studenten, der Techniker, der Proletarier allgemein unter einer revolutionären Perspektive zusammenzuschweißen«. Wenn es *Lotta continua* auch nicht gelang, »die Einheit aller Gruppen, die heute in Italien Basisarbeit betreiben, zustandezubringen«, so übte die Zeitung doch von Beginn an auf viele Studenten- und Arbeitergruppen durch ihre konsequente Fortführung des radikalen Diskurses von 1968/69 eine große Anziehungskraft aus. Die Gründung von Lotta continua wurde nicht als Gründung einer doktrinären Partei verstanden, und die Anhänger waren keine Marxisten-Leninisten, sondern standen bewußt in der Tradition der spontaneistischen, operaistischen Bewegung, sie beriefen sich, wenn es um große Namen ging, in ihrer Theorie nicht auf Lenin, sondern auf Rosa Luxemburg. Als »eine Organisation ohne Organisation« mit spontanen Initiativen und phantasiereichem Aktionismus bildete Lotta continua die Gegenströmung zu den K-Gruppen. In ihrer Anfangsphase war die Gruppe ganz auf die autonome Arbeiterbewegung in der Großindustrie konzentriert, wobei sie unter Autonomie auch »die Demaskierung der konterrevolutionären Rolle der Gewerkschaften und parlamentarischen Parteien und die explizit antigewerkschaftliche und antikontraktuelle Organisation des Kampfes« verstand. Sie verfocht aber nicht nur die Radikalisierung der Fabrikkämpfe bis hin zur Sabotage des gesamten kapitalistischen Produktionsprozesses, sondern ebenso die Radikalisierung aller anderen sozialen Konflikte. Mit dem Rückfluß der Arbeiter zu den Gewerkschaften und der stets geringeren Resonanz, die die operaistischen Gruppen in diesem Bereich fanden, verlagerte sich dann 1970 und 1971 die Aktivität von Lotta continua in immer stärkerem Maße von der Fabrik auf »das Soziale«, worunter man die außerbetrieblichen Konfliktfelder zu verstehen hat. Die Zeitung beginnt z. B. als erste den Aufklärungsfeldzug gegen die Machenschaften im Zusammenhang mit dem Bombenanschlag an der Piazza Fontana, klagt den Mailänder Kommissar Calabresi als Mörder des Anarchisten Pinelli an und setzt sich für die Freilassung Valpredas ein (vgl. 2.2). Im Versuch, eine traditionelle Konfrontation zu überwinden, startet die Gruppe mit ziemlichem Erfolg ihre Propagandaarbeit unter den Soldaten der Armee, denen als »proletari in divisa« (Proletarier in Uniform) eine ständige Rubrik in der Zeitung eingeräumt wird. Vor allem aber widmet sich Lotta continua mit der neuen Parole »Prendiamoci la città« (Nehmen wir uns die Stadt!) nun den illegalen Hausbesetzungen in Mailand, Turin, Rom; es sind die Ärmsten der Armen, Immigrantenfamilien aus dem Süden, mit deren Hilfe in den besetzten Häusern befreite Gebiete, »rote Basen«, geschaffen werden sollen.[101] Unter dem Eindruck der Revolte von Reggio Calabria (Juli 1970–Februar 1971), die Lotta continua als Revolte des Proletariats und Lumpenproletariats begreift, die nur durch das Versagen der linken Parteien und insbesondere des PCI in faschistische Kanäle hatte gelenkt werden können, wendet man sich auch den Problemen der Bevölkerung des Mezzogiorno zu. Vier Monate lang erscheint in Neapel die Wochenzeitung *Mo' che il tempo s'avvicina* (Nun, da die Zeit sich nähert), die im Dialekt geschrieben ist, bewußt auf sehr einfachem Niveau bleibt und an rebellistische Traditionen des Lumpenproletariats der südlichen Großstädte anknüpft.

Besonders folgenreich wird dann das Interesse, das Lotta continua für die Welt der Strafanstalten und der Strafgefangenen entwickelt. Viele Anhänger von Lotta continua kamen nicht freiwillig mit dieser Welt in Berührung, sondern wurden gezwungenermaßen mit ihr konfrontiert: In der Folge von Zusammenstößen mit der Polizei bei Häuserbesetzungen, von tätlichen Auseinandersetzungen mit Neofaschisten, von Verleumdungsklagen während der Kampagne gegen das »staatliche Blutbad« von Mailand usw. sitzen sie als Untersuchungs- und Strafgefangene selbst in den Gefängnissen, und zwar vor allem bis zur sogenannten Valpreda-Amnestie in beachtlich großer Zahl. Zu dieser Zeit befindet sich die Gefängnispopulation, die ihrer Herkunft nach den untersten Schichten der Bevölkerung angehört (83% waren vor der Verhaftung arbeitslos oder unterbeschäftigt, 86% sind Analphabeten oder haben nur die fünfjährige Grundschule besucht, 57% stammen aus dem Mezzogiorno), bereits in permanentem Aufruhr. Hungerstreiks und Revolten sind an der Tagesordnung. Die Verhältnisse sind so antiquiert und unerträglich[102], daß auch das Aufsichtspersonal, das aus den gleichen Schichten stammt und nur gewissermaßen zufällig auf der anderen Seite steht, wegen Arbeitsüberlastung und Unterbezahlung nicht selten revoltiert; die Tatsache, daß ständig Waffen aller Art in die Strafanstalten gelangen, und die hohe Zahl der Ausbrüche – etwa 350 pro Jahr – sind Ausdruck dafür, daß die guardie di custodia durch ihre Situation bestechlich werden bzw. ihren Aufgaben nicht nachkommen können.

Im allgemeinen sind die Forderungen der Gefangenen reformistisch und beziehen sich vor allem auf Hafterleichterungen, doch hatte auch schon vor der Aufklärungsarbeit der Studenten vereinzelt ein Politisierungsprozeß eingesetzt. Paradigmatisch dafür ist die Entwicklung des zu lebenslanger Haft verurteilten Bankräubers Sante Notarnicola zum bewußten Revolutionär, die er in seiner sehr erfolgreichen Autobiographie *L'evasione impossibile*[103] festgehalten hat. Diesen Politisierungsprozeß versucht Lotta continua nun zu forcieren. In einem Dokument des Nucleo di San Vittore (der Arbeitsgruppe, die sich mit dem Mailänder Gefängnis San Vittore beschäftigt) heißt es: »Solange sich die ›Verbrecher‹ in Freiheit befinden, solange sie annehmen, ihre Probleme allein, egoistisch, die kollektive Bewegung ignorierend lösen zu können, sind sie nicht für den Klassenkampf zu gewinnen... Ihr politisches und soziales Bewußtsein kann erst geweckt werden, wenn sie im Gefängnis sitzen... Nur die Erfahrung der Zusammenarbeit, des Kollektivs, des gemeinsamen Kampfes gegen die institutionalisierten Formen von Zwang, Ausbeutung und Repression kann aus dem ›Rebellen‹ und ›Asozialen‹ einen Proletarier, einen Revolutionär machen.«[104] Im Zeichen der Parole »Tutti i detenuti sono detenuti politici« (alle Gefangenen sind politische Gefangene) soll aus dem Kerker eine Schule der Revolution gemacht werden. 1970 wird bei Lotta continua eine Commissione carceri gegründet und seit Juni 1971 führt die Zeitung eine Rubrik »Die Verdammten dieser Erde«, die den Problemen der Gefangenen und ihrer politischen Bewußtseinsbildung gewidmet ist.

In kritischer Auseinandersetzung mit der marxistischen Tradition, im Anschluß an die anarchistische, vor allem aber im Anschluß an Ideen Frantz Fanons und der amerikanischen Black Panther George Jackson und Eldrige Cleaver (die dann für die nappisti – ganz im Gegensatz zu den brigatisti – Vorbildfiguren werden) versucht man, der »Mystifizierung« des Industrieproletariats als einzigem revolutionären Subjekt entgegenzuwirken und das Subproletariat als Bündnispartner aufzuwerten. Für die Praxis von Lotta continua haben die marginalen Massen (Immigranten, Obdachlose, Arbeitslose, Jugendliche, Gefangene usw.) sogar Vorrang, wenn sie auch nie – auch später bei den NAP nicht – dem Proletariat als das neue revolutionäre Subjekt entgegengesetzt werden.[105]

1972 beginnt in den Reihen von Lotta continua eine Debatte über den Terrorismus, die die ambivalente Haltung dieser Gruppe zur Frage der Gewaltanwendung zeigt und letztlich zum Austritt einiger Mitglieder und zur Gründung der NAP führt. Ausgelöst wird diese Debatte durch die ersten größeren Aktionen der Brigate Rosse, vor allem durch die Entführung Macchiarinis und die Brandanschläge bei einigen Mailänder Firmen, durch den Tod Feltrinellis und durch die Ermordung des Kommissars Calabresi. Grundsätzlich steht Lotta continua, schon aufgrund seiner spontaneistischen, bewegungshaften Linie, klandestinen Organisationen und klandestinen Operationen ablehnend gegenüber: »Die militärische Organisation der Massen läßt sich nicht dadurch herbeiführen, daß ein paar kleine Gruppen ›militärische‹ Aktionen gegen die Symbole des Kapitalismus beginnen ... Wer den Weg der isolierten Aktion wählt, arbeitet in Wirklichkeit der Arbeiterautonomie entgegen.«[106] Auch Feltrinelli wird das Etikett eines revolutionären Kämpfers verweigert, da ihm der Bezug zu den Massenbewegungen gefehlt habe. Andererseits betrachtet Lotta continua die Terroristen weiterhin aufgrund des gemeinsamen Ursprungs, der früheren gemeinsamen Arbeit, des gemeinsamen politischen Zieles als Genossen, wenn auch als Genossen, die irren, und weigert sich, in ihnen nur Provokateure und Agenten des Klassenfeindes zu sehen, während diese letzte Einstellung beim PCI und bei den meisten außerparlamentarischen Gruppen noch bis in die zweite Hälfte der siebziger Jahre vorherrschend war: Die BR operieren nur scheinbar von links her, passen aber vielmehr als neue Taktik in die Strategie der Spannung. Nach der Ermordung Calabresis[107] erschien in *Lotta continua* ein Leitartikel, der zunächst betonte, daß man auch angesichts dieses Ereignisses nicht verschweigen könne, worauf man stets mit lauter Stimme bestanden habe, nämlich daß Calabresi ein Mörder (der Pinellis) gewesen sei, und der dann folgendermaßen fortfuhr: »Der politische Mord ist gewiß nicht die entscheidende Waffe im Kampf um die Emanzipation der Massen, so wie die klandestine bewaffnete Aktion gewiß nicht die definitive Form des Klassenkampfes in der Periode ist, die wir jetzt durchleben. Aber diese Überlegungen können uns keinesfalls dazu führen, die Ermordung Calabresis zu bedauern, einen Akt, in dem die Ausgebeuteten immerhin ihr Drängen nach Gerechtigkeit ausgedrückt finden können.«[108] Diese und eine Reihe ähnlicher Äußerungen, in denen ein Gefühl der Genugtuung ehrlich zugegeben, zugleich aber die Aktion als politisch inopportun verworfen wurde, hatten heftige interne Diskussionen und einige empfindliche Haftstrafen zur Folge; die Parallele zur deutschen Mescalero-Affäre ist offensichtlich. Fortan war Lotta continua bei den Stellungnahmen zu terroristischen Aktionen vorsichtiger: Sie wurden und werden regelmäßig verurteilt. Zugleich blieb der Gewaltdiskurs in den Reihen von Lotta continua aber doch bestimmt von dem Bedürfnis, das Konzept der Gewaltanwendung durch sogenannte Avantgarden nicht vollständig zu diskreditieren, sondern eine solche Möglichkeit – vor allem im Hinblick auf künftige Verschärfungen des Klassenkampfes – den Volksmassen weiter akzeptabel erscheinen zu lassen.

Nicht nur die – wenn auch ambivalente – Absage an die Gewalt, sondern vor allem die Interpretation, die Lotta continua dem chilenischen Experiment gab, markieren den Beginn einer neuen Phase von Theorie und Praxis dieser Gruppe. Lotta continua identifiziert sich weitgehend mit dem chilenischen MIR, stellt aber fest, daß der Spielraum des MIR wie der Spielraum für revolutionäre Initiativen überhaupt nach dem Sieg der Volksfront – auch wenn diese vor allem von revisionistischen Parteien getragen wurde – größer war als in der Zeit der christdemokratischen Regierung (und natürlich auch größer als nach dem Staatsstreich der Junta). Als Lehre ergibt sich daraus, daß man in Italien ebenfalls eine linke Volksfront an die Macht bringen muß; deshalb ruft Lotta continua nach 1973 und bis zu den Regionalwahlen von 1975 dazu auf, den PCI zu wählen, und kandidiert bei den Parlamentswahlen von 1976 selbst im Bündnis mit Avanguardia operaia und Il manifesto in der Hoffnung, nach den Wahlen mit PCI und PSI eine italienische Volksfront bilden zu können. Die neue Phase ist also, nach dem Extremismus der ersten Jahre, die von Parolen wie »Una sola soluzione – la rivoluzione« (es gibt nur eine Lösung – die Revolution!) gekennzeichnet waren, eher von einer traditionell politischen Linie geprägt. Erst nachdem 1976 der PCI zwar einen großen Erfolg verbuchen konnte, das eigene Wahlbündnis aber nur unerwartet wenig Stimmen erhielt und eine Volksfront nicht in Sicht war, wandte man sich von dieser Linie wieder ab, kritisierte sie als eine der verfehlten Institutionalisierung und der Degeneration und kehrte zu einer radikaleren Opposition und zu einer mehr mouvementhaften inneren Struktur zurück. Dadurch gelang es Lotta continua, in der Jugendbewegung von 1977 wieder eine bedeutsame Rolle zu spielen.

Für uns ist die Wende von 1973 entscheidend. Die Absage an die Gewalt und die Hinwendung zur traditionellen legalistischen Politik waren für einige Mitglieder äußerst unbefriedigend, vor allem für jene, die sich in den Gefängnissen radikalisiert hatten. Als sie im Zuge der Valpreda-Amnestie entlassen wurden, lebten sie – nicht zuletzt aufgrund der bis dahin bei Lotta continua gepflegten Gewaltrhetorik, die nun mit der Praxis nicht mehr übereinstimmte – in der Vorstellung, daß die Revolution bereits vor der Tür stehe, daß man sozusagen nur in der nächstbesten Sektion von Lotta continua eine Maschinenpistole abzuholen und damit auf die Barrikaden zu eilen brauche. Enttäuscht wandten sie sich von Lotta continua ab; und als auf dem Kongreß vom Dezember 1973 alle Anträge, die die Überwindung der »Logik bürgerlicher Legalität« und den Rekurs auf unmittelbare Gewalt zum Ziele hatten, zurückgewiesen wurden, begannen die Dissidenten im Januar 1974, nach dem Vorbild der Brigate Rosse klandestine Gruppen zu gründen: die Nuclei Armati Proletari (die Bewaffneten Proletarischen Kerngruppen).[109] Zentren sind Florenz und vor allem Neapel, auf das die NAP wegen seiner enormen Masse marginalisierter Lumpenproletarier und seiner sehr aktiven Arbeitslosenbewegung[110] die größten Hoffnungen setzen. Die neue Gruppe macht zum erstenmal am 1. Oktober 1974 von sich reden, als vor eine Reihe italienischer Strafanstalten auf gestohlene Autos montierte und anschließend durch Sprengsätze zerstörte Lautsprecher ihr Programm vom Tonband verkünden. Anknüpfend an die jüngsten Gefängnisrevolten, die niedergeknüppelt worden und mit Verlegungen, hohen Strafen, Verwundeten und Toten zu Ende gegangen waren, kommt der Aufruf zu dem Ergebnis, daß Reformforderungen und Reformversuche niemals die in den Gefängnissen herrschende absolute Unterdrückung aufheben könnten, und schließt mit den Worten: »Wir haben keine Wahl, wir müssen aufstehen und kämpfen oder langsam sterben in den Kerkern, in den Ghettos, in den Irrenhäusern, in die uns die bürgerliche Gesellschaft verbannt und in denen sie uns ihre Gewalt aufzwingt... Vorwärts zum allgemeinen Aufstand innerhalb und zum bewaffneten Kampf der Kerngruppen außerhalb der Kerker!«[111]

Um diesen Kampf finanzieren, um Waffen, Papiere, Reisen, Wohnungsmieten bezahlen zu können, hatte die neapolitanische Gruppe schon vorher den Sohn eines Gynäkologen entführt, 70 Millionen Lire erpreßt und damit ihre Feuertaufe durchgestanden.

Ende Oktober schlug ein zweiter Finanzierungsversuch, ein Bankraub in Florenz, fehl, da die Carabinieri gewarnt worden waren und die fünf beteiligten nappisti schon erwarteten; dennoch kam es zu einem Schußwechsel, bei dem Luca Mantini aus Florenz und Sergio Romeo aus Neapel getötet wurden. Beider Biographien sind paradigmatisch, sie stehen für typische Entwicklungen, die zum Eintritt in die NAP führen.

Luca Mantini, 1946 in Fiesole geboren, stammt aus einer kleinbürgerlichen Familie und hat eine traditionelle katholische Erziehung erhalten. Dem Drängen seiner Eltern nachgebend, besucht er die höhere Schule, betätigt sich aber nebenbei in den verschiedensten Berufen. 1969 beginnt er, Volkswirtschaft zu studieren in der Überzeugung, daß man, wenn man einer Gesellschaft kritisch gegenübersteht, deren Funktionsprinzipien durchschauen müsse. Wichtiger als das Studium ist ihm aber die politische Arbeit. Er schließt sich Lotta continua an, nimmt an einigen Hausbesetzungen teil und wird 1972, nachdem er mit Gleichgesinnten in Prato die Wahlveranstaltung eines Neofaschisten durch das Werfen von Molotow-Cocktails zu verhindern gesucht hatte, zu zwei Jahren und acht Monaten Gefängnis verurteilt. Es waren solche hohen Strafen für Taten, die in ihren Augen moralisch gerechtfertigt waren, die diese Jugendlichen damals in so großer Zahl in immer schärfere Opposition trieben und sie schließlich dazu brachten, einen Staatsapparat, der die Faschisten, die laut Verfassung verboten hätten sein müssen, schützte, ja teilweise mit ihnen kollaborierte, selbst faschistisch zu nennen und entsprechend zu bekämpfen. In der Strafanstalt von Poggioreale freundet Mantini sich mit den Brüdern Nicola und Pasquale Abatangelo an, bekannten Kriminellen, die später ebenfalls eine wichtige Rolle in den NAP spielen sollten. Nach seiner vorzeitigen Entlassung besucht er regelmäßig die Familien seiner neuen Freunde und entdeckt deren für ihn neue Welt, die ihn ganz einnimmt. Er gründet das Collettivo Jackson, das in den Armenvierteln von Florenz soziale und politische Arbeit vereint. Zugleich organisiert er die Florentiner Zelle der NAP. Zeugenaussagen zufolge war für ihn allerdings Hauptzweck der illegalen Tätigkeit die Finanzierung der legalen – insofern ist er wieder eine Ausnahme unter den nappisti.[112]

Sergio Romeo wurde 1954 in einem Dorf in der Nähe Neapels geboren, die Eltern waren Kleinbauern. Vom Lehrer der Dorfschule wird er als intelligent, lebendig, ruhelos charakterisiert. Mit sieben Jahren stiehlt er Eier, um sich für deren Erlös Comics kaufen zu können. Nachdem er im Haus eines Dorfhonoratioren 50000 Lire gestohlen hat, wird er ein Jahr von der Schule ausgeschlossen. Mit 13 Jahren kommt er zum erstenmal in ein Erziehungsheim; als er 14 ist, stirbt seine Mutter; kurz darauf wird er bei einem Einbruch in Neapel gefaßt. Im Gefängnis lernt er einen Anarchisten kennen, der bei einer Prügelei einen Faschisten getötet hatte; unter seinem Einfluß politisiert sich Romeo, liest Bücher über die Tupamaros, die Black Panthers usw. Nach seiner Entlassung schickt ihn sein Vater als Gastarbeiter nach Belgien, von wo er aber wegen seiner Tätigkeit in einer trotzkistischen Gruppe bald wieder ausgewiesen wird. Er kehrt nach Neapel zurück und schließt sich Lotta continua an. Wegen der häufigen tätlichen Zusammenstöße haben alle politischen Gruppen ihren eigenen Ordnungsdienst, und nicht wenige spätere Terroristen haben hier ihre ersten Gewalterfahrungen gemacht; Romeo organisiert den Ordnungsdienst von Lotta continua in Neapel und engagiert sich in der Commissione carceri. Wegen verschiedener Straftaten muß er mehrmals ins Gefängnis, wo er Sante Notarnicola kennenlernt und an einer Revolte teilnimmt. Als er wieder einmal auf der Flucht vor der Polizei ist, taucht er in Forcella unter, einem der Slums von Neapel. Hier richtet er seine Tätigkeit vor allem gegen die Faschisten, deren Position im neapolitanischen Subproletariat sehr stark ist; es mangelt nicht an gewalttätigen Konfrontationen. Aber auch in diesem Bereich ändert sich 1973 die Position von Lotta continua; die alte Parole »Offener Angriff auf die Faschisten und Irlandisierung des Kampfes« gilt nicht mehr, vielmehr sammelt man nun landesweit Unterschriften für ein Verbot des MSI. Romeo kann die neue Linie insgesamt nicht akzeptieren und wird zur treibenden Kraft bei der Gründung der NAP in Neapel.[113]

Der Tod von Mantini und Romeo, die Verwundung und Verhaftung einiger anderer Mitglieder schrecken die NAP nicht vor weiteren Aktionen zurück. Sie entführen in Neapel den Zementindustriellen Moccia, der für seine Freilassung eine runde Milliarde Lire bezahlen muß. Als nach einigen Bombenanschlägen auf MSI-Büros das Pflaster in Neapel zu heiß wird, transferieren sie ihre Kräfte nach Rom, wo ihnen Anfang 1975 ihre spektakulärster Coup gelingt: die Entführung Giuseppe Di Gennaros, des für das gesamte Gefängniswesen verantwortlichen Beamten im Justizministerium. Zugleich verbarrikadieren sich drei gefangene nappisti mit drei Geiseln in einer Zelle des Gefängnisses von Viterbo. Nachdem ein Kommuniqué der NAP über das Radio verlesen wurde und die drei Gefangenen in piemontesische Gefängnisse verlegt sind und dort bessere Haftbedingungen erhalten haben, wird Di Gennaro freigelassen. Er berichtet später ausführlich über seine Gespräche mit den Entführern, die er als Verzweiflungstäter charakterisiert, als Produkte einer Situation, deren Reformbedürftigkeit er selbst am besten kennt und für deren Änderung er als ausgesprochener Liberaler stets eingetreten war; seine verständnisvollen Äußerungen trugen ihm in seinem Ministerium und von seiten der konservativen Presse heftige Kritik ein.

Die folgenden zwei Jahre bringen für die NAP eine Kette von Katastrophen, in denen sich ihre – im Vergleich zu den BR – dilettantische Vorgehensweise enthüllt: Taras fliegt mit einer selbstgebauten Bombe in die Luft, Zichitella, Annamaria Mantini und Lo Muscio werden erschossen, Schiavone, Delli Veneri, Franca Salerno, Maria Pia Viannale und andere verhaftet. Die NAP waren auf die Klandestinität nur schlecht vorbereitet und haben es auch nicht verstanden, eine halblegale Infrastruktur zur Deckung ihrer terroristischen Aktivitäten zu schaffen. Ihre spontaneistische, leicht angreifbare Organisationsweise entsprach ihrer Auffassung von der Funktion der Gewalt. Im Gegensatz zur weit rationaleren, taktischen Einstellung der BR, für die Gewalt nur Mittel ist zur Erreichung bestimmter politischer Ziele, hat sie für die NAP ihren Zweck eben in sich selbst als Katharsis; im Akt der Gewalt reinigt und befreit sich der unterdrückte und entwürdigte Mensch unmittelbar: »Gewalt bringt Befreiung und die Entdeckung der eigenen menschlichen und sozialen Würde, im Akt der Gewalt – das hat sich jedem von uns fest ins Bewußtsein geprägt – haben wir zum erstenmal wirklich gelebt.«[114] Die Anklänge an Fanon und der existentialistische Zug sind überaus deutlich; wichtiger als diese ideologischen Hintergründe ist aber die Tatsache, daß Gewalt im Milieu der Unterschicht, aus der sich die NAP großenteils rekrutieren, den vom Existentialismus theoretisierten Charakter schon immer hat und daß es deshalb keiner großen Überzeugungskraft bedurfte, ihn zu mobilisieren. Die Gewaltauffassung der späteren »bewaffneten Bewegung« unterscheidet sich in ähnlicher Weise von jener der »bewaffneten Partei«, so daß auf dieses Thema zurückzukommen ist (vgl. unten 3.3.2). Die Niederlage der NAP diskreditiert jedoch zunächst die spontaneistische Linie, die Überlebenden, die sich mit ihren verbliebenen Waffen und konspirativen Wohnungen zu den Brigate Rosse schlagen, kritisieren ihre eigene Vergangenheit und schwenken auf die Linie der »bewaffneten Partei« ein.[115]

3.3 Die späten siebziger Jahre: Ursachen der Kontinuität

Trotz mancher Erfolge der Polizei dauert der Terrorismus (und zwar der rechte wie der linke) in der zweiten Hälfte der siebziger Jahre unvermindert an, die Zahl der Anschläge und die Zahl der Opfer nehmen sogar noch erheblich zu. So wurden laut Statistik von 1969 bis 1980 insgesamt 12690 Anschläge (politisch motivierte Sachbeschädigungen und politisch motivierte Gewalttaten gegen Menschen) bekannt. Davon wurden 4035 in den Jahren 1969 bis 1974 und 8655 in den Jahren 1975 bis 1980 ausgeführt. Von den insgesamt 362 Opfern starben im Zeitraum 1969 bis 1974 92 (25%), im Zeitraum 1975 bis 1980 270 (75%). 1969 bis 1974 fielen 63 Menschen den Anschlägen rechter und 9 den Anschlägen linker Terroristen zum Opfer, 10 wurden in Zusammenstößen mit den Ordnungskräften von diesen erschossen, bei 10 weiteren waren die Attentäter nicht zu klassifizieren. Zwischen 1975 und 1980 töteten die rechten Terroristen 115 Menschen, die linken 110, die Ordnungskräfte 29, andere und unbekannte 16. Das unblutigste Jahr war 1971 (6 Tote), das blutigste 1980 (135 Tote). Auch die Zahl der Verwundeten liegt in der zweiten Hälfte der siebziger Jahre höher. Diese Verwundeten gab es vor allem bei den ziellosen Bombenanschlägen, die eine Spezialität des rechten Terrorismus sind (insgesamt 551 Verletzte, davon allein 200 1980 in Bologna), aber auch bei zielgerichteten Attentaten (insgesamt 172 Verletzte, bis auf einen alle im Zeitraum 1975 bis 1980, davon 147 als Opfer linker, 6 als Opfer rechter und 19 als Opfer unidentifizierter Terroristen), z. B. bei den sogenannten »azzoppamenti«, den Schüssen in die Beine, die 1977 und 1978 eine von den Roten Brigaden favorisierte Einschüchterungs- und »Bestrafungs«taktik waren und wobei bis Dezember 1978 mindestens 75 Menschen verletzt und z. T. gelähmt wurden, meist mittlere und höhere Industrie- und Parteikader sowie Journalisten aus den Großstädten des Nordens.[116]

Die Ursachen von Kontinuität und Virulenz des italienischen Terrorismus in der zweiten Hälfte der siebziger Jahre sind in drei

Bedingungen zu suchen (die für den rechten wie den linken Terrorismus gelten, die wir aber gemäß unserem Thema vor allem im Hinblick auf den linken analysieren wollen):
– in der Tatsache, daß die Italiener ihrem Staat weitgehend skeptisch gegenüberstehen und viele den bewaffneten Kampf nicht unbedingt ablehnen (um das mindeste zu sagen), so daß die Fahndung durch mangelnde Mitarbeit der Bevölkerung erschwert und dem Terrorismus Spielraum gewährt wird,
– in der Marginalisierung und Systementfremdung großer Teile der Jugend, die dem Terrorismus ein großes Rekrutierungsfeld eröffnet, und schließlich
– in der objektiven Destabilisierungsfunktion des Terrorismus, die möglicherweise in die Pläne in- und/oder ausländischer Geheimdienste passen könnte (obwohl natürlich entsprechenden in Umlauf befindlichen Spekulationen über die Unterstützung des linken Terrorismus von dieser Seite die nötige Skepsis entgegengebracht werden muß).

3.3.1 Legitimationskrise des Staates, historischer Kompromiß und historischer Bruch

Der italienische Staat wird durch die gesamte Nachkriegsgeschichte hin bis heute von einer Partei beherrscht: der Democrazia Cristiana. Diesen Erfolg verdanken die Christdemokraten weniger ihren Wahlergebnissen (seit 1958 ist es ihnen nicht mehr gelungen, mehr als 40% der Stimmen auf sich zu vereinen[117]) als vielmehr ihrer einzigartigen Fähigkeit, immer wieder Mehrheitskoalitionen mit den kleineren Parteien der Mitte zustandezubringen, sowie der Tatsache, daß ihr als Alternative nicht eine starke sozialdemokratische bzw. sozialistische Partei gegenübersteht, sondern eine kommunistische, und daß es ihr deshalb immer wieder gelingen konnte, auf der Basis eines militanten Antikommunismus einen in Demokratien üblichen, ja notwendigen Regierungswechsel auszuschließen. Auch die Tatsache, daß nach fast vierzig Jahren mit Spadolini und Craxi zum ersten Mal andere Parteien den Ministerpräsidenten stellten, ändert nichts an der im Grunde fortdauernden Herrschaft der DC. Daß diese DC-Herrschaft nur noch durch undurchsichtige Arrangements zwischen den Parteispitzen aufrechterhalten wird, dem Wählerwillen aber möglicherweise nicht mehr entspricht, beweisen das Ergebnis des

1974 durchgeführten Referendums über das Scheidungsgesetz, bei dem die linken und liberalen Kräfte 59,3% gegenüber den 40,7% der Christdemokraten und Neofaschisten erzielten, sowie die Tatsache, daß sich die DC-Regierungen von April 1976 bis Dezember 1979 nur deshalb halten konnten, weil die kommunistische Parlamentsfraktion zunächst nicht gegen und dann sogar für sie stimmte. Diese lange und stets für partikulare Zwecke ausgenutzte Herrschaft der DC ist nicht ohne verhängnisvolle Folgen für das Ansehen der classe politica, der politischen Führungskaste, sowie generell für das Verhältnis des Bürgers zum Staat geblieben: Die classe politica hat sich vollständig diskreditiert, und die in Italien sowieso relativ stark ausgeprägte Tendenz, den Staat als etwas Fremdes und Feindliches, als parasitären Apparat, als Instrument der Unterdrückung, Ausbeutung und privaten Bereicherung in den Händen einer korrupten Clique zu betrachten[118], ist enorm gefördert worden. Auch die in den letzten Jahren sehr intensive Kampagne der Kommunisten, die darauf zielte, die Identifikation von DC und Staat aufzulösen, dadurch die demokratischen Institutionen als solche wieder aufzuwerten und vor allem in der Arbeiterklasse ein Gefühl der Verantwortung für das staatliche Geschehen zu wecken, hat daran kaum etwas ändern können. Wo sie selber an der Macht sind, wie z. B. in Bologna, einer Stadt, die eine für ganz Europa vorbildliche Kommunalpolitik betreibt, liegen die Verhältnisse anders, aber solche anderen Verhältnisse sind bisher punktuelle Ausnahmen geblieben.

Das traurige Schauspiel der Ineffizienz und Korruption, das die classe politica dem Bürger vorexerziert, beginnt bereits im Parlament. Dessen Arbeit wird nicht nur durch ständig wechselnde Koalitionsmanipulationen zwischen den Parteien erschwert, sondern auch dadurch, daß die Partei mit dem Regierungsmonopol selbst eigentlich keine moderne Partei ist, sondern »ein politischer Markt, Wechselstube... der Macht«[119]: Sie ist zerfallen in mindestens zehn verschiedene Strömungen (die sogenannten correnti), die z. T. nur Hausmacht für Klientelführer, z. T. zugleich Ausdruck sehr unterschiedlicher politischer Richtung (von der ganz konservativen um Fanfani bis zur gewerkschaftlichen um de Mita) sind. Kein Ministerpräsident kann deshalb eine zügige Politik betreiben, weil er nie vor innerparteilichen Widersachern sicher ist und wegen des fehlenden Fraktionszwanges vor jeder Abstimmung im Parlament erst mühsam die Partikularinteressen der correnti ausbalancieren muß. Dennoch kann niemand Niederlagen vermeiden, wodurch es zu den häufigen Regierungswechseln kommt, der Instabilität in der Stabilität der DC-Herrschaft, sowie generell zu einer ungemein schleppenden Parlamentsarbeit. Das Urteil des Bürgers ist entsprechend negativ.

Auch die Zustände in der Exekutive haben dazu beigetragen, den Bürger vom Staat zu entfremden. Schwerfälliger Zentralismus, Parteienprotektionismus und klienteläre Versorgungspraktiken haben dazu geführt, daß Italien heute die aufgeblähteste und zugleich unfähigste Verwaltung Europas besitzt. Der Alltag eines jeden Italieners ist davon betroffen, und er reagiert nicht nur mit Resignation, sondern auch mit Verbitterung.

Eine weitere für die Legitimationskrise bedeutsame Folge der langen DC-Herrschaft ist zu erwähnen. Sie ist zugleich Ursache der andauernden Macht dieser Partei: die fast vollständige Durchsetzung des staatlichen und parastaatlichen Wirtschaftssektors, der Holding-Gesellschaften ENI und IRI mit ihren zahlreichen Töchtern, der Elektrizitätsgesellschaften, der Banken, der Cassa per il Mezzogiorno, des Gesundheitswesens mit allen Kranken- und Invalidenkassen, der Rundfunk- und Fernsehgesellschaft RAI usw. mit Gefolgsleuten der DC, die »Kolonisierung« dieses Bereichs und seine Umwandlung in ein Pfründen- und Klientelgehege sondergleichen. Die Verfilzung mit dem parastaatlichen Industrie- und Finanzbereich gibt der DC – nach einem Bonmot von Fiat-Chef Agnelli – bei 40% der Wählerstimmen 80% der Macht.[120] Sie ist aber nicht nur eine Quelle finanzieller und sonstiger Unterstützung für die Partei als solche, sondern bietet auch viele Möglichkeiten zu privater Bereicherung.[121]

Hinzu kommen die kriminellen Verwicklungen von DC-Politikern in die Geschäfte privaten in- und ausländischen Kapitals, so daß die Kette von Skandal gewordenen Korruptionsfällen in den siebziger Jahren nicht abriß, auch wenn sicher nur die Spitze des Eisbergs in den Blick der Öffentlichkeit geriet (was übrigens jedermann bewußt ist). Ich erwähne als wichtigste den Lockheed-Skandal, den Sindona-, den Caltagirone-, den Sparkassen- und schließlich den Erdölskandal. Der letzte, der im Oktober 1980 aufgedeckt wurde, gibt ein gutes Bild vom Ausmaß solcher Affären: Indem die Ölgesellschaften jahrelang Steuererklärungen fälschten oder Benzin als Heizöl deklarierten, konnten sie vier Milliarden Mark Steuern hinterziehen; einige hohe Offiziere und

Generäle der Guardia di Finanza, also jener Polizei, die den Staat vor Steuerhinterziehung schützen soll, wurden wegen Beteiligung verhaftet; der Industrieminister, der Finanzminister und der ehemalige persönliche Sekretär Aldo Moros stehen im Verdacht, den Betrug politisch abgesichert zu haben, da Millionen aus den Kassen der Ölgesellschaften auf ihre Konten geflossen sind. Der Skandal um die Geheimloge Propaganda 2, in der Bankiers und Industrielle, hohe Militärs und Geheimdienstchefs, Politiker und Dunkelmänner klüngelten, gewährte – auch wenn wenig Klarheit in die Zusammenhänge des »potere occulto« gebracht werden konnte – ein weiteres Mal Einblick in die Tatsache, daß hinter der offiziellen Politik dunkle Intrigen gesponnen werden.[122]

Die justitiellen Nachspiele solcher Skandale bleiben für die Betroffenen gewöhnlich harmlos, meist versanden die Untersuchungen im Dschungel der Parlamentskommissionen. Aber die Korrosion der Legitimität der classe politica ist unverkennbar. Die Moraldebatte, die zu Beginn der achtziger Jahre in Italien geführt wurde, brachte das deutlich zum Ausdruck. In ihrem Zusammenhang stellte der Politologe Giorgio Galli in seiner wöchentlichen *Panorama*-Kolumne fest, daß »die Mikro-Guerilla von links nur den Kontrapunkt zu den Skandalen an der Staatsspitze bildet, die einen Umfang und eine Reichweite haben, die im übrigen Europa unbekannt sind«.[123] Eine Reihe von Umfragen des Meinungsforschungsinstituts Doxa belegt den Schwund des Vertrauens der Bevölkerung in die Regierenden: 1967 meinten 35% der Befragten, daß der Staatsapparat schlecht funktioniere, 32% hielten die Politiker für nicht vertrauenswürdig oder geradezu für Gauner, 23% die Minister für unfähig und inkompetent; 1980 lagen die entsprechenden Zahlen bei 82%, 85% und 69%; der schärfste Rückgang war zwischen 1974 und 1976 eingetreten.[124]

Für unsere Argumentation ist es nun wichtig festzuhalten, daß die allgemeine Verdrossenheit gegenüber dem DC-Staat von der wichtigsten Oppositionspartei, dem PCI, zwar zu einem bedeutenden Teil, aber eben doch nur zum Teil aufgefangen und als Forderung nach einer politischen Alternative innerhalb des bestehenden Systems reformuliert werden konnte. Die Partei verbuchte in den siebziger Jahren beträchtliche Wahlerfolge. Während sie ihre Stimmen zuvor im wesentlichen unter den Industriearbeitern Piemonts, der Lombardei und Liguriens sowie unter den Landarbeitern, Handwerkern und Kleingewerbetreibenden der traditionell roten Zonen Emilia-Romagna, Toskana und Umbrien gewonnen hatte, gelang ihr nun der Einbruch in neue Bevölkerungsgruppen (Frauen, praktizierende Katholiken, Bildungs- und Dienstleistungsbereich, Verwaltung, Techniker und Kader aus der Wirtschaft) und in geographische Zonen, die bisher völlig von der DC beherrscht worden waren (Venetien, Mezzogiorno). Nach den Regionalwahlen von 1975 stellte sie die Bürgermeister in fast allen Großstädten und war in sechs der zwanzig Regionen regierende oder mitregierende Partei. Bei den Parlamentswahlen von 1976 erhielt sie 12,6 Mill. Stimmen, d. h. 34,4 %; in der Kammer hatte sie dann 227 Sitze (DC 263, PSI als drittstärkste Partei 57), stellte den Parlamentspräsidenten und führte den Vorsitz in acht von sechsundzwanzig Ausschüssen. Sie hatte sich nicht nur in überzeugender Weise – vor allem durch ihre Kommunalpolitik – als Partei der »sauberen Hände« und der Effektivität präsentieren können, sondern auch als eindeutig demokratische Partei. Die entsprechende Partei-Linie wurde oben bereits dargestellt. Seit jedoch Enrico Berlinguer 1972 den Parteivorsitz übernommen hatte, wurde das Bekenntnis zur parlamentarischen Demokratie und zum Parteienpluralismus von allen noch bestehenden Vorbehalten befreit. Hierin liegt der Kern des sogenannten Eurokommunismus, ein Schlagwort, das ja vor allem die Politik des PCI meint: Es wird nicht nur ein friedlicher Übergang zum Sozialismus angestrebt, sondern auch der dann gemäß orthodoxer Strategie folgenden Diktatur des Proletariats abgeschworen. Für Berlinguer und die neue Führungsgruppe des PCI sind die bürgerlichen Freiheiten, die Grundrechte, die Medien, der Rechtsgang usw. keine bürgerlichen Formalitäten ohne materialen Gehalt, sondern unverzichtbarer Bestandteil auch einer sozialistischen Demokratie. Folgerichtig wird ihre Nichtachtung in der Sowjetunion und im übrigen Ostblock explizit kritisiert. Solche Aussagen finden ihre Ergänzung in den Äußerungen von PCI-Führern zur anvisierten Wirtschaftspolitik, in der Markt und Privateigentum an Produktionsmitteln weiterhin eine Rolle spielen sollen und wo unter ausdrücklicher Bezugnahme auf die sowjetischen Erfahrungen »ausgeschlossen wird, daß Verstaatlichung und zentrale Wirtschaftsplanung für ein westliches Industrieland ein wiederholbares oder auch nur erstrebenswertes Modell darstellen«.[125] Das ist natürlich nicht verwunderlich, wenn man bedenkt, daß gerade der staatliche Industriesektor in Italien am schlechtesten funktioniert, die Beschäftigungsstruktur andererseits zum großen Teil von kleinen und mittleren Unternehmen bestimmt wird, die die Hauptstütze der Wirtschaft bilden, die vom PCI als Bündnispartner umworben werden und deren Chefs den in ihren Gemeinden, Provinzen und Regionen effektiv regierenden Kommunisten inzwischen schon häufig mehr Vertrauen entgegenbringen als den durch jahrzehntelange Miß- und Klientelwirtschaft diskreditierten Christdemokraten.[126]

Für sehr viele Italiener wurde schließlich – und dieser Faktor ist gar nicht zu überschätzen – zu Beginn der siebziger Jahre der PCI neben den ihm verbündeten Gewerkschaften zum eigentlichen Garanten gegen einen Staatsstreich von rechts. Zwar waren es zunächst Gruppen der neuen Linken, vor allem Lotta continua, die am konsequentesten die wahren Hintergründe der Strategie der Spannung aufzudecken suchten, aber auch sie erkannten, daß es letztlich die durch PCI und Gewerkschaften vermittelte Massenmobilisierung war, die die vom Rechtsterrorismus anvisierten politischen Konsequenzen vereitelte. Die Partei konnte ihre Hegemoniekrise im linken Spektrum zeitweilig überwinden, viele Aktivisten aus der Studentenbewegung kehrten zu ihr zurück, allein im Jahre 1972 wuchs die Zahl der eingeschriebenen FGCI-Mitglieder von 85 000 auf 112 000, und diese Jugendorganisation gewann bei den Universitätswahlen wieder beachtliches Gewicht.[127] Dennoch waren es die Strategie der Spannung und die sehr zweifelhafte Rolle, die die DC dabei spielte, die den Ausschlag dafür gaben, daß die PCI-Spitze 1973 der Regierungspartei einen an die Einheit der letzten Kriegsjahre und der ersten Nachkriegsjahre anknüpfenden neuen »Historischen Kompromiß« (compromesso storico) vorschlug und in den folgenden Jahren eine entsprechende Politik betrieb, eine Politik, die schließlich erneut und diesmal weit schwerwiegender ihre Hegemonie über die gesamten Oppositionskräfte in Gefahr brachte.

Oberflächlich gesehen, führt Berlinguer damit nur die alte Bündnispolitik Togliattis weiter. Diese Politik hatte aber immerhin zwei Möglichkeiten offengelassen: eine breite antifaschistische Front in Notzeiten einerseits und eine Volksfront der linken Parteien als Regierungsalternative in normalen Zeiten andererseits. Auf diese zweite Möglichkeit verzichtet nun Berlinguer, und zwar angesichts der Vermutung, daß die Democrazia Cristiana – gestützt auf ihre immer noch starke Verwurzelung in den katholischen Mittelschichten, vor allem aber auf ihre starken Wirtschafts- und Verwaltungspositionen und auf eine skrupellose amerikanische Außenpolitik – im Zweifelsfalle die demokratischen Spielregeln nicht respektieren werde. Eine knappe Regierungsmehrheit aus PCI, PSI und kleinen Linksparteien sähe sich nach seiner (sicherlich sehr realistischen) Meinung sehr schnell einem manipulierten Wirtschaftschaos und wohl auch einem Staatsstreich gegenüber. Der Vorschlag des Historischen Kompromisses war also im Grunde eine Kapitulation vor der Strategie der Spannung – und die Konsequenz aus dem Schicksal Allendes, dessen Experiment eines friedlichen Übergangs zum Sozialismus 1973 im US-inspirierten Putsch der Generäle untergegangen war.[128]

Nach den Wahlen von 1976 stimmten die Kommunisten zum ersten Mal seit 1947 nicht gegen die DC-Regierung (ein Minderheitskabinett, das sich sonst nicht hätte halten können), 1978 und 1979 beteiligten sie sich an der Programmabsprache der Parteien des sogenannten Verfassungsbogens, machten also Teil der Regierungsmehrheit aus und trugen faktisch die Mitverantwortung für die Regierungspolitik, ohne diese jedoch – da noch stets von der Regierung ausgeschlossen – auch mitbestimmen zu können. Diese Lösung war die letzte große taktische Leistung Aldo Moros, der ja mit dem gleichen Ziel fünfzehn Jahre früher schon das Centro sinistra zustande gebracht hatte: das Angebot der Opposition faktisch anzunehmen (offiziell wurde der Historische Kompromiß von der DC strikt abgelehnt), aber nicht als »Zusammenarbeit der kommunistisch und sozialistisch orientierten Volkskräfte mit den katholisch eingestellten Kräften des Volkes«, sondern nur als Zusammenarbeit der Parteispitzen. Und zwar weil man darauf angewiesen war, um die Macht zu behalten und die eigene Politik nicht ändern zu müssen, schließlich auch, um die Opposition abzunutzen, zu korrumpieren und in den Augen ihrer Anhänger zu diskreditieren. Dem PCI wurden zwar Zugeständnisse gemacht: Das Parlament erhielt größere Kontrollbefugnisse gegenüber der Regierung; dreißig Jahre nach dem entsprechenden Verfassungsauftrag wurde der Verwaltungsapparat durch Konstitution von Regionen etwas dezentralisiert; Kommunisten erhielten mehr Ämter im staatlichen und parastaatlichen Bereich. Aber für Teile der kommunistischen Basis wurden diese Zugeständnisse nicht sichtbar genug (Parlament), brachten keinen entscheidenden Wandel (weil der PCI auch in den Regionen versuchte, seine Politik mit der DC abzustimmen) oder wurden nur als Integration in das System perzipiert (Ämterübernahmen). Auf Unverständnis traf weitgehend auch die bedingungslose Unterstützung der viele Freiheitsrechte einschränkenden Sicherheitspolitik seitens des PCI: Im Referendum über die Legge Reale stimmten 23% der Bevölkerung gegen dieses Notstandsgesetz.[129]

Besonders schwerwiegend für die Einschätzung des PCI durch Teile seiner traditionellen Gefolgschaft ist aber wohl die von ihm verfochtene austerity-Politik zur Sanierung der Wirtschaft, die im Namen einer »neuen Moral« und zum Wohle der Gesamtnation von den Arbeitern Opfer fordert: höhere Arbeitsleistungen, Eindämmen des Absentismus, niedrige Lohnforderungen usw.[130] Linke Kritiker, die der Partei vorwerfen, nicht mehr die Überwindung der kapitalistischen Produktionsweise, sondern durch Disziplinierung der Arbeiterschaft und mäßigenden Einfluß auf die Gewerkschaftsforderungen den Aufbau eines funktionierenden, weniger krisenanfälligen Kapitalismus zum Ziel zu haben, finden immer häufiger Resonanz. Mag auch die Feststellung, daß die KPI »mit dem Widerspruch, heimliche Regierungspartei, aber nicht mehr Kampfpartei, sondern Partner der Kräfte zu sein, die bisher die ökonomische und politische Macht im Lande getragen haben... die Zerstörung ihrer eigenen sozialen Struktur und den Verlust der Glaubwürdigkeit gegenüber der Mitgliedschaft« riskiere[131], sich vorläufig nur auf erste Tendenzen stützen können, vorhanden sind diese wohl. »Zehntausende von kommunistischen Aktivisten und Hunderttausende von militanten Gewerkschaftlern sind nicht bereit, eine nationale Solidarität zu akzeptieren, die von andauernder christdemokratischer Vorherrschaft bestimmt ist.«[132] Symptomatisch kamen die Differenzen zwischen der Parteispitze und zumindest einem Teil der Basis auch zum Ausdruck anläßlich der parteioffiziellen Verurteilung der sowjetischen Besetzung Afghanistans. Diese Entscheidung wurde in Hunderten von Sektionsversammlungen heftig diskutiert (was allerdings auch wieder zeigt, wie weit der PCI noch von einer Sozialdemokratisierung entfernt ist) und vor allem von der älteren Generation oft als nicht klassenbewußt kritisiert.[133]

Trotz allem ist der Dissens in der eigenen Partei für den PCI weniger alarmierend als die Tatsache, daß er offensichtlich nicht mehr Bezugspunkt aller Opposition ist. Was ihm Anfang der siebziger Jahre noch gelungen war, nämlich die Bewegungen von

1968/69 weitgehend in sich aufzunehmen[134], gelingt ihm bei den systemfremdeten und systemfeindlichen Strömungen in der zweiten Hälfte des Jahrzehnts nicht mehr. Am wenigsten bei der marginalisierten Jugend, aber auch nicht bei beachtlichen Teilen der Arbeiterschaft, der Intellektuellen, der Frauen. Dabei ist bemerkenswert, daß es auch nicht die linksradikalen Splitterparteien sind, die davon profitieren. Diese sind vielmehr erst recht in eine Krise geraten, und zwar wohl deshalb, weil sie versuchten, sich am parlamentarischen Spiel zu beteiligen. Denn die Mißstimmung in einem Teil der Bevölkerung drückt sich eher in einer Ablehnung des Parteiensystems insgesamt aus.

Bezeichnend dafür ist der Erfolg der Radikalen Partei bei den Wahlen von 1979, wo sie 3,4% der Stimmen (und 18 Sitze) erreichte, hauptsächlich auf Kosten des PCI, der auf 30,4% zurückfiel.[135] Der Partito Radicale ist nämlich weniger eine Partei im traditionellen Sinn als vielmehr eine Konglomeration von Intellektuellen, die die Bühne des Parlaments vor allem dazu benutzen, in nonkonformistischer Weise das verrottete Regierungssystem und die repressive Politik aller anderen, einschließlich natürlich des PCI, anzuprangern. Die radikale Alternative ist für die Radikalen das Referendum, der direkte Appell ans Volk, dem vor allem die großen Parteien DC und PCI mit Mißtrauen gegenüberstehen. Mit berechtigtem Mißtrauen, wie sich 1978 bei dem von den Radikalen durchgesetzten Plebiszit über die staatliche Parteienfinanzierung zeigte: Immerhin 43% der Wahlberechtigten stimmten dem entsprechenden Gesetz nicht zu! Statt sich an den Regionalwahlen vom Juni 1980 zu beteiligen, sammelten die Radikalen parallel zur Wahlkampagne der übrigen Parteien 700000 Unterschriften in der Absicht, zehn neue Volksabstimmungen über zehn von ihnen verurteilte Gesetze zu erzwingen. Zentral ist für sie die Verteidigung der Bürgerrechte gegen den Staat, und sie machen sich dabei auch zum Anwalt neu auftretender kollektiver Subjekte, deren Bedürfnisse und Probleme von den alten Parteien nicht oder nicht genügend ausgedrückt werden: Frauen, Homosexuelle, Drogenkonsumenten usw. Deshalb werden sie oft als »bürgerliche Linke« bezeichnet, aber ihr Erfolg ist zweifellos auch Ausdruck eines bürgerlichen Populismus.[136]

Die extreme Form populistischer Attitüde wird in Italien »qualunquismo« genannt. Unter qualunquismo (von qualunque = jeder, auch: Mann von der Straße) verstand man ursprünglich eine für die Nachkriegszeit typische Geisteshaltung vor allem des vom Faschismus enttäuschten Kleinbürgertums, der alle von oben gepredigten Werte – zuletzt die des Faschismus – zerbröckelt waren und in der u. a. die Ablehnung der parlamentarischen Politik als Volksbetrug eine große Rolle spielte. In ihr drückt sich ein dichotomisches Weltbild aus und der Haß der kleinen Leute gegen »die da oben«, deren sichtbarste Vertreter eben die Parlamentspolitiker sind. Diese populistische Geisteshaltung kann zweifellos für eine Demokratie sehr gefährlich werden (und wurde nach dem Krieg von der ersten neofaschistischen Partei, dem »Fronte dell'uomo qualunque«, zu nutzen gesucht), aber es ist nicht zu leugnen, daß hundertjährige Erfahrungen in sie eingegangen sind und aktuelle in sie eingehen.

Vom PCI und von den Gewerkschaften wird der qualunquismo heftig bekämpft, doch hat eine Untersuchung bei Fiat deutlich gezeigt, daß er auch unter Arbeitern in nicht geringem Maße verbreitet ist. Diese Untersuchung[137] gibt u. a. die Interviews und Diskussionen wieder, die ein Team von Journalisten im Frühjahr 1978 vierundfünfzig Tage lang, von Aldo Moros Entführung bis zu seinem Tod, mit Gruppen von Arbeitern an den Werkstoren von Fiat-Mirafiori geführt hat. Die Arbeiter waren während dieser Zeit von den Gewerkschaften mehrmals zu Proteststreiks gegen den Terrorismus aufgerufen worden, und nach außen hin schien es, als würden diese Aufrufe ziemlich einhellig befolgt. Die Interviews zeigen nun, daß die Arbeiter die Streiks häufig als von der Gewerkschaftsführung im Verein mit der Fiat-Leitung aufgezwungen erlebten. Einmütig bedauert man den Tod der »fünf armen Christen« aus Moros Eskorte, beinahe ebenso einmütig aber ist man der Überzeugung, daß es nicht Sache der Arbeiter ist, gegen einen Terrorismus zu protestieren, der sich gegen »die da oben« richtet, die es nicht anders verdient haben (zumal der Arbeiter dabei einen Tageslohn verliert, während andere nur schöne Reden halten, das Gehalt aber weiterläuft). Deutlich wird erkannt, daß es nicht der Gewaltakt an sich ist, der die große Aufregung in der Öffentlichkeit verursacht, sondern erst das crimen laesae maiestatis:

»Wenn ein Arbeiter in der Fabrik umkommt, da rührt sich niemand... Wenn Familienväter sterben, wenn Carabinieri umgebracht werden, Familienväter wie wir, da passiert nichts. Jetzt haben sie Moro geschnappt, und ganz Italien ist in Aufruhr.« (S. 47)

Gegen Moro und seine Partei entlädt sich ein durch jahrelange Skandale aufgestauter Haß:

»Wir waren immer gegen die DC, und jetzt sollen wir plötzlich für sie streiken! Die in der Regierung haben dreißig Jahre lang Skandale ohne Ende produziert, man sollte ihnen die Köpfe abschlagen... Meiner Meinung nach haben sie einen Blutsauger erwischt und haben richtig gehandelt, ich finde es nur schade, daß sie nicht auch noch Andreotti und Cossiga gepackt haben, sehr schade, hoffen wir aufs nächste Mal... Also, ich möchte folgendes sagen, die Brigate Rosse, man weiß ja nicht, wer sie sind, aber ich glaube, daß sie die Sympathie ganz Italiens erringen könnten, wenn sie auch Tanassi und Rumor entführten und ihnen die Millionen, die die gestohlen haben, wieder abnähmen.« (S. 10, 58, 102)

Befragt über ihre Meinung zur Einführung der Todesstrafe, die einige Politiker vorgeschlagen hatten, antworten nicht wenige durchaus positiv (der Autoritarismus, der Ruf nach einem »starken, gerechten« Staat, ist durchaus Bestandteil des qualunquismo, der nicht mit Anarchismus zu verwechseln ist), fügen jedoch stets hinzu: »die ersten, die umgebracht werden müssen, sind aber die Regierenden« (S. 63). Immer wieder drückt sich auch der Mißmut über den PCI des Historischen Kompromisses aus, und hier sind es vor allem ältere Arbeiter, ehemalige Partisanen, Militante aus den Arbeitskämpfen der schweren fünfziger Jahre, für die sich der Historische Kompromiß nur als Zugeständnis an die DC und auf der sie vor allem berührenden Ebene der Fabrik als Zugeständnis an die Unternehmer manifestiert:

»Sie sollen ruhig alle Abgeordneten umbringen, das wäre gar nicht schlecht, und auch Berlinguer, denn auch er hat sich verkauft wie die anderen... Sie haben sich alle verkauft, völlig verkauft. Erst waren sie Feinde der Democrazia Cristiana, jetzt sind die deren Brüder geworden, nicht Freunde, Brüder! Sie sind schön ruhig und friedlich, gut bewacht, wir bezahlen sie, und sie rauchen sogar amerikanische Zigaretten... Früher hat nur Andreotti von den Arbeitern Opfer verlangt, heute tun die's auch.« (S. 134, 11)

Bezeichnend ist der folgende Bericht:

»Die Nachricht erreichte uns in der Mittagspause. Da kommt ein Gewerkschaftsdelegierter, erlaubt mir zwei Worte, sagt er, Moro ist entführt und seine Eskorte ausgelöscht worden. Sofort erhob sich donnernder Applaus. Prima, sehr gut, riefen viele. Paf, paf, wurden Flaschen auf den Boden geschmettert. Das war die erste Reaktion. Die zweite Reaktion war Widerspruch gegen den Streikaufruf der Gewerkschaft. Wir wollten arbeiten, aber dann hat die Direktion einfach das Werk geschlossen und alle nach

Hause geschickt... Später gab es eine Versammlung, eine manipulierte Versammlung. Wir haben zunächst mal von unserem eigenen Kram gesprochen, Arbeitszeiten, halbe Stunde Essenspause und so, aber dann kommen die und führen zwei Stunden lang die Debatte über den Terrorismus. Erst sprach einer vom PCI und hat die Bedeutung des Ereignisses erläutert, also der Moro-Geschichte, während einige Genossen im Hintergrund dauernd Via, via la nuova polizia! – Weg mit der neuen Polizei! schrien... Danach wurde von zwei Arten von Terrorismus gesprochen, dem Terrorismus des Staates und dem Terrorismus der Brigate Rosse, und da kam in der Versammlung deutlich raus, daß unsere Stellungnahme dazu sich eben am Klassenstandpunkt orientieren muß. Ich gehöre nicht zu denen, die ihre Witze reißen über das Unglück, das Moro und seine Eskorte getroffen hat (und da gibt's viele Witze), aber mir vergeht auch das Lachen, wenn ich an all die Arbeiter denke, die in der Fabrik sterben, an die Arbeiter, die in den Krankenhäusern sterben, die echt unter Terror leben, die keine Lira in der Tasche haben und sterben müssen, wenn sie krank werden, während andere nach Houston fahren und sich am Herz operieren lassen. Das ist auch Terrorismus, und von diesem Terrorismus haben wir gesprochen... Sicherlich verurteilt man in der Fabrik den Terrorismus, aber man muß immer sehen, von welcher Seite der Terrorismus kommt, worauf er abzielt, ob es staatlicher Terrorismus ist oder Terrorismus einiger desorientierter Leute, da muß man gut aufpassen, wenn man von Terrorismus spricht. Aber auch das ist Terrorismus, daß ich jetzt für acht Stunden in die Fabrik muß und meiner Freiheit beraubt bin. Vor nachts um elf komm ich nicht mehr raus, solange bin ich auch entführt.« (S. 67f.)

Die Erhebung, aus der hier zitiert wurde, war nicht repräsentativ, und die Darstellung der Stimmung in der Fabrik ist aufgrund der politischen Einstellung der Autoren sicherlich einseitig. Zumindest wird von kommunistischer Seite versucht, ein anderes Bild zu geben, und mit dem gleichen Recht ließen sich zweifellos zahlreiche, wahrscheinlich sogar mehr andere Stimmen sammeln, aber auch kommunistische Gewerkschaftsdelegierte müssen zugeben, daß viele Arbeiter den »Angriff auf das Herz des Staates« durchaus gelassen hinnehmen und daß sie für die Anschläge in der Fabrik oft genug Verständnis zeigen, ja daß sich die brigatisti etwa in einem Werk wie Fiat-Mirafiori, einem unüberschaubaren Labyrinth, in dem täglich 60000 Arbeiter ein und aus gehen, wie die berühmten Fische im Wasser bewegen.[138]

Zwar sind die Fälle selten, in denen – wie in den aufsehenerregenden Beispielen vom Frühjahr 1980 – Gewerkschaftsfunktionäre und eingeschriebene PCI-Mitglieder als Terroristen demaskiert werden (wobei es sich zudem nicht um stalinistische Altkommunisten handelte, was durchaus auch denkbar gewesen wäre, sondern um jüngere Infiltranten, die ihre Gewerkschafts- und Parteitätigkeit als Deckung benutzten[139]), aber Bruno Trentin, der Führer der Metallarbeitergewerkschaft spricht zu Recht davon, daß allein die verbreitete »non-ripulsa« (die Nicht-Zurückweisung), »quell'area di neutralità e di disimpegno che gli ha lasciato ossigeno« (jene Atmosphäre von Neutralität und Ohne-mich-Haltung, die ihm den nötigen Sauerstoff gelassen hat)[140] ausreicht, um den Kampf gegen den Terrorismus enorm zu erschweren. In diesem Zusammenhang ist auf die symptomatische Tatsache hinzuweisen, daß es in Italien im Gegensatz zu Deutschland keine Fahndungsplakate gibt, weil man sich davon nichts verspricht. Die Bevölkerung arbeitet – trotz dringender Aufrufe vor allem der Kommunisten – kaum mit den staatlichen Verfolgungsorganen zusammen. Hier wirken sich eben doch Anzeichen eines »historischen Bruchs« (rottura storica) aus, auch wenn Curcio mit dieser seiner Gegenparole zum Historischen Kompromiß – zumindest in bezug auf die Arbeiterklasse – nicht den Erfolg hatte, den er sich erhoffte.

3.3.2 Marginalisierte Jugend und bewaffnete Bewegung

In drastischem Maße wurde ein solcher Bruch allerdings sichtbar zwischen dem politischen System und auch den von den Gewerkschaften repräsentierten Bevölkerungsgruppen einerseits und einem ständig wachsenden sogenannten marginalen Bevölkerungssektor andererseits, der zum großen Teil aus Jugendlichen besteht.

Ein marginales Proletariat, das sich insofern von der industriellen Reservearmee des Früh- und Hochkapitalismus unterscheidet, als es auf Dauer von regelmäßiger Arbeit ausgeschlossen, ständig prekär beschäftigt oder arbeitslos und auf staatliche Assistenz angewiesen ist, gibt es in allen heutigen kapitalistischen Ländern. Nirgends aber fällt es zahlenmäßig und vor allem politisch so ins Gewicht wie in Italien (weil es anderswo entweder aus ethnisch fremden Gruppen besteht, die abgeschoben werden können, oder weil die Ressourcen zu seiner Assistenz und Befriedung selbst in der allgemeinen Finanzkrise des Staates größer sind). In Italien wurde der Umfang des marginalen Sektors Ende der siebziger Jahre auf ca. 9 Millionen Personen geschätzt[141], der Anteil der festen Erwerbsbevölkerung an der Gesamtbevölkerung betrug 1977 nur 38,9%, und Italien nimmt damit einen der untersten Plätze unter den OECD-Ländern ein. Zwar ist die Überbevölkerung in bezug auf den Arbeitsmarkt ein traditionelles Problem, aber es verschärfte sich in den siebziger Jahren, weil einige Mechanismen, die in den fünfziger und vor allem in den sechziger Jahren mildernd gewirkt hatten, nunmehr wegfielen. So geriet der Emigrationsfluß ins Stocken, als 1972/73 auch dessen Zielländer von der Wirtschaftskrise erfaßt wurden; inzwischen übertrifft die Zahl der Rückkehrer die der Neu-Emigranten, und für die Jugendlichen entfällt damit weitgehend nicht nur die Emigration als Ausweg, ihre Chancen auf dem einheimischen Arbeitsmarkt haben sich durch die Konkurrenz der Rückkehrer mit Arbeitserfahrung auch noch verschlechtert. Durch die höheren Schulen und Universitäten, die in den sechziger Jahren den geschilderten Massenaufschwung genommen hatten, konnte jahrelang ein Großteil der jugendlichen Bevölkerung aufgefangen werden; in den siebziger Jahren, als Millionen diese Institutionen durchlaufen hatten, zeigte sich dann, daß damit der Eintritt in die Arbeitslosigkeit nicht aufgehoben, sondern nur aufgeschoben worden war. Denn auch die Absorption der intellektuellen Arbeitskräfte in den staatlichen Sektor (Bürokratie, Unterricht, Sozialhilfe usw.) stieß schnell an ihre Grenze.

Besonders bedeutsam wurde schließlich die Strategie, die das italienische Kapital als Antwort auf die Erfolge der Gewerkschaftsbewegung seit 1969 verfolgte. Die großindustrielle Produktion wurde zunehmend rationalisiert und der Anteil der Beschäftigten verringert, wobei vor allem Jugendliche, Frauen und Alte aus dem Markt für stabile Arbeit gedrängt wurden, auf dem sich praktisch nur noch die besonders leistungsfähigen Männer der zentralen Altersklasse behaupten können. Komplementär dazu wurde die Produktion dezentralisiert, d. h. einzelne Arbeitsgänge aus der großen Fabrik in kleinere und Kleinstbetriebe und in die Heimarbeit verlagert. Das bringt für die Unternehmer zunächst einmal Kostenvorteile, denn die Löhne in den kleineren Betrieben liegen um ca. 40 bis 50% niedriger, Sozialabgaben können, da es sich häufig um Schwarzarbeit handelt, eingespart werden, Sicherheitsinvestitionen fallen weitgehend weg, es wird nach Stücklohn bezahlt, die Arbeitszeiten sind länger. Daneben bringt es aber auch eine größere Verfügungsgewalt über die Arbeitskraft, nicht nur in bezug auf Arbeitsorganisation und Arbeitsrhythmen, sondern auch auf die Flexibilität der Zahl der Arbeitskräfte. Die gewerkschaftliche Präsenz in den Kleinbetrieben ist minimal, und in Betrieben mit weniger als fünfzehn Beschäftigten gilt nicht einmal das Arbeitsstatut, so daß der Unternehmer ohne Kündigungsfrist zur Entlassung berechtigt ist, während in den Großbetrieben weitgehender Kündigungsschutz besteht. Auch die beiden wichtigsten anderen Errungenschaften der Gewerkschaften fallen weg: die gleitende Lohnskala (scala mobile), die einen an die Inflation angepaßten sogenannten garantierten Lohn sichert, und die Arbeitslosenversicherung (cassa integrazione), deren Errichtung 1974 durchgesetzt wurde, die aus Beiträgen von Arbeitern und Unternehmern sowie aus staatlichen Zuschüssen gespeist wird und aus der zeitweilig Suspendierte oder Kurzarbeitende 80% ihres vorherigen Bruttolohns erhalten. In den Genuß dieses Fonds kommen aber nur Industriearbeiter, die zuvor zwei Jahre lang beitragspflichtig waren, also nicht die eigentlichen Arbeitslosen oder auf dem marginalen Markt der Kleinbetriebe prekär Beschäftigten und vor allem nicht die zahlreichen Jugendlichen, die auf der Suche nach einem ersten Arbeitsplatz sind. Für all diese betrug die staatliche Arbeitslosenunterstützung 1977 800 Lire pro Tag (damals ca. DM 2,–) zuzüglich 341 Lire für jedes abhängige Familienmitglied. Dieser schroffe Gegensatz in der Arbeitsplatzsicherung und in der finanziellen Versorgung spaltet die Lohnabhängigen in die sogenannten garantiti auf dem zentralen und die non-garantiti auf dem marginalen Markt, eine Spaltung des Proletariats, die letztlich die Stellung der Gewerkschaften sehr schwächt und zudem ein explosives politisches Potential enthält. Die antigewerkschaftlichen und antikommunistischen Inhalte der Jugendrevolte von 1977 und des diffusen Terrorismus sind dafür die deutlichsten Anzeichen. Übrigens ähnelt der Markt für intellektuelle Arbeit sehr dem marginalen, so daß sich die Studenten, die sich sowohl auf dem marginalen als auch auf dem Markt für intellektuelle Arbeit bewegen, größtenteils den non-garantiti zurechnen und ein entsprechendes politisches Bewußtsein entwickeln.

Von der Arbeitslosigkeit und den schlechten Arbeitsverhältnissen auf dem marginalen Markt sind vor allem die Jugendlichen und Jungerwachsenen unter 30 Jahren betroffen. Im Februar 1977 wurde auf einer Regierungskonferenz die Zahl von 2 Mill. jugendlichen Arbeitslosen angegeben. Besonders schwerwiegend ist die

Tatsache, daß die Quote derjenigen Jugendlichen, die auf der Suche nach ihrem ersten Arbeitsplatz sind, ständig steigt: von 1965 35% auf 1975 64%, zwei Drittel haben also noch nie im Produktionsprozeß gestanden. Auch die qualitative Zusammensetzung der jugendlichen Arbeitslosen ist bezeichnend: schon 1976 besaßen 64,3% der Arbeitssuchenden das Abitur bzw. einen Universitätsabschluß. Diese offiziellen Zahlen erfassen aber nur einen Teil des Arbeitslosenpotentials, denn man schätzt, daß zusätzlich noch einmal zweieinhalb Millionen Personen aus der Altersklasse unter 30 in irregulären Schwarz-, Heim- und Saisonarbeitsverhältnissen stehen, also weder Studenten noch reguläre Beschäftigte noch offizielle Arbeitslose sind. Sie befinden sich dabei häufig in Konkurrenz mit den etwa 500000 Kindern, die trotz des 1967 erlassenen Gesetzes gegen die Kinderarbeit vor allem in Kleinbetrieben, im Einzelhandel und im Restaurationsgewerbe beschäftigt sind.[142]

Der hohe Anteil der Diplomierten unter den arbeitslosen Jugendlichen zeigt schon, daß es sich bei der Erfahrung der Marginalität um eine Interklassenerfahrung handelt; und für unser Thema besonders wichtig ist, daß – wie schon erwähnt – auch die noch studierenden Jugendlichen davon betroffen sind. Nachdem 1969 alle Zugangsbeschränkungen zur Universität aufgehoben worden waren, stieg die Zahl der Studenten, die bis dahin schon stark zugenommen hatte, noch einmal rapide an. Im Studienjahr 1977/78 zählte man 1 080 000, das bedeutete seit 1968/69 fast eine Verdoppelung (Deutschland hatte im gleichen Jahr ca. 800 000, Frankreich 900 000, und das bei unvergleichlich größerer Gebäude- und Dozentenkapazität sowie allgemein besseren Ausbildungsbedingungen und Zukunftsaussichten). Die neuen Studenten kamen hauptsächlich aus dem Kleinbürgertum und aus dem Süden, ihr Motiv war deutlich die Flucht vor der Arbeitslosigkeit; so ergab eine 1975 unter Studenten durchgeführte Befragung, daß 66% von ihnen, im Süden sogar 78% sofort bereit wären, ihr Studium im Austausch gegen einen festen Arbeitsplatz aufzugeben.[143]

Das Recht auf Studium konnte der italienische Staat nicht mit finanziellen Hilfen für materiell schlechtergestellte Studenten untermauern. Stipendien belaufen sich auf höchstens 25% der deutschen Bafög-Gelder und sind außerdem an restriktive Bedingungen geknüpft (man darf nicht bei den Eltern wohnen, muß pünktlich seine Examen ablegen usw.), so daß faktisch nur eine kleine Minderheit in ihren Genuß kommt. Aber auch für diese Minderheit stellen sie einen keineswegs ausreichenden Zuschuß dar. In weit stärkerem Maße noch als vor 1968 ist der italienische Student also heute darauf angewiesen, sich seinen Lebensunterhalt durch Arbeit zu verdienen. Dadurch ist der typische Student Ende der siebziger Jahre zu einer neuen sozialen Figur geworden, er hat sich vom jungen Herrn zum Arbeiter-Studenten entwickelt, »dal signorino allo studente lavoratore«, wie es in Franco Ferrarottis griffiger Formulierung heißt.[144] Als unqualifizierter Arbeiter muß er sich für alle möglichen Formen von Schwarz- und Gelegenheitsarbeit verdingen, an einem regelmäßigen Universitätsbetrieb nimmt er noch weit weniger teil als vor 1968; das wäre nunmehr auch noch weit weniger möglich, wo z. B. in Rom die Zahl der Dozenten und der verfügbare Hörsaal-, Bibliotheks- und Laborraum noch immer auf ca. 20000 Studenten zugeschnitten, aber 170000 Studenten immatrikuliert sind. Die Mehrheit der Studenten kommt nur in die Universität, um Verwaltungsangelegenheiten zu erledigen oder Examen abzulegen, viele bleiben überhaupt nur Studenten, weil sie andernfalls nichts anderes wären als unqualifizierte Gelegenheitsarbeiter oder Arbeitslose. Ebensowenig wie mit ihrer Rolle als lavoratore identifizieren sie sich aber mit ihrer Rolle als studente, zumindest nicht als auf die Universität als Bildungsinstitution bezogener studente im traditionellen Sinn. Es ist nicht mehr die Universität selbst, mit der der Student sich identifiziert, sondern eher das subkulturelle Milieu der radikalisierten Protestbewegung, das sich um die Universität herum entwickelt hat und das auch für viele nichtstudentische Jugendliche zum Bezugspunkt geworden ist.

Die Solidarität im »movimento« ist für die marginalisierten Jugendlichen (nachdem auch die Familie weitgehend ihre konformitätsstiftende Funktion verloren hat) der entscheidende sozialisierende und identitätsbildende Faktor geworden.[145] Man spricht von einer »socializzazione dal basso«, einer Sozialisation von unten. Sicherlich ist das eine heute allgemein verbreitete Erscheinung, aber ihr Ausmaß und ihre Bedeutung sind aufgrund der skizzierten strukturellen Voraussetzungen in Italien ausgeprägter als in anderen Ländern, und nirgends hat diese Erscheinung – wie in Italien im Jahre 1977 – zu einer zweiten, in ihrem Momentum jener von 1968 durchaus vergleichbaren Protestbewegung geführt.

Die Subjekte der Bewegung sowie die Zielsetzungen waren 1977 jedoch ganz andere als 1968. Um das zu verdeutlichen, ist zunächst auf die beiden neuen Strömungen einzugehen, die die Bewegung bestimmten: auf die Strömung der alternativen Kreativität und auf die Strömung der Autonomia. In diesen Strömungen drückt sich die Kultur der von Alberto Asor Rosa in einem berühmt gewordenen Aufsatz[146] so genannten »zweiten Gesellschaft« am besten aus, die, von der ersten ausgestoßen und ihr entfremdet, sich dieser nicht mehr mit reformerischem Impetus, sondern ausschließlich feindlich entgegenstellt, einer zweiten Gesellschaft von Marginalisierten, wie sie 1968 in dem Umfang nicht bestand.

Die kreative Strömung führt im Grunde – wenn auch radikaler – jenen Jugendprotest fort, der seit Beginn der fünfziger Jahre in den USA und etwas später auch in Westeuropa als dialektischer Widerpart zur Konsumgesellschaft schwelt und in Schüben zum Ausbruch kommt bzw. als »soziales Problem« thematisiert wird: einerseits Ausdruck der auch in der Jugend stimulierten, aber oft wegen deren ökonomisch schlechteren Lage nur in geringerem Maße befriedigten materiellen und immateriellen Konsumbedürfnisse, andererseits Ablehnung der Bedingungen, die die kapitalistische Konsumgesellschaft vor die Befriedigung der Bedürfnisse setzt, nämlich entfremdete Arbeit (und damit Verlust der Selbstverwirklichung durch Arbeit), Trennung von Arbeit und Freizeit, Einordnung in autoritäre Lebensverhältnisse, Akzeptierung genormter Massenkultur, kurz: Befriedigung der Bedürfnisse nur als Reproduktion von Arbeitskraft. Die kreative Strömung steht damit in der Reihe der Hippies, Yippies, Rocker, Provos, Gammler, Hascher usw. und nimmt deren provokativ-antibürgerliche, gegenkulturelle, ludik-spontaneistische Inhalte auf.[147] Diese Momente hatten zwar auch in Italien zu Beginn der Bewegung von 1968 eine Rolle gespielt, jedoch eine geringere als anderswo, und sie waren schneller als anderswo von einer konsequent politischen Orientierung in den Hintergrund gedrängt worden, schließlich während der Blütezeit der K-Gruppen mit ihrer starken Strukturierung und ihrer streng ideologischen Ausrichtung kaum noch zu Wort gekommen. Ganz im Gegensatz zum im engeren Sinne politisch orientierten antiautoritären, antikapitalistischen und antiimperialistischen Protest, der einer sehr lebendigen linken Tradition eine neue Variante hinzufügte, sich aber stets als in dieser Tradition stehend fühlte, konnten sie in Italien nicht an irgendeine Vorgeschichte anknüpfen und blieben im Grunde Importe. Als jedoch durch die Marginalisierung großer Teile der Jugend in den siebziger Jahren erneut eine unruhige Masse erzeugt wurde, in ökonomisch prekärer Lage und dem herrschenden System vor allem deshalb entfremdet, als diese Masse nach Formulierungen für ihren Mißmut suchte und diese weder bei der historischen noch bei den Gruppen der neuen Linken fand, war der Boden bereitet für die Entstehung einer eigenständigen nicht im traditionellen Sinne politischen, sondern eher ludiken Gegenkultur (Schlagwort: potere dromedario!, statt: potere proletario!). Es entwickelten sich zwei typisch italienische Ausdrucksformen dieser Gegenkultur: die circoli del proletariato giovanile und die indiani metropolitani.

Die circoli del proletariato giovanile[148] entstanden seit 1975 als spontane, unbeständige, lockere Organisationen von Jugendlichen in den am meisten von der sozialen Disgregation betroffenen Vororten der Großstädte. Sie thematisierten die marginalisierte Jugend als neues soziales und politisches Subjekt, dessen konsequentes Handeln sich vor allem in der sogenannten Politik der unmittelbaren Wiederaneignung des eigenen Lebens (politica di riappropriazione) ausdrücke. Von hier wird die Opposition zur puritanischen Anti-Permissivität des PCI verständlich, vor allem aber zu dessen austerity-Politik, die mit ihrem Appell an moralische Strenge im politischen Leben und im wirtschaftlichen an die Bereitschaft, Bedürfnisbefriedigung zurückzustellen zugunsten zukünftiger Besserstellung der gesamten Gesellschaft, einseitig die garantiti anzusprechen suchte, bei den Marginalisierten aber einfach nicht greifen konnte, in einer Situation von Mangel, Elend und Unsicherheit sogar als zynische Verweigerung jeder Bedürfnisbefriedigung empfunden werden konnte.[149] Politica di riappropriazione hieß dagegen in der Praxis der circoli: Man kaufte proletarisch ein, d. h., stahl in den Supermärkten, eignete sich die Musik wieder an, indem man sich kostenlos Eintritt zu Pop-Konzerten erzwang, reduzierte sich die Fahrpreise in den öffentlichen Verkehrsmitteln und die Eintrittspreise in den Kinos (Schlagwort: auto-riduzione) usw. Zugleich versuchte man aber auch, der Vereinzelung der Jugendlichen vorzubeugen, indem man lokale Treffpunkte schuf, oder ihrer Zerrüttung entgegenzuwirken, indem man z. B. Heroindealer überfiel und verprügelte.[150]

Die Stadtindianer[151] drücken schon dadurch, daß sie sich durch ihre Bemalung symbolisch mit »Naturvölkern« identifizieren, die einer modernen Großstadt und ihrer Lebensweise am fernsten stehen, den gegenkulturellen Impetus der gesamten Jugendbewegung, in der sie ohne eigene Organisationsform aufgehen, noch deutlicher aus. Sie vor allem sind die Träger der alternativen Werte, lehnen die instrumentelle Vernunft ab, den Rationalismus für irrationale Zwecke, wenden sich orientalischen Philosophien zu, propagieren das befreiende Potential mancher Drogen (Haschisch, Halluzinogene), die alternative Ernährung, die alternative Ökologie, praktizieren die sexuelle Emanzipation, die volle Gleichberechtigung der Frau usw.[152]

Die enorme Reichhaltigkeit der gesamten Kontra-Kultur ist in wenigen Sätzen nicht zu vermitteln. Es gab Hunderte von alternativen Presseorganen mit Auflagen von 200 bis 35 000, wichtig waren vor allem *Re Nudo, Zut, A/traverso, Wow, Vogliamo tutto, Katu flash, Stampalternativa, Muzak* und natürlich *Lotta continua*, die größte und bedeutendste. Es gab über fünfzig ultralinke Radiostationen, von denen Radio Città futura, 1980 von Neofaschisten zerbombt, und Radio Alice, das sich nach »Alice in Wonderland« nannte, seine Linie als »Mao-Dadaismo« bezeichnete und 1977 verboten wurde, die bekanntesten waren. Und es gab eine Vielfalt von Wandmalereien, Straßentheatern, Massenfestivals usw. – kurz: eine Explosion der Phantasie, der gegenüber jene des Pariser Mai sich ärmlich ausnimmt.[153]

Anders als 1968 versucht die neue Bewegung nicht, in die Gesellschaft hineinzuwirken, sondern sie negiert sie total, »denn was wir wollen, ist: draußen bleiben, außerhalb des Jochs der Gesellschaft«.[154] Traditionelle politische Betätigung, Politik auch im Sinne der Studentenbewegung von 1968 und ihrer Nachfolger in der organisierten neuen Linken, wird abgelehnt.[155] In einer Art radikalem qualunquismo zielen die einzigen »politischen« Aktionen der kreativen Strömung des movimento darauf, sich Freiräume zu schaffen, in denen hier und jetzt einem individuellen Glück in der Gemeinschaft Gleichgesinnter nachgelebt werden kann. Das Alltagsleben, das Private, die Selbstbestimmung, die unmittelbare Bedürfnisbefriedigung sind die essentiellen Themen.[156] Auf diese Weise können die defizitären Bedingungen, unter denen die Jugend lebt, kann die Ausstoßung aus der »ersten Gesellschaft« ins Positive gewendet werden.

Aber diese Wendung ins Positive bleibt eine Reaktionsbildung und als solche eine unvollkommene Abwehr identitätszerstörender Ich-Bedrohung. Die Grundstimmung der Jugend ist trotz aller Versuche, hier und sofort eine eigene, andere, befriedigendere Welt sich selbst zu schaffen, gekennzeichnet von Hoffnungslosigkeit, Verzweiflung und Erbitterung.

Das kommt besonders deutlich in der zweiten Strömung zum Ausdruck, jener der Autonomia operaia organizzata, die weniger die Flucht aus dem System als vielmehr dessen bedingungslose Zerstörung theoretisiert und in der Praxis einer diffusen Gewaltanwendung auch zu realisieren sucht. Obwohl ihre eher politisch zu nennende Theorie und die Bejahung der Gewalt sie von der ersten Strömung unterscheiden, dürfen diese Unterschiede nicht überbetont werden, denn sehr vieles vom bisher Gesagten trifft auch auf diese zweite Strömung zu, und vor allem gibt es eine hohe personelle Fluktuation zwischen beiden. Die Autonomia operaia organizzata ist trotz ihres Namens kaum besser organisiert als das übrige movimento, vielmehr handelt es sich um eine über gemeinsame Treffen, über gemeinsame Aktionen und über eine in den zahlreichen Presseorganen geführte theoretische Diskussion lokker koordinierte Vielzahl von Komitees, Kollektiven und Zirkeln. In der Autonomia haben sich die Reste der verschiedenen Basiskomitees (CUB) norditalienischer Fabriken, die 1969 die Vorkämpfer spontaneistischer Aktionen waren, zusammengefunden mit anarchistischen Basisgruppen, Überläufern aus den K-Gruppen und vor allem vielen ehemaligen Mitgliedern von Potere operaio, jener Gruppierung, die schon seit der Mitte der sechziger Jahre die autonome Arbeiterbewegung thematisiert hatte und die sich 1973 in das movimento auflöste, weil sie eine auch nur parteiähnliche Organisationsform dem politischen Kampf nicht mehr für angemessen hielt (von daher der Gegensatz zu den K-Gruppen).

Vor allem von Potere operaio hat die Autonomia ihre Ideologie übernommen, die bis zu Bakunin und Sorel zurückreicht und an die anarcho-syndikalistische, spontaneistische und insurrektionalistische Tradition anknüpft. Ausgangspunkt ist die Forderung, die Arbeiterklasse müsse unabhängig, autonom von der Logik des Kapitals einerseits und ebenso unabhängig von den Arbeiterparteien und Gewerkschaften andererseits agieren. Im Gegensatz zu den Gewerkschaften, die in der Steigerung der Produktion einen Ausweg aus der Krise suchen und damit – nach Meinung der autonomi – nur das kapitalistische System stabilisieren, wird die These vertreten, daß der Angriff bedingungslos auf die Lohnarbeit als solche, auf die kapitalistische Produktion überhaupt geführt werden muß. Ein Mittel dieses Angriffs sind Lohnforderungen. Das mag überraschend klingen, erklärt sich aber daraus, daß hohe Lohnforderungen – anders als qualitative Verbesserungen der Arbeitssituation, die nur Öl im Getriebe wären – entweder, wenn sie erfüllt werden, das System zum Einsturz bringen müssen, oder, wenn sie nicht erfüllt werden, den Unmut stimulieren. Der Nachdruck wird jedoch auf konsequentere und direktere Mittel gelegt, wie z. B. auf Sabotage der Produktion, Reduktion der Arbeitsrhythmen und Absentismus. Dahinter steht die Idee, daß eigentlich heute schon die notwendige Arbeit durch automatisierte Maschinen geleistet werden könnte, wodurch – sei das bestehende System nur zerstört – die Ausbeutung des Menschen durch den Menschen entfiele.

Obwohl in diesen Thesen noch operaistisches Gedankengut steckt, hat sich das eigentliche Kampffeld der autonomi verschoben von der Fabrik auf die sogenannte »fabbrica diffusa«, die dezentralisierte, bis in die Haushalte verlegte Fabrik, im Grunde die Gesellschaft als ganze. Da der Einfluß der autonomi in der Industrie noch hinter den schon geringen des einstigen Potere operaio zurückgegangen, dagegen im marginalen Proletariat eine neue große Manövriermasse entstanden ist, ist die Autonomia von der centralità operaia, der einst thematisierten zentralen Bedeutung der eigentlichen Arbeiterklasse, abgerückt. Revolutionäres Subjekt ist nicht mehr der operaio-massa, sondern der sogenannte operaio sociale, der Marginalisierte.[157] Hier liegt ein weiterer wichtiger Unterschied zu 1968/69: Während man damals nur die Linie der Führung des PCI und der Gewerkschaften als reformistisch kritisierte, auf einen Bruch zwischen Führung und Basis abzielte und diese Basis für eine revolutionäre Linie gewinnen wollte, werden nun PCI und Gewerkschaften von der Führung bis zur Basis als Ausdruck eines im wesentlichen homogenen, antirevolutionären gesellschaftlichen Blocks bekämpft. Vom Bündnis zwischen Studenten und Arbeitern ist nicht mehr die Rede.[158] Und der Kampf spielt sich nicht mehr um die Massen ab, sondern zwischen der Masse der garantiti und jener der non-garantiti. »Die Unternehmer und die in den großen Fabriken beschäftigte Arbeiterklasse verteidigen heute gemeinsam Lohn und Profit gegen die wachsende Flut der verzweifelten Arbeitslosen«, heißt es in einem Leserbrief, und die Revolution muß deshalb ohne oder sogar gegen das traditionelle revolutionäre Subjekt, die organisierte Arbeiterklasse, gemacht werden.[159]

Diese neue, von den autonomi theoretisierte und praktizierte Form von Antikommunismus wird noch dadurch verstärkt, daß der eigentliche direkte Gegner des movimento nicht der kapitalistische Unternehmer, sondern der Staat ist. Nicht die Fabrik und eigentlich auch nicht die Universität sind die Kampffelder, sondern die Straße, auf der sich die Aktionen abspielen und auf der die Jugendlichen sogleich den staatlichen Repressionsorganen begegnen, den Carabinieri und der Polizei. Und hinter dieser Repression wird mit besonderer, weil durch Enttäuschung verstärkter Verbitterung auch der PCI gesehen, der sich gegen die Welle diffuser Rebellion mit dem republikanischen Staat und der Verfassung identifiziert (weil er in der Rebellion und im Terrorismus ebenso wie in den autoritären Tendenzen von rechts die gleiche Gefahr für die Demokratie fürchtet, was anzuerkennen man natürlich in den Kreisen des movimento nicht bereit ist).[160] Ein weiterer Vorwurf gegen die historischen Organisationen der Arbeiterbewegung ist deren »Pazifismus«. Zwar standen die autonomistischen Führer den elitistischen, stellvertretenden Gewaltaktionen der Brigate Rosse von Anfang an kritisch gegenüber (wenn auch die Urteile sehr schwanken und die brigatisti noch stets als »Genossen, die irren« betrachtet werden), aber sie betonen doch immer die große Rolle, die die Gewalt im Klassenkampf spielt. Allerdings war ihr Ausgangspunkt der Typus spontaner Massengewalt, wie er sich zuerst 1962 in der Revolte der operai-massa auf der Piazza Statuto manifestiert hatte, und wenn sie von bewaffnetem Kampf sprechen, so meinen sie Massenbewaffnung und Massenmilitarisierung.[161] Dafür sehen sie Ansätze in der marginalisierten Jugend.

Im September 1974 hatten solche Jugendliche zum ersten Mal aus einer antifaschistischen Demonstration heraus in Rom etwa fünfzig Geschäfte geplündert und verwüstet, in den Tagen darauf war ähnliches in Turin und Neapel geschehen. Seither waren solche Akte vandalistischer Gewalt nicht abgerissen, und immer öfter wurden dabei auch Molotow-Cocktails geworfen und Handfeuerwaffen (z. B. die berühmte P 38) verwendet. Die Theoretiker der Autonomia hatten diese aus der desperaten Situation der Jugendlichen geborene Gewalt nicht erfunden, aber sie begrüßten und legitimierten sie in der gleichen Weise, wie einst Potere operaio die Gewalt der operai-massa thematisiert hatte. Und zwar einerseits unter instrumentalem Aspekt als ein Moment direkter Konfrontation, das die Krise des Systems verschärfen und seinen Zusammenbruch näherbringen müsse, andererseits unter expressivem Aspekt als Akt unmittelbarer Befreiung, Negation des Bestehenden, Geste des Bruchs und der individuellen Reinigung.[162]

Im Frühjahr 1977 explodierte der angehäufte Zündstoff. Anlässe waren die Abschaffung einiger Feiertage[163] sowie ein vom Erziehungsminister Malfatti eingebrachtes Gesetz zur Universitätsreform, in dem u.a. das Verbot enthalten war, Prüfungen zu wiederholen. Die Studenten von Palermo, Catania und Neapel begannen mit Universitätsbesetzungen. Es ist kein Zufall, daß die Unruhen im Gegensatz zu 1968 im Süden beginnen und daß auch in den späteren Zentren Rom und Bologna die zahlreich zugewanderten Studenten aus dem Süden, besondere Opfer von Vereinzelung und Ausbeutung durch Wohnungsspekulanten usw., die radikalsten waren. Erneut findet hier (wie in den Bauernunruhen der Nachkriegszeit und den Revolten der operai-massa) das zentrale Problem Italiens, die Unterentwicklung des Mezzogiorno, seinen Ausdruck. Am 1. Februar kam es dann in Rom zur ebenfalls typischen faschistischen Provokation: Eine Schlägertruppe drang prügelnd in die Universität ein und verletzte einen Studenten durch einen Pistolenschuß. Am folgenden Tag verwüsteten die Studenten das nächstgelegene MSI-Büro und gerieten in gewalttätige Auseinandersetzungen mit der Polizei. In der anschließenden Vollversammlung kritisierten die Vertreter der FGCI, des Manifesto und von Avanguardia operaia das Hineintappen in die provokative Falle, die Anhänger von Lotta continua und vor allem die autonomi feierten jedoch den Zusammenstoß mit der Polizei als »Massenantwort des Volkes« und erhielten schließlich überwältigende Zustimmung. Dieser Vorgang ist typisch auch für die folgende Zeit: Die eigentlich gewaltlose Masse der Studenten und anderen Jugendlichen (cani sciolti, die meisten Anhänger von Lotta continua, die gesamte Strömung der alternativen Kreativität) erliegt den Gewaltparolen der autonomi, weil sie selbst immer wieder die Gewalt der Polizei und der Neofaschisten erfahren müssen (wobei es unter den Studenten auch eine ganze Reihe von Toten gab). Alle Versuche, sich von den autonomi zu distanzieren – und solche Versuche gab es innerhalb der Bewegung von

Anfang an, besonders wegen der brutalen Methoden, mit denen die autonomi trotz ihrer geringen Zahl (in ganz Italien schätzt man 3000 Aktivisten) Vollversammlungen majorisierten –, scheitern, weil die alle treffende Gewalt des Gegners immer wieder zur Solidarisierung drängt.

Am 17. Februar kommt es in Rom zu jenem Ereignis, das symbolisch den Bruch zwischen der organisierten Arbeiterklasse und der Front der Marginalisierten besiegelt. An diesem Tage will der Vorsitzende der kommunistischen Gewerkschaft CGIL, Lama, in der Universität eine Rede halten und zu den Problemen der Studenten Stellung nehmen. Er wird von vier- bis fünftausend Jugendlichen empfangen, die sein Ebenbild als große Puppe schwenken und ihn mit Spottversen überhäufen.[164] Dem Ruf »Via via la nuova polizia« versucht der gewerkschaftliche Ordnungsdienst zunächst mit der Parole »Via via la goliardia, servi della CIA« (Weg mit dem Studentenulk, ihr Diener der CIA) zu begegnen, aber bald gehen die autonomi zum tätlichen Angriff über, Farbbeutel und Steine fliegen, und es kommt zu einer Massenprügelei. Der »superbonzo« Lama muß sich überstürzt zurückziehen, und von den autonomi wird das Ereignis als »la Piazza Statuto dell'operaio sociale« gefeiert.[165]

Auch die März-Ereignisse in Bologna sind vor allem geprägt von der antikommunistischen Haltung der Jugendbewegung. Schon den ganzen Winter über war es zu Unruhen gekommen: Hausbesetzungen, Plünderungen von Restaurants, Besetzungen von Kinos usw. Man will zeigen, daß auch die kommunistische Musterstadt nicht besser ist als das gesamte System.[166] Besonders der Bürgermeister Zangheri, aber auch die ganze alte Garde der Widerstandskämpfer »mit ihren hübschen Resistenza-Medaillen« werden zu Zielscheiben von Slogans. Am 11. März stört eine Gruppe von autonomi eine Veranstaltung der katholischen Jugendorganisation Comunione e Liberazione, der Rektor ruft die Polizei, im Laufe des Zusammenstoßes wird der Student Lorusso erschossen. Daraufhin kommt es zu einem regelrechten Guerilla-Aufstand. Aus einer Waffenhandlung rauben die Jugendlichen 100 Gewehre und 50 Pistolen samt der entsprechenden Munition. Der Hauptbahnhof wird besetzt, zwei Polizeikommissariate und der Sitz der Tageszeitung *Resto del Carlino* angegriffen, überall wird geschossen, werden Scheiben eingeworfen, Läden und Restaurants geplündert, Brände gelegt. In der verwinkelten Altstadt um die Universität entstehen Barrikaden, und die Jugendlichen können ihre »befreite Zone« drei Tage lang halten, bis vom Innenminister aus Rom der Befehl kommt, das Gelände vom Militär mit Panzerwagen räumen zu lassen.[167]

Am 12. März kommt es in Rom zu einer Demonstration (Anlaß u. a.: die Verurteilung des jungen Anarchisten Panzieri zu neun Jahren Gefängnis wegen »moralischer Unterstützung« – ein Straftatbestand, den Mussolinis Justizminister Rocco kreiert hatte – des Mordes an dem griechischen Faschisten Mantakas), an der 50000 Jugendliche teilnehmen und die zur größten Straßenschlacht ausartet, die die Hauptstadt seit dem Kriege erlebte. Schuld daran trägt teilweise die Polizei, die den von der studentischen Führung projektierten und wenig Aggressionsobjekte ausweisenden Weg nicht akzeptierte und den Strom durch Straßen leitete, an denen sowohl das Hauptquartier der DC als auch das Justizministerium wie das Gefängnis Regina Coeli liegen. Als die an der Spitze marschierenden autonomi die Herausforderung annehmen und das DC-Gebäude mit Molotow-Cocktails bombardieren, greift die Polizei den noch unbeteiligten Rest des Zuges auf der Piazza Venezia an. Über das ganze Stadtzentrum hin liefern sich dann bis in die Nacht hinein die Jugendlichen Kämpfe mit der Polizei, elf Polizisten werden durch Schüsse verletzt, die festgenommenen Studenten – nach Zeugenaussagen von Journalisten – entsprechend brutal malträtiert.[168]

Gewalttätige Auseinandersetzungen in Mailand, Padua, Florenz, Neapel und Palermo folgen, die Revolte unter dem Schlagwort »Dopo Marx Aprile« (Nach Marx kommt April, ein Wortspiel um Marx und marzo = März und die ludike Symbolik des launischen April) zieht sich über den ganzen Sommer hin. Im August erregt die Flucht des deutschen Kriegsverbrechers Kappler die Gemüter gegen das korrupte System, in das die autonomi selbst in diesem Fall den PCI einschließen. Inzwischen hat aber von seiten der organisierten neuen Linken, in den Reihen von Lotta continua und auch in den Reihen der kreativen Strömung eine Kampagne eingesetzt, die die Distanzierung von den Autonomen zum Ziel hat. Der Anti-Repressionskongreß, zu dem im September 60000 Jugendliche nach Bologna kommen, verstärkt diese Distanzierung. Eine sehr vorsichtige Taktik der Stadtverwaltung, die auf keinerlei Provokation reagiert und die Veranstalter sogar in allen organisatorischen Fragen unterstützt[169], bietet die Garantie dafür, daß der Kongreß zum großen Happening werden kann, in dem drei Tage lang die libertäre Strömung den Ton angibt und die indiani ihre Riten zelebrieren können. Nach Bologna flaut der Impetus der Protestbewegung ziemlich schnell ab. Als im Stile der üblichen faschistischen Provokation in Rom ein Kommando den Anhänger von Lotta continua Walter Rossi ermordet, zeigt die Reaktion darauf, daß ein nicht unerheblicher Rückfluß in die Reihen der sich legal bewegenden Opposition stattgefunden hat: An der Beerdigung Rossis nehmen am 3. Oktober über 100 000 Personen teil, und zwar nicht nur aus dem movimento, sondern auch aus den Reihen der historischen Linken, viele rote Fahnen werden mitgetragen, und man singt die Internationale.[170]

Aber wenn sich auch die meisten der linksradikalen Gruppierungen von der Autonomia distanzieren und ein Großteil des movimento nicht mehr bereit ist, sich in die Aktionen der autonomi verwickeln zu lassen, so bedeutet das andererseits keinesfalls eine generelle Zurückweisung und Verurteilung von Gewalt. Die autonomistische Parole von der »revolutionären Praxis der Illegalität und Massengewalt« bleibt für die Masse der marginalisierten Jugendlichen weiterhin sehr attraktiv, ganz abgesehen davon, daß die autonomi selbst sie weiterhin praktizieren.[171]

Zugleich darf nicht vergessen werden, daß parallel zu den hier skizzierten Ereignissen von 1977 auch die klandestinen Terrorgruppen weiterhin operieren: Im Juli werden in Rom die NAP-Mitglieder Maria Pia Viannale und Franca Salerno gefangengenommen, wird Antonio Lo Muscio – schon verwundet und außer Gefecht am Boden liegend – erschossen, das ganze Jahr über verfolgen die Roten Brigaden ihre Taktik der Knieschüsse, im November erschießen sie in Turin den Journalisten Casalegno und verwunden kurz darauf in Genua einen kommunistischen Funktionär als »Personifizierung des Historischen Kompromisses«. Diese Aktionen verfehlen nicht ihre Wirkung auf viele Jugendliche. Insofern ist der – nicht von der Masse, aber doch von relativ zahlreichen vollzogene – Übergang zu terroristischer Gewalt nach 1977 leichter zu erklären als jener im Gefolge der Protestbewegungen von 1968/69. Denn bei gleicher Erfahrung staatlicher Repression und faschistischer Provokation – so haben seit Beginn der siebziger Jahre etwa die zahlreichen faschistischen Überfälle in den Schulen vielen Jugendlichen das Bewußtsein einer eigenen

Opfer-von-Gewalt-Geschichte gegeben – gibt es nun nicht nur ausgeprägte Theorien über die Notwendigkeit revolutionärer Gewalt, sondern eben vor allem die Vorbilder, die terroristische Gewalt als Möglichkeit der Kanalisierung von Frustration tagtäglich hautnah vorexerzieren.

Gegen Ende des Jahres 1977 läßt sich den Leserbriefen in der Alternativpresse entnehmen, daß die von den Terroristen vorgeführte konsequente Form der Negation in zunehmendem Maße als eine mögliche Lösung auch der eigenen Probleme gesehen wird.[172]

Und mit dem Niedergang des movimento beginnt neben der bewaffneten Partei à la BR eine zweite Form von Terrorismus zu entstehen, la nebulosa terroristica, der diffuse Terrorismus der hundert Grüppchen, der sich einerseits von den Aktionen der autonomi, die meist aus einer Masse von Demonstranten heraus in aller Öffentlichkeit agieren, durch die klandestine Form der Anschläge, von den Brigate Rosse andererseits durch seine Spontaneität und Unorganisiertheit unterscheidet. Diese Form des Terrorismus ist deutlich ein Zerfallsprodukt der Protestbewegung. Denn diese war für die Masse der marginalisierten Jugendlichen vor allem eine Möglichkeit gewesen, ihrer Hoffnungslosigkeit und Erbitterung Ausdruck zu geben: Nicht zufällig hatte der Kongreß in Bologna unter dem Schlagwort »Wir wollen sprechen! Wir wollen gehört werden!« gestanden. Als nun der Impetus der Bewegung erlahmte, entstand eine neue Quelle von Frustration: die Drohung, in die Sprachlosigkeit zu verfallen, mit der sich viele nicht abfinden konnten und wollten. Der terroristische Akt wird dann zur exemplarischen Geste und gewinnt seinen Wert, »perché propaganda la tua esistenza« (weil er ein Zeichen dafür ist, daß du überhaupt noch existierst).[173] Dabei muß die Verzweiflung nicht immer einer materiellen Notlage entspringen, sie entsteht auch – und manchmal nur – aus Enttäuschung über das dürftige Angebot an Lebenssinn, was die Teilnahme relativ vieler Jugendlicher aus der Oberschicht bzw. der oberen Mittelschicht erklärt. Der Gewaltakt bietet dann den anderen möglichen Fluchtwegen (Drogen, Sekten, Selbstmord) gegenüber noch den Vorteil der Aktivität, der Legitimierbarkeit durch politische Motive und – nicht zu vergessen – den Reiz des Abenteuers. So schreibt der Journalist und Historiker Giorgio Bocca:

»Manchmal möchte man fast sagen, daß der Terrorismus für einige ein erregendes und mysteriöses Abenteuer ist, ein Ersatz für verbotene Genüsse und gefährliche Freundschaften, die statt als bürgerliche Laster nun als revolutionäre Pflichten ausgelebt werden... Da gibt es die vendetta, die physische Schändung des Gegners, den Genuß, den Klassenfeind zittern zu sehen und Selbstjustiz zu üben, die Solidarität der Geheimgesellschaft, schließlich die Erfüllung des vitalistischen Ziels, etwas darzustellen, zu zählen.«[174]

Das alles gilt übrigens in sehr ähnlicher Weise für die jugendlichen Neofaschisten, wobei oft nur biographische Zufälle über die andere Ausrichtung entscheiden.[175] Auch auf faschistischer Seite gibt es heute die diffuse Kleinguerilla, und die Terrorgruppen Ordine Nero, Nuclei Armati Rivoluzionari, Movimento Rivoluzionario Popolare, Fronte Nazionale Rivoluzionario usw. haben in ihrer Ideologie die Schlagworte Ordnung, Hierarchie, Vaterland ersetzt durch sozialrevolutionäres Vokabular, propagieren in dieser Sprache, die von jener der autonomi oder der BR kaum sich unterscheidet, Gewalt gegen das kapitalistische System und den verrotteten Staat und wenden sich damit an die marginalisierten Randgruppen – nicht ohne beträchtlichen Erfolg, wenn auch ihre Hochburgen noch immer in den Stadtvierteln der oberen Mittelschicht und der Oberschicht zu finden sind.

Die Zahl der am diffusen Terrorismus beteiligten Personen liegt zweifellos sehr hoch, auch wenn genaue Angaben nicht zu machen sind.[176] Allein für die Anschläge und Attentate des Jahres 1978 erklärten sich Gruppen unter 209 verschiedenen Namen verantwortlich, von denen allerdings die meisten sehr ephemer waren und sich z. T. möglicherweise nur für eine Aktion zusammengefunden hatten, so daß die Zahl der etwas beständigeren – die außerdem, wie man annimmt, immer mal wieder ihren Namen wechseln – auf etwa 100 geschätzt wurde.[177] Auffallend sind einige feministische Gruppierungen, die anscheinend nur aus Frauen bestehen, wie Movimento Feminista Lilith oder Donne Combattenti per il Comunismo.[178] Einen dauerhafteren Namen machen konnten sich vor allem die Unità Combattenti Comuniste, die sich auf volkstümliche Aktionen im Stile der Tupamaros spezialisiert haben[179], Azione Rivoluzionaria, die einzige Gruppe, die sich explizit anarchistisch nennt und deren Hauptfeinde die berlingueriani sind[180], und natürlich Prima Linea.

»Über Prima Linea gibt es mehr Theorien als über die Entstehung der Vulkane«, schreibt die Journalistin Cristina Mariotti.[181] Die Kerngruppe scheint sowohl aus Lotta continua als auch aus dem Zirkel um die Zeitschrift *Senza tregua*, die zur Strömung der Autonomia gehörte, hervorgegangen zu sein, und zwar vor allem aus den Ordnungsdiensten dieser Gruppen.[182] In ihrer Ideologie steht sie den autonomi ziemlich nahe, und in ihren Aktionen versucht sie, volksverbundener als die BR zu bleiben, an aktuelle Konflikte in den Betrieben und im Justizgeschehen anzuknüpfen und ihre Attentate direkt mit Propaganda zu verbinden (z. B. Überfall auf einen Pendlerzug bei Turin, wobei Flugblätter an die Arbeiter verteilt, oder Besetzung einer Turiner Managerschule, wobei mehrere Kursteilnehmer exemplarisch durch Knieschüsse »gewarnt« werden[183]), aber sie haben auch eine Reihe von Mordanschlägen ganz im Stile der BR auf dem Gewissen (Opfer waren vor allem linksliberal und demokratisch orientierte Richter und ebensolche Vertreter des mittleren Wirtschaftsmanagements, da Prima Linea in diesen die gefährlichsten Stützen des Systems sieht), so daß man sie sowohl den bewaffneten Arm der Autonomia als auch die rechte Hand oder die kleine Schwester der Brigate Rosse genannt hat.[184]

Sowohl die Massengewalt der autonomi als auch der diffuse Terrorismus sind Phänomene jeweils eigener Art, aber die Übergänge sind fließend, und ebenso fließend sind die Übergänge beider zum vollklandestinen Terrorismus. Man nimmt an, daß die terroristischen Gruppen Ende der siebziger Jahre allein in der Jugendszene auf ein Potential von etwa 10000 Personen zurückgreifen konnten, das ihnen als logistische Basis und als Rekrutierungsreservoir diente.[185] So erklären sich Kontinuität und Virulenz des italienischen Terrorismus nicht nur aus einem in Teilen der Arbeiterschaft grassierenden qualunquismo, sondern auch und noch mehr aus der Systementfremdung großer Teile der Jugend, während diese beiden Bedingungen wiederum letztlich auf das Legitimationsdefizit der korrupten politischen Führungsschicht des Landes und auf die wirtschaftliche Krise zurückzuführen sind.

3.3.3 Fortgesetzte Strategie der Spannung?

Wenn wir uns schließlich einer dritten Bedingung zuwenden, die Kontinuität und Virulenz des italienischen Terrorismus erklären könnte, so müssen wir uns bewußt sein, daß wir uns aus dem

Bereich der empirisch belegbaren Thesen in den der Spekulation begeben. Aber eine Darstellung des italienischen Terrorismus bliebe unvollständig, wenn die im Umlauf befindlichen Spekulationen über mögliche Hintermänner und Drahtzieher nicht zumindest ganz kurz referiert würden, auch wenn und weil ihre Bedeutung gar nicht so sehr in ihrem umstrittenen und vielleicht niemals zu verifizierenden Wahrheitsgehalt liegt, sondern vielmehr darin, daß sie deutlichster Ausdruck der Einsicht in die – wiederum belegbare – objektive Funktion des Terrorismus sind.

Zu Beginn der siebziger Jahre stand Italien vollständig unter dem Eindruck des neofaschistischen Terrorismus, dessen Funktion – vor allem nach der beginnenden Aufklärung über seine Verflechtungen mit inländischen Geheimdiensten und ausländischen Helfershelfern – deutlich zutage lag. Auch war bekannt, daß die Akteure der Strategie der Spannung immer wieder versuchten, ihre Gewalttaten linksradikalen Gruppen in die Schuhe zu schieben (man denke nur an den Fall Valpreda). Deshalb war es durchaus naheliegend, hinter dem Signum Brigate Rosse zunächst nur eine neue Spielart dieser Strategie zu vermuten. Vor allem die Kommunistische Partei vertrat diese Interpretation und hielt daran noch bis 1977 fest; erst dann war man auch hier bereit anzuerkennen, daß sich aus den linken Protestbewegungen von 1968/69 ein eigenständiger roter Terrorismus entwickelt hatte. Aber die Anerkennung dieser Tatsache schließt nicht aus, »daß dieser Bereich des Terrorismus und des bewaffneten Kampfes der Infiltration durch Agenten der verschiedensten Art offensteht«[186], daß also linksradikale Terroristen, die aus echter Überzeugung handeln, von ihnen fremden Mächten als Manövriermasse zur Erreichung ganz anderer, ihren eigenen subjektiven Zielen vielleicht sogar entgegengesetzter Zwecke benutzt werden könnten.[187]

Die rein technische Möglichkeit der Infiltration terroristischer Gruppen oder der Manipulation einzelner Täter ist durchaus gegeben. Schon in der Anfangsphase der Brigate Rosse, als sich deren Mitglieder noch relativ gut untereinander kannten, war das der Polizei gelungen (Pisetta, Girotto). Und die spätere zellenartige und hierarchische Organisationsform der BR schließt die Manipulation von außen nicht aus, sondern erleichtert sie insofern, als die Befehlsgeber den Ausführenden relativ oft unbekannt bleiben. Außerdem waren und sind die BR stets auf Neurekrutierungen angewiesen, bei denen sie, je bedrängter ihre Lage wurde, desto weniger wählerisch sein konnten. So haben die Carabinieri des Generals Dalla Chiesa nach eigener Aussage Ende der siebziger Jahre eine ganze Reihe Angehöriger der kriminellen Unterwelt, die von den intensiven Razzien in Mitleidenschaft gezogen worden und deshalb verärgert waren oder die mit hohen Geldsummen belohnt wurden, vor allem über Gefängniskontakte in die Roten Brigaden einschmuggeln können.[188] Geheimdienste dürften bei solchen Versuchen kaum mehr Mühe haben. Noch leichter ist es für daran Interessierte, aus den Reihen der marginalisierten und oppositionellen Jugend Rekruten für einzelne Aktionen anzuwerben, indem sie sich ihnen gegenüber als Mitglieder der BR oder einer anderen Gruppe ausgeben.[189]

Der Verdacht, daß diese Möglichkeiten genutzt werden und der italienische Terrorismus fremde Unterstützung erhält, wird zunächst einmal durch eine einfache Überlegung genährt, nämlich durch die Kalkulation der Finanzmittel, über die die besser organisierten terroristischen Gruppen verfügten. Marcelle Padovani berichtet 1980 über Berechnungen und Überlegungen der italienischen Polizei: Bis zu diesem Jahr wurden allein in Turin 22 konspirative Wohnungen entdeckt, aufgrund der Kaufpreise dieser Wohnungen, der Preise der gefundenen Waffen, gefälschten Papiere usw. schätzt man die Kosten jeder einzelnen auf rund 200 Millionen Lire, was allein für Turin eine Summe von 4 Milliarden 400 Millionen Lire ergibt; dazu sind die Kosten der etwa 300 andernorts entdeckten konspirativen Wohnungen sowie die Gehälter der Klandestinen zu addieren. Die Vermutungen darüber, woher diese Gelder kommen, gehen natürlich weit auseinander: Israel und der Libanon werden als Makler amerikanischen, die Tschechoslowakei und der Südjemen als Makler sowjetischen Geldes angegeben.[190] Häufig werden die Palästinenser als Waffenlieferanten erwähnt[191], und auch Libyen taucht als Hinterland des Terrorismus immer wieder auf.[192]

Der Verdacht fremder Steuerung erhielt seinen größten Auftrieb aber durch die Entführung und Ermordung Aldo Moros, die offensichtlich zu gut in die Politik all jener paßte, die eine Beteiligung des PCI an der Regierung verhindern wollten. So schrieb die kommunistische Parteizeitung *Unità* schon am 4. Mai 1978, als Moro noch lebte, daß der Fehlschlag der Fahndung nicht nur der Ineffizienz der Polizei zuzurechnen sei, vielmehr würden die Terroristen auch von obskuren Mächten geschützt, die bereit wären, der Republik den Todesstoß zu versetzen.

Die Journalistin Miriam Mafai vergleicht in einer 1980 veröffentlichten Bilanz Moro mit Allende und vermutet, daß die »Operation Allende« in Italien schon abgelaufen sei, bevor die Handlungen des Protagonisten ein zu gefährliches Ausmaß hätten annehmen können. Sie schildert die Situation vom Frühjahr 1978, in der die Kommunisten kurz vor einer faktischen Einbeziehung in die Regierung standen, und weist darauf hin, daß vor allem die Amerikaner einem solchen Schritt sehr ablehnend gegenüberstanden. Moro hatte dieses amerikanische Veto als unbefugte Einmischung empfunden und einen scharfen Artikel für die Zeitung *Giorno* geschrieben, den er allerdings kurz vor der Veröffentlichung zurückzog. In der Zeit vor seiner Entführung war Moro nach eigener damaliger Aussage, die später von seiner Frau bestätigt wurde, immer häufiger anonym bedroht und zu einer Änderung seiner Politik aufgefordert worden, gegenüber verschiedenen seiner Freunde hatte er Vermutungen geäußert, daß sowohl hinter dem rechten als auch hinter dem linken Terrorismus internationale Drahtzieher stünden.[193]

Am konsequentesten vertritt Gianfranco Sanguinetti die These, daß hinter den Roten Brigaden die italienischen Geheimdienste im Auftrag rechter Kreise stünden, daß diese die BR überhaupt am Leben hielten, um sie immer wieder benutzen zu können für das Ziel, von eigentlichen Problemen abzulenken und mißliebige Richter, Politiker und Journalisten zu beseitigen. Wirkliche Linke hätten viel eher Berlinguer »bestraft« als Moro, die Auswahl gerade Moros habe den Zweck gehabt, andere Politiker, die zur Zusammenarbeit mit dem PCI bereit waren, einzuschüchtern; die wirkliche Erpressung habe in der Drohung bestanden, Moro freizulassen, wenn die Kompromißpolitik nicht geändert würde; die Freilassung eines nunmehr sehr gefährlichen Moro wäre der beste Schachzug echter Linker gewesen, und diese sollten endlich erkennen, daß die Terroristen nicht »Genossen, die irren«, sondern »Feinde, die nicht irren«, seien.[194] In seiner Neujahrsansprache zu Beginn des Jahres 1980 äußerte Staatspräsident Pertini explizit den Verdacht, daß sich die Zentrale des italienischen Terrorismus im Ausland befände. Im April 1980 sprach der Vorsitzende der Sozialistischen Partei, Bettino Craxi, im Parlament ebenfalls von internationalen Verflechtungen und vor allem vom sogenannten

Grande Vecchio, dem noch unbekannten politischen Gehirn, das mit einem Meisterplan hinter dem Terrorismus stehe.[195]

Der deutsche Journalist und Schriftsteller Werner Raith hat alle Details des Falles Moro noch einmal sorgfältig recherchiert und analysiert, insbesondere im Zusammenhang mit den nach dem Skandal um die Geheimloge P2 verfügbaren Erkenntnissen, und ist zu dem Schluß gekommen, daß eine Manipulation der direkten Täter durch in- und ausländische Hintermänner (z. B. auch durch den israelischen Geheimdienst Mossad, der mit einer Destabilisierung Italiens möglicherweise die Bedeutung Israels an der NATO-Südflanke aufwerten und/oder die araberfreundliche italienische Politik stören wollte) über den zwielichtigen Schlüsselmann Moretti durchaus im Bereich des Wahrscheinlichen liegt. Vieles, was bei anderen Erklärungen ungereimt und unerklärt bleibt, ließe sich mit einer solchen These verstehbar machen.[196]

Wie tief verwurzelt diese Theorien auch im Volk sind, zeigt eine Umfrage der Gruppe Pdup-Mls, die 1980 unter 1600 Mailänder Bürgern veranstaltet wurde: 32% stimmten Pertini zu und vermuteten hinter dem Terrorismus ein internationales Komplott zur Destabilisierung Italiens, 20% sahen den Terrorismus als Antwort der Rechten auf die Erfolge der Linksparteien, und nur 24% glaubten an ein spontanes Phänomen sozialer Rebellion.[197]

Auf jeden Fall läßt sich wohl mit Sciascia festhalten:

»Die Aktionen der Brigate Rosse können nicht losgelöst vom politischen Kontext Italiens gesehen werden, sie spielen darin eine noch undurchsichtige Rolle – für uns noch undurchsichtig, wenn auch nicht für jene, die ihre Fäden ziehen. Es wäre ganz und gar abwegig, in den Brigate Rosse eine Gruppe zu sehen, die in autonomer und authentischer revolutionärer Reinheit agiert, die sich der Illusion hingibt, die Massen bewegen und die politischen Strukturen zum Einsturz bringen zu können. Ihre raison d'être, ihre Funktion, ihre ›Dienstleistung‹ besteht vielmehr ausschließlich darin, daß sie die bestehenden Machtverhältnisse ein klein wenig verschiebt. Verschiebt nach dem Prinzip ›Alles verändern, um nichts zu verändern‹, das der Fürst von Lampedusa als Konstante der sizilianischen Geschichte angesehen hat und das wir heute als Konstante der italienischen Geschichte ansehen können.«[198]

Nicht die erklärten Ziele der terroristischen Gruppen sind also für die Analyse des Terrorismus letztlich entscheidend, sondern die realen Wirkungen. Dabei kann dahingestellt bleiben, ob diese Wirkungen tatsächlich von irgendwelchen Hintermännern angestrebt werden oder ob sie sich objektiv aus den Aktionen ergeben. Sie lassen sich für die späten siebziger und frühen achtziger Jahre in vier Punkten zusammenfassen.

Erstens: Die zahlreichen terroristischen Anschläge haben – in ihrem Effekt potenziert durch die sie begierig aufgreifenden und sensationell darstellenden Massenmedien – dazu geführt, daß die öffentliche Aufmerksamkeit sich in erheblichem Maße auf das Problem des Terrorismus konzentriert hat und damit von anderen, das Leben der Bürger eigentlich weit stärker tangierenden Problemen abgezogen werden konnte. In einer Monitor-Umfrage vom April 1980 sah die Dringlichkeitsskala der Probleme folgendermaßen aus: Terrorismus wurde von 54,8% der Befragten genannt (1979 waren es 42,1% gewesen), Arbeitslosigkeit von 36,5% (1979: 39,2%), Drogen von 30% (1979: 13,3% – hier kündigt sich eine künftige funktionale Alternative für den Terrorismus an), Inflation und Teuerung von 28,6%, mangelhafte Altersversorgung von 23,5% und Wohnungsnot von 15,4%.[199] Die Krise wird vom ökonomischen und sozialen Bereich auf jenen der inneren Sicherheit verschoben.

Zweitens: Einem Regime in der Krise kommt ein weithin propagierter »Angriff auf das Herz des Staates« sehr gelegen. Es akzeptiert ihn, indem es von der »tödlichen Bedrohung des Staates« spricht, gegen die es alle Mittel mobilisieren muß. Wie illusionär sowohl Angriff als Bedrohung sind, drückt Solé, römischer Korrespondent von *Le Monde,* sehr schön aus, wenn er von den Terroristen sagt:

»Ihre Auffassung vom Staat ist archaisch: er ist nichts weiter als der Sachwalter der Bourgeoisie. Seine Komplexität scheinen sie zu ignorieren. Der Schlachtruf ›Das Herz des Staates angreifen‹ lebt von der Vorstellung einer Zitadelle, die in Staub zerfällt, wenn ihr Donjon getroffen ist. Diese Vorstellung ist nicht nur im allgemeinen äußerst naiv, sie wird im Falle Italiens total irreal, wo der Staat eigentlich nichts anderes als eine Allianz verschiedener Körperschaften ist.«[200]

Mit Hilfe der vom Terrorismus übernommenen Losungen läßt sich aber Konsens für eine Erhöhung des Repressionsniveaus gewinnen. So sind in Italien praktisch alle jene Strafrechts- und Strafprozeßrechtsreformen, die die faschistischen Normen liberalisiert hatten, rückgängig gemacht und eine ganze Reihe neuer, illiberaler Gesetze erlassen worden, die die Position von Polizei und Staatsanwaltschaft stärker als zu Mussolinis Zeiten machen, die Rechte der Verteidigung dagegen weitgehend einschränken.[201] Auch die staatlichen Repressionsapparate wurden ausgebaut; dabei verschiebt sich die eigentliche Macht auf Kosten der Pubblica Sicurezza, die sich – z. B. durch die Einführung einer Polizeigewerkschaft – in einem Prozeß der Demokratisierung befindet, immer mehr hin zu den verläßlicheren Carabinieri.[202] Der römische Staatsanwalt De Matteo drückt die für diese Entwicklungen verwendete Legitimationsfigur deutlich aus:

»Wenn jemand zu sterben droht, darf man nicht davor zurückschrecken, ihm auch mal eine gefährliche Medizin einzuflößen. Und die italienische Demokratie läuft gerade dieses Risiko: zu sterben. Also braucht man extreme Heilmittel... und es wird notwendig sein, für ein oder zwei Jahre auch auf einige rechtsstaatliche Garantien zu verzichten.«[203]

Viele Kommentatoren befürchten, daß der Terrorismus für Italien die gleiche Folge haben könnte, die der Algerienkrieg für Frankreich hatte: eine eingreifende Modifizierung der politischen Struktur in Richtung Autoritarismus. Dabei muß man im Auge behalten, daß nicht der Terrorismus selbst, sondern die Reaktion darauf die eigentliche Gefahr für die Demokratie darstellt.

Drittens: Nicht verwunderlich ist es, daß die Erregung in der Richterschaft, in der Polizei und unter den Carabinieri besonders groß ist und besondere Gefahren mit sich bringt.[204] Noch wichtiger ist aber das Phänomen eines sich allgemein ausbreitenden konservativen Massenkonsenses, der zu Ende des Jahrzehnts seine Konsequenzen zu zeigen begann. So schreiben die Journalisten Gandus und Sabelli Fioretti:

»Brigate Rosse, Prima Linea und all die anderen subversiven Gruppen haben immer einkalkuliert, daß der Staat auf ihre Taten mit einer Radikalisierung des Abwehrkampfes, mit rücksichtsloser Repression und Einschränkung aller Freiheiten reagieren werde. Dadurch werde das wahre Gesicht der bürgerlichen Institutionen sich enthüllen, worauf das gesamte Volk zu den Waffen greifen müßte. Jetzt haben wir Sondergesetze, die von vielen als illiberaler denn die des faschistischen Codice Rocco angesehen werden, aber weder die unkontrollierte Polizeihaft noch die 12 Jahre Untersuchungshaft noch die Sondergerichte ohne Jury haben besondere Reaktionen ausgelöst. Die Leute sind im Gegenteil bereit, noch weitere Einschränkungen der bürgerlichen Freiheiten hinzunehmen, wenn nur das Massaker aufhört... In der öffentlichen Meinung hat sich eine große Indifferenz gegenüber rechtsstaatlichen Garantien breitgemacht, und man hat heute Schwierigkeiten, solche Garantien zu verteidigen... Was der Terrorismus in den letzten Jahren sicherlich erreicht hat: er hat die Linke enorm zurückgeworfen. Harte gewerkschaftliche Aktionen am Rande der Legalität, einst durchaus üblich und allgemein akzeptiert, sind heute praktisch verschwunden, weil sie als Ausgangsbasis des Terrorismus angesehen werden.«[205]

Und bei Giorgio Bocca heißt es:

»Am deutlichsten und gefährlichsten sind die Auswirkungen bei der Tagespresse und bei den Massenmedien überhaupt. Die demokratische Revolution im italienischen Journalismus, die demokratische Bewegung der Journalisten und ähnliche Strohfeuer sind inzwischen zugrunde gerichtet, die Journalisten und Drucker akzeptieren die direktoriale Restauration ... Im Zuge des Notstands und der notwendigen Einheit sind alle Reformen in den öffentlichen Institutionen, in den Banken, in der staatlichen Industrie, im Gesundheits- und Finanzwesen blockiert worden.«[206]

Viertens: Jene Kreise in und hinter der Democrazia Cristiana, die die Politik Moros, also den Versuch, der Kommunistischen Partei durch Integration in das System den Stachel zu nehmen, als zu gefährlich nicht akzeptieren, aber dennoch ihr Machtmonopol aufrechterhalten wollen, sind bestrebt, die systemverändernde Potenz des PCI auf andere Art zu schwächen. Ziel ihrer Strategie ist es, den PCI weiterhin am Rande der Entscheidungszentren zu halten, aber ihn zugleich in eine Situation zu drängen, in der er nicht alle Oppositionskräfte vereint mobilisieren kann.[207] Auch ohne konspirative Zusammenhänge mit den terroristischen Gruppen anzunehmen, kann man sagen, daß der Terrorismus den Verfechtern dieser – übrigens erfolgreichen – Strategie in die Hände gearbeitet hat. Zunächst, indem er mit der Ermordung Moros der konkurrierenden Strategie ein Ende setzte.[208] Dann dadurch, daß die geschilderten Folgen der terroristischen Gewalt vor allem den PCI schwächten. Zudem konnte man den PCI vor die Alternative stellen, entweder mit der Gewalt identifiziert zu werden (was übrigens auch immer wieder versucht wird, so führt z. B. *La Civiltà Cattolica,* die Zeitschrift des Jesuitenordens, den Terrorismus geradewegs auf die marxistische Theorie zurück[209], und auch andernorts wird ständig suggeriert, daß eine Annäherung der Kommunisten an die Macht gleichbedeutend mit Terror, Angst und Schrecken ist[210]) oder dieser Identifizierung dadurch zu entgehen, daß er sich selbst zum konsequentesten Befürworter schärferer Repression macht. Nun ist die Kommunistische Partei zwar bereits aufgrund ihrer eigenen anti-insurrektionistischen und anti-anarchistischen Tradition Gegner jedes individuellen Terrorismus, aber ihre energische Unterstützung der anti-liberalen

Gesetzgebung der letzten Jahre rührt doch zum großen Teil aus jener Klemme, in die sie manövriert wurde.[211] Damit verursacht sie aber wiederum nicht nur Unruhe an der eigenen Basis, sondern verliert auch Wähler und Bündnispartner in den Gruppen der neuen Linken, unter den Sozialisten und in jenen bürgerlich-liberalen Kreisen, denen die Erhaltung der rechtsstaatlichen Garantien vornehmstes Anliegen ist (wie z. B. der Radikalen Partei). Zur Spaltung der Linken kommt dann noch der konservative Ruck in den Mittelschichten, so daß die Kommunisten Einbrüche auch in diesem, gerade neu erschlossenen Wählerreservoir erleiden. Durch ihre Unterstützung der illiberalen Gesetze und des Ausbaus der Repressionsorgane, die zwar unter der Losung der Terrorismusbekämpfung zustande kamen, aber später durchaus auch in anderen Zusammenhängen gebraucht werden können, unterhöhlt die Kommunistische Partei zudem langfristig ihre eigene Macht, soweit diese auf Massenmobilisierung, Demonstrationsfreiheit, Informationsfreiheit usw. beruht.

Überblicken wir diese Auswirkungen des Terrorismus, so zeigt sich ein Paradox: Das Phänomen der terroristischen Gewalt, das – ungeachtet aller Spekulationen über mögliche Hintermänner – letztlich doch aus sozialen Mißständen geboren und von ihnen genährt wurde und eine eigenständige, ultralinke Protestform gegen diese Mißstände darstellt, kann zugleich faktisch zu einem Phänomen sozialer Kontrolle werden, kann so instrumentalisiert werden, daß es durchgreifende Reformen verhindert und eben diese Mißstände perpetuieren hilft. Damit erfüllt der rote Terrorismus die gleiche Funktion, die einst dem schwarzen vorbehalten war.

4. Schlußbemerkung zu den achtziger Jahren: Terrorismus ohne soziale Basis

Mitte der achtziger Jahre scheint auch in Italien die große Welle des bewaffneten Kampfs zu einem Ende gekommen zu sein. Zwar gibt es noch immer terroristische Anschläge, aber der offene Krieg im Frieden hat aufgehört. Dafür sind zum Schluß unseres sozialhistorischen Überblicks die Gründe zu suchen, und man geht wohl nicht fehl, wenn man als die drei wichtigsten erfolgreiche Polizeiarbeit, Zerfall der terroristischen Gruppen und Verlust der sozialen Basis nennt.

Die erfolgreiche Polizeiarbeit war vor allem mit dem Namen des Carabinieri-Generals Carlo Alberto Dalla Chiesa verbunden. Unter seiner Leitung wurden die Fahndungsbemühungen zentralisiert und intensiviert und in großem Umfang V-Leute in die terroristischen Gruppen eingeschleust.[212] Zum polizeilichen Erfolg trug und trägt auch eine flexiblere Haltung der Justiz gegenüber den gefangenen Terroristen bei. 1982 wurde ein Kronzeugen-Gesetz erlassen, das denjenigen, die zur vorbehaltlosen Zusammenarbeit mit den Strafverfolgungsorganen bereit waren, Straffreiheit zugestand und ihnen auch, zu ihrer Sicherheit, die Möglichkeit eröffnete, ein Leben unter neuer Identität zu beginnen. Dabei handelte es sich jedoch um eine auf sechs Monate befristete Sonderregelung, in deren Genuß nur sehr wenige kamen. In der Folgezeit wurden in entsprechenden Fällen die im normalen Strafgesetzbuch vorgesehenen milderen Umstände angewendet, bis im Februar 1987 vom Parlament ein weiteres Spezialgesetz verabschiedet wurde. Es gewährt schon verurteilten und in Strafhaft befindlichen Tätern oder zur Zeit unter Anklage stehenden Tatverdächtigen für vor dem 31. 12. 1983 begangene terroristische Straftaten dann Strafmilderungen, wenn die Täter dem Richter gegenüber glaubhaft machen können, daß sie alle eigenen Delikte gestanden und der Gewalt als Mittel politischer Auseinandersetzung abgeschworen haben, und wenn sie auch in ihrem Verhalten den Bruch mit der Vergangenheit demonstrieren. Eine lebenslange Strafe wird in diesen Fällen auf eine Zeitstrafe von 30 Jahren, die Strafen für Mord, Mordversuch und schwere Körperverletzung werden um ein Viertel, andere Delikte wie Zugehörigkeit zu einer terroristischen Vereinigung, unerlaubter Waffenbesitz usw. um die Hälfte reduziert (nur Täter, die schuldig oder mitschuldig an einer sogenannten strage sind, also an durch Bomben verursachten Massakern oder an der gleichzeitigen Tötung mehrerer Personen auf andere Weise, bleiben von den Vergünstigungen dieses Gesetzes ausgeschlossen). Das Besondere an dem neuen Gesetz ist, daß eine Zusammenarbeit mit Polizei und Justiz nicht Voraussetzung für seine Anwendung ist.[213]

Zerfallserscheinungen gehören bei sektenhaften Gruppen zur Natur der Sache. In bezug auf die Roten Brigaden ist die Auseinandersetzung zwischen einer elitistisch-militärischen (Moretti) und einer mehr operaistischen, auf soziale Bewegungen hin orientierten Linie (Faranda, Morucci) am bekanntesten geworden.

Diese Art von Zersplitterung kann zwar zunächst die Polizeiarbeit erschweren; gerade die vielen kleinen Gruppen des terrorismo diffuso haben den staatlichen Zugriff auf die revoltierende Gewalt so lange ins Leere laufen lassen. Seit Peci aber zerfallen die terroristischen Gruppen auf andere Weise: Der bisherigen Strategie wird nicht eine neue entgegengesetzt, sie wird einfach resigniert aufgegeben. Immer mehr Genossen springen ab und distanzieren sich vom bewaffneten Kampf. Von den etwa 1400 politischen Gefangenen (auch in der Presse wird ganz selbstverständlich von politischen Gefangenen geredet), die 1985 in Haft waren, galten rund 1000 als solche sogenannte dissociati, 1987 war ihr Anteil schon auf 80% angestiegen. Daneben gibt es die – allerdings sehr kleine – Zahl derer, die als sogenannte pentiti (Reumütige) ihre ehemaligen Mitkämpfer, deren Pläne, Waffenlager, konspirativen Wohnungen, Treffpunkte usw. verraten, sei es aus Einsicht in die Verwerflichkeit, prinzipielle Erfolglosigkeit, Kontraproduktivität des bewaffneten Kampfs, sei es als Versuch, den Bruch mit der Vergangenheit glaubhafter zu machen und über die genannten Vorteile von ihrem Leben zu retten, was zu retten ist.[214]

Am bedeutsamsten ist aber wohl der allmähliche Verlust der sozialen Basis, die dem italienischen linken Terrorismus seine Virulenz ermöglicht hatte. Teilweise haben die Terroristen selbst in den letzten Jahren sich diese Basis entfremdet. Für Angriffe auf Politiker und Wirtschaftsleute, die fortdauernd in Skandale verwickelt sind und allgemein als korrupt angesehen werden, ließ sich noch Sympathie finden, nicht mehr dagegen für die Morde an liberalen Richtern (wie Alessandrini), an kommunistischen Arbeitern (wie Rossa), an dienstpflichtigen Soldaten (wie Ende 1982 in der Gegend von Salerno) oder an den kleinen Leuten der Eskorten, Bauernsöhnen aus dem Süden, die brutal über den Haufen geschossen wurden.[215] Distanz zum Staat, Mißtrauen und Verachtung gegenüber »denen da oben« sind Bestandteile eines Moralkodex, der in der italienischen Bevölkerung weit verbreitet ist, aber ebenso sind Bestandteile dieses Kodex die Solidarität der kleinen Leute und die Überzeugung, daß gewisse Dinge zu weit gehen: z. B. der Fememord am Bruder des pentito Fabrizio Peci oder die Klüngelei mit der Camorra im Falle Cirillo. Damit verloren die Brigate Rosse das Robin-Hood-Image und degradierten sich zu Kriminellen schlimmster Sorte, damit verlor die terroristische Revolte insgesamt ihre Faszination.

Zum anderen ist die Basis durch einen allgemeinen und vom Verhalten der terroristischen Gruppen unabhängigen Stimmungsumschwung in der Jugend geschwunden. Eine Makno-Umfrage – durchgeführt im Mai und Juni 1983 unter 14- bis 18jährigen – gibt darüber interessante Auskünfte. Zwar halten immer noch 47% der Befragten die Korruption im politischen Leben für das größte Übel der italienischen Gesellschaft, aber 70% interessieren sich überhaupt nicht für Politik. Nicht die Revolution oder der Ausstieg aus der bürgerlichen Gesellschaft bewegen die Jugendlichen, in ihrer Werteskala rangieren vielmehr »traditionellere« Bedürfnisse ganz oben, nämlich das nach Freundschaft (97%), Menschenrechten (95%), Liebe (93,7%), Arbeit (91,7%), Kultur (91,7%), Familie (85%), Sport (78%), Reisen (67%), Sex (58%). Die Jugend wird zusammenfassend als »vernünftig« und »gemäßigt« charakterisiert, überraschenderweise auch als »optimistisch«. 89% erklärten sich zufrieden damit, in Italien zu leben (31% würden, müßten sie woanders leben, die USA wählen, 20,3% Frankreich, 5,4% Deutschland und 1% die Sowjetunion). 54% rechnen zwar damit, daß sie zumindest zeitweise arbeitslos sein werden. Aber diese Zukunftsaussicht führt nicht mehr zur Rebellion, man schickt sich in die Lage. An den Schulen und Universitäten ist eine »professionelle« Haltung der Schüler und Studenten festgestellt worden, »business-like« wird um die Noten gehandelt, die Autorität der Lehrer und Professoren wächst. Man paßt sich an, die Ruhe ist zurückgekehrt, kaum eine Spur mehr vom revolutionären Enthusiasmus der sechziger und von der radikalen Opposition der siebziger Jahre.[216] Parallele Entwicklungen werden aus den großen Fabriken des Nordens berichtet.[217]

Nach der Moro-Entführung 1978 waren die Brigate Rosse unter Führung Mario Morettis zunächst noch unvermindert aktiv gewesen, und neben vielen kleineren Anschlägen waren ihnen noch einige aufsehenerregende Coups gelungen: die Ermordung des Carabinieri-Generals Calvaligi (1980), die Entführung des Richters D'Urso (um die Jahreswende 1980/81), die Entführung des neapolitanischen DC-Politikers Cirillo und des amerikanischen Generals Dozier (beide 1981). Aus den genannten Gründen aber gerieten sie in den gleichen Jahren immer mehr in die Isolierung. Sie verloren den Kontakt zu den neuen sozialen Entwicklungen, und die Leute um Moretti, reine Praktiker, waren weit weniger in der Lage (und auch weniger interessiert), diese Entwicklungen theoretisch zu reflektieren und in Programme umzusetzen, als das die sogenannten historischen Führer zu ihrer Zeit gewesen waren. Es fehlte eine klare Linie, es mangelte völlig an überzeugenden Begründungen ihrer Taten den immer noch als Zielgruppe angesprochenen »proletarischen Massen« gegenüber, und es kam zu Zerwürfnissen, Spaltungen, Desertionen. Schließlich blieben Moretti, der in seiner besten Zeit, nämlich 1978 dreihundert regolari in sieben Kolonnen kommandiert und sich auf einige tausend irregolari und Sympathisanten hatte stützen können, kaum noch Gefolgsleute, denen zudem immer weniger zu trauen war. 1981 wurde der legendenumwobene »inafferrabile« (Ungreifbare), nach Zeugenaussagen inzwischen in einem Zustand völliger Hoffnungslosigkeit und Resignation, mit Hilfe eines in seine Umgebung eingeschleusten Spitzels in Mailand verhaftet. Wenig später folgte die Festnahme des Kriminologie-Professors Giovanni Senzani, der in Neapel die Cirillo-Entführung organisiert hatte und neben Moretti zu einer weiteren Führungspersönlichkeit geworden war, sowie im Zusammenhang mit der Befreiung Doziers in Padua diejenige fast aller Mitglieder der venezianischen Kolonne unter Savasta (die übrigens anschließend, Männer wie Frauen, von der Polizei in brutalster Weise gefoltert wurden: Schläge, Elektroschocks, Verbrennungen durch Zigaretten, Ausreißen der Schamhaare usw.). Damit war die zweite Phase in der Geschichte der Brigate Rosse zu Ende.[218]

Was heute unter diesem Signum firmiert, ist – in bezug auf Programm und Aktionsweise, geringe Zahl der Akteure, von aller Basis isolierte Existenz und Bündnisbemühungen ins Ausland – solchen Gruppen wie der deutschen RAF weit ähnlicher als den Roten Brigaden der siebziger Jahre. 1986 gab das italienische Innenministerium die Namen von 292 flüchtigen Terroristen bekannt, doch ist diese Zahl mit Skepsis zu betrachten, weil bei dem größten Teil der Gesuchten keineswegs sicher ist, daß sie überhaupt noch aktiv sind. Das gilt insbesondere für die 212, die sich im Ausland befinden sollen. Die meisten der 165 in Frankreich lebenden z. B. (darunter so bekannte wie die autonomistischen Theoretiker Negri und Scalzone, die sowieso nie Terroristen waren) leben und arbeiten dort seit Jahren frei und friedlich und betreiben (Negri z. B. über den Kardinal von Mailand) ihre Rückkehr in die Heimat. Und von den 90, die sich in Italien aufhalten sollen, werden auch nur 19 als besonders gefährlich eingestuft.

1987 war die für Italien angegebene Zahl von regolari und irregolari schon auf 50 geschrumpft.[219] Das wenige, was man über Organisation, Theorien und Ziele weiß, stammt aus der *Risoluzione della direzione strategica No. 20*, einigen anderen Flugschriften und verschiedenen bei Prozessen abgegebenen Erklärungen. Die wichtigste der heute agierenden Gruppen nennt sich »Brigate Rosse-Partito Comunista Combattente«.[220] Ihr führender Kopf ist Barbara Balzarani, altes BR-Mitglied, Teilnehmerin an der Moro-Entführung und eine der ganz wenigen, die der Verhaftungswelle der frühen achtziger Jahre entkamen. Sie vor allem scheint die Reste der BR gesammelt und neu organisiert zu haben, und sie bestimmte – nach ihrer Festnahme am 19. Juni 1985 vom Gefängnis aus – die Linie der BR-PCC. Auf den Kampf in Italien bezogen, bietet ihr Programm nichts als alte Schlagworte: Da findet man den »Angriff auf das Herz des Staates« zur Störung des politischen Gleichgewichts, die Hoffnung darauf, »die Widersprüche unregierbar« machen zu können, den »langdauernden Klassenkampf mit dem Ziel, die politische Macht zu erobern und die Diktatur des Proletariats zu errichten«. Auf charakteristische Weise neu ist dagegen die sozusagen außenpolitische Seite: Hier wird davon gesprochen, daß man sich als Teil des sogenannten »Fronte Combattente Antimperialista« sieht und im Bündnis mit all jenen – auch »nicht-kommunistischen« – Gruppen handelt, die gegen den Imperialismus der USA kämpfen. Ausdrücklich genannt werden Iraner, Libanesen, Palästinenser und Libyer. Und manche Anschläge der BR-PCC lassen vermuten, daß sie entweder im Auftrag arabischer Gruppen durchgeführt wurden oder zu dem Zweck, sich diesen Gruppen als Bündnispartner anzudienen. So etwa die Ermordung des amerikanischen Generals Leamon Hunt (1984, wahrscheinlich im Auftrag der FARL = Fractions Armées Révolutionnaires Libanaises) oder die Ermordung des Florentiner Industriellen Lando Conti (1986), führendes Mitglied des Partito Repubblicano, einer Partei, die unter dem zeitweiligen Ministerpräsidenten und späteren Verteidigungsminister Spadolini eine pro-israelische Politik betreibt. Zur »Antiimperialistischen Front« werden von den BR-PCC natürlich auch die französische Action Directe, die deutsche RAF und ähnliche gezählt. Frankreich war zeitweilig das bevorzugte Hinterland italienischer Terroristen, in das man vor Verfolgung ausweichen, wo man Geld und Waffen beschaffen und sich reorganisieren konnte. Enge Kontakte zur Action Directe und auch gemeinsame Aktionen sind für die Jahre 1983/84 belegt.[221] Allerdings handelte es sich dabei italienischerseits vor allem um Mitglieder einer Nachfolgeorganisation von Prima Linea (der COLP = Comunisti Organizzati per la Liberazione Proletaria, von der man später nichts mehr hörte), während eine Zusammenarbeit der BR-PCC mit der Action Directe (im Gegensatz zur Zusammenarbeit von AD und RAF) für die jüngste Zeit nicht bewiesen ist. Immerhin nehmen italienische Behörden an, daß der Auftrag zur Ermordung des Generals Licio Giorgieri (am 20. März 1987 in Rom) aus dem Ausland kam (und die Roten Brigaden ihrerseits damit professionelle Mörder betrauten!).[222] Giorgieri war Leiter der Abteilung »Generaldirektion Bau von Luft- und Weltraumwaffen«, und der Anschlag auf ihn paßt in die Anti-SDI-Strategie deutscher und französischer Gruppen, der 1985 der französische General Audran und der deutsche Industrielle Zimmermann, 1986 der französische Industrielle Besse und der deutsche Beckurts sowie der deutsche Diplomat von Braunmühl zum Opfer fielen.

Alles deutet darauf hin, daß die noch aktiven italienischen Terroristen sich heute – ganz anders als ihre Vorgänger – in internationale Zusammenhänge ein- und fremden Einflüssen unterordnen, weil sie auf ausländische und insbesondere arabische Hilfe angewiesen sind, und daß der Terrorismus in Italien kein eigenständiges Phänomen mit eigener sozialer Basis mehr ist.[223] Bezeichnenderweise haben Renato Curcio und Mario Moretti 1986 das »Experiment des bewaffneten Kampfes«, auch wenn sie es noch stets als ein zu ihrer Zeit notwendiges und gerechtfertigtes Experiment verteidigen, für beendet erklärt, und im Oktober 1987 haben sich acht gefangene Mitglieder der BR-PCC mit Barbara Balzarani an der Spitze in einem gemeinsamen Kommuniqué im gleichen Sinne ausgesprochen.[224] Auf der anderen Seite drängt eine wachsende Zahl von Parteipolitikern – teilweise aus humanitären, teilweise aus taktischen Gründen, teilweise aber wohl auch nur, um sich selbst oder eine bestimmte Parteilinie ins Gespräch und in die Medien zu bringen – darauf, die mit dem Spezialgesetz vom Februar 1987 begonnene und sehr erfolgreiche Linie der Strafmilderung fortzusetzen und mit einer zumindest partiellen Amnestie einen Schlußstrich unter die »anni del piombo«, die bleierne Zeit, zu setzen.

Anmerkungen

1 Vgl. zu dieser These Tromp 1981.
2 Einer soziologischen Untersuchung stehen grundsätzlich zwei Wege offen, um den Terrorismus als soziales Phänomen zu erklären. Man kann a) ausgehen von Akteuren, die das Phänomen durch ihr Handeln zustandebringen, also ihren Biographien folgen und dabei den Druck der strukturellen Gegebenheiten, der diese Biographien prägt, aus dem Blickwinkel der Akteure zu betrachten, oder man kann b) ausgehen von den strukturellen Bedingungen einer Gesellschaft und verfolgen, wie diese durch ihre Wirkungen auf Individuen, also durch diese hindurch, das soziale Phänomen hervorbringen. Die Theorie ist in beiden möglichen Ansätzen die gleiche, es handelt sich also nur um zwei verschiedene Forschungsstrategien, wobei die eine den Akzent auf die handelnden Individuen, die andere auf die sozialen Strukturen legt. Vor allem unter dem Gesichtspunkt der Vergleichbarkeit mit den in diesem Band behandelten Entwicklungen in anderen Ländern wird im folgenden die zweite Strategie gewählt, die bisher auch trotz einer Flut von Literatur zum italienischen Terrorismus noch nicht zur Grundlage einer zusammenfassenden Darstellung gemacht wurde. Für die erste gibt es dagegen bereits einige ausgezeichnete Beispiele: Silj 1977, Manzini 1978, Stajano 1982.
3 Für eine gute Darstellung vgl. Del Carria 1979a: 106–176.
4 Ein verbreiteter Spruch der Priester war: Nella cabina elettorale Dio ti vede, Stalin no – Gott sieht dich in der Wahlkabine, Stalin sieht dich nicht! Am 1. Juli 1949 exkommunizierte Pius XII. alle Kommunisten en bloc und setzte damit die Praxis seines Vorgängers fort, der in seiner Enzyklika *Divini Redemptoris* 1937 die Kommunisten als gefährliche Betrüger und Erzfeinde der christlichen Zivilisation verurteilt hatte – während er zugleich mit den Faschisten kollaborierte. Vgl. Tarantini 1975: 318–321.
5 Vgl. Rosenbaum 1975: 33–38, und Paas 1976.
6 Vgl. Murphy/Timmermann 1978: 314–327, und Fröhlich 1976, zum Klientelismus in der DC Zuckerman 1977.
7 Vgl. Fiori 1979: 133 und 183.
8 Das Bestehen auf einem eigenen Weg zum Sozialismus, der nicht dem sowjetischen Modell folgt, war schon bei Togliatti außenpolitisch verbunden mit der Betonung des sogenannten Polyzentrismus, der Selbständigkeit der verschiedenen kommunistischen Parteien, also mit einer Opposition gegen die zentralistische Hegemonie, die die KPdSU gegenüber den »Bruderparteien« verfolgte. Symptomatisch dafür ist die Namensänderung von Partito Comunista d'Italia (in Angleichung an die Namen der anderen kommunistischen Parteien und implizierend eine einheitliche kommunistische Weltpartei mit natio-

nalen Untergruppen) in Partito Comunista Italiano (in Angleichung an die Namen der übrigen italienischen Parteien und ihrer Betonung des nationalen Attributs).
9 Vgl. Del Carria 1979a: 191.
10 Vgl. zu dieser vor allem von Amendola vertretenen Linie Finetti 1978: 90–133.
11 Vgl. zu dieser Krise des PCI Rossanda 1975: 7–47, Alf 1977: 287–293, Finetti 1978: 134–197, Natoli 1979: 48–50. Für die weitere Entwicklung der Politik des PCI siehe unten Kapitel 3.1.
12 Vgl. zur wirtschaftlichen Entwicklung und den oben angegebenen Zahlen Albers 1971: 120–127, Paci 1973: 51–75, Krippendorf 1973, Allum 1976: 52–60 u. 122–125, Alf 1977: 185–188 u. 192, Paci 1978, Sylos Labini 1978, Murphy/Timmermann 1978: 312f., Del Carria 1979b: 46–49.
13 Vgl. Alf 1977: 196 u. 212, Del Carria 1979b: 30; zum Einsatz staatlicher Instanzen, der Polizei und der Geheimdienste, für die privaten Zwecke der Industriellen, der bis in die Mitte der sechziger Jahre gut belegt ist, vgl. vor allem Zangrandi 1970: 48–54, aber auch Tarantini 1975: 349–351, Collin 1976: 16–18 und Isman 1977: 73f. u. 127.
14 Vgl. Albers 1971: 148, Alf 1977: 213, Libertini 1979: 17, Kreile 1985: 22–27.
15 Vgl. Del Carria 1979b: 28–37.
16 »Noch 1961 entfielen auf 1000 Einwohner nur 857,8 Zimmer, und 42% der Wohnungen waren ohne alle sanitären Anlagen, 69% ohne Bad, 85% ohne Gas und 47% ohne fließendes Wasser.« Alf 1977, 193. – Die erste Untersuchung über die Lebenssituation der Immigranten erschien schon 1960 und ist bis heute ein Klassiker geblieben, es handelt sich um F. Alasia/D. Montaldi: *Milano, Corea. Inchiesta sugli immigrati*. Prefazione di Danilo Dolci. Milano: Feltrinelli 1960. – Eine 1968 durchgeführte Umfrage unter Schülern in Sesto bei Mailand ergab als wichtigstes Kriterium für Schulversagen die in vielerlei Hinsicht sozial bedeutsame geographische Herkunft: Drei von zehn Kindern aus dem Veneto und sogar jedes zweite Kind aus dem Mezzogiorno waren sitzengeblieben; den Kindern aus dem Süden fehlte z. B. schon das grundlegende Instrument für die Arbeit in der Schule, nämlich die dort gebrauchte Sprache. Vgl. dazu Manzini 1978: 36–39.
17 In der Metallindustrie wuchs der tägliche Absentismus von durchschnittlich 8% im Jahre 1963 auf 12% im Jahre 1969 – vgl. Del Carria 1979b: 114.
18 Zwar ist die Zahl der Angestellten in der privaten Wirtschaft in Italien relativ gering: 8,9% der aktiven Bevölkerung gegenüber ca. 20% in anderen entwickelten Ländern; doch entsteht dieser geringe Gesamtprozentsatz durch die große Masse der kleinen und mittleren Betriebe

und sagt nichts aus über ihre relative Stärke und Lage in der Großindustrie – vgl. Paci 1978: 371.
19 Vgl. als umfassende Darstellung der Ideen, Organisationsformen und Aktionen der CUB (Comitati unitari di base) Norditaliens von 1969 bis 1972 Avanguardia Operaia 1972.
20 Für genaue Angaben vgl. Del Carria 1979b: 127f. und 143–163. Eine romanhafte Darstellung der Situation bei FIAT und der Straßenkämpfe am Corso Traiano in Turin gibt es auch in deutscher Übersetzung, nämlich N. Balestrini, *Wir wollen alles. Roman der Fiatkämpfe*, München 1972.
21 Vgl. für den Ablauf der Streiks von 1969 und noch einmal für die dahinterstehenden strukturellen Probleme Albers 1971: 141–167 und Kreile 1985: 28–36.
22 Vgl. Paci 1973: 162–169, 271, 277, Statera 1980: 25.
23 Vgl. Paas 1968, Krippendorf 1973: 88–91, Benevolo 1979: 42–52.
24 Vgl. Rea 1979.
25 Vgl. Benevolo 1979: 46–68.
26 Vgl. Silj 1977: 33–42.
27 Vgl. Teodori 1976: 339–346, Boato 1979: 110–149.
28 In Manzini 1978: 56–62 wird anschaulich geschildert, wie die Auseinandersetzungen in einer kleinen Schule im Mailänder Vorort Sesto aussahen und wie ein späteres Mitglied der Roten Brigaden, Walter Alasia, diese erlebte.
29 Vgl. für die Chronologie Teodori 1976: 339–347, Monicelli 1978: 21–26, Del Carria 1979b: 73–81.
30 Vgl. Del Carria 1979b: 92f.
31 Das System wird in der Folge nicht nur theoretisch, sondern auch in der Aktion an den verschiedensten Punkten angegriffen, vor allem auch in seinen kulturellen Äußerungen – die Träger des Protests sind eben Intellektuelle. Bekannt geworden sind die blutigen Zusammenstöße mit der Polizei anläßlich der Triennale von Mailand, der Mostra del cinema libero von Pesaro, der Biennale d'arte von Venedig, der Eröffnung der neuen Saison an der Scala von Mailand usw.; vgl. zusammenfassend Teodori 1976: 345–347.
32 Vgl. Libertini 1979: 34.
33 Vgl. zum linkskatholischen Dissens als – wie Acquaviva sagt – »seme religioso della rivolta« vor allem Acquaviva 1979, weiterhin Teodori 1976: 521–524, Alf 1977: 285–287, Silj 1977: 180–186, Manzini 1978: 58–60, Borgna 1979, Del Carria 1979b: 102–104, Libertini 1979: 39–41.
34 Man bezeichnet diese Politik noch heute als »giolittismo«, nach Giovanni Giolitti (Ministerpräsident von 1903 bis 1914), der die Massenbasis des rechtsliberalen Regimes durch Zugeständnisse an den reformistischen Flügeln der Arbeiterbewegung zu erweitern suchte

(herausragend ist die Gewährung des allgemeinen Wahlrechts für Männer 1911). Neben der Periode Giolittis sind als Beispiele für diese Linie zu erwähnen die Zeit von 1943 bis 1947, in der durch eine zeitweilige Beteiligung der Sozialisten und Kommunisten an der Macht einer Revolution vorgebeugt wurde, die Öffnung nach links und die erste Zeit der Mitte-Links-Regierung etwa von 1961 bis 1968, schließlich die zweite Hälfte der siebziger Jahre, als die Kommunisten in die die Regierung tragende Mehrheit einbezogen wurden. Für entsprechende Maßnahmen im wirtschaftlichen Bereich, vor allem in jüngerer Zeit, vgl. Kreile 1985. Zum dennoch allgemeinen sozialstaatlichen Rückstand Italiens vgl. Kuntze 1976.

35 Deutlicher als der deutsche ist z. B. der italienische Faschismus die unmittelbare Reaktion auf die revolutionäre Unruhe der Jahre nach dem Ersten Weltkrieg; vgl. Santarelli 1973.
36 Vgl. D'Orsi 1976: 105 f. u. 115, sowie Isman 1977: 25 f. Diese Zahlen sind natürlich äußerst ungenau. Sie enthalten z. B. für Italien nicht die kommunalen Polizeien (während diese in den anderen Ländern wahrscheinlich mitgezählt sind) und auch nicht die – bis auf 150000 geschätzten – Angestellten privater Bewachungsdienste usw. (die in den Vergleichsländern allerdings auch nicht mitgezählt sind, dort jedoch ebenso wie die staatliche Polizei weniger zahlreich sein dürften). Immerhin geben diese Zahlen und Vergleiche ein Bild der Situation. Am besten scheint diese übrigens in Norwegen zu sein: Dort gibt es einen Polizisten auf 840 Einwohner. Im Ostblock dagegen wird das italienische Verhältnis Kontrolleure : Kontrollierte noch übertroffen, so etwa in der DDR mit 1 : 126, inklusive freiwillige Polizeihelfer sogar 1 : 63; vgl. dazu Mulder 1980: 159 u. 166.
37 Vgl. zur Organisation der Polizeikräfte Tarantini 1975: 309–316, D'Orsi 1976: 101–116.
38 Zitiert aus D'Orsi 1976: 197.
39 Vgl. D'Orsi 1976: 200–211, Isman 1977: 7, 28 f., 39 f., 61 u. 67 f.
40 Vgl. D'Orsi 1976: 244 f. u. 258–272, Isman 1977: 78–80 u. 131 f.
41 So wird aus der Zeit des Heißen Herbstes von Arbeitsverweigerungen und Protestmärschen auf dem Kasernenhof berichtet, bei denen »Ho-Ho-Ho Chi Min« skandiert und den Offizieren »fascisti« entgegengerufen wurde; vgl. D'Orsi 1976: 268–272. Diese Aussagen gelten nur für die Pubblica Sicurezza, die Carabinieri sind in dieser Hinsicht verläßlicher, sogar verläßlicher als die übrigen Armeeteile; vgl. Collin 1976: 20 f.
42 Vgl. Isman 1977: 133 f.; zur Politik des PCI gegenüber der Polizei siehe Stajano/Fini 1977: 211 f.
43 Vgl. D'Orsi 1976: 263 f.; für die gleichen Zustände bei Militär, Guardie di Finanza, Agenti di Custodia etc. vgl. Isman 1977: 61 f.
44 Vgl. Rosenbaum 1975: 90, D'Orsi 1976: 40 f. u. 248 f., Isman 1977: 135.

45 Vgl. für beide Zwischenfälle Tarantini 1975: 322f., D'Orsi 1976: 47–50, Del Carria 1979a: 212f.
46 Vgl. für ihre monotone und gerade dadurch erschütternde Aufzählung vor allem Del Carria 1979a: 194–215, aber auch Tarantini 1975: 307–345.
47 Vgl. eine Liste mit Namen, Daten und Orten bei D'Orsi 1976: 312–319. Diese Liste gibt jedoch nur das Minimum an, da sich oft nicht feststellen ließ, ob Schwerverwundete später gestorben waren oder nicht. Vgl. zu den im weiteren angegebenen Zahlen auch Isman 1977: 50–54, Del Carria 1979a: 212.
48 Vgl. D'Orsi 1976: 312–319.
49 So der konservative englische Journalist Solon in einem im *Leader Magazine* erschienenen Artikel über die Reparti mobili e celeri, der bezeichnenderweise den Titel trägt: *Die italienische Polizei auf der Suche nach Zwischenfällen*, zitiert nach D'Orsi 1976: 46f. Vgl. auch Cederna 1975: 15–18.
50 Vgl. für vier einschließlich des justitiellen cover-up detailliert geschilderte Fälle Cederna 1975: 31–171, für einen weiteren Fall Stajano 1975, allgemein zur gewalttätigen Reaktion auf die Bewegungen von 1968/69 Cederna 1975: 172–207, D'Orsi 1976: 202–207, Del Carria 1979b: 75–80.
51 Aussage eines Polizisten, zitiert aus D'Orsi 1976: 280.
52 Vgl. dazu Tarantini 1975: 343–346, Stajano/Fini 1977: 84, Ferrari 1980.
53 Vgl. Santarelli 1973: 221–229; zur Verbindung mit Landbesitzern und Industriellen vgl. Alatri 1971: 33–110.
54 Vgl. Hess 1988: 153, allgemein zur politischen Funktion 149–164, weiterhin Romano 1966: 206–226, Blok 1974: 190–221. Zum berüchtigten Überfall auf die friedliche Bauerndemonstration bei Portella delle Ginestre am 1. Mai 1947 (11 Tote und 56 Verwundete) sowie ihrem traurigen justitiellen Nachspiel vgl. Maxwell 1963: 85–105, für die jüngsten Entwicklungen Raith 1983.
55 So der Historiker Tamburanno, zitiert nach Alf 1977: 236. Zu De Lorenzos versuchtem Staatsstreich vgl. vor allem Collin 1975, außerdem D'Orsi 1971: 129–137.
56 Eine ausgezeichnete Darstellung der Unterwelt des einen Flügels und seiner Beziehung zur respektablen Oberwelt des anderen aus der Sicht eines Handlangers gibt Salierno 1976.
57 Vgl. zu dieser Entwicklung La strage di Stato 1971: 64–81, Dossier sul neofascismo 1972, Majocchi 1975: 155–523, Rosenbaum 1975: 71–75, Paas 1976: 171–176; zu den Spendenquellen vgl. vor allem La strage di Stato 1971: 150–153.
58 Vgl. zum Attentat in der Landwirtschaftsbank in Mailand La strage di Stato 1971, zur ANPI-Statistik Rosenbaum 1975: 68, zur Dokumen-

tation der lombardischen Regionalregierung Majocchi 1975: 15–119, zum Attentat in Brescia Lega/Santerini 1976: 7–125. Allgemein zum rechten Terrorismus vgl. Bocca 1978: 49–56, Minna 1984 und als Dokumentensammlung Redazione di Rinascita 1972, zu den internationalen Verflechtungen des Neofaschismus, zum Attentat am Bahnhof von Bologna etc. vgl. Incerti 1980a, Incerti 1980b sowie L'orchestra della morte 1980. Zu den Staatsstreichversuchen vgl. La strage di Stato 1971: 129–133, Rosenbaum 1975: 97–103, Stajano/Fini 1977: 97–100. Zur sozialen und kulturellen Basis des Terrorismus in der »destra eversiva« (der subversiven Rechten) vgl. Ferraresi 1984.

59 Vgl. Stajano/Fini 1977: 50, 56, 84f. u. 92f. Ein besonders gutes Beispiel aus späterer Zeit ist auch der Fall Nico Azzi, eines Mitglieds der neonazistischen Gruppe La Fenice. Azzi plazierte eine Bombe im Schnellzug Genua–Rom und neben dieser Bombe eine Ausgabe von *Lotta continua*. Die Bombe explodierte ihm jedoch vorzeitig zwischen den Händen, und der Betrug wurde sofort entdeckt; vgl. De Luca/Giustolisi 1985.

60 Vgl. La strage di Stato 1971: 40–62 u. 78–81, Il silenzio di Stato 1973, Wenzel 1973: 10f., 29 u. 39, als Originalquelle Freda 1969.

61 Vgl. zur gezielt beschränkten polizeilichen Nachforschung, den Verschleppungstaktiken und zum skandalösen Verlauf der Prozesse La strage di Stato 1971, Wenzel 1973: 10, 42 u. 51, Pesenti 1974, D'Orsi 1976: 210f., Lega/Santerini 1976: 127–237, Stajano/Fini 1977: 39, 50, 71, 84–86, 109 u. 135–148, Isman 1977: 74f., Galli 1979: 93f.; zum Geld, das aus der amerikanischen Botschaft an die Neofaschisten floß, vgl. die Aussage des damaligen CIA-Chefs Colby in Stajano/Fini 1977: 172, zur Verantwortung der Politiker allgemein Majocchi 1975: XIII–XVI.

62 Zitiert aus Manzini 1978: 77f.; vgl. weiterhin zur schweigenden Mehrheit La strage di Stato 1971: 147f., Wenzel 1973: 28 u. 36, Rosenbaum 1975: 73f., Stajano/Fini 1977: 69, 88, 133f., 181f. u. 193f., Galli 1979: 87f.

63 Vgl. Rosenbaum 1975: 76–79 u. 82f.; Leone mußte übrigens später wegen verschiedener Korruptionsaffären zurücktreten.

64 Vgl. Ferraris 1972 sowie die gute Zusammenfassung bei Del Carria 1979b: 188–195. Für eine detaillierte Darstellung aller auf einen Umsturz nach rechts gerichteten Strategien und Aktionen von 1964 bis 1978 vgl. Flamini 1981ff.

65 Vgl. für Sizilien Paas 1973, Saladino 1977, Hess 1988: 5–10; für Sardinien Pigliaru 1970, Brigaglia 1971, Bechi 1973, Pirastu 1973, Cagnetta 1986.

66 Vgl. Hobsbawm 1962: 27–46, Hobsbawm 1972, Blok 1972; für den exotischen Reiz, den diese Legenden auch auf das Bürgertum ausüben, vgl. Recknagel 1973.

67 Vgl. Pantaleone 1962: 155–182, Maxwell 1963.
68 Vgl. *La Sicilia senz'acqua si ribella*, in: *La repubblica* vom 8. 5. 1980, S. 1 u. 7.
69 Vgl. Tarantini 1975: 307–337, D'Orsi 1976: 45 f., Del Carria 1979 a: 193 f.
70 Vgl. Pirri/Caniniti 1979, Buongiorno 1980 b.
71 Vgl. Woodcock 1977: 320 f.
72 Etwa 50% waren Kommunisten, 25% Sozialisten und Anhänger des Partito d'Azione, der bürgerlichen Linken; vgl. Del Carria 1979 a: 161.
73 Vgl. Del Carria 1979 a: 106–176, speziell für eine Analyse der Liedertexte 154–160.
74 Vgl. – zugleich für die Berufung auf diese Tradition – Soccorso rosso 1976: 12.
75 Vgl. Del Carria 1979 a: 199–210.
76 Vgl. Finetti 1978: 50, allgemein zum Fall Secchia 31–56. Auch bei den Sozialisten gab es übrigens – und zwar mit langer Tradition, vgl. Fiori 1979: 107–123 – Auseinandersetzungen zwischen Reformisten und Maximalisten, die schließlich 1964 zur Abspaltung des PSIUP vom PSI führten.
77 Vgl. Del Carria 1979 b: 15–19. – Am Ende dieses kurzen Abrisses scheint mir der Hinweis auf eine Tatsache angebracht, deren Einfluß auf die Entstehung des Terrorismus und die Aktionen der Terroristen weit weniger deutlich, aber immerhin doch wohl nicht ganz unbedeutend ist: das die italienische Gesellschaft stärker als unsere Vergleichsländer charakterisierende allgemein, also auch abgesehen von den politischen Auseinandersetzungen hohe Gewaltniveau. So läßt sich etwa aus den Statistiken entnehmen, daß in der Zeit vom März 1976 bis Februar 1977 den Justizbehörden 6432 Fälle von Mord und Totschlag (und 736 Mordversuche) bekannt wurden; vgl. Ferrarotti 1979: 173, für eine eingehende Analyse des hohen Gewaltniveaus der Stadt Rom und seiner sozialen Ursachen 111–137. In Deutschland waren es im Jahre 1977 2598; vgl. Pfeiffer/Scheerer 1979: 20. Natürlich sind solche statistischen Vergleiche wegen der vielen Unsicherheitsfaktoren nur bedingt aussagekräftig, doch läßt sich ein ungefähres Bild der Situation gewinnen. Daß die von mafiosi, Banditen und gewöhnlichen Kriminellen zur Perfektion entwickelten Techniken der Entführung und Erpressung Schulbeispiele für die terroristischen Gruppen waren und sind, kann wohl außer Zweifel stehen, Kontakte der letzteren zur Unterwelt sind auch in mehreren Fällen belegt; vgl. allgemein Rossani 1978: 149–177 sowie für das Geschehen nach der Cirillo-Entführung (Zusammenarbeit Brigate Rosse-Camorra-DC) Galli 1984 und Bocca 1985: 272–278.
78 Vgl. Teodori 1976: 144–155, 202–215, 339–355, 433–461 u. 508–524 sowie vor allem Monicelli 1978.

79 Vgl. Acquaviva 1979: 31–44.
80 Diese Schrift ist abgedruckt in Lazagna/Natoli/Saraceni 1979: 73–83.
81 Vgl. zu Feltrinellis Vorstellungen vom Partisanenkampf das Interview mit Lazagna in Lazagna/Natoli/Saraceni 1979: 18–20; zu seinen sardischen Hoffnungen Cabitza 1968 und Orgosolo 1968, zwei typische Broschüren, die damals in Feltrinellis Verlag erschienen; zur Hoffnung auf die Arbeitsemigranten Fronte giovanile emigrati – Riscossa comunista 1969.
82 Vgl. Rossani 1978: 7–27; für ein Verzeichnis der Straftaten, die den GAP im Prozeß von 1975 zur Last gelegt wurden, vgl. den Text der Anklageschrift in Viola 1975.
83 Für diesen Punkt sind kleine Details sehr wichtig: sein geheimnisvolles, verschwörerisches und gerade dadurch sehr auffälliges Gehabe, seine Kampfnamen Osvaldo und Fabrizio, seine vielen falschen Pässe, sein Auftreten in olivgrüner Uniform – Feltrinelli spielte die Rolle des Guerillero. Es wird auch berichtet, daß er sich wochenlang nicht wusch, um sich wie ein Proletarier zu fühlen!
84 Allgemein zu Feltrinelli und den GAP vgl. weiterhin Bocca 1978a: 23–34, Cantore/Rossella/Valentini 1978: 48–62, Solé 1979: 89–92, Ventura 1984: 84–97, Bocca 1985: 43–47.
85 Vgl. die Biographien von Curcio und Cagol bei Silj 1977: 42–78, Tessandori 1977: 329–331 u. 338–340, Faré/Spirito 1979: 22–32.
86 Zitiert nach Silj 1977: 46; zu »Lavoro politico« vgl. Soccorso Rosso 1976: 32–34.
87 Vgl. zu diesem Vorfall Tarantini 1975: 343 f. Solche konkreten Erlebnisse sind für die Karriere von Terroristen überhaupt nicht zu überschätzen, man denke etwa an den psychischen Zusammenbruch Gudrun Ensslins nach der Erschießung Benno Ohnesorgs, geschildert bei Becker 1977: 41.
88 Auch hier haben wir einen wichtigen Karriere-Schritt vor uns: die am Vorbild Gramscis (vgl. Fiori 1979: 90f.) modellierte Absage an das konventionelle Leben und bewußte Entscheidung zum Berufsrevolutionär.
89 Vgl. zur Reggio-Gruppe Silj 1977: 3–32 sowie Cantore/Rossella/Valentini 1978: 39–41.
90 Vgl. den Text in Soccorso Rosso 1976: 46–53; für weitere programmatische Äußerungen, auf die hier nicht eingegangen werden kann, vgl. die wichtigsten Texte ebda., 102–108, 141–149 u. 270–278 sowie in Bocca 1978b: 49–112.
91 Das Moment der Propaganda durch die Tat nimmt deutlich anarchistische Traditionen auf (vgl. Joll 1979: 99–129), obwohl man natürlich keinesfalls in dieser Tradition stehen will. Dagegen ist man sich klar darüber, daß man sich auch von jener Strategie unterscheidet, die die

Politik der III. Internationale bis zum zwanzigsten Parteitag der KPdSU, also bis 1956, bestimmte, wo militärische Mittel im Gegensatz etwa zur eurokommunistischen Linie zwar noch einkalkuliert waren, aber erst am Ende einer revolutionären Entwicklung standen. Für den militärischen Kampf von Anfang an stehen eher lateinamerikanische Vorbilder Pate, vor allem die Tupamaros. Diese strategische Überlegung der BR findet ihre deutsche Parallele in der Schrift *Über den bewaffneten Kampf in Westeuropa*, die Horst Mahler zugeschrieben wird, vgl. Kollektiv RAF o.D.: 30f. Anders als Mahler konzentrieren die Mitglieder des CPM ihre Hoffnungen jedoch nicht auf das externe Proletariat, die Völker der Dritten Welt, sondern auf das eigene, wie sie auch Italien als das schwächste Glied in der Kette der kapitalistischen Staaten betrachten, was im Falle Deutschlands allerdings auch kaum zu vertreten war. Hintergrund für diese andere Einstellung ist natürlich neben den objektiven Gegebenheiten vor allem die wesentlich bessere Verwurzelung in der Industriearbeiterschaft, sowohl was die persönliche Herkunft als auch was die Resonanz betrifft.

92 Für eine Übersicht über die bis 1975 bekannt gewordenen Taten vgl. den Text der Anklageschrift in Caccia 1975.
93 Curcio und Cagol verdienten ihren Lebensunterhalt zunächst auch in Mailand noch in normalen Berufen, Curcio beim Verlag Mondadori, Cagol als Sozialarbeiterin. Ihre Adressen teilten sie noch regelmäßig den Familien mit. Nach einer Haussuchung verlor Curcio seine Stellung, Cagol ließ nach einem Zusammenstoß mit der Polizei ihr Kind abtreiben. Weitere Haussuchungen und erste Festnahmen trieben sie dann in die Illegalität. Bei Franceschini, Ognibene, Pelli und anderen wurde diese Entwicklung durch den Entschluß beschleunigt, sich dem Militärdienst zu entziehen.
94 Vgl. den den Massenmedien gewidmeten Absatz in der »Risoluzione della direzione strategica delle Brigate Rosse« in Bocca 1978b: 89–90.
95 Die »Affäre Moro« (Sciascia) war ein außerordentlich kompliziertes Geschehen, auf dessen Details im Rahmen dieser Arbeit nicht eingegangen werden kann; vgl. aber Bocca 1978b, Buongiorno/De Luca 1978, Padovani/Semo 1978, Sciascia 1978, Raith 1984, Bocca 1985: 204–233. Zur Behandlung des Falles Moro in der italienischen Presse vgl. die detaillierte Analyse von Silj 1978, zu den späteren Äußerungen Moruccis und Morettis Bocca 1984a und Bocca 1984b. Bis heute sind zahlreiche Fragen sowohl bezüglich der Täter und ihrer Motivationen als auch bezüglich der möglichen Hintermänner und Hintergründe offengeblieben, die Affäre hat deshalb in der Folge immer wieder Anlaß zu gewagt erscheinenden Spekulationen gegeben; vgl. Remondino 1984, Acciari 1986c (und außerdem unten 3.3.3).

96 Diese Tatsache stellte sich im Frühjahr und Sommer 1980 heraus, als es nach den Enthüllungen Fabrizio Pecis gelang, zahlreiche Verhaftungen vorzunehmen; vgl. Mieli 1980.
97 Für das Verhältnis der BR zur Bewegung der marginalisierten Jugendlichen, die auch als Rekrutierungsbasis diente, vgl. unten 3.3.2, für Hypothesen über die Fremdsteuerung 3.3.3, für jüngste Entwicklungen 4.
98 Vgl. Scialoja 1980.
99 Vgl. zum Parallelfall Mafia Hess 1988: 103–110. Sowohl was die Mitgliederzahlen als auch was das Verhältnis von direzione strategica und Exekutivkomitee betrifft, machen z.B. Buongiorno/Padalino 1980 andere Angaben als die zitierte Quelle der obigen Darstellung, obwohl sie sich ebenfalls auf die Aussagen Pecis stützen. Es ist auch deutlich, daß Peci selbst weit mehr Personen kannte, als er als Turiner Kolonnenführer laut Theorie hätte kennen dürfen. In Wirklichkeit scheint die Struktur vor allem weit informeller und die Zellenorganisation weit fließender und weniger separiert zu sein, als das saubere Schema suggeriert. Allgemein zur Geschichte der Brigate Rosse vgl. Tessandori 1977, Silj 1977: 3–96, Cantore/Rossella/Valentini 1978: 23–47, 63–106 u. 122–137, Bocca 1978a: 7–22, 35–48, 57–66, 77–86, 99–108 u. 119–150, Caselli/Porta 1984, Bocca 1985; zur Geschichte der von den BR vertretenen politischen und militärischen Thesen bis 1975 vgl. vor allem Soccorso Rosso 1976; allgemein zur politischen Kultur des linken Terrorismus vgl. Dalla Chiesa 1984.
100 Bis Juli 1970 erschien *Lotta continua* als Wochenschrift, danach als Halbmonatsschrift und ab 1972 als Tageszeitung; sie ist sicherlich das bedeutsamste und lebendigste Presseorgan der außerparlamentarischen Linken, an der sich Alltagsprobleme und politische Strömungen der linken Jugendlichen in ihrem steten Wandel ablesen lassen. Die folgenden Zitate stammen aus dem ersten Leitartikel, zitiert nach Bobbio 1979: 42 und Manzini 1978: 109.
101 Vgl. für diese neuen Aktivitäten Bobbio 1979: 80–85, zur Kampagne gegen die trame nere, gegen das schwarze Komplott der Strategie der Spannung, 54–56. Der Initiative von Lotta continua, der von dieser Gruppe ausgehenden Flut von Gegeninformation, von Büchern, Artikeln, Flugblättern, die zum Teil hervorragend recherchiert waren und gerade deshalb ihren Autoren und Verlegern immer wieder anonyme Bedrohungen und nächtliche Überfälle einbrachten, ist es zu danken, daß über die Bomben von Mailand, Brescia usw. und die anschließenden verfehlten Polizei- und Justizaktionen kein Gras wachsen konnte.
102 Vgl. zu den italienischen Gefängnissen und den angegebenen Zahlen Ricci/Salierno 1971.
103 Die deutsche Ausgabe erschien 1974 in der Übersetzung von Peter

O. Chotjewitz unter dem Titel *Die Bankräuber aus der Barriera. Die Lebensgeschichte des Revolutionärs Sante Notarnicola von ihm selbst aufgeschrieben.*
104 Zitiert nach Bobbio 1979: 83, vgl. auch Commissione carceri di Lotta continua 1973.
105 Eine ausführliche dahingehende Analyse findet man in dem Sonderheft Nr. 1 der Zeitschrift *Controinformazione*, Mailand o. J.: 1–59. Das Heft trägt den Titel *Nuclei Armati Proletari* und ist – nach deren Ende, wahrscheinlich 1978 – von ihnen nahestehenden Autoren verfaßt worden. Die gebotene Klassenanalyse entspricht aber jener, die Lotta continua schon zu Beginn der siebziger Jahre hatte und die die NAP voll übernahmen, vgl. auch Salierno 1972: 99–121.
106 Zitiert nach Bobbio 1979: 103.
107 In den Reihen von Lotta continua schrieb man diese Tat linken Genossen zu. Später stellte sich heraus, daß zwei italienische Neofaschisten und eine deutsche Frau am meisten belastet waren. Zu einer Verurteilung kam es nicht, der mutmaßliche Haupttäter flüchtete nach Spanien und kam dort bei einem Autounfall ums Leben. Die Mailänder schweigende Mehrheit benutzte die Gelegenheit, um eine Hetzkampagne gegen liberale Richter, Rechtsanwälte, Journalisten und gegen jene außerparlamentarischen Gruppen zu starten, die sich immer stärker gegen die offizielle Version des Anschlags an der Piazza Fontana wandten. Almirante, der Führer des MSI, rief bei Großveranstaltungen zu physischer Konfrontation mit der Linken auf. In diesem Falle traf die damalige Terrorismus-Interpretation des PCI also völlig zu. Vgl. Stajano/Fini 1977: 85 f.
108 Zitiert nach Bobbio 1979: 105, zur folgenden Diskussion vgl. 103–106.
109 Es gibt auch Fälle von direktem Anschluß an die Brigate Rosse, vgl. etwa Manzini 1978: 113–134.
110 Vgl. dazu Ramondino 1977, Lay 1980.
111 Zitiert nach Cantore/Rossella/Valentini 1978: 109; zu den Gefängnisrevolten vgl. auch Tarantini 1975: 354–360.
112 Ein interessanter Beweis dafür, daß Karrieren doch stets offen bleiben, ist die Tatsache, daß einige seiner Freunde nach seinem Tod vor weiteren illegalen Aktionen zurückschreckten und zur legalen Linie von Lotta continua zurückkehrten. Seine Schwester Annamaria hingegen, die emotional stark an ihn gebunden war, nahm seinen Platz in den Reihen der NAP ein, beteiligte sich an der Entführung Di Gennaros und wurde 1975 bei einer Haussuchung in Rom erschossen unter Umständen, die später sehr umstritten waren. Ihr Tod wurde 1976 von den NAP gerächt, indem sie den Vizebrigadier Tuzzolini, der sie erschossen hatte, zu töten versuchten und so verwundeten, daß er gelähmt blieb.

113 Vgl. Silj 1977: 99–116 für die Geschwister Mantini, 132–137 für Romeo.
114 Aus einem Dokument des »Gefängniskollektivs zur Unterstützung der Kämpfe der Gefangenen«, zitiert bei Silj 1977: 179.
115 Vgl. zusammenfassend zu den NAP Cantore/Rossella/Valentini 1978: 107–113, Bocca 1978a: 67–75 sowie die Dokumentation in *Nuclei Armati Proletari* o. J.: 60–127; zu den beteiligten Frauen vgl. Faré/Spirito 1979: 32–35.
116 Vgl. Galleni 1981: 49–115; speziell zu den azzoppamenti Dossena 1978.
117 Für die z. T. kriminellen Machenschaften, mit denen diese Ergebnisse außerdem im Süden zustandekommen, vgl. Walston 1981.
118 Diese Einstellung hat besonders im Süden eine lange Tradition, vgl. Hess 1988: 16–39.
119 Rosenbaum 1976: 43.
120 Vgl. Galli 1980: 7. Die Bedeutung allein des betroffenen Industriesektors kann man ermessen, wenn man bedenkt, daß nach den Zahlen von 1972 fast die Hälfte aller Industrieinvestitionen von der öffentlichen Hand getätigt wurden; vgl. Murphy/Timmermann 1978: 327. Die DC-Herrschaft in diesem Bereich, an der als Juniorpartner teilweise auch der PSI beteiligt ist, bezeichnet man übrigens als »sottogoverno«, als Unterregierung.
121 Für Beispiele vgl. Rosenbaum 1976: 39–43.
122 Vgl. zum Erdölskandal Reimertshofer 1980, zur Freimaurerloge P2 Ramat/D'Alema/Rodotà/Berlinguer 1983, D'Alema 1984 sowie Raith 1984: 122–133, allgemein zur Rolle des Skandals in der italienischen Gesellschaft Galli 1983.
123 Galli 1979: 97. Für die Moraldebatte vgl. einige Diskussionsbeiträge namhafter Journalisten unter dem Titel *Perchè rubano tanto* (Warum klauen sie so viel?), in: *Panorama* vom 19. 5. 1980: 78–92.
124 Vgl. *La repubblica* vom 28. 2. 1981.
125 So Giorgio Napolitano, einer der führenden Köpfe der Partei, zitiert nach Colletti 1979b: 14. Vgl. auch Colletti 1979a: 151–154 sowie allgemein Murphy/Timmermann 1978: 327–344.
126 Vgl. Jost 1978, besonders S. 66.
127 Vgl. Monicelli 1978: 44.
128 Vgl. Berlinguer 1978.
129 Vgl. Galli 1979a: 59.
130 Vgl. Gandus 1979, Giustolisi/Mariotti 1979.
131 So Jost 1978: 93.
132 Galli 1979c. Bei einer Monitor-Umfrage vom April 1980 sprachen sich nur 11,9% der Befragten für eine Regierung der nationalen Einheit aus, also für eine Große Koalition aller Parteien mit Ausnahme des MSI; dem Wähler erschien sie als zweitschlechteste Lösung nach

dem centro destra, das nur 6,1% für wünschenwert hielten, vgl. *Panorama* vom 5. 5. 80: 40.
133 Vgl. *Panorama* vom 11. 2. 80: 47f. In der erwähnten Monitor-Umfrage bezeichneten immerhin 9,9% der gesondert befragten PCI-Sympathisanten den Einmarsch als Recht und Pflicht der Sowjetunion, 25,4% fanden gewisse Rechtfertigungsgründe, 34,1% verurteilten ihn als imperialistische Aggression, während 20% kein Urteil und 10,4% überhaupt nicht von dem Ereignis gehört hatten; vgl. *Panorama* vom 5. 5. 80: 43.
134 Nicht nur wegen der Furcht vor einem Rechtsputsch, sondern auch dank der Anziehungskraft, die der Ingrao-Flügel nach der Niederlage von 1969 zu Beginn der siebziger Jahre erneut auszuüben begann, jene neben dem Volksfront- und dem Kompromiß-Flügel dritte, linke Richtung in der Partei, die die Anstöße der Protestbewegungen: Basisdemokratie, Anti-Autoritarismus, Kulturrevolution, Syndikalismus und anti-bürokratische Erneuerung der Partei fortführen und Italien zu einem »Laboratorium des Übergangs« machen wollte; vgl. Colletti 1979b. Dieser Flügel ist inzwischen wieder in den Hintergrund getreten.
135 Vgl. Galli 1979a, 71. Dieser Verlust läutete übrigens auch das vorläufige Ende der Politik des Historischen Kompromisses ein, die weitgehend als gescheitert betrachtet wird; vgl. auch Galli 1980.
136 Gegen neue Anti-Terror-Gesetze starteten die Radikalen im Sommer 1980 im Parlament eine Filibuster-Aktion, was ihnen von ihren Gegnern den Vorwurf des Obstruktionismus einbrachte, vgl. Farneti/Sottocorona 1980. Der Abgeordnete Crivellini verletzte zum ersten Mal in der Geschichte des italienischen Parlaments die Geheimhaltungspflicht, indem er im März 1980 eine Sitzung des Untersuchungsausschusses über von der ENI gezahlte Schmiergelder mitschnitt und über den Rundfunk des PR verbreitete in dem Versuch, gegen die übliche Verschleierung der Skandale zu protestieren; vgl. *Panorama* vom 10. 3. 1980. Die Abgeordnete Emma Bonnano rauchte in den Wandelgängen des Parlaments Haschisch, um ihre Solidarität mit all jenen zu demonstrieren, die deshalb verfolgt werden. Vgl. zur Geschichte, zu den Zielen und Methoden des Partito Radicale (PR), dieser faszinierenden Gruppierung, die sich einst von der Liberalen Partei abspaltete, stark zur Sozialistischen neigt, direkte Aktion, Hungerstreiks und civil disobedience in angelsächsischer Tradition und mit liberal-laizistisch-bürgerrechtlichem Impetus praktiziert (für Scheidung, Abtreibung, Wehrdienstverweigerung, gegen das Konkordat, das Cannabis-Verbot usw.) Teodori 1976: 569–574.
137 Mantelli/Revelli 1979; die Seitenzahlen der folgenden Zitate beziehen sich auf dieses Buch.
138 Vgl. Cavallini 1978, 29 u. 57f. Ebda. S. 58 liest man als Aussage eines

Gewerkschaftsfunktionärs: »Dem von den Brigate Rosse propagierten ›langdauernden Krieg‹ hängt man in der Fabrik nicht an, aber es gibt eine vage, mehr instinktive als rationale Hoffnung, daß irgendein Kraftakt die Lösung unserer dramatischen Probleme, die zähe und mühsame Kämpfe um kleine Fortschritte erfordern, doch schneller näherbringen könnte. So wie man oft sagt: Da gehört doch eine Knarre her!«
Bocca 1978a, 121, illustriert diese Einstellung mit der knappen Feststellung eines Fiat-Arbeiters: »Wir sind mit den BR nicht einverstanden, aber seit sie hier auf die Werkmeister Osella und Camaioni geschossen haben, werden an den Fließbändern keine Zeiten mehr gestoppt.« Ein Beweis dafür, wieviel näher die Roten Brigaden dem »volksnahen Kampf« sind, als es sich die RAF je träumen lassen konnte.
Für den Umfang der terroristischen Aktionen bei Fiat, Sit-Siemens, Magneti Marelli und Alfa Romeo vgl. Cavallini 1978: 15–26, 79–91, 151–159 u. 209–216.
Bocca 1978a, 93, 105 u. 120f., berichtet von der Zurückhaltung der Turiner Arbeiter beim Protest gegen die Ermordung des Stampa-Journalisten Casalegno und von einigen anderen Fällen, in denen es den Kommunisten kaum gelang, einige Unterschriften unter ein Dokument zu sammeln, das den Terrorismus verurteilte, oder Protestversammlungen zusammenzubringen. Ebenso Monicelli 1978, 181–186.
Die Grundhaltung ist eben häufig die gleiche, die ein Arbeiter bei Mantelli/Revelli 1979: 65, folgendermaßen ausdrückt: »Ich habe keine Angst vor den brigatisti, ich bin nicht einmal gegen sie... Ich kann sie nicht verurteilen, weil es in Italien viele gibt, die mehr Dreck am Stecken haben.«
139 Vgl. Mieli 1980.
140 Zitiert nach Scialoja 1979: 13.
141 Vgl. Bottazzi 1978: 73. Vgl. weiterhin zur Analyse und theoretischen Diskussion der marginalità Paci 1982: 171–186 u. 235–252.
142 Vgl. zu den Zahlen Aschemann/Frey 1978: 113 u. 117, Monicelli 1978: 188, Kallscheuer o.J.: 64, zur Kinderarbeit Bevione 1980, zur Jugendarbeitslosigkeit Bottazzi 1978: 13–45, zur Spaltung in garantiti und non-garantiti Hobsbawm/Napolitano 1977: 150f. (vor allem die Anmerkungen von Sophie Alf), Paci 1978: 370. Unter dem Titel *I vitellastri* (Die Tagediebe) beschreibt Stajano 1979 sehr schön die Lebensumstände und Reaktionsweisen der diplomierten arbeitslosen Jungerwachsenen in der kalabresischen Stadt Locri, die zumindest für den Süden als typisch angesehen werden können.
143 Vgl. Aschemann/Frey 1978: 120, Statera 1980: 25.
144 Vgl. Ferrarotti 1978: 90.

145 Vgl. Borgna 1979: 408. All das gilt natürlich nur für jenen Teil der Jugend, der als marginalisiert zu bezeichnen ist, nicht für die Jugend insgesamt. Der marginalisierte Teil der Jugend ist jedoch so bedeutend, daß es unserer Argumentation keinen Abbruch tut, wenn wir nicht eingehen auf den Boom, den die an die DC angelehnte Jugendorganisation Comunione e Liberazione mit ihrem »estremismo antimoderno« erlebt hat (vgl. Bassi/Pilati 1978: 8), oder auf die Tatsache, daß einige Tausend Jugendliche dem Aufruf des PCI gefolgt sind und – meist Berufserwartungen gemäß ihrer Qualifikation zurückstellend – zahlreiche Handwerks- und über 200 Land-Kooperativen gegründet haben (vgl. Borgna 1979: 401).
146 Vgl. Asor Rosa 1977: 63–68.
147 Vgl. Hollstein 1981.
148 Der Begriff ist nur unvollkommen mit Jugendproletariat übersetzbar, er soll einerseits die Masse der arbeitslosen Jugendlichen fassen, verweist andererseits aber auch auf eine neue, historisch noch junge Art von Proletariat, nämlich die Masse der marginal Beschäftigten und der arbeitslosen Sozialhilfeempfänger.
149 Der Parteitheoretiker Alberto Asor Rosa war übrigens der erste, der das in seinem schon erwähnten Artikel selbstkritisch feststellte, vgl. Asor Rosa 1977: 66.
150 Vgl. Melossi 1977 und Monicelli 1978: 88–97.
151 Sie traten übrigens zum ersten Mal 1974 bei Fiat-Mirafiori auf, als sich junge Arbeiter bei einer Fabrikbesetzung ihre Gesichter färbten und als Indianer bezeichneten; der Vorfall fand jedoch damals keine weitere Beachtung, vgl. Macciocchi 1978, 34.
152 Vgl. Monicelli 1978, 104–107.
153 Vgl. die zusammenfassende Beschreibung bei Monicelli 1978: 81–88; für eine Antologie der alternativen Presse vgl. Galante 1975 (eine deutsche Veröffentlichung von Auszügen – *Indianer und P 38. Italien: ein neues 68 mit anderen Waffen*, München 1978 – gibt nur einen schwachen Eindruck); für die alternativen Radiostationen vgl. Capelli/Saviotti 1977.
154 Aus einem Leserbrief an *Re Nudo,* zitiert in Bottazzi 1978, 89.
155 Eine 1979 durchgeführte Untersuchung hat gezeigt, daß selbst die Gruppe der noch relativ gut in die konforme Gesellschaft integrierten Jugendlichen sich zu 86,3% nicht mit einer konstitutionellen Partei identifizieren können, während der Grad der dahingehenden Entfremdung vom System bei der in der Untersuchung »subcultura di piazza« genannten marginalisierten Gruppe glatt 100% erreicht; vgl. den Bericht von De Cesco 1979. Ebda. auch eine gute Schilderung der Drogen- und der Sektenszene. Die allgemein äußerst geringe Beteiligung an den Universitätswahlen (in Rom betrug sie 1975 z. B. nur 11,8%, vgl. Kallscheuer o. D.: 61) ist ein weiterer Gradmesser. In

einem Leitartikel der Indianerzeitung *Oask* heißt es: »Wir wollen keine Politik treiben... Wir wollen auch keine Häuser für die Obdachlosen besetzen. Wir wollen Egoisten sein, etwas tun nur für uns selbst.« (Zitiert aus Monicelli 1978: 105)

156 »Presto occuperemo il paradiso« (Schon bald werden wir das Paradies besetzen), stand 1977 an den Mauern der römischen Universität, vgl. Macciocchi 1978: 15.

157 Vgl. für eine Analyse der dahingehenden Inhalte autonomistischer Veröffentlichungen Asor Rosa 1977: 99–105.

158 Vgl. das dafür typische aggressive Gedicht von M. Preziosi aus der Sammlung *Rivoluzione senza proletari*, in dem die Arbeiter »Privateigentum der Gewerkschaften« genannt werden und ihnen »der Rebell« als neue Hauptfigur der Geschichte entgegengestellt wird, bei Bottazzi 1978: 97 f.

159 Zitiert nach Bottazzi 1978: 97; vgl. als grundlegende Originalliteratur Bologna 1978 und Negri 1978.

160 Der Staat ist übrigens für die non-garantiti nicht nur der direkte Gegner, sondern andererseits auch die Instanz, von der man Hilfe fordert. Insofern ähnelt das heutige marginale Proletariat in seiner Situation und in seinen Attitüden dem klassischen Mob, wie ihn Hobsbawm 1962: 139–160 beschrieben hat.

161 Vgl. Bocca 1980: 70–86.

162 Vgl. Scalzone 1978. Antonio Negri (1978: 42) schreibt: »Nichts läßt mich so aufleben wie die Taten des Partisanen, des Saboteurs, des Absentisten, Devianten, Kriminellen, sofort durchströmt mich die Wärme der proletarischen Gemeinschaft... Jeden Akt der Zerstörung und der Sabotage fühle ich als ein Zeichen der Klasseneinheit. Und auch das mögliche Risiko schreckt mich nicht ab, vielmehr werde ich von einem fiebrigen Gefühl erfüllt wie in Erwartung der Geliebten.« Der professorale Theoretiker Negri als ein Linker Möchte-Gern-D'Annunzio! Vgl. zu Negri – berechtigterweise ironisch und kritisch – Bocca 1985: 181–185, zur vandalistischen Straßengewalt der autonomi in Padua Nicotri 1979. – In den geschilderten beiden Strömungen erschöpft sich natürlich das Spektrum der Jugendbewegung von 1977 nicht. Doch spielen z. B. die organisierten Gruppen der neuen Linken – wie schon gesagt – eine weit geringere Rolle: die Manifesto-Gruppe (die sich seit 1972 Partito di Unità Proletaria per il Comunismo nennt), Avanguardia operaia (einst Initiator der CUB), Movimento dei Lavoratori per il Socialismo (die größte und sehr dogmatische K-Gruppe in der marxistisch-leninistisch-stalinistisch-maoistischen Tradition), die kleineren ML-Gruppen wie z. B. Partito Comunista d'Italia oder Stella Rossa (die alle unter dem Zusammenbruch des chinesischen Mythos leiden und sich z. T. an Albanien zu orientieren versuchen), die trotzkistischen Gruppi Comunisti Rivolu-

zionari oder die Bordighisti-Internazionalisti (die die radikalere Bordiga-Tradition der alten Kommunistischen Partei hochhalten). Großen Einfluß hat eigentlich nur noch Lotta continua, wenn auch nicht mehr über die Organisation, die in der ersten Hälfte der siebziger Jahre etwa 50 000 Mitglieder und 100 bezahlte hauptberufliche Mitarbeiter hatte, ab 1975 aber in eine Krise geriet und sich 1977 in die Bewegung hinein auflöste, so doch über die Tageszeitung gleichen Namens, die erhalten blieb und von der 1977 täglich 35 000 Exemplare verkauft wurden. Weiterhin gibt es die zahlreichen sogenannten cani sciolti, die streunenden Hunde, die zwar politisch aktiv sein wollen, denen aber keine der bestehenden Gruppierungen zusagt, sowie die vielen feministischen Gruppen. Und schließlich sind die beiden Extreme zu erwähnen: die Anhänger des Partito Radicale einerseits, bürgerrechtlich, demokratisch und gewaltlos orientiert, durch die Zurückweisung, die sie seitens der historischen Linken erfahren, aber häufig in die Reihen der protestierenden Jugend gedrängt, sowie die Roten Brigaden (und zunächst auch die NAP) andererseits, die als konsequente Verfechter des klandestinen bewaffneten Kampfes zwar außerhalb der Bewegung stehen, aber dennoch ihren Einfluß auf die Diskussion ausüben und für manche sogar Vorbildcharakter gewinnen (worauf zurückzukommen ist). Vgl. für eine gute Übersicht über dieses Spektrum der revolutionären Linken Red Notes o. J.: 109–116. Wenn bei all dem die beiden näher skizzierten Strömungen mit ihrem regressiven Moment und ihrer qualunquistischen Haltung einerseits, ihrer irrationalen Aggressivität andererseits die größte Attraktivität haben, so ist das daraus zu erklären, daß sie eben der beste Ausdruck der Entfremdung und Verbitterung noch sehr junger Menschen sind, die z. T. noch beinahe kindliche Reaktionen zeigen. Das wird in den Äußerungen der Jugendlichen, etwa in Leserbriefen, immer wieder deutlich: »... ich möchte auf alles eindreschen, was mir – Scheiße nochmal – seit Jahren in die Eier tritt: Familie, Schule, Arbeit, Gesellschaft, Ratschläge, Befehle, Paternalismus, große Brüder usw.« (Zitiert aus Bottazzi 1978: 112). Oder: »Die Konflikte mit der Tante, bei der du in den Ferien bist, sind auch Klassenkonflikte, die Konflikte mit den Eltern, die dir den Hausschlüssel nicht geben wollen, ebenso.« (Zitiert nach Acquaviva 1979: 101)

163 Was Radio Alice zu der Feststellung veranlaßte, daß sieben Arbeitstage mehr im Durchschnitt 56 omicidi bianchi, tödliche Arbeitsunfälle, mehr bedeuten, und zu der rhetorischen Frage: Welche bewaffnete Demonstration hat jemals so viele Tote gefordert? (vgl. Monicelli 1978: 137). Ein Gedanke, der immerhin zu berücksichtigen ist, wenn man allzu schnell die Gewaltfrage fetischisierend auf die Gewalt der Straße reduziert.

164 Diese Spottverse sind typisch für die Kreativität der indiani, z. B.:

Nessuno L'AMA (Keiner liebt ihn) – I LAMA stanno nel Tibet (Lamas gehören nach Tibet) – Più lavoro, meno salario (Mehr Arbeit, weniger Lohn) – Più baracche, meno case (Mehr Baracken, weniger Häuser) – Più chiese, meno scuole (Mehr Kirchen, weniger Schulen). Zitiert aus Macciocchi 1978: 14, wo der Vorfall im Detail geschildert wird.
165 Vgl. für die anschließenden heftigen Auseinandersetzungen zwischen indiani, Feministinnen und autonomi Monicelli 1978: 141 f.
166 Wieviel besser sie tatsächlich ist, vgl. bei Jäggi/Müller/Schmid 1976.
167 Vgl. die Schilderung bei Incerti 1977, Lazzaro 1977 und Monicelli 1978: 143–145.
168 Vgl. den Bericht bei Vaccari 1977.
169 Vgl. Zangheri 1978: 23–26.
170 Vgl. Monicelli 1978: 170–177.
171 Und abgesehen auch von der Tatsache, daß Tausende von Jugendlichen weiterhin und zunehmend Gewalt ausüben, ohne darauf politisch zu reflektieren (das tun dann für sie die autonomistischen Führer): Bandenwesen, Rowdytum und Vandalismus der »guerrieri del nulla«, der Krieger des Nichts, sind die vielleicht schlimmsten und zukunftsträchtigsten Folgen der Marginalisierung; vgl. Gandus 1980.
172 Vgl. Bottazzi 1978: 117 ff.
173 Zitiert aus Lombardo-Radice/Sinibaldi 1979: 130.
174 Bocca 1978: 109 f. Das gleiche Bild gewinnt man insgesamt aus Stajano 1982. Eine sehr gute Illustration ist auch Giorgio 1981 (wenn der Bericht authentisch ist).
175 Vgl. etwa das aufschlußreiche Interview mit einem rechtsradikalen »Revolutionär«, das am 2. 9. 1980, also nach dem Attentat am Bahnhof von Bologna, in *Lotta continua* erschien (auszugsweise deutsche Übersetzung in *Informationsdienst zur Verbreitung unterbliebener Nachrichten* vom 12. 9. 1980: 21–25). Ein weiteres Interview mit dem gleichen Jugendlichen wurde über den PCI-Sender von Bologna, Punta Radio, ausgestrahlt – beides ist typisch für die ernsthafte und auch inhaltliche Auseinandersetzung, die in Italien mit dem Extremismus geführt wird.
176 Als im April 1980 ein Terrorist erschossen wurde und die Leiche nicht identifiziert werden konnte, gingen bei der Polizei Hunderte von Telefonanrufen ein, in denen Eltern sich erkundigten, ob es sich vielleicht um ihren Sohn handeln könnte; vgl. *Espresso* vom 13. 4. 1980: 7.
177 Insgesamt haben sich 1969 bis 1980 597 verschiedene Gruppen für Attentate verantwortlich erklärt, 484 linke und 113 rechte; vgl. für detaillierte Angaben Galleni 1981: 175–208, für ein Verzeichnis der Gruppennamen 247–288.
178 Vgl. Faré/Spirito 1979: 169–180.

179 Z. B. Entführung eines Fleischgroßhändlers und anschließende Forderung, daß die römischen Metzgereien das Fleisch zu einem stark gesenkten Preis verkaufen müßten; vgl. *Panorama* vom 13. 8. 1979: 34.
180 Vgl. Gruppo Autonomo Libertario 1980.
181 Vgl. Mariotti 1980, außerdem Cantore/Rossella/Valentini 1978: 113–121.
182 Vgl. Stajano 1982: 22 f. und 33–36.
183 Vgl. den Bericht darüber in *La repubblica* vom 27. 7. 1980. Auch innerhalb der Roten Brigaden hat es übrigens 1979 eine heftige Auseinandersetzung um die richtige Linie gegeben, vor allem um die Fragen »Partei oder Bewegung« und »Angriff auf das Herz des Staates oder Konzentration auf die Fabrik«. Die Dissidenten Adriana Faranda und Valerio Morucci verfaßten eine ausführliche Kritik an den historischen Führern und plädierten für eine Annäherung an die Autonomia operaia; vgl. den Text in *Lotta continua* vom 25. 7. 1979, deutsche Auszüge in *Die Tageszeitung* vom 27. und 30. 7. 1979, für die Antwort Curcios, Franceschinis und anderer vgl. *Panorama* vom 20. 8. 1979: 22–29. Faranda und Morucci überwarfen sich mit dem BR-Chef Moretti und versuchten, sich aus der Organisation der BR zu lösen. Kurz darauf wurden sie (möglicherweise aufgrund von Verrat) festgenommen.
184 Eine ausgezeichnete Darstellung der Entstehung von Senza tregua und Prima Linea sowie der Formazioni Combattenti Comuniste in Turin, denen auch des Sohn des DC-Politikers und mehrmaligen Ministers Donat Cattin angehörte und auf deren Konto u. a. der Mord an dem liberalen Mailänder Richter Emilio Alessandrini im Jahre 1979 geht, gibt Stajano 1982: 75–96, 124–130 und 155–160, vgl. außerdem Bocca 1985: 189–195 u. 240–247. Vgl. für die Zusammenarbeit von Prima Linea und Brigate Rosse vor allem auf den Gebieten der Informations- und Waffenbeschaffung Ventura 1979.
185 Vgl. Monicelli 1978: 186. Bocca 1978a: 115 f. interpretiert die Taten des diffusen Terrorismus auch als Appelle an die BR, die Fähigkeiten der Neulinge anzuerkennen und sie für größere Aufgaben zu rekrutieren. Er berichtet, daß der Rechtsanwalt Spazzali, Verteidiger verschiedener Terroristen, von Telefonanrufen überhäuft wurde, in denen ihn anonyme Jugendliche fragten, wie man denn Mitglied der Roten Brigaden werden könne.
186 Vgl. Bertini 1978: 19.
187 Diese These wird vor allem auch vertreten von Galli 1984.
188 Vgl. Sabelli Fioretti/Valentini 1980 und das Interview mit einem Offizier der Carabinieri in *Panorama* vom 28. 4. 1980: 45–47.
189 Wie leicht so etwas ist, schildert ein betroffener Jugendlicher sehr anschaulich in *Panorama* vom 28. 4. 1980: 46.
190 Vgl. Padovani 1980.

191 Die OLP hat diesen Vorwurf zwar zurückgewiesen und die libanesische Falange verantwortlich gemacht (vgl. *La repubblica* vom 19. 4. 1980); daß aber tatsächlich Beziehungen zwischen den Palästinensern und zumindest den römischen autonomi bestanden, ist seit der spektakulären Verhaftung dreier autonomi und eines Palästinensers, die in Ortona beim Transport von Raketen in flagranti erwischt wurden, erwiesen (vgl. Buongiorno 1980a). Die Palästinenser konnten sich überhaupt in Italien relativ frei bewegen, da sie ein gegenseitiges Stillhalteabkommen mit der italienischen Regierung hatten. Bewiesen ist auch, daß Moretti für die BR eine Segelyacht voller Waffen aus dem Libanon bezogen hat, doch konnten die Lieferanten nicht eindeutig identifiziert werden.

192 In *Panorama* vom 5. 5. 1980: 56 wurde sogar eine Karte veröffentlicht, auf der die Ausbildungslager eingezeichnet sind, in denen italienische Terroristen trainert werden sollen. Die Ermordung einer Reihe in Italien lebender oppositioneller Libyer durch Abgesandte Ghaddafis im Sommer 1980, Abgesandte, die von der italienischen Polizei in keiner Weise behindert wurden, gab aller Art von Spekulation natürlich neue Nahrung.

193 Vgl. Mafai 1980 sowie auch Sciascia 1978: 68–76.

194 Vgl. Sanguinetti 1979: 29–76. Die durchaus glaubhafte These von der Einschüchterung anderer, ähnlich denkender Politiker wird übrigens auch – allerdings in etwas subtilerer Weise – von Leonardo Sciascia vertreten (vgl. Sciascia 1978: 77–81). Tatsächlich ist die Kompromißpolitik wenige Wochen nach Moros Tod zusammengebrochen.

195 Vgl. *La repubblica* vom 23. 4. 1980. Grande Vecchio ist die italienische Übersetzung von Orwells Big Brother. Angeblich soll auch im Stab des Generals Dalla Chiesa mit der Hypothese des Grande Vecchio gearbeitet worden sein; vgl. für eine Diskussion Bello 1981: 93–97.

196 Vgl. Raith 1984, ähnlich Galli 1984.

197 Vgl. *La repubblica* vom 5. 6. 1980. Übrigens sprachen in der gleichen Umfrage 55% den Parteien die Fähigkeit ab, effektiv etwas gegen den Terrorismus unternehmen zu können; 25% hielten den PCI für dazu in der Lage, 9% die DC.

198 Sciascia 1978: 130. Die Anspielung bezieht sich auf eine berühmte Passage in Guiseppe Tomasi di Lampedusas Roman *Der Leopard* (vgl. die deutsche Ausgabe München 1959: 33 u. 205–219).

199 Vgl. den Bericht in *Panorama* vom 5. 5. 1980: 42. Bei einer vom PCI durchgeführten Massenumfrage (136000 ausgefüllte Fragebögen!) hielten 1981 86% das Terrorismusproblem für das schwerste oder eines der schwersten Probleme des Landes. In diesem Fall ist jedoch anzunehmen, daß mit »Terrorismusproblem« sowohl die terroristischen Anschläge als auch ihre antidemokratische Funktionalisierung gemeint sind; vgl. Mazzocchi 1982.

200 Solé 1979: 84.
201 Vgl. im einzelnen Accattatis 1977: 11–65, Ferrari 1980 und Schimel 1986.
202 Vgl. Rodotà 1980.
203 Interview mit De Matteo in *Panorama* vom 31. 12. 1979: 41 u. 44. Die Verhaftung der autonomistischen Theoretiker um Negri (im April 1979), denen man letztlich nur Gesinnungsstraftaten vorwerfen konnte, ist nur ein Beispiel dafür, welchen Einschränkungen die Linke mittlerweile unterworfen werden kann; vgl. Bocca 1980.
204 Vgl. Fabiani 1979, Leccarelli/Padalino 1979, Calderone/Ficonieri 1980, De Luca 1980, Scialoja 1987. Leonardo Sciascia hat in seinem Roman *Il contesto* (verfilmt als *Cadaveri eccellenti*) schon 1971 in einer düsteren Vision geschildert, wie die Vorbereitung eines Staatsstreichs über eine Kette von Richtermorden laufen könnte. Für ein Beispiel der Gefahren (rechtsstaatlich nicht mehr gedeckte Maßnahmen der Ministerien, Anwendung der Folter durch die Polizei) vgl. die Ereignisse während der Dozier-Entführung 1981/82 bei Bocca 1985: 279–282.
205 Gandus/Sabelli Fioretti 1980.
206 Bocca 1978b: 26–28.
207 Vgl. Galli 1979b.
208 Mit der Ermordung des sizilianischen DC-Regionalpräsidenten Mattarella, der ebenfalls kurz vor der Bildung einer (Regional-)Regierung des Historischen Kompromisses stand, gibt es übrigens einen deutlichen Parallelfall; vgl. dazu Sciascia 1980 und Raith 1983: 139–147.
209 Vgl. *La repubblica* vom 18. 4. 1980.
210 Vgl. Stajano 1982: 139–142.
211 Unter dem Stichwort »autoritär-etatistische Zwickmühle« gibt Sebastian Scheerer eine Analyse dieses Mechanismus, der in »symbolischen Belagerungszuständen« die politischen Machtverhältnisse in Richtung der autoritär-etatistischen Kräfte verschiebt; vgl. Scheerer 1980: 144–149.
212 Vgl. Bocca 1985: 196–199. Dalla Chiesa, ein gegen die Feinde des Staates harter, aber unbestechlicher und über alle übliche Klüngelei erhabener Staatsdiener aus bester piemontesischer Tradition, wurde im Mai 1982 als Präfekt nach Palermo versetzt, nachdem man ihm verweigert hatte, seine beim Kampf gegen den Linksterrorismus bewiesenen Fähigkeiten auch – wie er es wollte – gegen den rechten Terrorismus einzusetzen. Bezeichnenderweise hatte er nun, beim Kampf gegen die Mafia, ohne Unterlaß über mangelnde Kooperation seitens der römischen Zentral- und der palermitanischen Regionalregierung zu klagen. Am 11. September des gleichen Jahres wurde er in den Straßen der sizilianischen Hauptstadt erschossen. Die Effektivität seiner Maßnahmen (insbesondere über eine Kontrolle der Banken und

der Vergabe öffentlicher Bauaufträge) war nicht nur den mafiosi, sondern offensichtlich auch den mit diesen verflochtenen Kreisen der DC zu gefährlich geworden. Vgl. Arlacchi et al. 1982, Raith 1983: 149–154, Dalla Chiesa 1985, Raith 1985. Mafiosi haben übrigens – um den linken Terrorismus einmal in Relation mit einem anderen Problem zu sehen – allein von 1980 bis 1985 zehnmal mehr Morde begangen als die Roten Brigaden in ihrer ganzen Geschichte.

213 Bei dem befristeten Kronzeugengesetz handelt es sich um das Gesetz Nr. 304/82 vom 29. Mai 1982 (Misure per la difesa dell'ordine costituzionale). Für die Diskussion um Strafmilderung und Amnestie in der darauffolgenden Zeit vgl. Neppi Modona 1984, Scialoja 1985. Das neue Gesetz Nr. 34/87 (Misure a favore di chi si dissocia dal terrorismo) trat am 18. 2. 1987 in Kraft.

214 Vgl. Bocca 1985: 283–287, Scialoja 1985 sowie *Un bilancio del ministero a tre mesi dalla legge,* in: *Il Messagero* vom 12. 7. 1987.

215 Diese Gefühle wurden von Vertretern einer Regierungspartei, die sich selten gescheut hatte, auf Bauern und Arbeiter schießen zu lassen, demagogisch genutzt: So erklärte Cossiga 1978 unter großem Applaus im Parlament, er werde es nicht zulassen, daß die Bauernsöhne aus dem Süden von den Söhnen der römischen Bourgeoisie ermordet würden; vgl. Galli 1984.

216 Vgl. Tabor 1983. Schon die große PCI-Umfrage von 1981 (vgl. Mazzocchi 1982) hatte ergeben, daß die jüngsten Befragten sich von der 77er-Generation insofern stark unterschieden, als sie keine Kenntnisse über den Terrorismus und auch kein Interesse daran besaßen.

217 Vgl. Galli 1984, Lerner 1985.

218 Vgl. Bocca 1985: 253–282.

219 Vgl. Acciari 1986 b, Scialoja 1986, Acciari 1987.

220 Daneben gibt es die »Unione dei Combattenti Comunisti«, eine Gruppierung jener, die 1985 aus den BR-PCC ausgeschlossen wurden, weil sie deren Politik als »zu massenfern, zu simplistisch und zu optimistisch« kritisiert hatten, sowie einige Splitter-(oder möglicherweise auch Unter-)gruppen wie die »Brigata Luca Mantini« oder das »Comitato Rivoluzionario Toscano«; vgl. Acciari 1986 a, Acciari 1986 b, Acciari 1987.

221 Vgl. Hamon/Marchand 1986: 156–162 sowie Paas in diesem Band.

222 Vgl. *Frankfurter Allgemeine Zeitung* vom 23. 3. 1987: 1 u. 4 (»Rom sieht Anzeichen eines ›europäischen Terrorismus‹«).

223 1985 wurde von einer Vierten Generation der BR gesprochen, die sich aus den Elendsvierteln der südlichen Vororte Roms rekrutieren und verantwortlich z. B. für den Mord am Gewerkschaftsführer Tarantelli sein sollte; vgl. Acciari 1985 b, Acciari/Buffa 1985. Und es ist nicht ausgeschlossen, daß sich aus dem Subproletariat, das für Italien – wie oben gezeigt – bedeutsamer ist als für andere europäische Länder,

neue Entwicklungen mit enger Verbindung von Terrorismus und gewöhnlicher Kriminalität ergeben. – Der Anschlag auf den Schnellzug Neapel–Mailand am 23. 12. 1984, als in einem Apenninen-Tunnel südlich Bologna eine Bombe explodierte und ein Blutbad anrichtete, zeigt, daß der rechte Terrorismus mittlerweile weiterhin ganz in der Manier der Strategie der Spannung agiert; vgl. Acciari 1985 a, Acciari/De Luca 1985, De Luca/Guistolisi 1985. Hier waren übrigens die Beziehungen zu ausländischen Gesinnungsgenossen und Helfershelfern schon immer sehr eng; vgl. Incerti 1980a, Incerti 1980b sowie L'orchestra della morte 1980.

224 Vgl. Bertolazzi 1987, Scialoja 1987.

Literatur

Accattatis, Vincenzo: *Capitalismo e repressione*, Milano 1977.
Acciari, Sandro: *Una strage contro tutti*, in: *L'Espresso* vom 6. 1. 1985: 6–10 (a).
ders.: *Dall'inferno di Bierre City*, in: *L'Espresso* vom 14. 4. 1985: 24–26 (b).
ders.: *Uno sparo dal buio*, in: *L'Espresso* vom 23. 2. 1986: 21–22 (a).
ders.: *Brigata latitanti*, in: *L'Espresso* vom 2. 3. 1986: 16–17 (b).
ders.: *Nel labirinto Moro*, in: *L'Espresso* vom 15. 6. 1986: 23–24 (c).
ders./ *Le due anime delle BR*, in: *L'Espresso* vom 1. 3. 1987: 6–9.
ders./Pier Vittorio Buffa: *Contro chi?*, in: *L'Espresso* vom 7. 4. 1985: 6–11.
ders./Maurizio De Luca: *La strage di Natale. Una pista nel deserto*, in: *L'Espresso* vom 13. 1. 1985: 18–20.
Acquaviva, Sabino: *Guerriglia e guerra rivoluzionaria in Italia*, Milano 1979 (a).
ders.: *Il seme religioso della rivolta*, Milano 1979 (b).
Alatri, Paolo: *Le origini del fascismo*, Roma 5. Aufl. 1971.
Albers, Detlev: *Italien;* in: Detlev Albers/Werner Goldschmidt/Paul Oehlke: *Klassenkämpfe in Westeuropa. Frankreich Italien Großbritannien*, Reinbek 1971: 109–191.
Alf, Sophie G.: *Leitfaden Italien. Vom antifaschistischen Kampf zum Historischen Kompromiß*, Berlin 1977.
Allum, Percy A.: *Anatomia di una repubblica. Potere e istituzioni in Italia*, Milano 1976.
Annunziata, Lucia/Roberto Moscati: *Lavorare stanca. Movimento giovanile, lavoro, non lavoro*, Roma 1978.
Arlacchi, Pino/Giorgio Bocca/Nicola Cattedra/Camilla Cederna/Marcello Cimino/Alberto Dall'Ora/Antonio Ferrari/Antonio Padalino/

Giuliana Saladino/Marcello Sorgi/Corrado Stajano: *Morte di un generale. L'assassionio di Carlo Alberto Dalla Chiesa, la mafia, la droga, il potere politico*, Milano 1982.

Aschemann, Gunther/Cornelia Frey: *»Wenn ich arbeite, geht es mir schlecht, arbeite ich nicht, ist es das gleiche.« Jugendarbeitslosigkeit und Arbeitslosenbewegungen in Italien*, in: *Prokla* 32 (8. Jg. 1978, Heft 3): 111–134.

Asor Rosa, Alberto: *Le due società. Ipotesi sulla crisi italiana*, Torino 1977.

Avanguardia operaia (Hg.): *I CUB – tre anni di lotte e di esperienze*, Milano 1972.

Bassi, Paolo/Antonio Pilati: *I giovani e la crisi degli anni settanta*, Roma 1978.

Bechi, Giulio: *Caccia Grossa. Scene e figure del banditismo sardo*, Cagliari 1973 (zuerst 1900).

Bello, Aldo: *L'idea armata*, Roma 1981.

Benevolo, Leonardo: *La laurea dell'obbligo*, Roma-Bari 1979.

Berlinguer, Enrico: *Gedanken zu Italien nach den Ereignissen in Chile*, in: Detlev Albers: *Demokratie und Sozialismus in Italien. Der »historische Kompromiß« und die Strategie der Parteien und Gewerkschaften*, Frankfurt 1978: 126–145 (Rinascita, Herbst 1973).

Bertini, Bruno: *Ricognizione sul nuovo terrorismo di destra e di sinistra*, in: Bruno Bertini/Paolo Franchi/Ugo Spagnoli: *Estremismo terrorismo ordine democratico*, Roma 1978: 11–43.

Bertolazzi, Carmen: *Tutti a casa?*, in: *Panorama* vom 8. 11. 1987: 67–69.

Bevione, Silvana: *Maladolescenza*, in: *Panorama* vom 5. 5. 1980: 73–84.

Bieling, Thomas: *»Wo die Macht aufhört, entsteht die Hoffnung.« Die zweite italienische Studentenbewegung zwischen sozialer Emanzipation und politischer Repression*, in: *Prokla* 32 (8. Jg. 1978, Heft 3): 135–160.

Blankenburg, Erhard (Hg.): *Politik der inneren Sicherheit*, Frankfurt 1980.

Blok, Anton: *The Peasant and the Brigand. Social Banditry Reconsidered*, in: *Comparative Studies in Society and History* 14 (1972): 495–504.

ders.: *The Mafia of a Sicilian Village 1860–1960. A Study of Violent Peasant Entrepreneurs*, Oxford 1974. (Dt. Übersetzung: *Die Mafia in einem sizilianischen Dorf*, Frankfurt/Main 1981).

Boato, Marco: *Il '68 è morto: viva il '68!*, Verona 1979.

Bobbio, Luigi: *Lotta continua. Storia di una organizzazione rivoluzionaria*. Roma 1979.

Bocca, Giorgio: *Il terrorismo italiano 1970–1978*, Milano 1978 (a).

ders. (Hg.): *Moro. Una tragedia italiana*, Milano 1978 (b).

ders.: *Il caso 7 aprile. Toni Negri e la grande inquisizione*, Milano 1980.

ders.: *Perché le BR uccisero Moro. Parla Valerio Morucci*, in: *L'Espresso* vom 30. 9. 1984: 6–9 (a).

ders.: *Io, Moro e le BR. Parla Mario Moretti*, in: *L'Espresso* vom 2. 12. 1984: 6–11 (b).

ders.: *Noi terroristi. 12 anni di lotta armata ricostruiti e discussi con i protagonisti*, Milano 1985.

Bologna, Sergio (Hg.): *La tribù delle talpe*, Milano 1978.

Borgna, Gianni: *I giovani*, in: Gambino 1979: 369–427.

Bottazzi, Gianfranco: *Dai figli dei fiori all'autonomia. I giovani nella crisi fra marginalità ed estremismo*, Bari 1978.

Brigaglia, Manlio: *Sardegna perché banditi*, Milano 1971.

Buongiorno, Pino: *Chi ha perso quei missili*, in: *Panorama* vom 28. 1. 1980: 45 (a).

ders.: *Dai covi della Barbagia*, in: *Panorama* vom 10. 3. 1980; 46–48 (b).

ders./Maurizio De Luca: *E Moro accusò...*, in: *Panorama* vom 17. 10. 1978: 48–53.

ders./Antonio Padalino: *La confessione*, in: *Panorama* vom 28. 4. 1980: 40–45.

Cabitza, Giuliano: *Sardegna: Rivolta contro la colonizzazione*, Milano 1968.

Caccia, Bruno: *Requisitoria Brigate Rosse*, in: Guiso/Bonomi/Tommei 1975: 155–418.

Cagnetta, Franco: *Die Banditen von Orgosolo. Porträt eines sardischen Dorfes*, Frankfurt 1986 (zuerst Paris 1963).

Calderoni, Pietro/Pierluigi Ficoneri: *Magistrati, vil razza dannata*, in: *Espresso* vom 27. 1. 1980: 4–6.

Cantore, Romano/Carlo Rossella/Chiara Valentini: *Dall'interno della guerriglia*, Milano 1978.

Capelli, Luciano/Stefano Saviotti (Hg.): *Alice ist der Teufel. Praxis einer subversiven Kommunikation: Radio Alice (Bologna)*, Berlin 1977.

Cavallini, Massimo: *Il terrorismo in fabbrica*, Roma 1978.

Ceccarelli, Filippo/Antonio Padalino: *Un'Arma caricata a rabbia*, in: *Panorama* vom 17. 12. 1979: 57f.

Cederna, Camilla: *Sparare a vista. Come la polizia del regime DC mantiene l'ordine pubblico*, Milano 1975.

Colletti, Lucio: *Le ideologie*, in: Gambino 1979: 101–166 (a).

ders.: *Il partito comunista sono tre*, in: *L'Espresso* vom 25. 11. 1979: 13–17 (b).

Collin, Richard: *The De Lorenzo Gambit: The Italian Coup Manqué of 1964*, Beverly Hills-London 1976.

Commissione Carceri di Lotta Continua (Hg.): *Ci siamo presi la libertà di lottare. Il movimento di massa dei detenuti da gennaio a settembre '73*, Roma 1973.

D'Alema, Guiseppe: *Der aufhaltsame Aufstieg der Loge P2 – mit Dokumenten der Parlamentskommission und der vollständigen Liste der P2-Mitglieder.* Vorwort von Werner Raith, Reinheim 1984.

Dalla Chiesa, Nando: *Il terrorismo di sinistra*, in: Della Porta 1984: 293–330.

ders.: *Der Palazzo und die Mafia. Die italienische Gesellschaft und die Ermordung des Präfekten Alberto Dalla Chiesa*, Einleitung von Werner Raith, Köln 1985.

De Cesco, Myriam: *Un'alzata di spalle e via*, in: *Panorama* vom 2. 7. 1979: 64–73.

Del Carria, Renzo: *Proletari senza rivoluzione. Storia delle classi subalterne in Italia, vol. IV (1922–1948). Dalla marcia su Roma all'attentato a Togliatti*, Roma 5. Aufl. 1979 (a).

ders.: *Proletari senza rivoluzione. Storia delle classi subalterne in Italia, vol. V (1950–1975). Dal ›miracolo economico‹ al ›compromesso storico‹*, Roma 2. Aufl. 1979 (b).

Della Porta, Donatella (Hg.): *Terrorismi in Italia*, Bologna 1984.

De Luca, Maurizio: *Il giudice e il suo boia*, in: *L'Espresso* vom 30. 3. 1980: 6–10.

ders./Franco Giustolisi: *Da dove vengono quelle bombe*, in: *L'Espresso* vom 6. 1. 1985: 10–13.

D'Orsi, Angelo: *La macchina militare. Le forze armate in Italia*, Milano 1971.

ders.: *La polizia. Le forze dell'ordine italiano*, Milano 4. Aufl. 1976.

Dossena, Giampaolo: *Il polpaccio nel mirino*, in: *L'Espresso* vom 3. 12. 1978: 30–41.

Dossier sul neofascismo. Roma 1972.

Fabiani, Roberto: *Se l'Arma ci scappa di mano*, in: *L'Espresso* vom 16. 12. 1979, 230–233.

Faré, Ida/Franca Spirito: *Mara e le altre. Le donne e la lotta armata: storie interviste riflessioni*, Milano 1979.

Farneti, Gianni/Chiara Sottocorona: *Radicali, alzatevi!*, in: *Panorama* vom 11. 2. 1980: 49 f.

Federazione Milanese del PCI (Hg.): *Dalla Sit-Siemens. Dossier sul terrorismo*, Milano o. J.

Federazione Romana del PCI (Hg.): *Dossier sulla violenza eversiva a Roma*, Roma o. J.

Feltrinelli, Giangiacomo: *Estate 1969*, in: Lazagna/Natoli/Saraceni 1979: 73–83.

Ferrajoli, Luigi: *Critica della violenza come critica della politica*, in: Manconi 1979: 39–69.

Ferraresi, Franco: *La destra eversiva*, in: Della Porta 1984: 227–289.

Ferrari, Vincenzo: *Symbolischer Nutzen der Gesetzgebung zur inneren Sicherheit in Italien*, in: Blankenburg 1980: 91–119.

Ferraris, Pino: *Die 100 Tage von Reggio. Bericht über einen Aufstand in Süditalien*, Berlin 1972.
Ferrarotti, Franco: *Dal signorino allo studente lavoratore*, in: Annunziata/Moscati 1978: 90–93.
ders.: *Alle radici della violenza*, Milano 1979.
Finetti, Ugo: *Il dissenso nel PCI*, Milano 1978.
Fiori, Giuseppe: *Das Leben des Antonio Gramsci*, Berlin 1979 (zuerst Roma-Bari 1966).
Flamini, Gianni: *Il partito del golpe. La strategia della tensione e del terrore dal primo centrosinistra organico al sequestro Moro*. 4 Bände, Ferrara 1981 ff.
Freda, Giorgio: *La disintegrazione del sistema*, Padova 2. Aufl. 1978.
Fröhlich, Roland: *Die Democrazia Cristiana nach dreißig Jahren Machtausübung*, in: *Der Bürger im Staat* 26 (1976): 161–165.
Fronte giovanile emigrati – Riscossa comunista: *Lottiamo contro il capitalismo e contro l'imperialismo per un'Italia socialista*, Milano 1969.
Galante, Pinni (Hg.): *Dalle Alpi alle Piramidi. Momenti e immagini della cultura marginale in Italia*, Roma 1975.
Galleni, Mauro (Hg.): *Rapporto sul terrorismo*, Milano 1981.
Galli, Giorgio: *La politica italiana*, in: Gambino 1979: 53–99 (a).
ders.: *Il vero obiettivo della DC*, in: *Panorama* vom 2. 7. 1979: 27 (b).
ders.: *Amendola, Berlinguer e gli altri*, in: *Panorama* vom 3. 12. 1979: 35 (c).
ders.: *L'Etat d'un seul parti*, in: *Le Monde Diplomatique* No. 316 (Juli 1980): 1 u. 7.
ders.: *L'Italia sotteranea*, Bari 1983.
ders.: *Dietro quei delitti*, in: *Panorama* vom 12. 11. 1984: 134–160.
Gambino, Antonio et al.: *Dal '68 a oggi. Come siamo e come eravamo*, Bari 1979.
Gandus, Valeria: *Caro Amendola, ti diciamo che...*, in: *Panorama* vom 26. 11. 1979: 63–68.
dies.: *I guerrieri del nulla*, in: *Panorama* vom 18. 2. 1980: 66–77.
dies./Claudio Sabelli Fioretti: *Un morto dopo l'altro*, in: *Panorama* vom 21. 1. 1980: 32–34.
Giorgio: *Memorie dalla clandestinità. Un terrorista non pentito si racconta*, Roma 1981.
Giustolisi, Franco/Cristina Mariotti: *Compagni, cos'è un comunista*, in: *L'Espresso* vom 25. 11. 1979: 10–13.
Gruppo Autonomo Libertario: *Azione Rivoluzionaria. Contributi alla critica armata libertaria*, Catania 1980.
Guiso, Giannino/Aldo Bonomi/Franco Tommei (Hg.): *Criminalizzazione della lotta di classe*, Verona 1975.
Hamon, Alain/Jean-Charles Marchand: *Action Directe*, Paris 1986.
Hess, Henner: *Mafia. Zentrale Herrschaft und lokale Gegenmacht*, Tübingen 3. Aufl. 1988.

Hobsbawm, Eric J.: *Sozialrebellen. Archaische Sozialbewegungen im 19. und 20. Jahrhundert*, Neuwied-Berlin 1962.

ders.: *Social Bandits. A Comment*, in: *Comparative Studies in Society and History* 14 (1972): 504–507.

ders./Giorgio Napoletano: *Auf dem Weg zum »historischen Kompromiß«. Ein Gespräch über Entwicklung und Programmatik der KPI*, Frankfurt 1977.

Hoffmann-Axthelm, Dieter et al. (Hg.): *Zwei Kulturen? Tunix, Mescalero und die Folgen*, Berlin o. J. (1979).

Hollstein, Walter: *Die Gegengesellschaft. Alternative Lebensformen.* Reinbek 1981.

Il silenzio di Stato. (Padova: Comitato di Documentazione antifascista, con la collaborazione della sezione padovana di Potere operaio). Milano 1973.

Incerti, Corrado: *Guerra in piazza*, in: *L'europeo* vom 25. 3. 1977: 26–28.

ders.: *Nel labirinto delle talpe*, in: *Panorama* vom 25. 8. 1980: 28–30 (a).

ders.: *Disordine nuovo*, in: *Panorama* vom 8. 9. 1980: 30–34 (b).

Isman, Fabio: *I forzati dell'ordine. L'Italia delle molte polizie*, Venezia 1977.

Jäggi, Max/Roger Müller/Sil Schmid: *Das rote Bologna. Kommunisten demokratisieren eine Stadt im kapitalistischen Westen*, Zürich 1976.

Joll, James: *The Anarchists*, London 2. Aufl. 1979.

Jost, Annette: *Italien – Kommunisten an der Macht*, in: Heinz Timmermann (Hg.): *Eurokommunismus. Fakten Analysen Interviews*, Frankfurt 1978: 65–95.

Kallscheuer, Otto: *Systemkrise in Italien und Identitätskrise der Arbeiterbewegung*, in: Hoffmann-Axthelm 1979: 7–35 (a).

ders.: *Kommentar zu Asor Rosa*, in: Hoffmann-Axthelm 1979: 63–79 (b).

Kollektiv RAF: *Über den bewaffneten Kampf in Westeuropa*, Berlin o. J.

Kreile, Michael: *Gewerkschaften und Arbeitsbeziehungen in Italien (1968–1982)*, Frankfurt 1985.

Krippendorf, Ekkehart: *Fragment einer Italien-Analyse*, in: Wenzel 1973: 85–92.

Kuntze, Oscar-Erich: *Italiens Wirtschaft in der Krise*, in: *Der Bürger im Staat* 26 (1976): 190–195.

La strage di Stato. Dal golpe di Borghese all'incriminazione di Calabresi, Roma 5. Aufl. 1971.

Lay, Conrad: *Das tägliche Erdbeben. Ein Bericht über die Stadt Neapel: Arbeitslosigkeit, Schmuggel, Mafia, Revolten*, Berlin 1980.

Lazagna, Giambattista B./Aldo Natoli/Luigi Saraceni: *Antifascismo e partito armato*, Genova 1979.

Lazzaro, Claudio: *Bologna – la provocazione*, in: *L'europeo* vom 25. 3. 1977: 31–33.
Lega, Achille/Giorgio Santerini: *Strage a Brescia – potere a Roma. Trame nere e trame bianche*, Milano 1976.
Lerner, Gad: *Ma la fabbrica è cambiata*, in: *L'Espresso* vom 7. 4. 1985: 11–13.
Libertini, Lucio: *La generazione del sessantotto*, Roma 1979.
Lombardo-Radice, Marco/Marino Sinibaldi: »*C'è un clima di guerra...« Intervista sul terrorismo diffuso*, in: Manconi 1979: 121–138.
L'orchestra della morte, in: *Panorama* vom 18. 8. 1980: 38–43.
Macciocchi, Maria A.: *Dopo Marx Aprile*, Roma 1978.
Mafai, Miriam: *Comincia l'indagine della Commissione Moro*, in: *La repubblica* vom 21. 5. 1980 (S. 9) und vom 23. 5. 1980 (S. 4).
Majocchi, Luigi V. (Hg.): *Rapporto sulla violenza fascista in Lombardia. Testo integrale della relazione della Commissione di inchiesta nominata della Giunta della Regione Lombardia e presieduta dall'Assessore Sandro Fontana*, Roma 1975.
Manconi, Luigi (Hg.): *La violenza e la politica*, Roma 1979.
ders.: *Vivere con il terrorismo*, Milano 1980.
Mantelli, Bruno/Marco Revelli (Hg.): *Operai senza politica. Il Caso Moro alla Fiat e il »qualunquismo operaio«*, Roma 1979.
Manzini, Giorgio: *Indagine su un brigatista rosso. La storia di Walter Alasia*, Torino 1978.
Mariotti, Cristina: *Prima linea, la mano destra delle Br*, in: *L'Espresso* vom 11. 5. 1980: 4–8.
Maxwell, Gavin: *Wer erschoß Salvatore Giuliano?* Reinbek 1963.
Mazzocchi, Silvana: *Se incontrassi un terrorista... (Risultati di un sondaggio nazionale del PCI)*, in: *La repubblica* vom 8. 5. 1982.
Melossi, Dario: *Expropriieren wir die Expropriateure*, in: *Kriminologisches Journal* 9 (1977): 294–304.
Mieli, Paolo: *Gli assassini sono fra noi*, in: *L'Espresso* vom 27. 4. 1980: 10–12.
Minna, Rosario: *Il terrorismo di destra*, in: Della Porta 1984: 21–72.
Monicelli, Mino: *L'ultrasinistra in Italia 1968–1978*, Bari 1978.
Mulder, Reinjan P.: *Misdaad en macht. Criminaliteit, strafrecht en criminologie in de DDR*, Amsterdam 1980.
Murphy, Detlef/Heinz Timmermann: *Italien*, in: Joachim Raschke (Hg.): *Die politischen Parteien in Westeuropa. Geschichte – Programm – Praxis. Ein Handbuch*, Reinbek 1978: 305–365.
Natoli, Aldo: *Crisi di egemonia ed origini del terrorismo »di sinistra«*, in: Lazagna/Natoli/Saraceni 1979: 41–54.
Negri, Antonio: *Il dominio e il sabotaggio*, Milano 1978.
Neppi Modona, Guido: *I dissociati e la legge*, in: *La repubblica* vom 7. 8. 1984.

Nicotri, Guiseppe: *Salite sui motorini, puntate, fuoco!*, in: *L'Espresso* vom 16. 12. 1979: 17–19.

Notarnicola, Sante: *Die Bankräuber aus der Barriera. Die Lebensgeschichte des Revolutionäres Sante Notarnicola – von ihm selbst aufgeschrieben*, München 1974.

Nuclei Armati Proletari, Quaderno No. 1 di Controinformazione, Milano o. J. (1975).

Orgosolo novembre 1968, Milano 1968.

Paas, Dieter: *Studium in Italien*, Manuskript, Heidelberg 1968.

ders.: *Der Entfeudalisierungsprozeß in der sizilianischen Agrargesellschaft*, Dissertation Heidelberg 1973.

ders.: *Neofaschismus – eine Gefahr für Italien?*, in: *Der Bürger im Staat* 26 (1976): 171–176.

Paci, Massimo: *Mercato del lavoro e classi sociali in Italia*, Bologna 1973.

ders.: *La struttura di classe della società italiana*, in: ders. (Hg.): *Capitalismo e classi sociali in Italia*, Bologna 1978: 361–378.

ders.: *La struttura sociale italiana. Costanti storiche e trasformazioni recenti*, Bologna 1982.

Padovani, Marcelle: *Les grands argentiers du terrorisme*, in: *Le Nouvel Observateur* No. 831 vom 13. 10. 1980: 27.

dies.: *Brigades rouges: La quatrième colonne*, in: *Le Nouvel Observateur* No. 844 vom 12. 1. 1981: 30–32.

dies./Marc Semo: *Aldo Moro (I): Celui qui devait mourir*, in: *Le Nouvel Observateur* No. 733 vom 27. 11. 1978: 104–138.

dies./Marc Semo: *Aldo Moro (II): Vivre avec le terrorisme*, in: *Le Nouvel Observateur* No. 734 vom 4. 12. 1978: 134–173.

Pantaleone, Michele: *Mafia e politica 1943–1962*, Torino 1962.

Perché rubano tanto (discussione Enzo Biagi, Giorgio Bocca, Massimo Riva), in: *Panorama* vom 19. 5. 1980: 78–92.

Pesenti, Roberto (Hg.): *Le stragi del S.I.D. I generali sotto accusa*, Milano 1974.

Pfeiffer, Dietmar K./Sebastian Scheerer: *Kriminalsoziologie. Eine Einführung in Theorien und Themen*, Stuttgart 1979.

Pigliaru, Antonio: *Il banditismo in Sardegna (La vendetta barbaricina come ordinamento giuridico)*, Cagliari 1970.

Pirastu, Ignazio: *Il banditismo in Sardegna*, Roma 1973.

Pirri, Fiora/Lanfranco Caniniti: *Scirocco*, Roma 1979.

Raith, Werner: *Die ehrenwerte Firma. Der Weg der italienischen Mafia vom ›Paten‹ zur Industrie*, Berlin 1983.

ders.: *In höherem Auftrag. Der kalkulierte Mord an Aldo Moro*, Berlin 1984.

ders.: *Palazzo, Mafia und dalla Chiesa – drei italienische Symbole*, in: Dalla Chiesa 1985: 7–16.

Ramat, Marco/Giuseppe D'Alema/Stefano Rodotà/Luigi Berlinguer: *La resistibile ascesa della P2. Poteri occulti e Stato democratico*, Bari 1983.

Ramondino, Fabrizia (Hg.): *Napoli – I disoccupati organizzati. I protagonisti raccontano*, Milano 1977.

Ravaioli, Carla: *Le donne*, in: Gambino 1979: 317–368.

Rea, Ermanno: *Lo Stato borghese si abbatte, non si cambia*, in: *La contestazione*, Milano-London-Paris 1978: 45–48.

Recknagel, Anne-Christel: *Der Brigant in der italienischen Literatur des 19. Jahrhunderts. Ein Beitrag zur Sozial- und Ideologiegeschichte des italienischen Bürgertums*, Dissertation Bremen 1973.

Redazione di Rinascita (Hg.): *Rapporto sulla violenza fascista*, Roma 1972.

Red Notes: *Italy 1977–8. Living With an Earthquake*, London o.J.

Reimertshofer, Ruth: *Italien und der größte Erdölskandal seiner Geschichte*, in: *Die Tageszeitung* vom 6. 11. 1980: 7.

Remondino, Ennio: *Moretti il doppio. Parla un pentito*, in: *L'Espresso* vom 9. 12. 1984: 24–28.

Ricci, Aldo/Giulio Salierno: *Il carcere in Italia*, Torino 1971.

Rodotà, Stefano: *Fermo di polizia – un anno dopo*, in: *La repubblica* vom 20. 6. 1980: 8.

Romano, Salvatore F.: *Storia della mafia*, Milano 1966.

Rosenbaum, Petra: *Neofaschismus in Italien*, Frankfurt-Köln 1975.

dies.: *Italien 1976 – Christdemokraten mit Kommunisten? Eine Einführung in das italienische Parteiensystem*, Reinbek 1976.

Rossanda, Rossana: *Über die Dialektik von Kontinuität und Bruch*, Frankfurt 1975.

Rossani, Ottavio: *L'industria dei sequestri. Dalla mafia alle Brigate rosse: La storia, le tecniche, i nomi*, Milano 1978.

Ruffolo, Giorgio: *L'economia*, in: Gambino 1979: 219–265.

Sabelli Fioretti, Claudio/Chiara Valentini: *I segreti della volpe*, in: *Panorama* vom 3. 3. 1980: 40–43.

Saladino, Giuliana: *Terra di rapina*, Torino 1977.

Salierno, Giulio: *Il sottoproletariato in Italia*, Roma 1972.

ders.: *Autobiografia di un picchiatore fascista*, Torino 1976.

Sanguinetti, Gianfranco: *Del terrorismo e dello Stato. La teoria e la pratica del terrorismo per la prima volta divulgate*, Milano 1979.

Santarelli, Enzo: *Storia del fascismo I. La crisi liberale*, Roma 2. Aufl. 1973.

Scalzone, Oreste (Hg.): *Violenza e politica. Alcuni materiali per la discussione*, Milano 1978.

Scheerer, Sebastian: *Gesetzgebung im Belagerungszustand*, in: Blankenburg 1980: 120–168.

Schimel, Anne: *Face au terrorisme, des lois spéciales à l'italienne*, in: *Sociologie du travail* 4/1986: 527–546.

Scialoja, Mario: *Libro bianco sul caso Moro*, in: *L'Espresso* vom 15. 10. 1978: 6–19.

ders.: *Un omicidio suicida (BR contro PCI)*, in: *L'Espresso* vom 4. 2. 1979: 12–15.

ders.: *Ecco i Bignami del terrorismo*, in: *L'Espresso* vom 18. 5. 1980: 8–11 und 258.

ders.: *Sconti per dissociati*, in: *L'Espresso* vom 31. 3. 1985: 18–20.

ders.: *Voglia di tornare*, in: *L'Espresso* vom 16. 2. 1986: 24–26.

ders.: *Rabbia continua*, in: *L'Espresso* vom 1. 3. 1987: 9–11.

ders.: *Addio alle armi*, in: *L'Espresso* vom 1. 11. 1987: 30–31.

Sciascia, Leonardo: *Il contesto*, Torino 1971.

ders.: *L'affaire Moro*, Palermo 1978.

ders.: *Sapremo la verità, ma troppo tardi* (intervista a cura di Chiara Valentini), in: *Panorama* vom 21. 1. 1980: 40f.

Silj, Alessandro: *»Mai più senza fucile!« Alle origini dei NAP e delle BR*, Firenze 3. Aufl. 1977.

ders.: *Brigate Rosse-Stato. Lo scontro spettacolo nella regia della stampa quotidiana*, Firenze 1978.

Soccorso Rosso: *Brigate Rosse. Che cosa hanno fatto, che cosa hanno detto, che cosa se ne è detto*, Milano 1976.

Solé, Robert: *Le défi terroriste. Leçons italiennes à l'usage de l'Europe*, Paris 1979.

Stajano, Corrado: *Der Staatsfeind. Leben und Tod des Anarchisten Franco Serantini*. Einleitung, Übersetzung und Fußnoten von Peter O. Chotjewitz, Berlin 1976.

ders.: *I vitellastri*, in: *L'Espresso* vom 11. 11. 1979: 150–161.

ders.: *L'Italia nichilista. Il caso di Marco Donat Cattin, la rivolta, il potere*, Milano 1982.

ders./Marco Fini: *La forza della democrazia. La strategia della tensione in Italia 1969–1976*, Torino 1977.

Stame, Federico: *Terrorismo e crisi dello Stato*, in: Manconi 1979: 21–32.

Statera, Gianni: *Emarginazione e sovversione sociale*, Roma 1980.

Sylos Labini, Paolo: *Saggio sulle classi sociali*, Roma-Bari 8. Aufl. 1978.

Tabor, Claudia: *Lontani dai partiti, moderati, ottimisti: ecco i nuovi giovani* (Sondaggio Makno), in: *La repubblica* vom 24./25. 7. 1983.

Tarantini, Domenico: *La maniera forte. Elogio della polizia. Storia del potere politico in Italia 1860–1975*, Verona 1975.

Teodori, Massimo: *Storia delle nuove sinistre in Europa (1956–1976)*, Bologna 1976.

Tessandori, Vincenzo: *Br. Imputazione: banda armata*, Milano 1977.

Tromp, Bart: *Marginalia bij een ›revolutie‹*, in: ders.: *Het falen der nieuwlichters*, Amsterdam 1981: 112–145.

Vaccari, Lanfranco: *Roma – la battaglia*, in: *L'europeo* vom 25. 3. 1977: 28f.

Ventura, Angelo: *Il problema delle origini del terrorismo di sinistra*, in: Della Porta 1984: 75–149.

Ventura, Marco: *La maledetta alleanza*, in: *Panorama* vom 31. 12. 1979: 44f.

Viola, Guido: *Requisitoria definitiva nei processi Feltrinelli-Brigate Rosse*, in: Guiso/Bonomi/Tommei 1975: 1–154.

Walston, James: *Electoral Politics in Southern Calabria*, in: *Contemporary Crises* 5 (1981): 417–445.

Was geht in den Köpfen der Attentäter von Bologna vor? Ein Gespräch mit einem jungen italienischen Faschisten, in: *Informations-Dienst zur Verbreitung unterbliebener Nachrichten* Nr. 349 vom 12. 9. 1980 (übersetzt aus *Lotta continua* vom 2. 9. 1980).

Wenzel, Gisela (Hg. unter Mitarbeit von Ekkehart Krippendorff und Johannes Agnoli): *Klassenkämpfe und Repression in Italien. Am Beispiel Valpreda*, Offenbach 1973.

dies.: *Der Fall Valpreda*, in: Wenzel 1973: 9–63.

Woodcock, George: *Anarchism. A History of Libertarian Ideas and Movements*, Harmondsworth 1977.

Zangheri, Renato: *Bologna '77* (intervista a cura di Fabio Mussi), Roma 1978.

Zangrandi, Ruggero: *Inchiesta sul SIFAR*, Roma 1970.

Zuckerman, Alan: *Clientelist Politics in Italy*, in: Ernest Gellner/John Waterbury (Hg.): *Patrons and Clients in Mediterranean Societies*, London 1977: 63–79.

Dieter Paas
Frankreich:
Der integrierte Linksradikalismus

1. Einleitung

Die französische Studentenbewegung war nicht weniger radikal als die italienische oder westdeutsche. Und dennoch hat sie keine den Roten Brigaden oder der RAF vergleichbare terroristische Organisation hervorgebracht. Schon dies zeigt, wie kurzschlüssig die – meist denunziatorischen – Ursachenbehauptungen sind, die zwischen Terrorismus und linken Protestbewegungen einen unmittelbaren Zusammenhang herstellen wollen. Zwar sind Organisationen wie die RAF, die Roten Brigaden und andere aus den Studentenbewegungen ihrer Länder hervorgegangen, doch ist ihre Entwicklung über mehrere Stufen verlaufen, und der Übergang von einer Stufe zur jeweils nächsten ist nicht naturnotwendig, sondern erklärt sich aus dem Hinzutreten je spezifischer Umstände. Dies bedeutet aber auch, daß es eine unaufhaltsame Dynamik terroristischer Entwicklung aus linksradikalen[1] Bewegungen nicht gibt.

Frankreich ist ein Beispiel hierfür. Für unsere Untersuchungen heißt dies in methodischer Hinsicht, den besonderen Umständen nachzugehen, die eine durchaus erkennbare Tendenz bestimmter Gruppen zum bewaffneten Kampf im Untergrund aufgehalten haben. Diese Gruppen agierten in einem konkreten gesellschaftlich-politischen Kontext, und die Frage ist, wie sie diesen Kontext in den verschiedenen Phasen ihrer Entwicklung wahrgenommen, interpretiert und in ihre Verhaltensstrategie umgesetzt haben. Es geht also darum, die strategischen Diskussionen und Überlegungen dieser Gruppen sowohl in ihrer inneren Entwicklungslogik als auch in ihrer Reaktion auf die sie umgebenden politischen Situationen und gesellschaftlichen Verhältnisse nachzuvollziehen.

Im Mittelpunkt unseres Interesses steht dabei die Frage, welche Stellung diese Gruppen zur Rolle der Gewalt und der Illegalität in ihrem politischen Agieren eingenommen haben. Die Untersuchung dieser Frage wird einerseits dadurch erleichtert, daß die Themen »Gewalt« und »Illegalität« in den linksradikalen Gruppen Frankreichs sehr breit diskutiert wurden; sie kompliziert sich hinwiederum dadurch, daß zwischen ihrem Gewaltdiskurs und ihrer Praxis eine beträchtliche Lücke klafft.

So huldigten bestimmte Gruppen im Gefolge der Studentenrevolte des Pariser Mai einer Gewaltphraseologie, die der verwandter Gruppen in Italien oder der Bundesrepublik keineswegs nachstand; dennoch waren ihre Handlungskonsequenzen andere. Offenbar gab es unbewußte, uneingestandene oder auch geleugnete Zusammenhänge zwischen den politischen Bedingungen, unter denen diese Gruppen in der Zeit nach der Studentenrevolte und bis in die siebziger Jahre hinein agierten, und ihrem Verhalten, das trotz gegenteiliger Absichtserklärungen letztendlich vor der terroristischen Konsequenz stehenblieb.

Ein etwas verändertes Bild bietet sich in den achtziger Jahren. Mit der 1979 entstandenen Gruppe Action Directe schien sich eine Angleichung der französischen an die italienischen und deutschen Verhältnisse anzubahnen. Die vorliegende Untersuchung zeigt, daß und warum dies doch nicht in vollem Umfang geschah.

2. Politische Entwicklung und Linksradikalismus vor 1968

Für die Nachkriegszeit bis zum Mai 1968 lassen sich drei progressive Phasen des Linksradikalismus in Frankreich unterscheiden:

Erste Phase: von der Befreiung bis zum Ende der Vierten Republik (1944/45 bis 1958), gekennzeichnet durch Schwäche und politische Bedeutungslosigkeit des Linksradikalismus.

Zweite Phase: im Verlauf des Algerienkriegs (1954–1962) und der durch ihn hervorgerufenen Protestbewegung zunehmende Stärkung und gleichzeitig Tendenzen zur Radikalisierung im Linksradikalismus.

Dritte Phase (von 1963 bis 1968): nach dem Ende des Algerienkriegs und während der Stabilisierungsphase des Gaullismus Rückgang des Einflusses, gleichzeitig aber organisatorische Konsolidierung des Linksradikalismus (v. a. bei Trotzkisten und Maoisten); Neuaufschwung durch die Vietnam-Solidaritätsbewegung ab etwa 1966.

2.1 Résistance, Befreiung und Nachkriegsentwicklung bis zum Ende der Vierten Republik (1944 bis 1958)

Während der Nachkriegszeit bis etwa zum Ende der Vierten Republik (1958) traten linksradikale Strömungen in Frankreich kaum in Erscheinung. Die traditionellen linksradikalen Gruppierungen (Anarchisten, Trotzkisten) führten ein Schattendasein und waren zudem, trotz ihrer quantitativen Bedeutungslosigkeit, noch vielfach in sich gespalten. In den Hausbiographien der Anarchisten und Trotzkisten werden diese Jahre als Zeit der »Krise«, der »Durchquerung der Wüste«[2] charakterisiert.

Daß der Linksradikalismus in der Nachkriegszeit zur Bedeutungslosigkeit verurteilt war, ist wohl in erster Linie auf die politische Stärke und ideologische Anziehungskraft der Kommunistischen Partei zurückzuführen. Allerdings nicht in dem einfachen Sinne, daß die KP jegliche Linksopposition und damit auch potentielle linksradikale Strömungen vollkommen integriert hätte. Ihr Verhältnis insbesondere zu den Linksintellektuellen entwickelte sich im Gegenteil unter großen Widersprüchen. Während der Résistance und der Befreiung hatten sich zunächst viele Intellektuelle der KP, die am konsequentesten gegen die Okkupation gekämpft und die meisten Opfer gebracht hatte, angenähert. Die faschistische Ideologie war diskreditiert, der Typus der faschistischen Intellektuellen, der bis ins Pétain-Regime hinein noch eine politische Bedeutung hatte, ausgestorben. Bekannte Wissenschaftler, Schriftsteller und Künstler, wie Aragon, Eluard, Picasso, Roger Vailland, Courtade, Claude Roy, Henri Lefebre, Edgar Morin, waren Mitglieder der KP oder bewegten sich in ihrem intellektuellen Umfeld. Andere, wie Sartre oder Merleau-Ponty, bewahrten zwar eine gewisse Distanz, betrachteten sich jedoch zeitweise als »compagnons de route« (Weggefährten) der Kommunisten.

Viele der Intellektuellen (klein-)bürgerlicher Herkunft, die sich der Résistance und den Kommunisten angeschlossen hatten, knüpften an die Befreiung revolutionäre Erwartungen und die Hoffnung auf den Aufbau einer neuen Gesellschaft. Ähnlich wie in Italien entschied sich die KP jedoch für eine Strategie, die eine sozialistische Revolution als politisches Nahziel ausschloß. Die Enttäuschung hierüber brachte aber keine Bewegung hervor, die die KP wegen eines »Verrats an der Revolution« von links her kritisiert hätte. Die machtpolitischen Gegebenheiten (zwischen August 1944 – Befreiung von Paris – und Mai 1945 hatte der nationale Kampf gegen die deutschen Besatzungstruppen Priorität; nach der endgültigen Befreiung im Mai 1945 besaßen die gaullistische und die US-Armee das militärische Übergewicht) waren derart offensichtlich, daß ein Mythos des Verrats an der Revolution auch unter den Linksintellektuellen keine Nahrung fand.[3] Erst später, besonders im Mai 1968, wurde dieser Mythos von linksradikalen Gruppen belebt und zur Kritik an der KP benutzt.

Im Mai 1947 endete, fast zur gleichen Zeit wie in Italien, auf Druck der USA die Beteiligung der Kommunisten an der Regierung. Im ideologischen Klima des beginnenden Kalten Krieges und unter dem Eindruck stalinistischer Praktiken in der Sowjetunion rückten viele Intellektuelle wieder von der KP ab. Die Krise zwischen Kommunisten und Linksintellektuellen war begleitet von einer Reihe von Parteiaustritten und -ausschlüssen. Es entstand daraus aber keine politische Gruppierung links von der KP. Nicht der typisch linksradikale, revolutionärer Ungeduld entspringende Reformismus- oder Opportunismusvorwurf wurde erhoben, sondern das als problematisch empfundene Verhältnis von Moral und Politik (wie etwa in Sartres *Schmutzige Hände* oder Merleau-Pontys *Humanismus und Terror*) wurde zum Gegenstand der Kritik an der KP und den sozialistischen Ländern. Dieser Inhalt der Kritik bildete damals offenbar eine Schranke gegenüber einem linksradikalen Engagement der sich von der KP abwendenden Intellektuellen, und ihr politischer Weg führte sie entweder zu Organisationen und Parteien rechts von der KP (etwa zu den Sozialisten), oder sie versuchten, eine unabhängige Position einzunehmen.

Ein anderer Grund für das Ausbleiben einer linksradikalen Reaktion KP-kritischer Intellektueller dürfte in ihrer professionellen Situation zu sehen sein. Viele hatten sich als Literaten, Journalisten, Wissenschaftler schon einen Namen gemacht, und es fiel den meisten relativ leicht, in Verlagshäusern, Zeitungen und Zeitschriften, Forschungsinstituten und Universitäten, und damit außerhalb der KP, öffentliche Wirkung zu entfalten. So stellt sich diese Krise zwischen KP und Intellektuellen als Summe von parallelen Einzelentwicklungen dar, die nicht in eine eigenständige politische Kraft mündete.

In der Studentenschaft waren die politischen Auseinandersetzungen in der Nachkriegszeit durch den Gegensatz zwischen einem bürgerlich-konservativen Lager und den progressiven Studentenorganisationen geprägt. Die ersteren knüpften an die »apolitische« Tradition der studentischen Korporationen der Vorkriegszeit an und lehnten eine gewerkschaftsähnliche Interessenvertretung der Studenten ab; die letzteren – vor allem die kommunistische, die sozialistische und christliche Studentenorganisation – betrachteten den Studenten gemäß der UNEF-Charta von Grenoble (1946) als »jungen intellektuellen Arbeiter« und setzten sich für Studienbeihilfen und andere materielle Verbesserungen ein. Nachdem die »Korporatisten« von 1950 bis 1956 die Führung im studentischen Dachverband UNEF innegehabt hatten, gewann die Linke 1956 in der UNEF die Oberhand. Linksradikale Tendenzen spielten zunächst keine Rolle und sollten erst im Laufe der Protestbewegung gegen den Algerienkrieg eine gewisse Bedeutung erlangen.[4]

Die unmittelbare Nachkriegsentwicklung ist für unser Thema noch aus einem anderen Grunde von Interesse, und zwar wegen der besonderen Art und Weise, wie in Frankreich der Faschismus »bewältigt« wurde. Da terroristische Gewaltanwendung von ihren Akteuren stets auch als notwendige Gegengewalt legitimiert wird, ist die Bereitschaft hierzu in starkem Maße davon abhängig, wie das Repressionspotential des Staates beurteilt wird. Dabei ist nicht nur das Ausmaß der tatsächlichen Repression maßgebend, sondern auch die Einschätzung ihres politischen Hintergrunds. Es macht einen Unterschied, ob Repressionsakte der Staatsgewalt als aktuell-instrumentale Maßnahmen zur Verteidigung angegriffener Ordnungsregeln, Institutionen oder Interessen verstanden werden oder ob dahinter eine viel umfassendere Bedrohung durch die Gefahr eines alten oder neuen Faschismus vermutet wird. Der Schritt zur terroristischen »Gegengewalt« ist für Teile der Protestbewegung um so eher zu vollziehen, je mehr Evidenz der Faschismusvorwurf für sich beanspruchen kann, die Kritik also an einer »unbewältigten Vergangenheit«, an alten Nazis in Führungspositionen, am Weiterwirken faschistischer Ideologie, an der Gefahr eines neuen Faschismus. Diese Evidenz des Faschismusvorwurfs ist in Frankreich aufgrund der historischen Umstände offensichtlich geringer als in Deutschland oder Italien. Zunächst einmal deshalb, weil der Faschismus in Frankreich nicht aus eigener Kraft an die Macht gelangte. Zwar machten der militärische Zusammenbruch im Mai–Juni 1940 und die Installierung des Vichy-Regimes den Defätismus und die Kollaborationsbereitschaft von Teilen der politischen Führung und des Bürgertums gegenüber den faschistischen Okkupanten offenbar. Doch schufen Résistance und Befreiung sowohl faktisch als auch in der politischen Gedankenwelt der Franzosen einen klaren Bruch mit dieser Vergangenheit. Die wichtigsten Parteien der Vierten Republik (Kommunisten, Gaullisten, Sozialisten, Christdemokraten, weniger die Radikalen) konnten sich auf ihr antifaschistisches Engagement berufen, und auch die neue politische Führungselite ging zu einem großen Teil aus der Résistance hervor.[5]

Darüber hinaus war die Säuberung des Staatsapparats von Faschisten und Kollaborateuren konsequenter als in der Bundesrepublik und Italien. Zwar fanden manche Militärs und Milizionäre des Pétain-Regimes und sogar Freiwillige des hitlerischen Rußlandfeldzugs in den neuen Streitkräften, v. a. in der Fremdenlegion, Unterschlupf, wo sie für den Krieg in Indochina gebraucht wurden. Doch wurden gegen rund 40 000 Kollaborateure Freiheitsstrafen ausgesprochen (in den Niederlanden mit damals einem Fünftel der französischen Bevölkerung gab es allerdings 50 000 Verurteilungen).[6]

2.2 Die Protestbewegung gegen den Algerienkrieg (1954–1962)

Die Protestbewegung gegen den Algerienkrieg verdient vor allem aus zwei Gründen unsere Beachtung: Zum einen stand sie unter dem Eindruck der Brutalität und der Exzesse der französischen Kolonialarmee, die gegen das unter der Führung des Front de Libération Nationale (FLN) um seine Unabhängigkeit kämpfende Algerien vorging, und des OAS-(Organisation de l'armée secrète-)Terrors; zugleich war sie mit den terroristischen Kampfmethoden der Befreiungsbewegung FLN[7] konfrontiert, deren Ziele sie unterstützte. Auf diese Weise war sie der »Versuchung der Gewalt« durchaus ausgesetzt. Dennoch nahmen, wenn sich auch linksradikale Tendenzen in der Bewegung gezeigt haben, Empörung und Protest gegen den Kolonialkrieg nie gewaltsame Formen an. Zum anderen wurden durch die im Verlauf des Algerienkriegs entstandenen neuen Organisationen auf der Linken bestimmte Besonderheiten in der politischen Struktur Frankreichs geschaffen, die sich auch auf die Orientierung späterer Protestbewegungen auswirkten.

Protest gegen Repression und Folterung

Folterungen von Nordafrikanern durch die französische Polizei und Gendarmerie in Algerien waren keine Neuigkeit.[8] Nach dem Ausbruch der Kämpfe am 1. November 1954 aber wurde die Folter von Verdächtigen oder potentiellen Informanten der Befreiungsfront zur systematischen Praxis, die bald in breitem Maßstab auch von der Armee, vor allem von Spezialeinheiten wie den Fallschirmjägern, übernommen wurde.[9] Informationen über Folterpraktiken bei der Bekämpfung des Aufstands sickerten zwar von Anfang an durch, erreichten aber zunächst nur eine beschränkte Öffentlichkeit, da der Großteil der Massenmedien sie nicht weitergab.

Im Protest gegen Kriegführung und Folter engagierten sich frühzeitig kleine Gruppen von Studenten und Intellektuellen. Etwa ab 1957 gewann der Protest aufgrund einiger aufsehenerregender Fälle von Folterung und Ermordung, die wegen der Persönlichkeit der Opfer nicht totgeschwiegen werden konnten, an Breite. Es bildeten sich zahlreiche Komitees, die sich zur Aufgabe setzten, die Öffentlichkeit durch Schriften und Dokumentationen über die in Algerien angewandten Unterdrückungsmethoden aufzuklären. Durch Kommuniqués, Pressekonferenzen, offene Briefe an den Staatspräsidenten und Briefkampagnen versuchten sie, die Opposition gegen den Algerienkrieg zu stärken. Solche Formen der Öffentlichkeitsarbeit dominierten von Anfang bis Ende in der Protestbewegung gegen den Algerienkrieg.

Im studentischen Milieu wurden Demonstrationen durchgeführt, an denen sich vor allem die Studentenorganisationen der Kommunisten und der damals entstehenden Neuen Linken beteiligten.[10] Diese Demonstrationen versammelten in Paris meist nur wenige Hundert, wenn es hoch kam 1000 bis 1500 Teilnehmer.[11] So konnte sich, zumal ihnen vom größten Teil der Presse keinerlei Beachtung geschenkt wurde, bei den protestierenden Studenten leicht ein Gefühl der Isolierung einstellen.[12]

Dieser Eindruck der Isolierung im Protest gegen die empörenden Verbrechen der Kolonialarmee und gegen die politisch Verantwortlichen barg die Gefahr der Verachtung der nicht mobilisierbaren Massen und der Neigung zum Elitismus in sich.[13] Angesichts eines qualvoll langen Krieges und einer scheinbar reaktionslosen Bevölkerung bestand also die »Falle des Elitismus«, d. h. der schon vom Ansatz her isolierten und weiter isolierenden Aktion. Warum lief die Protestbewegung nicht in diese Falle? Wohl zum nicht geringen Teil deshalb, weil dem Erlebnis der Isolierung gleichzeitig Erfahrungen der Nichtisolierung, der Resonanz in der Öffentlichkeit und wahrnehmbarer politischer Wirkung entgegenstanden.

Protest und öffentliche Reaktion

Zwar schwiegen die meisten Zeitungen in Frankreich zu den Unterdrückungspraktiken der Kolonialarmee in Algerien oder beteiligten sich an den Kampagnen gegen die »algerischen Terroristen«[14], doch nahm ein Teil der Presse eine mehr oder weniger kritische Position ein. Bei den Pariser Tageszeitungen waren dies *L'Humanité, Le Monde* und *Libération,* die mit Auflagen (1957) um 200000 *(L'Humanité, Le Monde)* bzw. um 100000 *(Libération)* freilich längst nicht die Verbreitung konservativer Blätter, wie *France Soir* (Auflage 1957: 1,35 Millionen), *Le Parisien Libéré* (880000), *Le Figaro* (500000) und *L'Aurore* (480000) hatten. Immerhin waren es aber Zeitungen, die einen nennenswerten und auch politisch überdurchschnittlich aktiven Teil der Öffentlichkeit erreichten. Daneben spielten eine bedeutsame Rolle in der publizistischen Opposition gegen den Algerienkrieg Wochenzeitungen wie *L'Express, France-Observateur, Témoignage Chrétien* und Zeitschriften wie *Temps Modernes* (Hg. J.-P. Sartre), *Esprit, Nouvelle Critique, La Nef, Partisans* (ab 1961) und andere.[15]

In *L'Express,* der Mèndes-France (Ministerpräsident von Juni 1954 bis Februar 1955) nahestand, meldete sich regelmäßig der Literaturnobelpreisträger François Mauriac mit heftigen Anklagen gegen die Folterungen in Algerien zu Wort. Selbst ein konservativer Intellektueller wie Raymond Aron wandte sich gegen die offizielle Algerienpolitik und plädierte für die Unabhängigkeit Algeriens.[16] So befand sich die »extrème gauche intellectuelle« in ihrem Engagement gegen den Algerienkrieg zwar in einer Minderheitsposition, doch stand sie keineswegs im politischen Abseits.[17] Auch durch häufige Verbote und Beschlagnahmen von Publikationen wie durch kurzfristige Verhaftungen einzelner ihrer Wortführer konnte die Protestbewegung nicht zum Schweigen gebracht werden. Freilich bewirkte das über den Zeitungen hängende Damoklesschwert einer Beschlagnahmung, daß sie eine gewisse Selbstzensur übten.

Der Eindruck, isoliert zu sein, wurde für die in der Protestbewegung Aktiven auch dadurch gemindert, daß mit der Kommunistischen Partei eine starke politische Kraft gegen den Algerienkrieg opponierte. Den Kommunisten gegenüber nahmen die verschiedenen Strömungen der Neuen Linken eine ambivalente Haltung ein: Einerseits warfen sie ihnen einen zu geringen Einsatz im

Kampf gegen den Algerienkrieg und eine unklare Position in der Frage der Unterstützung der FLN vor[18],* andererseits arbeiteten sie in zahlreichen Aktionen und Initiativen mit ihnen zusammen.[19] Trotz beträchtlicher gegenseitiger Vorbehalte, die durch die Ereignisse in Ungarn 1956 weitere Nahrung erhielten, waren die Brücken zwischen der extremen Linken und den Kommunisten nicht abgebrochen, da der PCF im intellektuellen Milieu über eine beträchtliche Anhängerschaft verfügte.[20]

Politische Entwicklung und Entwicklung des Protests

Inwieweit Protestbewegungen sich isoliert und blockiert sehen und darauf mit einer Radikalisierung reagieren, hängt auch von der Entwicklung der realen Situation ab, auf die sie Einfluß zu nehmen versuchen. Der Umstand, daß der Algerienkrieg schließlich mit einem Verhandlungsfrieden und der nationalen Unabhängigkeit Algeriens endete, ist daher für den Verlauf der Bewegung sicherlich von Bedeutung. Doch zog sich der Konflikt mit nahezu acht Jahren Dauer immerhin so sehr in die Länge, daß die Möglichkeit einer vorzeitigen Eskalation des Protests bestand. Tatsächlich gab es ein Auf und Ab in der Oppositionsbewegung. War die Chance einer politischen Lösung in Sicht, verhielt sich die Opposition abwartend, und die Bewegung flaute ab; schwanden durch eine Verhärtung der Regierungspolitik die Aussichten für einen Friedensschluß, so verschärfte sich der Protest, und es zeigten sich Tendenzen zu einer Radikalisierung.

Als z. B. ab Mitte 1956 erkennbar war, daß die Regierung Mollet die vor den Wahlen im Januar 1956 gemachten Versprechungen über einen Friedensschluß nicht einhalten würde und im Gegenteil die militärische Unterdrückung des Aufstands zu ihrer Politik machte, gewann die Protestbewegung an Vehemenz; die Kampagne gegen die Folterungen erreichte 1957 und Anfang 1958 einen ersten Höhepunkt.[21] Nach dem Putsch vom 13. Mai 1958 in Algier und dem Machtantritt de Gaulles in Frankreich war die weitere Entwicklung in Anbetracht der zweideutigen Äußerungen des Generals ungewiß. Die schrittweise Annäherung seiner öffentlichen Erklärungen an eine Anerkennung des Selbstbestimmungsrechts der Algerier – die dann im September 1959 von ihm ausgesprochen wurde – und erste Verhandlungsangebote an den FLN[22] ließen Hoffnungen auf ein baldiges Ende des Krieges zu und hielten die Opposition eine Zeitlang in den bisher beachteten Grenzen öffentlichen Protests.²³ Als aber trotz der von de Gaulle geweckten Erwartungen monatelang keine konkrete Lösung in Sicht kam und überdies die Gefahr von rechts mit dem Barrikadenputsch von Algier im Januar 1960 deutlich Gestalt annahm, erhielt die Protestbewegung neuen Aufschwung.

RADIKALISIERUNGSTENDENZEN

Im Laufe des Jahres 1960 gewann die öffentliche Diskussion um das Algerienproblem nicht nur an Breite, sondern es traten auch radikale, nämlich offensivere und illegale Formen des Protests in Erscheinung: die Propagierung und Organisation von Wehrdienstverweigerung und Desertion und die direkte Unterstützung des FLN durch klandestine Gruppen.

Schon 1955 und 1956 hatte es spontane Verweigerungsaktionen von Truppeneinheiten gegeben, die nach Algerien verschickt werden sollten.²⁴ Zwischen 1956 und 1959 blieben die Fälle von Desertion auf 40 bis 50 im Jahr beschränkt.²⁵ Ab 1960 erhielten solche individuellen Akte des Widerstands gegen den Krieg in Algerien einen zunehmend politischen Charakter. Es bildeten sich überall in Frankreich Gruppen, die sich zur »Jeune Résistance« – weniger eine Organisation als eine diffuse Bewegung – bekannten. Diese Gruppen warben in geheimen Versammlungen und in Untergrundschriften für den Freiheitskampf des FLN, versteckten Deserteure oder verhalfen ihnen zur Flucht ins Ausland. Oft auch leisteten sie dem FLN in Frankreich logistische Unterstützung, indem sie Nachrichtenverbindungen herstellten, Fonds weiterleiteten und den sich in Frankreich bewegenden Vertretern des FLN Unterkunft- und Transportmöglichkeiten verschafften.

Diejenigen, die solche illegalen Widerstandsaktivitäten aufnahmen, gingen ein erhebliches persönliches Risiko ein. Einige der Gruppen wurden entdeckt, ihre Mitglieder zu harten Strafen verurteilt. Am bedeutendsten war der Fall des »Netzes Jeanson«.²⁶ Nach ihrer Verhaftung im Februar 1960 wurden 26 Mitglieder dieses Netzes vor ein Militärgericht gestellt; vierzehn von ihnen erhielten Haftstrafen von zehn Jahren.

Gemessen an der Breite der Protestbewegung waren es wenige, die solche illegalen Widerstandsformen praktizierten. Ein großer Teil von ihnen kam aus christlichen Kreisen der Neuen Linken, wo man die moralische Empörung über die Grausamkeiten des Kolonialkriegs, die sich zunächst in Kriegsdienstverweigerung und »action non-violente« ausgedrückt hatte, in ein direktes Engagement für den FLN umzusetzen begann. Nach Poperens[27] Einschätzung handelte es sich um ein »idealistisches« Engagement, das sich mehr am Aktivismus des FLN als an dessen politischen Vorstellungen – die im übrigen nur vage formuliert waren – orientierte. Das Verhalten der Neuen Linken habe eher moralischen als politischen Geboten gehorcht.[28]

Über diesen Motivationshintergrund hinaus war die Haltung, jetzt müsse mehr getan werden, als Artikel zu schreiben, Flugblätter zu verteilen und ab und zu eine Kundgebung zu veranstalten, symptomatisch für die wachsende Ungeduld über einen Krieg, der 1961 ins siebente Jahr ging. Die Bereitschaft wuchs, in der unmittelbaren Unterstützung des FLN aktiver zu werden und dabei notfalls auch Gesetze zu brechen und Risiken in Kauf zu nehmen. Was lag näher als der Gedanke, den bewaffneten Kampf nach Frankreich zu tragen, um die Entwicklung zu beschleunigen? Und in der Tat: 1961 kam in der extremen Linken eine Diskussion über die Frage auf, ob bewaffnete Aktionen in der Metropole dem Kampf des FLN dienlich sein könnten.[29] Diese Diskussion erhielt zusätzliche Schubkraft durch den 1961 aufflammenden OAS-Terror und durch die zunehmende Brutalität der Polizei, deren Vorgehen gegen Demonstrationen Ende 1961 und Anfang 1962 mehrmals Menschenleben forderte.[30]

All dies zusammengenommen, waren die Umstände einem Übergang zu gewaltsamen Formen des Protests in der letzten Phase des Algerienkriegs günstig. Tendenzen in dieser Richtung wurden jedoch durch die Entwicklung der Oppositionsbewegung insgesamt und durch deren Einwirkung auf die Beendigung des Krieges aufgefangen. Der mit dem Übergang minoritärer Gruppen zu illegalen Aktionen in Gang gesetzte Mechanismus von Repression und weiterer Radikalisierung konnte sich nicht voll entfalten, weil die Regierung sich nicht damit durchsetzen konnte, den von den klandestinen Netzen geführten Widerstand als kriminell zu stigmatisieren und politisch zu isolieren. Im Gegenteil, die Sanktionsbemühungen der Regierung wirkten als Katalysator einer Intensivierung des Protests. Am 5. September 1960, dem Tag der Eröffnung des Prozesses gegen den »réseau Jeanson«, veröffentlichte eine Gruppe von 121 bekannten Schriftstellern, Künstlern, Wissenschaftlern verschiedener politischer Richtungen der Linken eine Erklärung über das »Recht auf Ungehorsam im Algerienkrieg«, mit der sie bewußt die Regierung provozierten.[31]

Diese Erklärung löste ein enormes Echo aus. Die Einleitung juristischer Maßnahmen gegen ihre Unterzeichner (u. a. wurden einige Professoren vom Dienst suspendiert) hatte eine breite Solidarisierung mit den Betroffenen zur Folge, auch bei Gruppierungen wie der Kommunistischen Partei oder dem PSU, die die Propagierung von Kriegsdienstverweigerung oder Desertion aus politischen Gründen ablehnten.[32] Am 27. Oktober 1960 fand in ganz Frankreich ein nationaler Aktionstag für den Frieden in Algerien statt, an dem sich in Form von Kundgebungen oder Streiks Hunderttausende beteiligten. In Paris brachte der Studentenverband UNEF 15–20 000 Demonstranten an der Mutualité zusammen – die Zeit der unbeachteten Studentenprotestmärsche war vorbei.

1961 schwoll die Opposition gegen den Krieg immer stärker an und wurde zur Massenbewegung. Auf den Generalsputsch vom 21. und 22. April 1961 in Algerien reagierte das Gros der Truppe mit der Verweigerung der Gefolgschaft. In Frankreich fanden Proteststreiks statt, an denen sich Millionen beteiligten. Von November 1961 bis Februar 1962 riß die Kette der Demonstrationen, die immer mehr die gesamte Linke vereinigten, nicht ab. Gegen den OAS-Terror und für den Frieden in Algerien versammelten sich am 19. Dezember 1961 50–100 000 Menschen auf dem Bastille-Platz. Nach Bombenattentaten der OAS wurde am 8. Februar 1962 in Paris eine große Protestdemonstration durchgeführt; acht Menschen wurden das Opfer von Polizeiattacken auf eine an der Metrostation Charonne eingezwängte Menge. In den folgenden Tagen kam es zu zahlreichen Streiks und Demonstrationen, an denen sich jetzt auch die Sozialisten der S. F. I. O. beteiligten. Der Trauerzug für die Opfer von Charonne zum Friedhof Père-Lachaise wurde mit Hunderttausenden von Teilnehmern zur größten Demonstration, die Frankreich seit Februar 1936 gesehen hatte.

Nach dem Scheitern der Vorverhandlungen von Melun im Juni 1960 wurden im Mai 1961 in Evian schließlich ernsthafte Verhandlungen zwischen der französischen Regierung und dem FLN aufgenommen. Nicht zuletzt unter dem Druck der Oppositionsbewegung sah sich de Gaulle gezwungen, den Forderungen des FLN schrittweise näherzukommen, bis am 19. März 1962 das Abkommen von Evian abgeschlossen werden konnte, mit dem Algerien die volle Unabhängigkeit gewährt wurde.

Protestbewegung und politische Organisation. Die Funktion des PSU

Die Resonanz der Protestbewegung in der Öffentlichkeit, ihre Erweiterung zur Massenbewegung und die schließliche Durchsetzung ihrer Ziele hatten – das ist das bisher verfolgte Argument – einen entscheidenden Anteil daran, daß aufkommende Radikalisierungstendenzen nicht zur Entfaltung kamen.

Auf den Verlauf der Protestbewegung gegen den Algerienkrieg hat sicherlich auch die Entstehung von Organisationen der Neuen Linken starke Wirkung ausgeübt, die einerseits linksradikalen Tendenzen gegenüber offen waren, die aber andererseits politische Orientierungen entwickelten, mit denen sie bündnisfähig blieben und somit eine politische Isolierung verhindern halfen.

Daß die Organisationen der Neuen Linken in Frankreich diese Integrations- und Vermittlungsfunktion gegenüber dem Linksradikalismus erfüllen konnten, ist unter anderem aus den besonderen Bedingungen ihrer Entstehung herzuleiten. Versuche, eine unabhängige »dritte Kraft« neben den beiden großen Parteien der Linken – PCF (Kommunisten) und S. F. I. O. (Sozialisten) – und ideologisch außerhalb der von den USA und der UdSSR geführten weltpolitischen Lager zu bilden, hatte es schon länger gegeben. Sie waren, wie 1948 das von Sartre unterstützte Rassemblement Démocratique Révolutionnaire (RDR) oder wie 1950 der linkssozialistische Parti Socialiste Unitaire, bald steckengeblieben.[33]

Eine neue Situation entstand aber mit dem Ausbruch der Kämpfe in Algerien. Sozialistische Politiker, wie Guy Mollet (Ministerpräsident von Januar 1956 bis Mai 1957), Robert Lacoste (Algerienminister) oder Max Lejeune (Staatssekretär für die in Algerien operierenden Streitkräfte), ließen sich immer weiter in die Verantwortung für die Unterdrückung des Befreiungskampfs hineinziehen[34] und kompromittierten damit ihre Partei nachhaltig.

Auf der anderen Seite vermochten sich viele, die sich Frankreichs Kriegsführung in Algerien widersetzten, nicht der Algerienpolitik der Kommunisten anzuschließen, deren Opposition gegen den Krieg als nicht energisch genug empfunden wurde.[35] Damit erhielten Bestrebungen zur Bildung neuer politischer Gruppierungen auf der Linken starken Auftrieb. Innerhalb der Sozialistischen Partei stand eine Minderheit in Opposition zur Algerienpolitik der Parteiführung[36]; dies führte 1958 zur Abspaltung der Kriegsgegner und zur Gründung des Parti Socialiste Autonome (PSA). Bei den Radikalen repräsentierte Pierre Mendès-France, selbst Ministerpräsident in den ersten Monaten des Algerienkriegs und bis Mai 1956 Minister in der Regierung Mollet, eine Richtung, die für Reformen und weniger Repression in Algerien eintrat. Mendès-France konnte sich in seiner Partei nicht durchsetzen und trat 1959 mit einer Gruppe seiner Anhänger dem PSA bei.[37]

Eine weitere bedeutende Komponente der sich formierenden Neuen Linken bildeten verschiedene linkskatholische Organisationen, wie der seit 1951 bestehende Mouvement pour la Libération du Peuple (MLP), der sich 1957 mit der Nouvelle Gauche und mit Jeune République – zwei ebenfalls stark von Sozialisten christlicher Herkunft geprägten Gruppen – zur Union de la Gauche Socialiste (UGS) zusammenschloß.[38] Unter den Studenten, so an der Pariser Sorbonne, gewann die UGS schnell eine bedeutende Anhängerschaft. Die nach 1956 erfolgende Umorientierung des französischen Studentenverbandes UNEF von einer bis dahin »unpolitisch«-korporativen Standesorganisation zu einer gewerkschaftsähnlichen Interessenvertretung[39], die sich zunehmend politisch im Protest gegen den Algerienkrieg engagierte, ging außer von der UEC (Union des Etudiants Communistes) und den Radikalen (d. h. den Anhängern von Mendès-France) von den Studenten der UGS aus.[40]

Im April 1960 kam es dann zum Zusammenschluß des Parti Socialiste Autonome mit der UGS. Hinzu stieß eine Gruppe früherer Kommunisten um die Zeitschrift *Tribune du Communisme*.[41] Die neue Partei mit dem Namen Parti Socialiste Unifié (PSU) vereinte damit recht heterogene politisch-ideologische Strömungen: Auf der einen Seite standen sozialistische Gruppierungen mit christlichem Hintergrund, deren Mitglieder häufig aus einem moralischen Engagement gegen den Krieg in Algerien zur Politik gekommen waren; hier, in einem von Studenten und Intellektuellen geprägten Milieu, waren linksradikale Tendenzen stark vertreten, war ein Großteil des Protests in Form von Kriegsdienstverweigerung und direkter klandestiner Unterstützung des FLN angesiedelt. Auf der anderen Seite standen politische Sektoren, die – unbeschadet ihrer Abwendung vom Opportunismus der

S. F. I. O. oder der Radikalen Partei – in Kategorien von »Einfluß auf eine breite Öffentlichkeit«, »Gewinnung von Wählerstimmen« und »parteipolitisch-parlamentarischen Bündnismöglichkeiten« dachten und die auch ältere Politiker mit Erfahrungen in den Umgangsformen und Bewegungsgesetzen der parlamentarischen Demokratie stellten. Eine objektive Funktion des PSU bestand darin, linksradikale Tendenzen in der Protestbewegung insofern zu integrieren, als er ihnen organisierte Betätigungsmöglichkeiten eröffnete, sie gleichzeitig aber an politische Orientierungen band, die eine Isolierung in der Öffentlichkeit und von anderen politischen Organisationen zu vermeiden trachteten. Deutlich läßt sich dies zum Beispiel an der innerparteilichen Diskussion um die Frage illegaler Protestformen ablesen, die sich an der Erklärung der 121 über das »Recht auf Ungehorsam im Algerienkrieg« im September 1960 entzündete. Während ein Teil der Parteibasis in der Organisierung von Kriegsdienstverweigerung und klandestiner Unterstützung des FLN aktiv war, setzte sich in der Parteiführung zu diesem Thema eine Kompromißlösung durch, in der zwar alle »Initiativen, die die Bewegung voranbringen«, begrüßt wurden, die aber den individuellen Ungehorsam und die Desertion als »ungeeignete Kampfform für Sozialisten« bezeichnete.[42] In der öffentlichen Arena entfernte sich der PSU damit nur wenig von den Kommunisten, die die Kriegsdienstverweigerung »aus prinzipiellen Gründen« ablehnten, sich aber solidarisch mit Verweigerern und Deserteuren erklärten, die Verfolgungen ausgesetzt waren.[43]

Die Integrationsfunktion gegenüber linksradikal-gauchistischen Tendenzen konnte vom PSU in den ersten Jahren seines Bestehens vor allem deshalb wahrgenommen werden, weil im Engagement gegen den Algerienkrieg und für die algerische Unabhängigkeit ein starkes einigendes Moment vorhanden war. Wie sehr dieses Engagement die politische Aktivität des PSU in seiner Anfangszeit beherrschte, sieht man daran, daß z. B. im Jahre 1961 von seinen 139 öffentlichen Veranstaltungen 121 dem Algerienproblem gewidmet waren.[44]

Trotz der Spannungen zwischen den veschiedenen Flügeln, trotz häufiger Richtungskämpfe und Austritte von Mitgliedern konnte die Partei einige Jahre über das Ende des Algerienkrieges hinaus ihre einmal errungene Einheit und damit ihre Integrationsfähigkeit im Spektrum der Neuen Linken bewahren. Dazu trug auch bei, daß ihre überwiegend akademische Anhängerschaft[45] einem relativ homogenen politisch-kulturellen Milieu angehörte, das – wie Gilles Martinet, einer der Promotoren und Führer des PSU, schreibt – »allergisch« war gegenüber den »Notablen der traditionellen Linken«.[46]

Zwar gewannen die gauchistischen (ursprünglich linkskatholischen und auch trotzkistischen) Tendenzen in der Partei bald zunehmend an Gewicht[47], doch konnte sie ihre Rolle als »dritte Kraft« und als Integrationsfaktor der Neuen Linken so lange – mit einem nochmaligen Höhepunkt im Pariser Mai 1968 – wahrnehmen, wie die Sozialistische Partei ihre Erneuerung im Sinne einer Verjüngung und Öffnung nach links noch nicht vollzogen hatte. Sie verlor diese Rolle, als Anfang der siebziger Jahre die erneuerte Sozialistische Partei unter Mitterrand entstanden war[48] und der PSU in die gauchistische Isolierung gedrängt wurde.

2.3 Exkurs: Zur Stellung der französischen Intellektuellen in Gesellschaft und Politik

Die Entwicklung der Solidaritätsbewegung mit Algerien wirft ein Licht auf den starken Einfluß der Intellektuellen in der französischen Politik. Das Prestige, das Intellektuelle und speziell Schriftsteller in der französischen Gesellschaft genießen, ist nicht – wie zum Teil noch heute in Deutschland – durch einen demagogischen Antiintellektualismus gebrochen. Die konservative und faschistische Schmähung der sogenannten »Asphaltliteraten« ist eine deutsche Spezialität; eine »Pinscher«-Affäre wie unter Erhard gab es in Frankreich nicht. Man vergleiche die Reaktionen von deutschen und französischen Politikern auf die Stellungnahmen Bölls und Sartres zum Terrorismus. Seine gesellschaftliche Reputation schützt den französischen Intellektuellen in höherem Maß vor Bedrohung, Ächtung und Verfolgung als in anderen Ländern (»in Frankreich hängt man keine Philosophen«) und verhindert so eher eine Haßreaktion, wie sie sich bei politischer Isolierung oder gar gesellschaftlichem Ostrazismus leicht einstellen kann.

Die französischen Intellektuellen spielen seit der Aufklärung die Rolle des »Gewissens der Nation«. Sie setzen ihre moralische Empörung und Kritik um in Worte im Vertrauen darauf, gehört zu werden, und müssen sich nicht mit den Zweifeln deutscher Intellektueller tragen, ob ihr Wort überhaupt etwas bewirke. Ihre

Empörung über Unrecht und Ungerechtigkeit können sie rational und ästhetisch in die Waffe der literarischen Anklage umsetzen, und nicht selten haben sie damit Bewegung in die Politik gebracht. Ihre moralische Intransigenz führt sie zwar häufig zu (links-)radikalen Positionen, doch bleibt dies meist ein verbaler Radikalismus, der sich mit der erwarteten Wirkung des Worts begnügen kann und daher für das eigene Verhalten nicht immer bis in die letzte Konsequenz verbindlich sein muß.

Der Moralismus ist ein auffallendes Kennzeichen des Habitus französischer Intellektueller. Jedoch nimmt dieser Moralismus besondere Formen, einen eigenen Stil an. Es ist ein logisch und formal (ästhetisch, rhetorisch) gezügelter Moralismus, der sich in geschliffenen Formulierungen äußert und dem es auf deduktive Konsequenz bei der Anwendung moralischer Prinzipien und auf das Aufdecken von moralischer Inkonsequenz bei den Mächtigen und beim politischen Gegner ankommt.[49] Das Durchhalten genereller Normen in der Argumentation wird als intellektuelle Leistung zelebriert. Diesem ästhetisch-rationalen kann anderswo ein affektiver Moralismus gegenübergestellt werden, dessen Charakteristikum eine wütende und ungebändigte Empörung ist (wie beim Typ des Deutschen Michael Kohlhaas). Die geistige Tradition des ästhetisch-rationalen Moralismus könnte so ebenfalls eine Schwelle gegenüber radikalen Handlungskonsequenzen bilden.

Dieser rational gebändigte Moralismus fällt dem französischen Intellektuellen als Habitus um so leichter, als er bei den Herrschenden eine ebenfalls rationale Ausübung ihrer Macht annehmen kann. Auch wenn die Herrschenden in noch so skrupelloser Weise ihre Interessen verfolgen, kann ihr intellektueller Kritiker doch voraussetzen, daß sie dabei rational kalkulieren. Die französische Bourgeoisie wird als die politisch erfahrenste bezeichnet, und in der Tat hat sie einige macchiavellistische Machttechniken zur Regierungskunst ausgebildet. So ist der Moralismus der Intellektuellen zwar das Gegenstück zum Zynismus der Herrschenden, aber es ist ein Moralismus, der nicht undurchschaubare, irrationale Mächte am Werk sieht, sondern ein Moralismus, der die Mächtigen bloßstellt. Die französischen Intellektuellen hegen gegenüber ihren Herrschenden weniger den Faschismus- als den Macchiavellismusverdacht.

2.4 Linksradikalismus im Vormai (1963 – 1968)

Nach dem Ende des Algerienkriegs stand die Neue Linke vor einer veränderten Situation: Sie hatte das angestrebte politische Ziel – die Unabhängigkeit Algeriens – erreicht, doch damit war auch ihr Hauptmotiv, die breite Mobilisierung ihrer Massenbasis, entfallen.

In den Jahren 1963/64 bemühte sich die damalige, von studentischen Gruppen des PSU dominierte UNEF-Führung um den Übergang von der antikolonialen Protestbewegung zum studentischen Syndikalismus. Die beginnende technokratische Hochschulreform (1964 wurde der Fouchet-Plan zur »Industrialisierung« der Universität konzipiert) bot zwar genügend Angriffspunkte, um die Studenten gegen die staatliche Hochschulpolitik und die sich verschlechternden Studienbedingungen (vgl. Abschnitt 3.1) zu mobilisieren, aber diese Mobilisierung gelang nicht. Zum Teil deshalb nicht, weil die Jahre 1963 bis 67 eine der Restaurationsphase in der Bundesrepublik vergleichbare wirtschaftliche Expansion und – nach Abwerfen des kolonialistischen Ballasts und der Ausschaltung der OAS durch de Gaulle[50] – eine Periode relativer politischer Stabilität brachten; teilweise wohl auch, weil die UNEF durch zunehmende interne Auseinandersetzungen zwischen linken und linksradikalen Gruppen in einen Zustand innerer Lähmung geriet. Zählte die UNEF 1962 noch 100 000 Mitglieder (bei damals rund 200 000 Studenten), so war sie im Mai 1968 (bei nun 500 000 Studenten) auf 45 000, im Dezember 1968 gar auf 7000 Anhänger zusammengeschrumpft.[51]

Trotz des schwindenden Einflusses des von linksradikalen Tendenzen dominierten Studentenverbands UNEF in den Jahren 1963 bis 68 ist jedoch unübersehbar, daß die Neue Linke aus der Protestbewegung gegen den Algerienkrieg gestärkt hervorging. Der algerische Unabhängigkeitskampf als besonderes Ereignis in der Geschichte der niedergehenden Kolonialmacht Frankreich hatte zum Ergebnis, daß der Linksradikalismus – in Unterschied zur Bundesrepublik, Italien und den Niederlanden – vergleichsweise früh ideologisch und organisatorisch im studentisch-intellektuellen Milieu verankert war. Dabei ist für die weitere Entwicklung von Bedeutung, daß einige der einflußreichsten linksradikalen Gruppen als Abspaltung von der Studentenorganisation der Kommunistischen Partei entstanden. Trotz eines vielfach durchscheinenden Voluntarismus und einer Tendenz zur Verabsolutierung der Rolle der Gewalt im Befreiungskampf der Völker lehnten diese Gruppen – hierin Lenin folgend – den individuellen Terrorismus als politisches Kampfmittel ab und bewahrten in dieser Hinsicht Orientierungen, die ihnen in ihrer politischen Sozialisation von den Kommunisten mitgegeben worden waren.

Recht deutlich wird dies am Beispiel der trotzkistischen Organisation JCR (Jeunesse Communiste Révolutionnaire), die in den Jahren unmittelbar vor dem Mai 1968 zu den stärksten gauchistischen Gruppen zählte und auch in den Jahren danach – unter verändertem Namen – ihren Einfluß behaupten konnte. Die Trotzkisten waren in den sechziger Jahren im wesentlichen in drei Richtungen gespalten: Neben der schon seit 1940 existierenden Organisation Voix Ouvrière (nach ihrem Verbot im Juni 1968 umbenannt in Lutte Ouvrière), die ihre Basis eher unter Arbeitern und Angestellten hatte, waren unter den Studenten vor allem die Organisation Communiste Internationaliste (OCI; nach 1968: Organisation Trotzkiste) und die französische Sektion der IV. Internationale aktiv.

Die nach verschiedenen Abspaltungen (durch Lambert, Posadas, Pablo) geschwächte IV. Internationale unter Führung von Pierre Frank und Ernest Mandel erhielt in der zweiten Hälfte der sechziger Jahre Zulauf durch eine Gruppe von Studenten, die wegen ihrer Weigerung, bei den Wahlen von 1965 den sozialistischen Präsidentschaftskandidaten Mitterrand gegen de Gaulle zu unterstützen, wie es der Wahlstrategie der KP entsprach, aus der kommunistischen Studentenorganisation UEC ausgeschlossen worden waren. Die vor allem an der Sorbonne – da wiederum an der Fakultät »Lettres« – einflußreiche Strömung innerhalb der UEC war mit der Kommunistischen Partei schon über die Frage uneins geworden, auf welche Weise der algerische FLN zu unterstützen sei.[52] Nach den Parteiausschlüssen von 1965 konstituierte sich diese Richtung als Jeunesse Communiste Révolutionnaire und arbeitete eng mit dem trotzkistischen Parti Communiste Internationaliste zusammen, mit dem sie sich im April 1969 – nach dem Verbot beider Organisationen am 12. Juni 1968 – formell zur Ligue Communiste zusammenschloß.

Die JCR besaß einen der Schwerpunkte ihrer politischen Arbeit in der Vietnam-Solidaritätsbewegung, in der sie durch das von ihr 1966 gegründete Comité Vietnam National (CVN) vertreten war. Das CVN propagierte den militärischen Sieg des FNL und stellte sich so bewußt in Gegensatz zur Kommunistischen Partei, die der Forderung nach einem Friedensschluß in Vietnam größere Chancen zur Gewinnung von Solidarität in der Bevölkerung gab. Im CVN arbeiteten bekannte Linksintellektuelle, wie Jean-Paul Sartre, Laurent Schwartz, Pierre Vidal-Naquet und Albert Kastler, sowie Teile des PSU mit. Die im Verlauf des Algerienkriegs entstandene antiimperialistische Allianz von gauchistischen Studentengruppen, renommierten Linksintellektuellen und einem Sektor des parlamentarischen Parteienspektrums lebte so mit der Verschärfung des Vietnamkonflikts um 1966 wieder auf.[53]

Eine Reihe von Ähnlichkeiten mit der Entstehungsgeschichte der trotzkistischen JCR weist die Gründung der maoistischen Union des Jeunesses Communistes (marxistes-léninistes) (UJC) (ml) auf. Wie die JCR bildete sich diese Gruppe nach einer Abspaltung vom kommunistischen Studentenverband UEC, wie bei der JCR bestand der Kern ihrer Mitglieder aus Studenten geistes- und sozialwissenschaftlicher Fächer. Ihre führenden Mitglieder gingen aus Studienzirkeln an der Ecole Normale Supérieure um den Philosophen Althusser hervor. Ideologisch wurden sie besonders von den antibürokratischen und spontaneistischen Thesen der maoistischen Kulturrevolution angezogen. Nach dem Bruch mit UEC bzw. KP und der Konstituierung als selbständige Organisation im November 1966 richtete die UJC (ml) ihre Anstrengungen vor allem auf die politische Arbeit in Betrieben und Stadtvierteln. Dazu gab sie die Richtlinie aus, daß ihre studentischen Mitglieder sich als ungelernte Arbeiter in Industriebetrieben verdingen sollten, um von dort aus die »reformistische Gewerkschaftsbürokratie« – gemeint war in erster Linie die kommunistische CGT – zu entlarven. Schon vor dem Mai 1968 führte diese aggressive Entlarvungsstrategie der Maoisten öfter zu gewaltsamen Zusammenstößen mit den Gewerkschaftlern der CGT.

Der Beitrag der UJC (ml) zur Vietnam-Solidaritätsbewegung bestand im Aufbau von Vietnam-Basiskomitees (Comités Vietnam de Base = CVB), die ihre Unterstützung aus der werktätigen Bevölkerung in den Stadtvierteln beziehen sollten. Damit versuchte sich die UJC (ml) von den Trotzkisten abzusetzen, denen sie wegen deren Zusammenarbeit mit bekannten Persönlichkeiten »Starkult« vorwarf. Dem »Meinungsengagement« der trotzkistischen CVN stellten die maoistischen CVB ihr »Engagement der direkten Aktion« entgegen.[54]

Obwohl JCR und UJC (ml) mit jeweils ein paar hundert Mitgliedern zahlenmäßig nicht sehr bedeutend waren, waren sie beim Ausbruch der Mai-Revolte als ideologisch und organisatorisch klar konturierte Organisationen linksradikaler Ausrichtung politisch präsent. (Im Unterschied hierzu war der SDS in der Bundesrepublik ideologisch heterogen und – unter dem Einfluß des Antiautoritarismus – organisatorisch amorph, weshalb er sich auch nach 1968 aufsplitterte.) Für die weitere Entwicklung schuf diese Tatsache Voraussetzungen, die ein französisches Spezifikum darstellen: Die trotzkistischen und maoistischen Gruppen bildeten, obwohl sie den Mai-Aufstand weder auslösten noch zunächst anführen konnten, eine Art organisatorisches Sammelbecken für die durch die Mai-Ereignisse mobilisierten und anpolitisierten Studenten und Jugendlichen. Trotz der Organisationsverbote im Juni 1968 konnten sie daher mit vermehrter Anhängerschaft, gestärktem Selbstbewußtsein und optimistischer Perspektive den im Mai erfahrenen Anstoß weiterführen.

Eine weitere wichtige Kompenente des sich im Vormai entwickelnden Linksradikalismus war die antiautoritär-libertäre Strömung. Im Unterschied zu den trotzkistischen und maoistischen Gruppen mit ihren vorwiegend auf außeruniversitäre Themen gerichteten Aktivitäten (Vietnam-Solidarität, Arbeit in Industriebetrieben) wendeten die Antiautoritären ihre Aufmerksamkeit Problemen zu, die die Studenten und Schüler in unmittelbarer Weise berührten. Hauptangriffspunkte waren einerseits die autoritären Strukturen in Universität und Schule mit ihrem wenig kommunikativen und unkritischen Lehrbetrieb und den scharfen Prüfungsmechanismen, andererseits das »Elend im Studentenmilieu«, das vor allem unter seinen kulturellen, psychologischen und sexuellen und kaum unter seinen ökonomischen Aspekten kritisiert wurde.[55] Diese Kritik des studentischen Alltagslebens war in ihrer Konsequenz auf eine unmittelbare und individuell bzw. in Kleinkollektiven zu verwirklichende Revolutionierung der Lebensverhältnisse gerichtet und klammerte – anders als dies bei den marxistisch-leninistischen Gruppen der Fall war – Fragen der politischen Strategie zur Bekämpfung und Entmachtung der Herrschenden weitgehend aus. Diese »alternative« Denkrichtung hatte in Frankreich (im Unterschied zu Deutschland und Italien) schon ihre Vorgeschichte – Henri Lefèbvres soziologische *Kritik des Alltagslebens*[56] z. B. erschien schon im Jahre 1946 – und war aufgrund ihrer hedonistischen Orientierung der Risiko- und Opferideologie des Terrorismus wenig günstig.

Die von den französischen Antiautoritären bevorzugten Aktionsformen lehnten sich an die von den USA her bekannte Taktik der begrenzten Regelverletzung an. Ihr provokatorischer und gleichzeitig ästhetisch-spielerischer Charakter fügte sich in die in Frankreich besonders entwickelte Tradition des Surrealismus und Situationismus ein. Der spielerische und lustbetonte Aktionismus der Libertären wies eine gewisse Verwandtschaft zu unpolitischen Formen des Aufbegehrens gegen rigide Autoritäten (chahut, Studentenulk)[57] auf und verschaffte der libertären Revolte im Mai 1968 zunächst eine größere Resonanz unter Schülern und Studenten als den trotzkistischen und maoistischen Gruppen. Symptomatisch hierfür ist die – wenn auch ephemere – Sprecher- und Führungsrolle von Daniel Cohn-Bendit im Mai. Libertäre Elemente der Mai-Bewegung, wie z. B. der spielerische Aktionismus, gingen in das Repertoire der stabileren Gruppen ein; dies blieb für deren spätere Haltung zur Gewaltfrage nicht ohne Konsequenzen.[58]

3. Mai 1968: Umschlag in eine neue Qualität des Linksradikalismus

3.1 Entwicklung des Bildungswesens, Krise der Universität und gesellschaftliche Lage der Studenten

Die Entwicklungen im französischen Bildungswesen, die die Studentenrevolte im Mai 1968 und die Radikalisierung der Studentenbewegung mit verursacht haben, lassen sich in folgenden Tendenzen zusammenfassen:

Im Zuge der gaullistischen Modernisierungspolitik wurde die Reform des Bildungswesens mit dem Ziel einer besseren Versorgung von Staat und Wissenschaft mit qualifizierten Spezialisten vorangetrieben. Zwischen 1960 und 1968 stieg die Zahl der Studenten von 206 000 auf über 500 000, also früher und schneller als in Deutschland und Italien. Der Ausbau der Hochschulen hielt mit diesem Tempo nicht Schritt, was schon Mitte der sechziger Jahre zu gravierenden Kapazitätsengpässen führte (wenn auch nicht in demselben Ausmaß wie Anfang der siebziger Jahre in

Italien).⁵⁹ Die Unzufriedenheit mit den Folgeerscheinungen der Massenuniversität konnte eine Zeitlang durch die autoritären Strukturen der französischen Universität und durch verschärfte Prüfungsbedingungen unter Kontrolle gehalten werden. In den Jahren vor 1968 verließen 70 bis 75% der Studenten die Universität ohne Abschluß. Allein 50% gaben schon vor der ersten Hürde, dem Examen nach dem Grundstudium von zwei Jahren (premier cycle), auf. Die Regierung versuchte, die Entwicklung durch Einführung von Kurzstudiengängen und durch verschärfte Selektion beim Eingang zu den Hochschulen zu steuern. Schon 1963 hatte der damalige Erziehungsminister Fouchet entsprechende Pläne vorgelegt, die damals von den studentischen Organisationen, vor allem von der UNEF – freilich mit geringem Erfolg – bekämpft wurden. Im Studienjahr 1967/68, als der Fouchet-Plan dann in Kraft gesetzt werden sollte, beginn sich eine explosive Situation herauszubilden.⁶⁰

Die Krise der französischen Universität äußerte sich in einer Infragestellung:
– ihrer Lehrinhalte (die technokratische Kritik hob mehr den Gegensatz zwischen dem traditionellen Bildungsideal des literarischen Universalwissens und den modernen Erfordernissen eines funktionalen Spezialistenwissens hervor, während die antikapitalistische Kritik sich im Namen der gesellschaftlichen Verpflichtung der Wissenschaft gegen das überkommene Verständnis von Wissenschaftsautonomie richtete);
– ihrer traditionellen Vermittlungsformen (dem autoritären wurde der partizipativ-kritische Unterricht gegenübergestellt);
– der geltenden Entscheidungsstrukturen (gegenüber der Konzentration der Entscheidungsgewalt bei Staat, Universitätsleitung und Professoren wurde die Mitbestimmung von Studenten und Assistenten und eine größere Staatsunabhängigkeit der Universität gefordert);
– ihrer Forschungs- und Innovationskapazität (Gegensätze: standardisiert-kodifiziertes Wissen im Lehrbetrieb versus kritische Weiterentwicklung der Wissensinhalte durch Einheit von Forschung und Lehre);
– der von ihr ausgeübten Selektionsfunktion (Gegensatz: demokratische versus Klassenuniversität).⁶¹

Ein französisches Spezifikum der Universitätskritik in den sechziger Jahren war die häufige Vermischung technokratischer und antikapitalistischer Inhalte dergestalt, daß eine in ihrem Wesen technokratische Kritik in marxistischem Gewande einherging.

Mit der schnelleren Expansion der Studentenzahlen in Frankreich erhöhte sich dort auch früher der Anteil der Arbeiterkinder unter den Studenten als in der Bundesrepublik und Italien.

Der Anteil der Studenten, die unter ungünstigen materiellen Studienbedingungen lebten, war höher als in der Bundesrepublik, wenn auch niedriger als in Italien. 1968 waren zum Beispiel 40% der Studenten gezwungen, regelmäßig neben ihrem Studium zu arbeiten.[62]

Die Unsicherheiten einer Zukunft als Lohnabhängiger gestalteten sich für den französischen Studenten noch schwerwiegender durch hohe Durchfall- und Abbrecherquoten; die Berufschancen derer, die die Universität ohne Abschluß verließen, waren erheblich reduziert. Im Unterschied zur Bundesrepublik tauchte überdies in Frankreich schon Ende der sechziger Jahre das Problem der Akademikerarbeitslosigkeit auf. 1968 gab es 18 000 Arbeitslose mit Hochschulausbildung[63]; 1976 war diese Zahl auf 120 000 gestiegen.[64]

3.2 Die prägende Bedeutung des Mai für den französischen Linksradikalismus

Der plötzliche Ausbruch und die explosionsartige Entwicklung der Geschehnisse bis hin zum Generalstreik und zur Krise des gaullistischen Regimes machten den Mai 1968 zum politischen Großereignis, das tiefe Spuren in der französischen Öffentlichkeit hinterließ. Was im Mai gedacht, gesagt und getan wurde, nahm damit eine besondere Bedeutung an, wurde negativer oder positiver Bezugspunkt und prägte die spätere Entwicklung.

Diese prägende Bedeutung des Mai für die politische Ideologie und Praxis trifft verstärkt auf die gauchistischen Gruppen zu, als diese im Mai eine plötzliche Resonanz erfuhren und der Studentenbewegung eine politische Orientierung geben konnten. Die politische Vorgeschichte des Mai mit der relativ frühzeitigen Entstehung gauchistischer Gruppen hatte zwar schon gewisse organisatorische Strukturen geschaffen, doch bestand beim Ausbruch der Mai-Ereignisse keine starke studentische Vertretungsorganisation. Die vorhandene Leere führte dazu, daß das aus materiellem und kulturellem Unbehagen gespeiste Protestpotential seinen manifest-ideologischen Ausdruck »in einem gewaltigen Sprung«[65] in Kategorien globaler Umwälzung fand. Der bisherige Apolitizismus der Masse der Studenten und Oberschüler wich einer plötzlichen aktivistischen Politisierung mit einigen schnell angelernten marxistischen Begriffen: die große Chance für die Gauchisten, die gleichzeitig Ausdruck und vorantreibendes Moment der Bewegung wurden. Die beträchtliche Resonanz der Gauchisten unter den Studenten multiplizierte ihre Kräfte, führte aber gleichzeitig dazu, daß die im Mai gewonnene Stärke zu einer Bestätigung der während der Studentenrevolte eingeschlagenen ideologischen und praktischen Linie wurde. Vor allem bei den Maoisten, die Elemente des Antiautoritarismus und Spontaneismus übernahmen (daher auch die Bezeichnung »Mao-Spontex« oder »Mao-Anars«), ist nach 1968 eine Fortführung und auffällige Stabilität vieler der im Mai-Juni zum Durchbruch gelangten Ideen und Aktionsformen bis etwa 1972 festzustellen.

Eine zusätzliche Stärkung des im Mai gewonnenen Selbstbewußtseins und eine scheinbare Bestätigung ihrer politischen Linie erfuhren die Gauchisten durch den spezifischen Ablauf der Ereignisse. Die studentische Protestbewegung und die Barrikadennächte im Quartier Latin zwischen dem 3. und 10. Mai lösten eine große Streikwelle aus, die ab dem 14. Mai nahezu zehn Millionen Arbeiter und Angestellte in ganz Frankreich erfaßte. Diese Sequenz – zuerst die Studenten-, dann die Arbeiterbewegung – begünstigte die Avantgarde-Illusion, also die Vorstellung, daß die Studenten und ihre gauchistischen Sprecher in der Gesamtbewegung eine führende Rolle spielten. Hierin besteht offensichtlich ein fundamentaler Unterschied zur Bundesrepublik; aber auch eine gewisse Abweichung von der Entwicklung in Italien, wo die linksradikalen Studenten zwar nicht in dem Maße von der Arbeiterbewegung isoliert waren wie in Deutschland, aber auch nicht die Illusion ihrer führenden Rolle aufkommen konnte, da die Kämpfe der Arbeiter nicht in einem derart offensichtlichen zeitlichen Zusammenhang mit studentischen Aktionen standen.

Die Avantgardeillusion konnte sich unter den Gauchisten steigern zur Machtillusion, da die Regierung nach der Barrikadennacht vom 10./11. Mai scheinbar vor den Studenten zurückwich und während des Generalstreiks zunächst eine Zeitlang (bis Ende Mai) untätig verharrte und so den Eindruck eines Machtvakuums erzeugte. Obwohl de Gaulle in diesen Wochen lediglich abwartete, taktische Zugeständnisse machte und politische Kräfte für seine Gegenoffensive sammelte, gelangten die Gauchisten zu der Einschätzung, daß die momentane Regierungskrise einer revolutionären Krise gleichkam und die Arbeiter- und Studentenbewegung die Macht ergreifen konnte (»le pouvoir était à prendre«).

3.3 Einige Charakteristika der Mai-Bewegung und des Gauchismus[66]

Antiökonomismus, Antiautoritarismus, Spontaneismus, Elitismus, Hedonismus sowie Konvergenzen mit technokratischen Vorstellungen waren einige der im Mai besonders hervortretenden Charakteristika des Gauchismus.

Der *Antiökonomismus* der Studentenrevolte war sowohl gegen den angeblichen Ökonomismus der Arbeiterbewegung als auch gegen die gewerkschaftliche Orientierung der Studentenbewegung gerichtet. Der »revendication«, also dem Kampf um Verbesserung der materiellen Lebensbedingungen, wurde die »contestation«, also der globale Protest und die radikale Auflehnung gegen Machtstrukturen überhaupt, entgegengesetzt.[67] Eine Erklärung für die verächtliche Haltung vieler gauchistischer Führer gegenüber materiellen Forderungen (sowohl der Arbeiter als auch der Studenten) dürfte darin zu finden sein, daß sie fast ausnahmslos aus Kreisen der Intelligenz – viele waren Professorensöhne – und der Freien Berufe stammten. Die große Streikbewegung des Mai, die vor allem auf Lohnerhöhungen und eine Stärkung der Stellung der Gewerkschaften im Betrieb gerichtet war und in Lohnverhandlungen und neue Tarifverträge einmündete, enttäuschte die revolutionären Erwartungen der gauchistischen Studenten und führte in der Folgezeit zu einer ausgeprägten Vehemenz antigewerkschaftlicher Positionen, vor allem gegenüber der CGT.

Der *Antiautoritarismus* der französischen Gauchisten gewann seine besondere Note dadurch, daß er sich nicht nur gegen die Herrschaftsstrukturen des bürgerlichen Staats und seiner Institutionen wandte, sondern fast schärfer noch gegen die Kommunistische Partei und die Gewerkschaft CGT. PCF und CGT wurden im Mai als mächtige Organisationen erlebt, die den direkten Zugang der Gauchisten zu den Arbeitern und die Gewinnung einer Führungsrolle über die Arbeiterbewegung effektiv verhinderten. Die Reaktion war ein aggressiver Antikommunismus, der »die stalinistischen Apparate« von KP und CGT ins Visier nahm und eines der Hauptmotive für den Aktionismus der Maoisten im Nachmai abgab.

Elemente des *Spontaneismus* wurden zunächst von libertär-anarchistischen Strömungen (insbesondere der von Cohn-Bendit angeführten, in Nanterre entstandenen »Bewegung des 22. März«) in den studentischen Gauchismus eingebracht und dann partiell auch von linksradikalen Gruppen übernommen, die sich als marxistisch-leninistisch verstanden; dies gilt vor allem für die Maoisten der UJC (ml), aus der nach ihrem Verbot im Juni 1968 die Gauche Prolétarienne hervorging. Wie auch einige trotzkistische Gruppen hatten diese Maoisten starke »ouvrieristische« (Arbeiterkult-) Tendenzen und waren auf der Suche nach der revolutionären Spontaneität der Arbeiterklasse.

Im Mai-Juni 1968 fanden ihre diesbezüglichen Erwartungen ein gewisses Echo in einigen begrenzten Sektoren der Arbeiterschaft, vor allem bei Jugendlichen, bei ausländischen (nordafrikanischen) Arbeitern und bei solchen, die, erst vor kurzem vom Lande rekrutiert, noch wenig gewerkschaftlich organisiert waren und ihrer Unzufriedenheit mit den ungewohnten Bedingungen der Fabrikarbeit häufig durch spontane Gewaltproteste Ausdruck verschafften. Exemplarisch hierfür waren im Mai-Juni die Episoden spontaner Revolte im neuen Renault-Werk in Flins bei Paris und im Peugeot-Werk in Sochaux-Montbéliard.

Latent vorhandene *Elitevorstellungen* unter den Studenten erfuhren eine beträchtliche Verstärkung durch den von der zeitlichen Abfolge der Mai-Ereignisse begünstigten Schein einer revolutionären Führungsrolle der Studenten. Der konservative Elitismus der bürgerlichen Studenten hatte sich in den Anspruch verwandelt, politische Vorhut der Arbeiterklasse zu sein. Tausende Studenten zogen aus der Sorbonne und dem Quartier Latin in die Pariser Vororte, um vor den Fabriktoren den Arbeitern ihre Lage zu erklären und ihnen den Weg zu deren revolutionärer Überwindung zu weisen. Der Avantgarde-Elitismus war, wie aus vielen Äußerungen von gauchistischen Studentenführern hervorgeht, verbunden mit der Hervorhebung der Rolle der »tatbereiten« Minderheit, die die »gestalt- und willenlose Masse« aufweckt und mitreißt.

In zahlreichen Zeugnissen von Beteiligten der Mai-Revolte wird sichtbar, daß sie die Straßenschlachten und Barrikadenkämpfe mit der Polizei als lustvolles Erlebnis, befreiende Tat, Moment der Selbstverwirklichung in der Aktion empfunden haben. Von konservativen Kritikern wie Aron wird dies als Austoben und Abreagieren gestauter Aggressionen (»défoulement«) psychologisiert und entpolitisiert[68], von libertären Ideologen des Mai-Aufstandes jedoch zu einem revolutionären *Hedonismus*-Postulat überhöht. Die Revolution soll Spaß machen; sie ist – so die Situationistische Internationale – dann am Ende, wenn man Opfer für sie bringen muß. Diese »ligne de jouissance« wurde zur Massenlinie erklärt; das »Recht auf Faulheit« sollte in der überentwickelten Konsumgesellschaft realisierbar geworden sein.

Diesem pseudorevolutionären Hedonismus verwandt war die ästhetische und rhetorisch-theatralische Inszenierung vieler studentischer Aktionen im Mai, für deren Spektakelcharakter sich gerade auch die Massenmedien besonders aufgeschlossen zeigten. Symptomatisch waren die Vorgänge im besetzten Odéon-Theater, das einem unterhaltungssuchenden Quartier-Latin-Publikum einige Wochen lang das Schauspiel debattierender »Revolutionäre« bot.

Doch unabhängig von ideologischen Überhöhungen waren Hedonismus und Opferfeindlichkeit weitverbreitete Haltungen unter den gauchistisch inspirierten Studenten; Haltungen, die im Mai in einer Intensität ausgelebt wurden, welche ihnen eine nachhaltige Wirkung auf die politische Sozialisation einer Studentengeneration verschaffte. Auch wenn ein Teil dieser Studenten – z. B. die sich den Maoisten zuwendenden – sich ideologisch vom Hedonismus abkehrte, so wirkte dieser unterschwellig doch weiter. Der revolutionäre Aktionismus dieser Gruppen behielt trotz seines scheinbaren Ernstes einen spielerischen und biographisch transitorischen Charakter (vgl. den Film *La Chinoise* von Godard).

Das unterschwellige Weiterwirken hedonistischer Motivation wird im individuellen Hin- und Rückpendeln vieler Maoisten zwischen diszipliniert-entsagungsvoller Parteiarbeit[69] und einer alternativ-libertären Lebensweise offenbar.

Gauchismus und Technokratismus trafen sich in der Kritik an autoritär-hierarchischen Strukturen in Universität und Betrieb. Während die technokratische Kritik jedoch dabei die modernisierungshemmenden, nichtfunktionalen und partikularistischen Autoritätsstrukturen im Auge hatte, sahen die Gauchisten in jedem hierarchischen Gefälle, etwa dem vom Professor zum Studenten oder vom Meister zum Arbeiter, den kapitalistischen Grundwiderspruch am Werk. Besonders seit dem Mai kleidete sich eine im Grunde technokratische Kritik an überholten Autoritätsstrukturen gerne in marxistisches Vokabular.

Eine Erklärung für die Konvergenz von Gauchismus und Technokratismus dürfte im besonderen Charakter des französischen Kapitalismus mit seinen vielfach patriarchalisch-autoritären und ineffizient-nepotistischen Zügen und in den rigiden (und – im Unterschied zu Italien – durchsetzungsfähigen) Autoritätsstrukturen in Schule und Universität liegen. Die in vielen Wirtschaftssektoren anzutreffende Mischung aus Autoritarismus und Ineffizienz brachte eine starke Opposition der Techniker und eines Teils des Managements (an der Universität außer den Studenten auch der wissenschaftlichen Assistenten) hervor, die auf Partizipation und Modernisierung drängten. Unter dem Einfluß der Arbeiterbewegung und dann im Mai der Studentenbewegung fand dieser Konflikt seinen ideologischen Ausdruck in einer Kapitalismuskritik und in politischen Strategien eigener Prägung: so etwa in einer soziologischen Denkrichtung wie der der französischen Theoretiker der »Neuen Arbeiterklasse« oder in Vorstellungen von einem »Selbstverwaltungs-Sozialismus« (socialisme autogestionnaire). Die »cadres« als technisches Leitungspersonal ohne reale Entscheidungsgewalt sowie Teile der Studentenschaft (die künftigen »cadres«) waren von solchen Theorien besonders angezogen.

Die inhaltlichen Konvergenzen von antiautoritärem Linksradikalismus und Technokratismus führten im Mai auch zum vorübergehenden Bündnis zwischen der gauchistisch geführten Studentenbewegung und Teilen der Gewerkschaftsbewegung, vor allem der CFDT, in der sich die jüngeren Generationen von Technikern und »cadres« eher organisierten als in der CGT und die im Gefolge des Mai die »autogestion« in Betrieben und Institutionen zu einer ihrer Hauptforderungen machte.[70]

Organisatorisch war die Verbindung von Gauchismus und Technokratismus im PSU, der im Mai eine neue Hochphase erlebte, am sichtbarsten verankert. Einer der prominenten Sprecher der Pariser Studenten neben Cohn-Bendit, der UNEF-Vorsitzende Sauvageot, war PSU-Mitglied. In einer Figur wie dem damaligen Führer des PSU, Michel Rocard, später rechter Gegenspieler Mitterrands in der Sozialistischen Partei, verkörpert sich die Fähigkeit des Systems, die scheinradikale gauchistisch-technokratische »contestation« wieder zu integrieren.

3.4 Spezifische Gewaltvorstellungen im französischen Linksradikalismus

Wie in anderen Ländern so trug auch in Frankreich die Studentenbewegung viel zur Durchsetzung von Vorstellungen der marxistischen Revolutionstheorie bei: Eine grundlegende Veränderung der bestehenden Verhältnisse ist nur durch eine Entmachtung der herrschenden Klasse möglich, und diese erfolgt in der Regel gewaltsam; die Gewalt ist die Geburtshelferin der neuen Gesellschaft. Doch blieb diese Einsicht abstrakt; konkret wurde sie nur für historische Beispiele oder für Revolutionen in Ländern der Peripherie: China, Kuba, Vietnam. Die spezifischen Formen, die die gewaltsamen revolutionären Kämpfe in den entwickelten kapitalistischen Ländern annehmen würden, waren durch sie nicht bestimmt und mußten daher für jedes Land und seine besonderen Bedingungen erst noch gefunden werden.

Teile der französischen Studentenbewegung versuchten, diesen Definitionsprozeß voluntaristisch zu forcieren, und gelangten ideologisch und auch praktisch zu bestimmten Gewaltstrategien. Die Fixierung auf spezifische Gewaltvorstellungen war jedoch nicht allein Ergebnis theoretischer Überlegungen, sondern sie war in wesentlichem Maße geprägt von den besonderen historischen und aktuellen Formen, in denen soziale und politische Konflikte (insbesondere Arbeitskämpfe) in Frankreich ausgetragen zu werden pflegen. Bewußt oder unbewußt knüpften linksradikale Gruppen, die auf der Suche nach einer kurzfristig in die Tat umzusetzenden Gewaltstrategie waren[71], an solche vorgefundenen Formen an, indem sie sie teils übernahmen, teils voranzutreiben versuchten.

In Frankreich folgte dieser gewaltstrategische Definitionsprozeß beschleunigt unter dem Eindruck der Mai-Ereignisse. Zwei Formen gewaltsamer Konfliktaustragung wurden von den linksradikalen Studenten unmittelbar erlebt und gingen in ihren politischen Erfahrungsschatz ein: die Straßen- und Barrikadenkämpfe im Quartier Latin im Mai und die gewaltsamen Begleiterscheinungen der Arbeitskämpfe gegen Ende des Generalstreiks im Juni 1968.

STRASSEN- UND BARRIKADENKÄMPFE

Herausragende Ereignisse des Mai waren die Straßenkämpfe im Quartier Latin zwischen Studenten und Polizeieinheiten, die sich vom 3. über den 6. Mai zur berühmten Barrikadennacht vom 10. auf den 11. Mai steigerten und in den Straßenschlachten des 24. Mai und des 16. Juni ihre Fortsetzung fanden. Diese Barrikadenkämpfe endeten zwar stets mit dem Rückzug der Studenten vor der Polizei, wurden aber als Erfolg erlebt, da sie während der aufsteigenden Phase der Studentenbewegung zu einer massenhaften Solidarisierung und Mobilisierung unter den Studenten selbst, in den ersten Wochen des Mai zu einer Solidarisierung breiter Bevölkerungsschichten mit den Studenten, zu einer zunehmenden Solidarisierung durch die organisierte Arbeiterschaft, zu politischen Zugeständnissen von seiten der Regierung und schließlich zu einem Frankreich auf Wochen lahmlegenden Massenstreik führten.

Dieses überwältigende Erfolgserlebnis sistierte gleichsam den Barrikadenkampf als aussichtsreiche und weiterzuverfolgende Gewaltstrategie. Verstärkt wurde dies noch durch den bedeutenden Platz, den die Barrikade seit 1830, 1848 oder 1871 in der revolutionären Tradition und Imagerie Frankreichs einnimmt. In der revolutionären Vorstellungswelt der gauchistischen Studenten war das Bild der Barrikade als »Fixpunkt der Bewegung«[72] fest verankert, und dies dürfte ein zusätzliches Motiv dafür bilden, daß sie die Barrikade als konkrete Form des Klassenkampfes zu sehen und einzusetzen gewillt waren.

Von den historischen Barrikaden der Revolutionen des 19. Jahrhunderts unterschieden sich die Barrikaden des Mai allerdings dadurch, daß sie – trotz aller Brutalität und Heftigkeit, mit der die Straßenkämpfe ausgefochten wurden – keine Todesopfer forderten; geradeso, als habe es eine stillschweigende Übereinkunft gegeben, keine tödlichen Waffen einzusetzen. Auf jeden Fall bestand auf beiden Seiten die Einsicht, daß die Barrikaden nur provokativ-symbolisch gemeint waren und nicht der militärischen Verteidigung dienten. »Die Barrikaden sind keine militärischen Befestigungen, sondern Bestandteile eines Tests.«[73] Die Studenten wollten erproben, wie groß die Entschlossenheit der Staatsmacht war, ihr Gewaltmonopol durchzusetzen.[74]

Unter den Gauchisten waren es Teile der antiautoritären »Bewegung des 22. März« und der Maoisten der UJC (ml), die die im Mai vorherrschenden Formen gewaltsamen Konflikts in der Folgezeit am energischsten weiterzuführen versuchten. Ihnen war freilich der Unterschied zwischen der symbolischen Bedeutung der Barrikade (wie im Mai) und ihrem militärischen Einsatzwert bewußt. In ihrer Kritik und Selbstkritik an den die Studentenbewegung anführenden gauchistischen Gruppen[75] hoben sie mit besonderem Nachdruck deren Unfähigkeit hervor, die Straßenkämpfe nach dem 10. Mai, als ihr politischer Mobilisierungseffekt sich zu erschöpfen begann, von einem »defensiv«-symbolischen auf ein »offensiv«-militärisches Niveau zu heben. Der Übergang zu höheren Formen des Kampfes habe bei der Demonstration am 24. Mai erfolgen müssen.

Es sei in der damaligen Situation nicht mehr darum gegangen, symbolische Barrikaden zu errichten, um den repressiven Charakter des bürgerlichen Staates zu enthüllen und dessen moralische Entblößung in politische Zugeständnisse umzumünzen. Die nur symbolische Inbrandsetzung der Börse am Abend des 24. Mai habe keine offensive Funktion gehabt, den Gegner nicht getroffen und keinen Fortschritt im realen Kräfteverhältnis gebracht. Vielmehr sei eine militärische Konfrontation mit dem Repressionsapparat des bürgerlichen Staates möglich und notwendig gewesen.[76] Am 24. Mai sei es zwar noch nicht um einen revolutionären Aufstand zur Eroberung der Staatsmacht, aber doch schon um eine Eskalierung der Kämpfe, um eine Radikalisierung der Massenbewegung gegangen. Man habe mit dem ideologisch-repressiven Gewalttabu, das sowohl der bürgerliche Staat als auch die Kommunisten und die CGT errichtet hatten, brechen müssen, um die »phantastischen Kampfenergien der Massen« freizusetzen.[77] Aber auch die »Bewegung des 22. März«, die zu diesem Zeitpunkt die gewaltige Verantwortung einer revolutionären Avantgarde getragen habe, sei aus kleinbürgerlichem Dilettantismus und Antiautoritarismus und wegen der in ihr noch verbreiteten Neigung, aus der Aktion einen unmittelbaren Lustgewinn zu ziehen, ihrer Führungsaufgabe nicht gewachsen gewesen.

Diese Einschätzung der potentiellen Bedeutung der Straßenkämpfe im Mai gibt uns Aufschluß über die strategischen Vorstellungen einiger Führer der Mai-Bewegung, die die spontaneistisch-maoistischen Tendenzen im Gauchismus vertraten. Um den latenten Klassenkampf zum bewaffneten Widerstand gegen die

Staatsmacht und zum Volkskrieg steigern zu können und die in den Barrikadenschlachten sichtbar werdenden Kampfpotenzen der Massen freizusetzen, habe es einer entschlossenen Führung durch eine revolutionäre Avantgarde bedurft. Sei das zur Kontrolle des Volkes errichtete Gewalttabu erst einmal beiseite geräumt und »der Wille, den Sieg zu wagen«[78], geweckt, so sei der Weg zu einer revolutionären Eskalation frei.

Zeigte sich in diesem Räsonnement auch ein ausgeprägter Voluntarismus, für den die Neigung zum aktionistischen Vorpreschen symptomatisch war, so waren diesem Voluntarismus andererseits eben durch die realen Gegebenheiten, denen er seine Entstehung und Rechtfertigung verdankte, wieder Schranken gesetzt. Anknüpfungspunkt für die strategischen Projektionen der Gauche Prolétarienne waren konkrete, aber gleichzeitig begrenzte Formen gewaltsamer Konfliktaustragung, hinter denen jedoch wesentlich weitergehende und rasch zu entfaltende Kampfpotenzen vermutet wurden. Nun gehören in Frankreich – mehr oder minder politisch motivierte – Schlägereien und Straßenschlachten mit der Polizei eher zur Normalität sozialer Konfliktaustragung als vergleichsweise in Deutschland. Auch stoßen Gefechte mit den Ordnungskräften bei der Bevölkerung nicht immer und unbedingt auf entrüstete Verurteilung, im Gegenteil: Die aggressive Abwehr polizeilichen Einschreitens bei öffentlichem Protest kann unter Umständen sogar mit Beifall rechnen. In solche Reaktionen der Öffentlichkeit spielt eine spezifisch französische Einstellung zur Polizei, eine Mischung von Verachtung und Aggressivität gegenüber den »flics«, hinein, der diese – häufig auch schon präventiv – mit ressentimentgeladener Angriffslust begegnen.

Die antiautoritär-maoistischen Gauchisten hegten also einerseits die Illusion, diese gleichsam zur gesellschaftlichen »Normalität« gehörenden Formen gewaltsamen Konflikts rasch zum revolutionären Feuer entfachen und zur militärischen Konfrontation in den Straßen der Städte vorantreiben zu können; andererseits bewahrte sie ihre Massenorientierung, zu der sie aus den genannten politischen Mobilisierungserfolgen stark motiviert waren, davor, den Übergang zu »höheren Formen des Kampfes« im revolutionären Alleingang, d. h. im individuellen Terrorismus, suchen zu wollen.

Zumindest beim Vergleich mit der Bundesrepublik könnte man also zur scheinbar paradoxen Schlußfolgerung gelangen, daß die größere Häufigkeit oder »Normalität« von Gewalt bei politischen und sozialen Konflikten ein Hindernis gegenüber dem Entstehen von Terrorismus bildet. Diese Hypothese läßt sich freilich, wie auch der Gegenvergleich mit Italien zeigt, nur aufrechterhalten, wenn man nicht von Gewalt schlechthin, sondern von spezifischen Formen bzw. einem bestimmten Niveau von Gewalt spricht, und zwar einem solchen, bei dem *beide* Kontrahenten – zum Beispiel Demonstranten und Polizei – keine tödlichen Waffen einsetzen und vor allem auch nicht die Absicht haben, den Gegner tödlich zu treffen. (Was nicht ausschließt, daß es nicht doch zu Todesopfern kommt – wie etwa in Flins und Sochaux; entscheidend ist, daß die Kampfformen so angelegt sind, daß Todesopfer nach Möglichkeit vermieden werden.) Der mögliche Gegeneinwand, diese Hypothese werde durch das Beispiel Italien widerlegt, läßt sich also mit dem Hinweis auf eine andere Tradition gewaltsamer Konfliktaustragung entkräften, die sowohl die repressive Tötung bei öffentlichem Protest als auch den scheinbar »privaten« Mord, der gleichwohl soziopolitische Gründe hat, als wesentlich häufiger vorkommendes Phänomen kennt.[79]

Exkurs: Die Straßenkämpfe des Pariser Mai aus polizeilicher Sicht

Daß das Vorgehen der Polizei gegen die studentischen Demonstranten und Barrikadenbauer im Mai trotz aller Härte von der Absicht geleitet war, Todesopfer zu vermeiden, läßt sich nicht nur am Ergebnis ablesen, sondern auch an späteren Äußerungen damals Verantwortlicher, so z. B. des Polizeipräfekten von Paris während der Mai-Ereignisse, Maurice Grimaud, oder des damaligen Einsatzleiters im Quartier Latin, André Gavaud. Beide haben ihre Überlegungen über das Verhalten der Polizei im Mai in Veröffentlichungen festgehalten, die auch über ihre eigene Rolle während des Geschehens Aufschluß geben.[80]

Nach der Barrikadennacht vom 10. auf den 11. Mai gab Polizeipräfekt Grimaud am frühen Morgen, nachdem die letzten Barrikaden geräumt waren, eine Pressekonferenz, bei der er sagte, die Operationen hätten viel schneller abgewickelt werden können, wenn er den Eisatz »gewisser Mittel« erlaubt hätte.[81] Als Zeugen für die bei der Polizei in der Wahl ihrer Kampfmittel gesetzten Grenzen führt Grimaud den Publizisten und Schriftsteller Pierre Viansson-Ponté an, der in seinem Buch *Histoire de la République gaullienne*[82] zwar Kritik an der Brutalität der Polizei äußert, jedoch auch die Tatsache hervorhebt, daß in Frankreich im Unterschied zu anderen Ländern, in denen es zu Studentenunruhen kam, keine Schußwaffen eingesetzt wurden: »Zum Glück blieb man in Paris weit entfernt vom Repressionsstil der Polizei in Japan, Amerika oder Mexiko, die in einigen Fällen, selbst auf dem Campus, nicht gezögert hat, das Feuer auf eine Menge mit leeren Händen zu eröffnen...«[83] Obwohl Grimaud die Pariser Polizei gegen den Vorwurf verteidigt, sie sei in ihrer Härte gegen die Demonstranten zu weit gegangen, gibt er indirekt doch zu, daß die Gewaltanwendung von seiten der Polizei zuweilen besonders heftige Formen annahm. Zur Erklärung dieses Faktums spricht er von dem scheinbaren Paradox, »daß die Gewalt der Preis ist für den beiderseitigen Verzicht auf das Töten«.[84]

Während diese Gewalttheorie des Polizeipräfekten den generellen Kontext beleuchtet, in dem sich die Straßenkämpfe im Pariser Mai abgespielt haben, ist gleichzeitig sein Bemühen zu erkennen, in Begriff und Handeln zwischen »unvermeidlicher« und »unnötiger« Gewalt zu unterscheiden. Ähnlich wie die von Steinert untersuchten deutschen Polizeitheoretiker[85] ist Grimaud insofern ein »Reformer« oder »Liberalisierer«, als er jede unnötige Brutalität aus dem Verhaltensrepertoire der Polizei verbannen will. Der politisch-historische Hintergrund, vor dem dies geschieht, ist freilich ein anderer als in der Bundesrepublik: Grimaud selbst weist darauf hin, daß »die Spuren einer nicht allzu fernen Vergangenheit« – gemeint sind brutale, ja »faschistische« Praktiken während der Zeit des OAS-Terrors und danach – in der Polizeipräfektur noch nicht ausgelöscht waren.[86]

Eine der Maßnahmen, die Grimaud im Mai ergriff, bestand darin, dem Schikanieren und Verprügeln von Festgenommenen in den Polizeirevieren vorbeugend entgegenzuwirken. Hierzu gab er Anweisung, daß bei der Einlieferung und erkennungsdienstlichen Behandlung der Verhafteten ständig ein Kommissar der Polizeiinspektion sowie ein Sanitätsteam anwesend zu sein hatten. Diese Maßnahmen verraten freilich gleichzeitig, daß derartige Schikanen und Prügelpraktiken in französischen Polizeirevieren nichts Außergewöhnliches waren, was für die – im Vergleich etwa zur Bundesrepublik – unterschiedliche Einordnung von Gewalterfahrungen und das Ausmaß des erlebten Gewaltschocks ein wichtiger Bestimmungsfaktor gewesen sein dürfte.

Abgesehen von der faktischen Erfahrung polizeilicher Gewaltanwendung, die von den Studenten im Mai bis zu einem gewissen Grade erwartet und als gesellschaftlich »normal« empfunden werden konnte, wird für ihre politische Reaktion auf die Mai-Ereignisse auch ihre Wahrnehmung dessen bestimmend gewesen sein, was ihnen als polizeiliche Einstellung zu ihrem Protest erkennbar wurde. Auch wenn die Urteile und ideologischen Positionen etwa des Polizeipräfekten nicht als repräsentativ für die Haltung jedes einzelnen Polizisten zu den demonstrierenden Studenten gelten können, so haben sie sicherlich das Klima der Auseinandersetzungen beeinflußt und vor allem die Nuancen des Bilds geprägt, das die Protestierenden als ihr Heterostereotyp bei den Ordnungskräften vermuten konnten. Dieses Fremdbild war mitgeprägt von der Reaktion, die die Studenten im Mai generell in Politik und Öffentlichkeit erfuhren. Tatsächlich können wir eine Reihe von Übereinstimmungen zwischen den Äußerungen der beiden genannten hohen Polizeibeamten und der Resonanz der Studentenbewegung in der öffentlichen Meinung feststellen.

Ganz allgemein fällt bei der Lektüre der Bücher von Grimaud und Gavaud auf, daß ihre Beurteilung der Studentenbewegung im wesentlichen eine politische und nicht – wie etwa bei den von Steinert zitierten deutschen Polizeistrategen – eine psychologisierende oder gar kriminalisierende und stigmatisierende ist. Dies läßt sich an ihrer Einschätzung verschiedener Aspekte des Jugend- und Studentenprotests im Mai ablesen.

Grimaud und Gavaud sehen die demonstrierenden Studenten und Schüler im Quartier Latin nicht lediglich als massenpsychologisches Phänomen, sondern gehen auch den Ursachen, Anlässen und Zielen der Bewegung nach. Daß sie für einige dieser Ziele Verständnis aufbringen, ja gar mit ihnen sympathisieren, ist dabei für den politischen Charakter ihrer Beurteilung weniger wichtig als die Tatsache, daß sie überhaupt auf die Gründe der Unzufriedenheit der Studenten eingehen.[87] Wie viele andere Autoren sieht Grimaud eine der tieferliegenden Ursachen der Mai-Bewegung in der moralischen Krise der Konsumgesellschaft, in der Kluft zwischen der jungen Generation und den »maitres de l'argent«, die das Land beherrschen und mit der Komplizität des Staates rechnen können.[88]

Einsatzleiter Gavaud äußert in seinem Buch ebenfalls mehrfach sein Verständnis für die Anliegen der Studenten (zumal sich sein

Sohn »auf der anderen Seite der Barrikade« befand). Der Anlaß, der die Studentenrevolte auslöste, nämlich die polizeiliche Räumung der Sorbonne am 3. Mai mit nahezu 600 Verhafteten, wird von ihm in einem rekonstruierten Gespräch mit einem studentischen Barrikadenbauer als Fehler anerkannt.[89]

Manchmal ist der Ton, der bei Gavaud durchklingt, wenn er über die Motive »der Jungen« spricht, eher paternalistisch; doch beide Autoren nehmen die Studentenbewegung in ihren Ursachen und politischen Zielen offensichtlich ernst und tun sie nicht als irrational ab. So erscheint bei ihnen auch die *Aggressivität* der Demonstranten nicht als schlichtes Produkt eines »erregenden Moments«[90], sondern aus Anlässen und Zielen erklärbar und begründbar.

Die Führer der Demonstranten werden von Gavaud[91] und Grimaud[92] nicht als »Leithammel« einer dumpf hinterherlaufenden Herde, sondern als intelligente und politisch talentierte junge Männer dargestellt, die die Probleme, die Kritik und die Ziele der von ihnen repräsentierten Schüler und Studenten adäquat zum Ausdruck bringen.

Beide Autoren halten den Verdacht der Fremdsteuerung und Unterwanderung der Mai-Bewegung für unbegründet und weisen statt dessen auf deren Spontaneität und Autonomie in Motivation und Führung hin. Der Vorwurf der Fremdsteuerung wurde vor allem von Raymond Marcellin erhoben, den de Gaulle am 30. Mai zum Innenminister gemacht hatte. Gavaud mokiert sich über die von Marcellin unterstellten »teuflischen Machenschaften, die ferngesteuert wurden aus der Verbotenen Stadt Peking oder die von der Trikontinentalen in La Habana schlau ausgeheckt worden waren«.[94]

Noch expliziter nimmt Grimaud zum Thema der »Unterwanderung« Stellung: »Nach meiner Ansicht waren die Demonstrationen, denen wir beiwohnten, weitgehend spontan. Von verschiedenen Seiten begann man darauf zu bestehen, daß die Geschehnisse, deren Schauplatz Paris war, von geheimen Dirigenten ferngelenkt wurden. Das war weder mein Empfinden noch das der Leiter der Polizei, und es genügte, die Ereignisse aus der Nähe zu erleben, um den Eindruck einer großen Spontaneität zu gewinnen.«[95]

Bei Grimaud finden sich auch einige interessante Bemerkungen über die Notwendigkeit einer genauen und konkreten Kenntnis der Bevölkerung und ihrer Protesttraditionen, wenn die Polizei bei Demonstrationen und Unruhen das richtige Verhaltensmaß zur Meisterung von schwierigen Situationen wählen will: »Die Polizeikommissare der Stadt... kennen die empfindlichen Punkte, die schnell ins Sieden geratenden Hochschulen, die Telefonzentralen und die Stadtbahn-Depots, die bei Streiks schneller als die anderen die Arbeit niederlegen, die Stunden, während denen man in der Umgebung von Saint-Lazare nicht mehr einschreiten darf, und diejenigen, während denen man sehr wohl präsent sein muß. Paris hat eine derartige Geschichte von Unruhen, Kundgebungen, Erhebungen und Aufständen, daß seine Polizei mehr Erfahrung als jede andere in der Welt gesammelt hat... Ich halte es für wesentlich, daß diejenigen, die Tag für Tag die Polizeikräfte in Paris befehligen müssen und die vor allen Dingen aufgerufen werden können, sie unter so dramatischen Umständen wie im Mai und Juni 68 zu befehligen, eine umfangreiche, subtile und langerworbene Kenntnis des emotionalen, politischen und sozialen Klimas der Stadt haben müssen.«[96] Die zitierte Passage illustriert eindrucksvoll, daß der Polizeipräfekt von Paris weniger auf abstrakte massenpsychologische (Pseudo-)Theorien über das Verhalten »akuter Massen«, sondern vielmehr auf historisch-konkrete und damit auch viel eher politische Erfahrungen über den richtigen Umgang mit protestierenden Menschenmengen setzte.

In Übereinstimmung mit ihrer Gesamtbeurteilung der Studentenbewegung im Mai als einem politischen Phänomen mit rationalen Gründen, Zielen und Verhaltensweisen halten Grimaud und Gavaud weder etwas von umstandsloser Repression noch von irgendwelchen psychologischen Rezepten zur Entspannung von »Massenpsychosen«, sondern betonen mehrfach, daß sie sich viel vom Dialog mit den Demonstranten, durchaus im Sinne eines »Appells an die Vernunft«, versprechen. Dabei sind sie sogar bereit zuzugeben, daß die Studenten manchmal die besseren Argumente auf ihrer Seite haben.[97] Aufsehen erregte es, daß Polizeipräfekt Grimaud sich persönlich mehrmals an den Schauplatz des Geschehens im Quartier Latin begab und mit Studenten und mit ihnen sympathisierenden Professoren diskutierte.[97]

Polizeipräfekt Grimaud und Einsatzleiter Gavaud sind sich jedoch beide bewußt, daß der auf Demonstranten und Polizei beschränkte Dialog schnell an seinen Grenzen stößt und daß im selben Maße, wie die Beweggründe und Forderungen der Studentenbewegung politische sind, auch politische Antworten gegeben werden müssen. Sie erkennen also den Primat der Politik gegenüber der Rolle der Polizei bei der Lösung des Problems, wie mit einer protestierenden Menge umzugehen sei, an und beziehen aus dieser Einsicht auch ihre Kritik am Verhalten der politischen Verantwortlichen, die vor allem in den ersten Wochen der Mai-Bewegung sich hinter der Polizei verschanzten und meinten, ohne klare politische Entscheidung die Bewegung eindämmen zu können. Besonders offensichtlich wurde dieses Fehlen einer Politik den Studenten gegenüber in der Nacht vom 10. auf den 11. Mai, während der zwischen Studentenführern und universitären und staatlichen Autoritäten stundenlange Verhandlungen geführt wurden, die dann um zwei Uhr früh ergebnislos abgebrochen wurden, worauf vom Innenminister der Befehl zum Sturm der inzwischen aufgetürmten Barrikaden erging.[99] Grimaud ist in diesem Punkt besonders kritisch, weil er die Polizei angesichts einer schwankenden Haltung der Regierung für überfordert hält: »Die Unschlüssigkeit der Staatsgewalt war zu sehr erkennbar, um bei der Polizei, die die klaren Situationen liebt, nicht eine echte Unzufriedenheit hervorzurufen.«[100]

Gewaltsame Begleiterscheinungen von Arbeitskämpfen

Neben den Straßen- und Barrikadenkämpfen des Pariser Mai waren für die Fixierung eines Teils der gauchistischen Studenbewegung auf spezifische revolutionäre Gewaltstrategien einige gewaltsame Episoden in der Phase des Abebbens und der erzwungenen Beendigung des Generalstreiks von entscheidender Bedeutung.

Unter diesen Gewaltepisoden ragen die Arbeitskämpfe in den Renault-Werken von Flins bei Paris und in den Peugeot-Werken von Sochaux-Montbéliard heraus; sie haben offenbar die stärkste Nachwirkung bei den Gauchisten hinterlassen. Nicht nur objektiv läßt sich eine Linie von Flins und Sochaux zu den Strategievorstellungen und Aktionsformen der späteren Gauche Prolétarienne, der militantesten linksradikalen Organisation im Nachmai, ziehen; auch subjektiv knüpfte die Gauche Prolétarienne an Flins als einen Wendepunkt in den Kämpfen der Arbeiterklasse und als Geburtsstunde ihrer Bewegung an. So stellte *La Cause du Peuple*, die Zeitung der Gauche Prolétarienne, im Juli 1969 rückblickend fest, erst seit Flins gebe es in Frankreich eine maoistische Organisation.[101] In der Schrift *Vers la guerre civile* von Geismar, July und

Morane, die auf die Strategie der Gauche Prolétarienne großen Einfluß ausübte, heißt es sogar, mit dem Widerstand von Flins habe eine neue proletarische Tradition in Frankreich begonnen.[102]

Der »proletarische Widerstand« in Flins entzündete sich an der Besetzung der Renault-Fabrikanlagen durch CRS-Einheiten am Morgen des 6. Juni. Dem war der vergebliche Versuch der Firmenleitung vorausgegangen, die Belegschaft durch eine intensive Überredungs- und Einschüchterungskampagne zur Wiederaufnahme der Arbeit zu bewegen. Offenbar war es das Kalkül der Unternehmer und der Regierung, die Streikfront an einem relativ schwachen Punkt zu brechen. Das Renault-Werk von Flins war eine erst wenige Jahre zuvor errichtete Produktionsstätte mit einem hohen Belegschaftsanteil an Ausländern und ehemaligen Bauern und Bauernsöhnen aus dem Hinterland und der Normandie; der gewerkschaftliche Organisationsgrad war gering. Für eine polizeiliche Machtdemonstration der Regierung bot sich Flins auch deshalb an, weil es etwa 50 km außerhalb von Paris in einer ländlichen Umgebung lag und dadurch leichter von Solidaritätsaktionen der Pariser Bevölkerung zu isolieren war als etwa das Renault-Hauptwerk in Paris-Billancourt. Eine Beendigung des Streiks bei Renault mußte auf die gesamte Streikbewegung im Lande eine demobilisierende Wirkung haben.

Am Tag nach der Besetzung und Absperrung der Fabrik durch die CRS fand, organisiert durch die Gewerkschaften CGT und CFDT, eine Protestversammlung von etwa 8000 Arbeitern statt, um den Rückzug der CRS und die Aufnahme der Lohnverhandlungen zu fordern. Auf dieser Versammlung kam es zu ersten Auseinandersetzungen zwischen den CGT-Gewerkschaftern und Mitgliedern der maoistischen UJC (ml), von denen einige schon vor dem Mai als »revolutionäre Arbeiter« in die Renault-Werke von Flins eingetreten waren. Die Gauchisten verlangten Rederecht für Alain Geismar, den damaligen Vorsitzenden der Hochschullehrergewerkschaft SNESup und einen der kommenden Führer der Gauche Prolétarienne, sowie für einen Sprecher der »Bewegung des 22. März«. Die CGT war dagegen, setzte sich aber nicht durch, da ein Teil der Arbeiter die Studenten sprechen lassen wollte.

Von den Maoisten der UJC (ml) und den Studenten der »Bewegung des 22. März« wurde die Tatsache, daß ihre Vertreter vor dieser Arbeiterversammlung sprechen konnten, als ein großer Erfolg und als Niederlage der »revisionistischen« CGT aufgefaßt; es war für sie ein Zeichen für die entschlossene Kampfbereitschaft der Arbeiter, die im Gegensatz gestanden habe zu den »reformistischen und abwieglerischen Manövern« der CGT.

Der weitere Verlauf der Ereignisse schien diese Einschätzung zu bestätigen. Ein Teil der versammelten Belegschaft und die anwesenden Studenten zogen vor die Fabrik, um die Streikposten zu verstärken. Ob provoziert oder nicht, die vor den Werktoren postierten CRS-Einheiten griffen die Demonstranten mit Tränengas und Schlagstöcken an und versuchten, das Gelände in einem Umkreis von mehreren Kilometern um die Fabrik zu räumen. Damit hatte die »Schlacht von Flins«, die sich über vier Tage hinziehen sollte, begonnen.[103]

In Paris formierte sich noch am 6. Juni die Unterstützung für die ausgesperrten Arbeiter von Flins. Die Pariser Aktionskomitees der Studentenbewegung, die maoistische »Bewegung zur Unterstützung der Volkskämpfe« und die »Bewegung des 22. März« riefen zur Solidarität auf und waren – über das in der Ecole des Beaux-Arts tagende »ständige Mobilisierungskomitee« – besonders aktiv bei der Koordinierung von Transportmöglichkeiten nach Flins. Trotz inzwischen errichteter Straßensperren der Polizei konnten sich Hunderte von Studenten und Schülern bis ins Kampfgebiet um Flins durchschlagen.

Eher als einer »Schlacht« ähnelten die Kämpfe von Flins freilich einem Räuber-und-Gendarm-Spiel, bei dem die Gendarmen auf der Jagd nach kleinen Gruppen von Studenten und Arbeitern waren, um diese über die Felder aus der Umgebung der Renault-Werke zu vertreiben. Die Demonstranten versuchten ihrerseits, hinter die Linien der im Umkreis von mehreren Kilometern um die Fabrik operierenden CRS-Einheiten vorzudringen. Bei diesen Verfolgungsjagden, bei denen auch Hubschrauber eingesetzt wurden, ging die Polizei rücksichtslos vor, und es gab viele Verletzte.

Am 10. Juni ertrank der Schüler Gilles Tautin, Mitglied der UJC (ml), auf der Flucht vor der Polizei in der Seine. Die CRS zog sich nun aus Besorgnis vor unkalkulierbaren Reaktionen der Öffentlichkeit aus Flins zurück. Am 11. Juni besetzten mehrere hundert Arbeiter, darunter die »proletarischen Gewerkschafter« der UJC (ml), die Fabrik von neuem und hißten die rote Fahne. Für sie war dies ein Sieg nicht nur über die Polizei, sondern auch über die »Gewerkschaftsbonzen« von CGT und CFDT, denen an diesem Tag der Eintritt in die Werkshallen verwehrt wurde. Erst am 18. Juni wurde in Flins die Arbeit wieder aufgenommen, nachdem die Empfehlung der CGT für die Annahme der Ergebnisse der Lohnverhandlungen eine knappe Mehrheit in der Belegschaft erhalten hatte.

In den Peugeot-Werken von Sochaux-Montbéliard [104] waren die Kämpfe vielleicht noch erbitterter als in Flins. Ausgelöst wurden sie am Tag der Wiederaufnahme der Arbeit (10. Juni) durch die Information, die Werksleitung wolle die Produktionsausfälle während des Streiks durch Samstagarbeit und Beschleunigung des Arbeitstempos an den Montagebändern ausgleichen. Die Arbeiter legten die Arbeit nieder; auf einer Belegschaftsversammlung wurden auf Vorschlag von CFDT und CGT der erneute Streik und die Besetzung der Fabrik beschlossen. CRS-Einheiten räumten zwar in der Nacht das Werk und quartierten die Streikwachen aus; doch am folgenden Tag versuchten Tausende von Arbeitern, das Fabrikgelände zurückzuerobern. Es kam zu heftigen Auseinandersetzungen mit den CRS-Truppen, in deren Verlauf zwei Arbeiter getötet wurden, einer davon durch eine auf die Menge abgegebene Salve aus einer Maschinenpistole, die außerdem mehrere Verletzte forderte.

Die Polizeieinheiten gerieten aufgrund der dadurch ausgelösten Empörung und der zahlenmäßigen Überlegenheit der Arbeiter, die von den Belegschaften anderer Fabriken aus der Umgebung Unterstützung erhielten, derartig in Bedrängnis, daß sie sich am Abend des 11. Juni aus den Peugeot-Werken wieder zurückzogen. Dreihundert junge Arbeiter besetzten die Fabrik, die bald danach von den Gewerkschaften wieder geräumt und unter Bewachung gestellt wurde, um den aufkommenden spontanen Zerstörungen und Plünderungen (die die Fabrik stürmenden jungen Arbeiter ließen z. B. im Peugeot-Kasino Ströme von Sekt auslaufen) ein Ende zu bereiten. Nach den Ereignissen vom 11. Juni blieb das Peugeot-Werk von Sochaux noch zehn Tage geschlossen.

Auch wenn sich die Kämpfe in Sochaux ohne nennenswerte Beteiligung gauchistischer Gruppen abgespielt hatten – nur eine kleine Zahl von Studenten war aus Besançon gekommen –, buchten vor allem die Maoisten den spontanen Widerstand der Peugeot-Arbeiter gegen die Aussperrung als Erfolg und Bestätigung ihrer Strategie. In Darstellungen der Gauche Prolétarienne über Sochaux[105] wird die Kampfentschlossenheit der Arbeiter hervorgehoben, die von der »mit der Bourgeoisie kollaborierenden« CGT verraten worden seien. In entscheidenden Momenten sei die CGT den Arbeitern mit ihrer versöhnlerischen Haltung gegenüber den »patrons« und der Polizei in den Rücken gefallen; sie habe es unterlassen, den Widerstand aktiv zu organisieren, und statt dessen die »revolutionäre Gewalt« der Arbeiter als »Provokation« und »Abenteurertum« denunziert.

Die wegweisende Interpretation der Arbeitskämpfe von Flins und Sochaux durch die antiautoritär-maoistische Richtung der Studentenbewegung, die organisatorisch in die Gauche Prolétarienne mündete, fand einige Monate später Ausdruck – wie auch bei der Analyse der Straßenkämpfe des Mai – in der Schrift *Vers la guerre civile* von Geismar, July und Morane. Die Perspektive des proletarischen Bürgerkriegs, die sich nach Ansicht der Autoren von *Vers la guerre civile* im Mai eröffnete, gründete sich auf die folgenden, in Flins und Sochaux angeblich zum Durchbruch gelangten Tendenzen in der Entwicklung der Kämpfe der Arbeiterklasse und der Studenten:

1. Die Arbeiterklasse ist zum bewaffneten Kampf bereit. Sie bricht das Gewalttabu und beginnt in militärischen Kategorien zu denken. In Flins und Sochaux wurde die militärische Auseinandersetzung in letzter Konsequenz nur vermieden, weil eine politische Perspektive fehlte. Der Wille zum Kampf war vorhanden, die Fähigkeit zu siegen, noch nicht.[106]

2. In Flins und Sochaux haben die Arbeiter die ideologische Hegemonie von KPF und CGT abgeschüttelt; nach Geismar, July und Morane haben sie die versöhnlerische und kollaborationistische Politik der Revisionisten durchschaut, von denen sie bislang ideologisch und materiell entwaffnet und kampfunfähig gemacht worden seien.[107] Flins und Sochaux bedeuteten aber auch den Bruch mit der halbherzigen Linie des kleinbürgerlichen Gauchismus, der – politisch vertreten durch die »Strategie PSU-CFDT-UNEF-JCR«[108] – eine Zeitlang die Oberhand in der Mai-Bewegung gewonnen hatte.[109]

3. In Flins haben die Arbeiter die Unterstützung der Studenten für ihren Kampf akzeptiert, mehr noch: Nach Einschätzung von Geismar et al. ist es zu einer »Verschmelzung« von Arbeiterbewegung und Studentenbewegung im Kampf gegen Reaktion und

Revisionisten gekommen. Die Revisionisten von CGT und KPF konnten dies trotz aller Bemühungen nicht verhindern. In gewissem Sinne seien die Studenten die »Geburtshelfer« des proletarischen Widerstands gewesen. Strategisch komme der Arbeiterklasse die Führung im Kampf zu, doch hatten die Arbeiter von Flins den Studenten in taktischer Hinsicht die Führung überlassen.

4. Die konsequentesten Teile der Studentenbewegung, insbesondere die »Bewegung des 22. März« und die UJC (ml), haben im Lauf der Maikämpfe und vor allem in Flins ihre kleinbürgerlichen Vorbehalte gegen die proletarische Gewalt überwunden. Im Mai habe eine »Verwandlung« (»metabolisme«) stattgefunden: Die, die nach Flins kamen, um am Kampf teilzunehmen, taten dies nicht in ihrer Eigenschaft als *Studenten,* sondern in ihrer Eigenschaft als *revolutionäre Kämpfer.* Die Studenten, Lehrer, Künstler usw., die in Flins mitkämpften, begingen einen Bruch mit ihrer Herkunft, sie warfen ihren Status als bürgerliche Intellektuelle ab und ergriffen tätig Partei für die Revolution.[110]

Eine Form dieses »ethisch-ideologischen Bruchs« bestand darin, das Studium oder den intellektuellen Beruf aufzugeben und eine Anstellung als Industriearbeiter zu suchen. Dies hatten vor allem die Mitglieder der UJC (ml) schon seit 1967 praktiziert. Als »proletarische Gewerkschafter« traten sie in die CGT ein, um diese für eine revolutionäre, klassenkämpferische Linie zurückzugewinnen. Im Mai-Juni spielten die »proletarischen Gewerkschafter« von Flins die Rolle eines Verbindungsglieds zwischen Arbeitern und Studenten. Allerdings haben sie in ihrem Eifer, die Autonomie und Führungsrolle der Arbeiter zu wahren, den revolutionären Beitrag der Studenten nicht genügend gewürdigt und sie von den Arbeitern zu isolieren versucht. Die von außen hinzustoßende »Bewegung des 22. März« habe aber den Arbeitern das Bewußtsein gegeben, daß ihr Kampf sich in eine allgemeine Bewegung einfüge, und ihm so eine revolutionäre Dimension verliehen.[111]

Aus diesen, in Flins und Sochaux angeblich freiwerdenden Tendenzen glaubten die antiautoritären Maoisten die Erwartung ableiten zu können, daß sich die proletarischen Kämpfe in naher Zukunft zum Bürgerkrieg steigern würden.[112]

In der Interpretation der Autoren von *Vers la guerre civile* ist unschwer das Bemühen zu erkennen, den Studenten und Intellektuellen einen aktiven Part in der Weiterentwicklung der proletarischen Kämpfe bis hin zum Bürgerkrieg und zur Revolution zuzuweisen. Die Führungsrolle der Arbeiterklasse wird zwar immer wieder betont, aber in bestimmten argumentativen Wendungen wird dann doch sichtbar, daß es die »intellektuellen Arbeiter« sind, die beim Vorantreiben des Prozesses an vorderster Stelle mitzuwirken haben: als antiautoritäre Rebellen, die auf die hierarchisch-repressiven Momente des bürgerlichen Systems aufmerksam machen; als »proletarische Syndikalisten«, die die Revisionisten entlarven und den Organisationen der Arbeiterklasse wieder ihre revolutionäre Bestimmung geben; als »revolutionäre Kämpfer«, die ihren Status als bürgerliche Intellektuelle ablegen und zu »Geburtshelfern« der gewaltsamen Aktion werden.

Studenten und Intellektuelle verfügen danach also über revolutionäre Handlungsmöglichkeiten innerhalb oder an der Seite der Arbeiterklasse. Doch bedürfe es der Schaffung eines, wenn auch provisorischen, revolutionären »Zentrums«, um die Proletarisierung der Kämpfe weitertreiben zu können. In diesem Zentrum schlössen sich die fortgeschrittenen Elemente der intellektuellen und der manuellen Arbeiter zusammen. Der antiautoritäre Kampf der intellektuellen Arbeiter habe weiterhin einen großen politischen Wert, da er das Autoritätsprinzip, das Gerüst des gesamten Herrschaftssystems, unterhöhle. So werde die Verschmelzung der revolutionären Fraktion der Studenten und der proletarischen Fraktion der Arbeiter zum »Schlüssel der Revolution in Frankreich«.

Das Erlebnis von Flins und die Ereignisse in Sochaux haben es den radikalsten Gruppen der Mai-Bewegung auf diese Weise ermöglicht, das Proletariat als revolutionäres Subjekt zu erkennen – und zwar nicht nur theoretisch aus der Lektüre der Klassiker des Marxismus, sondern in der Praxis – und gleichzeitig sich selbst eine aktive Rolle im revolutionären Kampf zuzuweisen. Die Erfahrung einer bestimmten Praxis des Klassenkampfes ließ nach ihrer Ansicht die Extrapolation dieser Praxis in die Zukunft zu, begleitet von der Erwartung, die vorgefundenen konkreten Aktionsformen seien nur das Vorspiel einer Kampfetappe, in der der proletarische Bürgerkrieg auf der Tagesordnung stehe. Studenten und Intellektuelle würden als »revolutionäre Kämpfer« oder als »proletarische Gewerkschafter« Erhebliches zur Zuspitzung der Kämpfe beitragen; damit war ihnen eine politische Perspektive und eine konkrete Handlungsorientierung gegeben.

Auch hier begegnen wir – wie bei der antiautoritär-maoistischen Interpretation der Straßen- und Barrikadenkämpfe des Mai – wieder der Illusion, daß bestimmte Formen gewaltsamer Konfliktaustragung, deren Violenz aber Grenzen hat und die zur Tradition und gewissermaßen zur »Normalität« von Arbeitskämpfen gehören, in historisch kurzer Frist zu höheren Formen des Kampfes, zur bewaffneten Auseinandersetzung mit Repressionsorganen des bürgerlichen Systems und zum Bürgerkrieg, gesteigert werden könnten – wenn nur ein »revolutionäres Zentrum« sich organisiert habe, das, unter wesentlicher Beteiligung revolutionärer Intellektueller und Studenten, die bevorstehenden Kämpfe einer strategischen Führung unterordne.

Die Gauche Prolétarienne als Produkt der Vereinigung der radikalsten Strömung der Mai-Bewegung hat in der Folgezeit versucht, den Weg zu gehen, der durch die hier resümierte Interpretation der Kämpfe im Mai-Juni 1968 gewiesen wurde. Die Entwicklung dieser Organisation zeigt, daß sie in eine Sackgasse geriet. Ihre Erwartung einer zunehmenden, vom Proletariat getragenen Radikalisierung der Arbeitskämpfe sollte sich auch nach mehreren Jahren revolutionärer Bemühungen nicht erfüllen; aber ihre Orientierung auf die Arbeiterklasse als dem revolutionären Subjekt hinderte sie daran, den Weg in den Bürgerkrieg nur als das Werk entschlossener revolutionärer Einzelgänger und klandestin-isolierter terroristischer Gruppen zu betrachten.

4. Linksradikalismus im Nachmai: Die antiautoritären Maoisten

Eine der »ideologischen Leistungen« der Studentenbewegung war die Wiederentdeckung der politischen Rolle der Gewalt. An der damals neu belebten Gewaltdiskussion waren linksradikale Gruppen in Frankreich ebenso engagiert beteiligt wie in Italien und in der Bundesrepublik. Organisationen wie die Rote Armee Fraktion und die Roten Brigaden wurden im gauchistischen Milieu Frankreichs mit Sympathie betrachtet; vor allem die antiautoritären Maoisten und ihr organisatorischer Kern, die Gauche Prolétarienne, erhoben bald nach dem Mai 68 den Übergang zum bewaffneten Kampf zum strategischen Ziel. Aus einer kurzschlüssigen Anwendung allgemeiner Sätze der marxistisch-leninistischen und maoistischen Revolutionstheorie auf die französischen Verhältnisse und über eine eigenwillige Interpretation einiger Gewaltepisoden der Mai-Juni-Revolte entwickelten die antiautoritären Maoisten ihre spezifische Gewaltstrategie: Die revolutionäre Avantgarde sollte sich in real vorhandene Konflikte – vor allem solche, die der »despotischen«, also autoritär-repressiven Natur des Kapitalismus entsprangen – einschalten und diese über mehrere Stufen der Gewaltanwendung in historisch kurzer Frist bis zum revolutionären Bürgerkrieg steigern.

Diese Strategie eines forcierten Weitertreibens von spontanen gesellschaftlichen Konflikten bis zum bewaffneten Kampf trug der Gauche Prolétarienne von anderen gauchistischen Gruppen, wie den Trotzkisten, und sogar von konkurrierenden maoistischen Organisationen die Kritik ein, sie verfolge eine »anarcho-syndikalistische«, eine »militärische« oder gar »terroristische« Linie.[113]

Weshalb aber glitt die Gauche Prolétarienne trotz ihrer explizit auf den bewaffneten Kampf angelegten Strategie nicht in den Terrorismus ab? Weshalb brachte sie trotz »günstiger« ideologischer Voraussetzungen keine terroristischen Aktions- und Organisationsformen hervor? Die Analyse der Interpretation, die die antiautoritären Maoisten den Ereignissen des Mai-Juni gegeben haben, hat schon gezeigt, daß ihre Massenorientierung, das heißt ihr Bestreben, sich nicht zu weit von den realen gesellschaftlichen Kämpfen zu entfernen, gewisse Hemmschwellen für den Übergang zum isolierten terroristischen Agieren gelegt hatte.

Zur Erklärung reicht der Hinweis auf solche ideologischen Prädispositionen, die in Diskrepanz zum tatsächlichen Handeln geraten können, freilich nicht aus. Eine Reihe von gesellschaftlich-politischen Umständen, die die Entwicklung der Gauche Prolétarienne begleiteten, kam hinzu und wirkte ebenfalls der terroristischen Option entgegen. Dies läßt sich besonders in bestimmten Krisenmomenten erkennen, in denen die antiautoritären Maoisten vor eine Entscheidung über ihr weiteres Vorgehen gestellt waren. An solchen Wendepunkten ihrer organisatorischen Entwicklung treten die spezifischen Umstände und verstehbaren Gründe für das Ausschlagen der naheliegenden Option des Terrorismus deutlicher zutage. Gleichzeitig wird erkennbar, welche strategischen Alternativen zum Terrorismus den antiautoritären Maoisten in ihrer konkreten gesellschaftlich-politischen Umwelt in solchen Krisenmomenten zu Gebote standen; Alternativen, die es ihnen trotz Änderung in der eingeschlagenen Linie erlaubten, nach außen hin, vor allem aber der eigenen Gruppe und sich selbst gegenüber ein hohes Maß an Kohärenz mit den bisherigen Zielen und Prinzipien zu bewahren.

In der Entwicklung der antiautoritär-maoistischen Strömung im französischen Linksradikalismus gab es drei solcher historischer Wendepunkte oder Krisensituationen, in denen jeweils eine erneute Entscheidung über die weitere Strategie, insbesondere über die Gewaltfrage, anstand. Diese Situationen bildeten sich stets dann heraus, wenn die bisherige Vorgehensweise, sei es durch ein Abebben der Bewegung, sei es durch staatliche Repression, sei es durch beides zusammen, nicht mehr mit Aussicht auf Erfolg weitergeführt werden konnte, also in den Augen ihrer Akteure blockiert war.

Die erste Entscheidungssituation war nach dem Ende der Mai-Juni-Revolte entstanden; die zweite in der Zeit des Verbots der Gauche Prolétarienne, der Verhaftung ihrer Führer und der ständigen Beschlagnahmung ihrer Zeitung *La Cause du Peuple* (im Mai 1970); die dritte nach der Ermordung des maoistischen Arbeiters Pierre Overney im Februar 1972. Wie wurden diese Krisen politisch verarbeitet?

4.1 Juni 1968 – Mai 1970

Die Untersuchung der Interpretation, die die antiautoritären Maoisten der Mai-Juni-Revolte, insbesondere den Straßenkämpfen und einigen Gewaltepisoden bei Arbeitskämpfen, gegeben haben, hat gezeigt, daß sie durchaus vorwärtsweisende, ja optimistische Schlußfolgerungen aus den Mai-Ereignissen gezogen hatten; zwar war der Generalstreik ohne nennenswerte Veränderungen in den kapitalistischen Produktionsbedingungen zu Ende gegangen; die »Revisionisten« hatten dafür gesorgt, daß schließlich nur ein paar Prozent Lohnerhöhung herauskamen. De Gaulle saß wieder fest im Sattel, ja, nach seinem hohen Wahlsieg über die traditionelle Linke scheinbar fester denn je. Aber man hatte wohl kaum erwarten können, daß die Revolution im ersten Anlauf siegen würde, um so weniger, als eine wahre revolutionäre Kraft, die mit dem Revisionismus und mit den kleinbürgerlichen Abwieglern gebrochen hätte, noch nicht vorhanden war. Freilich, die UJC (ml) hatte einen großen Fehler begangen, indem sie die wahre Bedeutung der Studentenrevolte nicht rechtzeitig erkannt und sich zu spät in die Kämpfe eingeschaltet hatte; wäre sie, als »stärkste Studentenorganisation«, von den ersten Tagen an mit auf den Barrikaden gestanden, so hätten die Dinge vielleicht einen anderen Lauf genommen...

Andererseits hatten Flins und Sochaux bewiesen, daß die Arbeiterklasse zum Kampf, auch zum bewaffneten, bereit war und – fast wichtiger noch – daß es möglich war, das Organisationsmonopol der Revisionisten über die Arbeiterschaft zu durchbrechen und eine »Verschmelzung« von revolutionären Studenten und Proletariat herbeizuführen. »Ce n'est qu'un début, continuons le combat«[114] oder »On a reculé, mais reculé pour mieux sauter«[115]: Solche Parolen entsprachen einer verbreiteten Stimmung und waren damals noch keine Beschwörungsformeln, die die Zweifel über die Aussichten der Bemühungen um die Revolution übertönen sollten.

Den politischen Perspektiven, die sich den antiautoritären Maoisten auftaten, konnte auch das Organisationsverbot nichts anhaben, das de Gaulles neuer Innenminister, der als Verfechter einer harten Linie bekannte Raymond Marcellin, am 12. Juni über die UJC (ml), die »Bewegung des 22. März« und weitere sechs gauchistische Organisationen verhängt hatte. Die Bedingungen dafür, daß dieses Verbot die weitere Aktivität der gauchistischen Gruppen effektiv unterbunden hätte, waren nicht vereint: Weder traf es die Gauchisten in einem Moment, in dem sie sich in einer inneren Krise befunden hätten, noch war von der Regierung eine tatsächliche Verfolgung der Gauchisten und eine durchgreifende Unterdrückung ihrer Aktivitäten beabsichtigt.[116] Ihr war vor allem daran gelegen, einen störungsfreien Ablauf des Wahlkampfes zu garantieren und keine weiteren Straßenunruhen mehr zuzulassen, eine Aufgabe, der sich der neue Innenminister Marcellin mit besonderer Energie zuwandte.[117]

DIE ANFÄNGE DER GAUCHE PROLÉTARIENNE

Unter diesen Umständen konnten die gauchistischen Gruppen und damit auch die Maoisten nach der »rentrée«, der Rückkehr aus den Sommerferien – gleichzeitig eine Periode der Reflexion und Diskussion über die Lehren der Mai-Bewegung –, ihre Aktivitäten mit ungebrochenem Engagement wiederaufnehmen. »Den

Mai fortsetzen«, war die Idee, um die sich die gauchistischen Organisationen neu zu sammeln begannen.[118]

Freilich waren die Auffassungen darüber, wie dies anzustellen sei, unterschiedlich und kontrovers. Selbst bei den Maoisten, die der nun verbotenen UJC (ml) angehört hatten, gingen die Vorstellungen bald soweit auseinander, das es unter ihnen zur Spaltung kam. Eine Minderheitsgruppe, die an einigen antiautoritären Ideen des Mai festhalten wollte, gründete im September 1968 die Gauche Prolétarienne, während die Mehrheitsfraktion sich dem Aufbau der revolutionären Partei zuwandte und sich vor allem der theoretischen Schulung und der Lektüre von Werken wie Lenins *Was tun?* widmete. Diese Mehrheitsfraktion der ehemaligen UJC (ml) kritisierte heftig den »spontaneistischen« Kurs der Minderheitsgruppe, die zunächst ohne Parteiorganisation und gestützt auf die spontanen Kämpfe der Arbeiterklasse ihre revolutionäre Arbeit fortsetzen wollte. Dieser Kritik entstammte auch die Bezeichnung »Mao-Spontex«, mit der die Gauche Prolétarienne zunächst von ihren maoistischen Konkurrenten, bald aber von der Linken insgesamt belegt wurde.[119]

Die starke Betonung des Antiautoritarismus und des Spontaneismus, die Ablehnung – zumindest bis auf weiteres – einer Parteiorganisation, von der man fürchtete, daß sie bald zu hierarchisch-verknöcherten und von den Massen und ihren Kämpfen abgehobenen Strukturen führen würde, machte auch eine zunehmende Annäherung an die »Bewegung des 22. März« möglich, deren zentrale ideologische Orientierung die eines anarchisierenden Antiautoritarismus war. Die ideologische Affinität beider Gruppen hatte sich schon im Juni in Flins gezeigt, wo vor allem Anhänger des »22. März« und der UJC (ml) die Kämpfe mit der CRS bestritten hatten. Im März 1969 schloß sich schließlich ein Teil der »Bewegung des 22. März« der Gauche Prolétarienne an. Wichtigste ideologische Grundlage dieser Vereinigung war neben dem Antiautoritarismus und der intendierten Hinwendung zum Proletariat die Auffassung, daß »die Macht aus den Gewehrläufen« kommt.

Wie sehr diese Maxime die politischen Vorstellungen der Gauche Prolétarienne von ihren Anfängen an beherrschte, läßt sich schon an ihren ersten öffentlichen Verlautbarungen nach ihrer Gründung im September 1968 ablesen. Nicht zufällig war einer der zentralen Artikel der ersten Nummer der Neuen Serie von *La Cause du*

Peuple (CdP) den Lehren von Sochaux gewidmet. Der wiederholte Hinweis auf den »gewaltsamen Kampf der Massen«, auf die »revolutionäre Gewalt« zieht sich wie ein roter Faden durch diese Darstellung.[120]

Doch war die Realität im September 1968, als die Gauche Prolétarienne ihren Marsch antrat, eine andere als im Juni in Flins und Sochaux. Die Mai-Bewegung mit ihrer Mobilisierung von Millionen von Arbeitern war zu Ende, es mußte klein angefangen werden. Klein nicht nur deshalb, weil die Gauche Prolétarienne zu Anfang nur 30 bis 40 Mitglieder in Paris hatte[121], sondern vor allem in dem Sinne, daß die Auseinandersetzungen, in die sich die neue Organisation entsprechend ihrer Strategie des Anknüpfens an spontane Konflikte einschalten konnte, eher solche waren, die der »Gewalt des Fabrikalltags« entsprangen, lokal beschränkt und daher zunächst von geringer Tragweite waren.

DIE ANTIAUTORITÄRE SCHÜLERBEWEGUNG, FLINS 69 UND DER »ANTIDESPOTISCHE KAMPF«

Bevor allerdings die Gauche Prolétarienne ihre Arbeit in den Fabriken verstärken und auf dem eingeschlagenen Weg der »Proletarisierung und Militarisierung« vorankommen konnte, verzeichnete sie zunächst in einem anderen Sektor größere Mobilisierungserfolge: bei den Oberschülern. An einigen reputierten Pariser Gymnasien kam es Anfang 1969 zu Unruhen und Protestaktionen, z. B. gegen das Verbot der Vorführung von Filmen über den Mai 1968.[122] Die Gauche Prolétarienne zeigte sich besonders aufgeschlossen gegenüber dem antiautoritären Charakter der Schülerrevolte und gab dieser ihre volle Unterstützung, ließ aber nichts unversucht, die Stoßkraft der Schülerbewegung auf die politische Arbeit in den Betrieben zu lenken.

Eine theoretische Begründung für die Orientierung der Schüler auf den »proletarischen Kampf« bot die Schrift *Von der antiautoritären Revolte zur proletarischen Revolution*, die im April 1969 im ersten Heft der *Cahiers de la Gauche Prolétarienne* erschien. Hiernach zeichnet sich der Kapitalismus vor allem durch seine »despotische« Natur aus; Autoritätsprinzip und Repression bilden das Rückgrat des bürgerlichen Herrschaftssystems. Dies gelte für Universität und Schule ebenso wie für die Fabrik. Direkte Gewalt und Repression – und nicht in erster Linie Ausbeutung –

kennzeichneten immer mehr das Wesen der kapitalistischen Produktion; das Großkapital versuche, seine »Diktatur über die Fabrik« auf die gesamte Gesellschaft auszudehnen. Sowohl Studenten und Schüler als auch Arbeiter haben daher den einen Feind: die kapitalistische Despotie. Wohlgemerkt: »Nicht die Lohnarbeit ist die Grundlage der Einheit zwischen Lohnarbeitern, Intellektuellen und Studenten... Diese Einheit basiert vielmehr auf der Revolte gegen die Ausweitung der kapitalistischen Despotie.«[123]

Autoritätsprinzip oder kapitalistische Despotie bilden also sozusagen die objektive Basis für die antiautoritäre Revolte als einer »Komponente des Klassenkampfs«. Die antiautoritäre Revolte der Schüler und Studenten habe jedoch nur eine Perspektive, wenn sie an die Seite des Proletariats führe. Vom unpolitischen Schüler- und Studenkrawall (chahut) über den gewaltsamen Protest gegen die bürgerlichen Autoritäten in Schulen und Universitäten müsse die Schülerbewegung zum proletarischen Widerstand finden. Die Vereinigung des Kampfs der Oberschüler mit der proletarischen Revolution sei die Zukunft der Revolution in Frankreich.[124]

Im Juni 1969 – die Kämpfe von Flins und der Tod des maoistischen Schülers Gilles Tautin jährten sich zum ersten Mal – sah die Gauche Prolétarienne die Gelegenheit gekommen, einen spektakulären Schritt zur »Verschmelzung« von Schüler- und Arbeiterbewegung zu unternehmen. Zur Zeit des Schichtwechsels am Nachmittag des 17. Juni drang eine Gruppe von etwa 150 Schülern und Studenten in das Renault-Werksgelände von Flins ein und machte Anstalten, eine Protestkundgebung durchzuführen. Die Aktion war von GP-Anhängern, die als Arbeiter in den Betrieb gegangen waren, mit Flugblättern vor allem gegen die »kleinen Chefs« (Werksmeister, Abteilungsleiter) und ihre Schikanen vorbereitet worden. Die Provokation erreichte ihren Zweck: Die Werksleitung versuchte, die Kundgebung zu verhindern und die Maoisten aus der Fabrik zu vertreiben. Damit kam es zum »gewaltsamen Kampf«, d. h. zu einer Schlägerei zwischen den Eindringlingen und den »chefs«, – Werksmeistern, Portiers, leitendem Personal.[125]

Für die Gauche Prolétarienne gewann die Aktion von Flins 69 – ähnlich wie Flins 68 – sogleich exemplarische Bedeutung: Zum einen hatte die antiautoritäre Bewegung der Studenten und vor allem der Schüler nunmehr eine »proletarische Zielrichtung« erhalten; viele Schüler entschlossen sich zur Betriebsarbeit, wurden

GP-Mitglieder und -Kader. Zum anderen führte diese Aktion zu einer Präzisierung der Vorstellungen vom »antidespotischen Kampf« in den Betrieben. Der »antidespotische Kampf«, wie ihn die Gauche Prolétarienne von nun an verstand, wurde sowohl in seinen Inhalten und Angriffszielen wie in seinen Formen dem gewerkschaftlichen Kampf radikal entgegengesetzt. Die Parole hieß: »Nieder mit der Gewerkschaftsideologie!« Folgerichtig wurden die früheren Versuche, innerhalb der CGT revolutionär zu arbeiten (»Vive la CGT des luttes de classe!«) oder auch eine eigene rote Gewerkschaft aufzubauen, fallengelassen. Der bloße Kampf um Lohnerhöhungen, um die Verteidigung der Kaufkraft wurde abgelehnt, ja als »Bettelei um Brosamen« verhöhnt; bei der Verspottung des »kleinen lächerlichen Lohnkriegs der Gewerkschaften« blieb die Kontinuität mit der anti-ökonomischen Ideologie der Studentenrevolte des Mai 68 gewahrt.

Wenn überhaupt Lohnkampf, so war er gegen die »Lohnhierarchie« oder gegen das Konkurrenz und Uneinigkeit stiftende Prämiensystem zu führen. Vor allem sollte die Unzufriedenheit mit der kapitalistischen Arbeitsorganisation an sich, mit den »sklavischen Arbeitsbedingungen«, zur kollektiven Revolte entfacht werden.[126] Die höllischen Akkordzeiten, fehlende Sicherheitsvorkehrungen und Unfälle am Arbeitsplatz, die Schikanen der autoritär auftretenden »petits chefs«, Profit, Luxus und süßes Leben der Fabrikherren (patrons) waren nun bevorzugte Zielscheiben der Agitation der Gauche Prolétarienne.

Gegenüber den »rückschrittlichen« gewerkschaftlichen wurden »neue« Kampfformen gesucht: nicht friedliche, sondern gewaltsame – wenn auch »noch nicht« bewaffnete –, z. B. wie im Juni 69 in Flins, wo den »Chefs die Fresse eingeschlagen« wurde. Illegale Kampfformen galten per se als den legalen überlegen; so gab die Gauche Prolétarienne überall dort, wo es zu wilden Streiks in einem Werk, einer Abteilung oder auch nur an einem einzelnen Produktionsband kam, ihre enthusiastische Unterstützung. Sabotageaktionen, wie sie in manchen Betrieben gelegentlich spontan vorkamen, wurden von ihr mit Vorliebe aufgegriffen und als höherstehende Kampfform propagiert. Auch die Einsperrung oder Entführung von Fabrikdirektoren oder sonstigem leitenden Personal – ein Druckmittel, dessen sich einige Belegschaften während des Mai-Juni-Streiks 1968 bedient hatten – ebenso wie Brandanschläge auf Büros, Unternehmervillen und -fahrzeuge oder auf

Polizeireviere galten als anzustrebende Kampfmethoden, die nach der Aktion von Flins 69 zunehmend praktiziert wurden.

Der »antidespotische Kampf« in der Praxis

Flins 69 war nur der Auftakt für eine längere Kampagne gegen die »kleinen Chefs«. Ein Beispiel ist die Aktion im Ferodo-Werk in Amiens Ende Juli 1969. Die *Cause du Peuple* berichtete hierüber unter der Überschrift »Totengesang für die kleinen Chefs«.[127] Die Aktion richtete sich gegen einen »besonders verhaßten« Werkmeister, der seine Zeit damit verbrachte, die Arbeiter seiner Abteilung streng zu überwachen und die Betreffenden zu maßregeln oder zu denunzieren. »Aber die Arbeiter« – so heißt es in dem Artikel – »haben die Nase voll... Sie beschließen, die Arbeit zu unterbrechen, um die Entfernung dieses Dreckskerls zu verlangen... Sie entdecken die Massenaktion und die revolutionäre Gewalt der Massen gegen die ganze Pyramide von ›kleinen Chefs‹, Bullen, Wachhunden und Blutsaugern, die auf ihnen lastet... Sie haben sich ohne Gewerkschaft in den Kampf geworfen... Die Zukunft ihres Kampfes besteht in der Organisation; die maoistischen Agitationsgruppen sind ein Anfang.«[128]

Bei einer anderen Aktion gegen einen »kleinen Chef«, der sich »wie ein Tyrann« aufführt, kracht es schließlich auch. Ein Arbeiter verpaßt ihm einen »ordentlichen Kinnhaken«. Der Kommentar der Gauche Prolétarienne hierzu: »So wird es euch allen ergehen, ihr kleinen gekauften Chefs! Paßt auf, wir werden euch alle erwischen! ... Zittert, kleine Chefs, die Arbeiter sind die Stärkeren!«[129]

In den Kohlenminen des Nordens ist die Gauche Prolétarienne schon im September 1969 aktiv. »Kühner geworden im Kontakt mit den Bergleuten«, organisieren die Maoisten im Gebiet der Zeche »Barrois« eine »Lange Nacht der Wandmalerei«. Man beschriftet die Häuser der Steiger: »Nichtstuer, Dieb!« Die Werksärzte werden attackiert als: »Scharlatane! Ins Schlachthaus mit euch! Mörder!« Dem Chefingenieur wird mit dem Galgen gedroht. »Ein Steiger, der einen jungen Bergmann beleidigt hat, kriegt dessen Kautabak-Priem voll in die Fresse. ... Wenn diese Wachhunde des Unternehmers eine Schlägerei suchen, dann können sie sie haben!«[130]

Manchmal geht es aber auch direkt gegen den Unternehmer, den

»patron«. So gegen einen Bérégi, Eigentümer der Fabrik »Brevex« in Nizza, die geschlossen werden soll, um die Produktion in ein anderes Werk in Toulouse zu verlagern. 200 Arbeitsplätze sind in Gefahr, einige Arbeiter schon entlassen worden. Am Tag eines Arbeitsgerichtsprozesses gegen eine entlassene Arbeiterin greift die Gauche Prolétarienne ein; in ihrem »Kommuniqué« über die Aktion heißt es: »Bérégi, du zahlst für deine Verbrechen. – Donnerstag nacht hat eine Gruppe von Arbeiterpartisanen im Hause von Bérégi zugeschlagen. Das Dach seiner Luxusvilla, sein Motorrad – bezahlt mit dem Blut und dem Schweiß der Arbeiter – sind von Molotow-Cocktails getroffen worden ... Bérégi, der rote Terror hat erst angefangen!«[131]

Als »neuer Kampfform« maß die Gauche Prolétarienne der Einsperrung von Fabrikdirektoren oder sonstigem leitenden Personal große Bedeutung bei, weil sie auch hierin einen Ansatz zur Durchbrechung der »legalistischen und pazifistischen Tabus« bei den Arbeitern sah. Im Oktober 1969 erschien in der *Cause du Peuple* eine Aufruf mit dem Titel »Es ist richtig, die Fabrikherren einzusperren!« Die Unternehmer wurden darin gewarnt: »Paßt gut auf euch auf! Letztes Jahr haben wir uns noch damit begnügt, unseren ganzen Haß gegen euch nur herauszuschreien ... Nächstes Jahr wird man euch an den Fabriktoren aufhängen, ... zuerst an den Füßen, und wenn ihr dann noch nicht verstanden habt, am Hals. Und man wird damit recht haben.«[132]

Angewandt wurde die Kampfform der Einsperrung z. B. im November 69 in den Usinor-Stahlwerken in Dünkirchen. Nach einem tödlichen Arbeitsunfall ging die Belegschaft aus Protest gegen die unzureichenden Sicherheitseinrichtungen zum »Dienst nach Vorschrift« über; die Produktion fiel stark ab. Als die Werksleitung mit Entlassungen zu drohen begann, wurde auf einer Versammlung beschlossen, die Büros in einer Massenaktion zu besetzen; die Gewerkschaften, die lediglich eine Verhandlungsdelegation hatten entsenden wollen, wurden überstimmt. »Die Arbeiter fallen in die Büros ein, das Fest beginnt: Sie machen es sich in den Sesseln bequem und spotten über all den Luxus und Komfort, für den sie mit ihrem Schweiß bezahlt haben ... Drei besonders verhaßte Despoten werden eingesperrt: Der Personalchef Bertrand, der stellvertretende Direktor Fontaine und ein anderer Büttel namens Bouvet ... Die Arbeiter nehmen den Kampf in die eigene Hand, fegen den Gewerkschaftsgeist hinweg ... Sie haben die traditionellen Kampfformen hinter sich gelassen und wenden neue an, solche, die von der *Cause du Peuple* und den Maos populär gemacht werden.«[133]

Eine angemessene Antwort auf schwere Arbeitsunfälle, auf den »Mord an Arbeitern«, war nach Auffassung der Gauche Prolétarienne auch die Sabotage der Produktion. Als exemplarisch galt die Sabotage der Kräne in den Dünkirchener Schiffswerften nach einem tödlichen Unfall. Kleine »Partisanengruppen« der »Neuen Volksresistance« organisierten, wie die *Cause du Peuple* angibt, diese Sabotageaktion. Ähnliche waren offenbar schon früher, vor dem Auftauchen der Gauche Prolétarienne, als spontane Protestreaktion gegen mörderische Akkorde und Unfallgefahr vorgekommen. Gleichwohl buchte die GP die Sabotageaktion von Anfang 1970 in den Werften von Dünkirchen für sich als Erfolg und als einen großen Schritt nach vorn, da es ihr nach eigener Einschätzung hiermit gelungen war, »direkt ins Herz des großen Proletariats« vorzustoßen.[134] Angeblich unterstützten 300 bis 400 Arbeiter die Sabotageaktionen.[135]

Der Verankerung im Industrieproletariat der Großbetriebe sollte auch die Metro-Kampagne im Februar 1970 bei Renault-Billancourt dienen. Nach einer Fahrpreiserhöhung der Pariser Untergrundbahn propagierte die Gauche Prolétarienne den »direkten Widerstand«, womit sie sich bewußt in Gegensatz stellte zur »Bittstellerei« der Gewerkschaften sowie zu anderen gauchistischen Gruppen, die sich in den Metrokampf einzuschalten versuchten, aber dann, wenn es in den Augen der GP ernst wurde – nämlich im Moment des Zusammenstoßes mit der Polizei –, Reißaus nahmen. Bei der Beteiligung an Demonstrationen und anschließenden kollektiven Schwarzfahraktionen kam es ihr aber vor allem darauf an, die hierdurch ausgelösten massiven Polizeieinsätze auf den Bahnhöfen gewaltsam zu durchbrechen.[136]

Wie bei der Metro-Kampagne suchten die antiautoritären Maoisten auch bei anderen Gelegenheiten die direkte Auseinandersetzung mit der Polizei, den »flics«, sobald diese in betriebliche oder außerbetriebliche Konflikte eingriffen. So zum Beispiel im Juni 69 auf dem Markt des Pariser Viertels Montrouge, auf dem einige Maoisten der GP Flugblätter gegen die »Wahlfarce« (nach dem Rücktritt de Gaulles fanden im Juni 69 Präsidentschaftswahlen statt) verteilten und mit der Polizei aneinandergerieten. Oder im Januar 1970 in Mantes-la-Jolie in der Nähe von Flins, wo die Neue

Volksresistance der GP zuschlug, um gegen den Prozeß gegen fünf ihrer Mitglieder zu protestieren, die auf dem Markt von Mantes die *Cause du Peuple* verkauft und sich auf eine Schlägerei mit der Polizei eingelassen hatten. Aus dem Kommuniqué der Neuen Volksresistance: »Freitag, 23. Januar, 4 Uhr 45. Eine Gruppe von Arbeiterpartisanen der Neuen Resistance hat das Polizeikommissariat von Mantes-la-Jolie angegriffen. Sechs Molotow-Cocktails explodierten auf den Fahrzeugen und im Hof, ein Polizeifahrzeug wurde zerstört.«[137]

Auf der Grundlage der Strategie des antidespotischen Kampfes konnte die Gauche Prolétarienne sogar eine Art Bündnispolitik mit nichtproletarischen Schichten, wie den Bauern und Kleinhändlern, entwickeln. Als es im April 1969 in Grenoble und Umgebung zu Protesten der Kleinhändler gegen die Konkurrenz durch die großen Kaufhäuser kam, die teilweise zu gewaltsamen Zusammenstößen mit der Polizei führten, war die Gauche Prolétarienne dabei. Auf die Kritik, daß diese kleinbürgerlichen Schichten eher reaktionär seien und in der Vergangenheit sogar die soziale Basis für faschistische Bewegungen geliefert hätten, antwortete die GP mit dem Argument, sie unterstütze nicht die inhaltlichen Forderungen dieser kleinen und mittleren Unternehmer, sondern die *Revolte an sich*.[138]

Der kleine Unterschied zwischen »gewaltsamem Partisanenkampf« und Terrorismus

Hauptkriterium dafür, ob eine Aktion politisch richtig sei und auf dem Weg zur Revolution weiterführe, war für die Gauche Prolétarienne zu dieser Zeit ihr illegaler und gewaltsamer Charakter. Wichtig war, die »pazifistische, legalistische Ideologie«, den von den Gewerkschaften und »Revisionisten« am Leben erhaltenen »Geist der Unterwerfung« durch die direkte gewaltsame Aktion, auch wenn diese zunächst eher symbolisch gemeint war, zu bekämpfen. »Das Gesetz ist das Gesetz des Unternehmers ... Greifen wir den Unternehmer dort an, wo er es erwartet, nämlich im Rahmen der Legalität, so werden wir geschlagen werden. Wir müssen daher mit einem Überraschungseffekt dort zuschlagen, wo er es nicht erwartet, nämlich außerhalb der Legalität.«[139]

Trotz dieser auf Illegalität und Gewalt angelegten Strategie war die Gauche Prolétarienne – wie die Schilderung einiger ihrer Aktionen zwischen Anfang 1969 und Mai 1970 illustriert hat – noch ein Stück vom Übergang zu terroristischen Kampfformen entfernt. Dies nicht nur gemessen am Grad der Gewaltanwendung: Die Grenze zum Risiko des Tötens war bei all ihren Aktionen immer eindeutig gezogen; auch die zur Schau gestellte verbale Mortalaggressivität täuscht darüber nicht hinweg. Vor dem Schritt zum Terrorismus schreckte die GP aber auch deshalb zurück, weil sie stets auf einen engen plausiblen Zusammenhang ihrer Aktionen mit konkreten Konflikten an der Basis bedacht war. Dazu gehörte die für ihr Vorgehen typische Personalisierung von Konflikten; sie richtete sich auf Figuren, die den Beteiligten unmittelbar bekannt waren – die Anti-Chef-Kampagne drückt dies sehr deutlich aus –, nicht auf entfernte und anonyme Vertreter »des Systems«.

Auch wenn die populistische und demagogische Art des Eingreifens der Gauche Prolétarienne in betriebliche Konflikte in den wenigsten Fällen von einer Mehrheit der Belegschaft akzeptiert, geschweige denn mitgetragen wurde, so konnte sie sich doch auf einzelne Gruppen von Betriebsarbeitern stützen, die sich ihren Aktionen bis zu einem bestimmten Punkt anschlossen. In der Regel waren dies Jungarbeiter, oft auch Ausländer, die gewerkschaftlich wenig organisiert waren oder ihre spezifischen Probleme von der Gewerkschaft nicht ausreichend vertreten sahen. Die Gauche Prolétarienne konnte so zwar ihren Anspruch, eine Organisation der Massen zu sein, bei weitem nicht einlösen, isoliert im Sinne eines nahezu völligen Verwiesenseins auf die eigene Gruppe und ein paar Sympathisanten – eine Erfahrung, die in der Bundesrepublik die RAF und auch die »Bewegung 2. Juni« schon im Anfangsstadium ihrer Entwicklung machten – war sie deshalb jedoch nicht.

Der Basisorientierung der Gauche Prolétarienne ist es wohl auch zuzuschreiben, daß sie wenig Neigung zeigte, sich als Organisation in den Untergrund zu begeben – und damit einen entscheidenden Schritt in Richtung Terrorismus zu gehen. Dies war für sie allerdings keine prinzipielle Frage; es wurde durchaus in Erwägung gezogen, eine klandestine Organisation aufzubauen. Doch sah man 1969/70 den Zeitpunkt dafür noch nicht gekommen. Victor, ein »alter, erfahrener Genosse«, gab 1971 in einem längeren Interview rückblickend die damaligen Überlegungen der Gauche Prolétarienne zur Frage der Untergrundarbeit wieder: »Man durfte nicht, schon bevor sich der von uns angeregte gewaltsame Kampf entfaltete, die Bewegung beschneiden, unseren Rhythmus durch die Prinzipien strenger Untergrundorganisation verlangsamen.«[140] In den Jahren 1969/70 befand sich die GP demnach noch in der Etappe der Verankerung des gewaltsamen, aber noch nicht bewaffneten Kampfes unter den Massen. Später, nach Abschluß dieser Etappe – »konnte zu der höheren Stufe des gewaltsamen Kampfes übergegangen werden, wo dann bestimmte Aktionen nach den strengen Prinzipien von Untergrundorganisationen ausgeführt werden«.[141]

Die GP hielt mehrere Jahre lang an der Hoffnung fest, über die Unterstützung und gewaltsame Zuspitzung von Konflikten an der Basis schließlich den Übergang zum bewaffneten Bürgerkrieg und der Revolution erreichen zu können. Im März 1970 wurde dieser Zwei-Phasen-Strategie in einem theoretischen Aufsatz, der in den *Cahiers de la Gauche Prolétarienne* erschien, eine elaborierte Fassung gegeben: Die erste strategische Kampfetappe, in der man sich gegenwärtig befinde, sei die des »gewaltsamen Partisanenkampfes«. Nach einem schwierigen Anfang als »ein kleiner, von allen Seiten eingekreister und verleumdeter Haufen« sei es der GP gelungen, diesen »gewaltsamen Partisanenkampf« in Gang zu setzen; jetzt gelte es, ihn voll zur Entfaltung zu bringen. Hierfür seien »Stützpunkte« und »Partisanenregionen« zu errichten: in den Betrieben, in den Stadtvierteln, in den Universitäten und Gymnasien. Der gewaltsame Partisanenkampf diene vor allem der Vorbereitung des Übergangs zur nächsten Etappe, der des bewaffneten Kampfs, des mit Waffengewalt ausgetragenen Kriegs, der Bildung der Volksarmee: Er schaffe die politischen, ideologischen und militärischen Bedingungen für diese höhere Phase des Kampfs. »Im gewaltsamen Partisanenkampf erlernen wir die Strategie und Taktik des Partisanenkriegs.«[142]

Trotz der militärischen Diktion und der voluntaristischen Orientierung auf den bewaffneten Guerillakampf und den Aufbau der Volksarmee behielt die GP auch in dieser öffentlichen Darlegung ihrer Strategie eines im Auge: die Verbindung mit den Massen, die Notwendigkeit, sich nicht von der Bevölkerung durch abgehobene Aktionen völlig zu isolieren. Als eines der »Prinzipien zur Führung des gewaltsamen Partisanenkampfes in den Stützpunkten und Partisanenregionen« galt es, »daß das politische Ziel der Aktion klar ist und den Bedürfnissen der Massen nach Gerechtigkeit,

Freiheit und Glück entspricht. Eine Aktion gegen die Botschaft einer Marionettenregierung oder gegen eine Bank, deren Herrschaftsmechanismen nicht offen darliegen, bezieht sich nicht unmittelbar auf die Wünsche der Massen. Wenn aber die Arbeiter den kostenlosen Zutritt zur U-Bahn erzwingen oder sich für einen ermordeten Genossen rächen, besteht die direkte Verbindung zu den Wünschen und Möglichkeiten des Volkes.«[143]

Mit dem Hinweis darauf, daß der gewaltsame Partisanenkampf von ihr in erster Linie als »ideologischer Krieg« – gegen den Geist der Unterwerfung, gegen das Gewalttabu – begriffen werde und sie nicht so naiv sei zu übersehen, daß »die Stunde des Gewehrs noch nicht geschlagen« habe, verwahrte sich die Gauche Prolétarienne auch gegen Kritik, sie sei »putschistisch« und unternehme militärische Kommandoaktionen, deren politischer Gehalt nicht zu vermitteln sei. Solche Kritik wurde ihr nicht nur von der KP, sondern auch von Trotzkisten und rivalisierenden maoistischen Gruppen entgegengebracht. Im Mai 1970 erschien in den *Cahiers de la Gauche Prolétarienne* ein längeres polemisches Traktat[144], in dem sich die GP mit dem von trotzkistischer und maoistischer Seite erhobenen Vorwurf des »Anarchismus«, »Putschismus« und »Militarismus« auseinandersetzte. Es treffe nicht zu, hieß es da, daß die GP dem »Mythos der prä-insurrektionellen Phase« anhänge: »Ihr werft uns vor, wir sprechen vom Aufstand ... Aber wenn dies bedeutet, daß für uns der Bürgerkrieg heute schon wütet, daß das bewaffnete Volk auf der Straße und im Maquis ist, dann gibt es nur eine Antwort: Das haben wir nie behauptet.«[145]

Die Gauche Prolétarienne bewegte sich so ständig in der Spannung zwischen einerseits dem strategischen Ziel, den bewaffneten Kampf aufzunehmen und ihm über die Zwischenetappe des »gewaltsamen Partisanenkampfes« praktisch den Weg zu bereiten, und andererseits dem Prinzip der Massenorientierung, das heißt der Orientierung auf konkrete Basiskonflikte. Hierdurch mußte aber notgedrungen auf ein Mindestmaß an Realismus in der Einschätzung der politischen Erfolgsaussichten bewaffneter Aktionen geachtet werden. »Man wahrte das Verhältnis zwischen der militärischen Seite einer Aktion und dem Umstand, daß es zu keinem direkten Zusammenstoß mit dem Staat kommen durfte, daß man auf die Reaktion der Massen und der uns nahestehenden Intellektuellen achten mußte, usw. All dies hat bis zu einem gewissen Maße verhindert, daß die Linie des Bürgerkriegs konsequent durchgezogen wurde.«[146] Die GP hoffte natürlich, diese Spannung in nicht allzu ferner Zukunft durch die »Erziehung« der Massen – »nicht durch abstrakte Propaganda, sondern durch Akte, die die Realität verändern« –, kurz: durch Weckung der Bereitschaft unter den Massen, zum Gewehr zu greifen, aufheben zu können.

Aber eben hierin bestand die Illusion: Entgegen der von der Gauche Prolétarienne propagierten These, im Frankreich der siebziger Jahre sei die Phase des gewaltsamen von der des bewaffneten Kampfes »nicht durch eine chinesische Mauer getrennt«, zogen die Massen doch einen klaren Trennungsstrich zwischen einer Schlägerei mit »Bullen« oder »kleinen Chefs« und Aktionen – wie Attentaten und Entführungen –, bei denen die Tötung des Opfers beabsichtigt oder einkalkuliert war. Zwar waren Teile der französischen Arbeiterklasse und auch anderer Sektoren (Bauern, Kleinhändler) in akuten Konfliktsituationen durchaus bereit, bestimmte gewaltsame und illegale Protestformen anzuwenden. Diese Protestformen gehörten jedoch gewissermaßen zu ihrer Kampftradition, das heißt, sie entsprachen gesellschaftlichem Regelverhalten und waren damit bis zu einem bestimmten Grade akzeptiert und institutionalisiert, gleichzeitig aber auch relativ stabil gegenüber Versuchen zu ihrer Überschreitung.

In der Tradierung solcher gewaltsamer, aber »non-letaler« Kampfmethoden bei der Austragung sozialer Konflikte (v. a. Arbeitskämpfen) in Frankreich liegt nach unserer Einschätzung ein entscheidender Unterschied zur Konfliktüberlieferung in Italien, wo die Mortalitätsraten im Zusammenhang mit sozialen Protesten (meist, aber nicht nur, aufgrund von Repression) seit jeher weit über den entsprechenden Ziffern für Frankreich liegen.[147] In Italien entspringt diese anders geartete Konflikttradition der Übertragung von Kampfformen des bäuerlichen Sozialrebellismus vom agrarisch-unterentwickelten Mezzogiorno in den industriellen Norden. Wegen der wesentlich geringer ausgeprägten regionalen Disparitäten waren in Frankreich die Bedingungen für die Entstehung eines marginalisierten Subproletariats und einer subproletarischen Kultur – die auch wertbesetzte Vorstellungen von Protest und Gewalt einschließt – in geringerem Maße gegeben; am ehesten noch bei den ausländischen Arbeitern, die aber wegen ihrer ungünstigen und prekären Rechtslage leichter als die aus dem Süden zugewanderten, neu rekrutierten Arbeiterschichten in den Industriezentren Norditaliens durch Repression und kulturelle Einschüchterung zu kontrollieren waren.

4.2 Mai 1970: Krise und »Berichtigung«

VERBOT UND AUFLÖSUNG DER GAUCHE PROLÉTARIENNE

Wenn für die Gauche Prolétarienne der bewaffnete Volkskrieg auch noch in undeutlicher Ferne blieb, so konnte sie im Zeitraum zwischen Juni 1969 und Mai 1970 doch die Zahl und Härte ihrer Aktionen in erstaunlichem Maße steigern. Regierung und Öffentlichkeit wurden zunehmend auf sie aufmerksam. Ab Dezember 1969 wurde die Zeitung *La Cause du Peuple* immer wieder beschlagnahmt, immer häufiger kamen Mitglieder der GP in Haft. Im April 1970 verabschiedete die Regierung Pompidou auf Betreiben von Innenminister Marcellin die sogenannte »loi anti-casseurs«, das »Gesetz gegen die Kaputtmacher«, mit dem nicht zuletzt die zunehmend aktiven Maoisten der Gauche Prolétarienne getroffen werden sollten. Wegen »Aufforderung zur Gewalt« wurden die Chefredakteure der *Cause du Peuple,* Le Dantec und Le Bris, verhaftet und unter Anklage gestellt.

Dies war der Moment, an dem Jean-Paul Sartre die Leitung der Zeitung übernahm. Für seinen Schritt gab er folgende Begründung: »Es geht darum, das Manöver der Regierung zu vereiteln, mit dem sie diese Zeitung durch wiederholte Beschlagnahmungen ruinieren und wegen angeblicher Aufforderung zum Mord diskreditieren will. Allgemeiner gesehen will man der Gauche Prolétarienne den Status einer politischen Organisation aberkennen und ihre Mitglieder wie gewöhnliche Kriminelle behandeln. Indem ich die Funktion eines verantwortlichen Direktors übernehme, drücke ich meine Solidarität mit allen Handlungen aus, die ... die unter den Massen real vorhandene Gewalt zutage treten lassen und ihren revolutionären Charakter deutlich machen.«[148]

Am 17. Mai 1970 fand der Prozeß gegen Le Dantec und Le Bris statt. Die Gauche Prolétarienne rief zu einer großen Protestdemonstration auf, die sich zu einem zweitägigen Straßengefecht mit der Polizei entwickelte. Am selben Tag wurde die Gauche Prolétarienne offiziell verboten. Alain Geismar, der als Zeuge beim Prozeß aufgerufen war, erschien nicht vor Gericht und erklärte statt dessen in einem öffentlichen Brief an den Richter, er werde »auf der Straße Zeugnis ablegen«.

Geismar wurde nun zum Wortführer der Bewegung ernannt; offenbar war das Interesse der Öffentlichkeit im Zuge der Maßnahmen gegen die GP und ihre Zeitung wegen des Prozesses gegen Le Dantec und Le Bris und aufgrund der Intervention von Sartre und anderer bekannter Intellektueller so stark angewachsen, daß ein Sprecher gebraucht wurde.[149]

Doch im Juni wurde auch der untergetauchte Geismar festgenommen. (Im Oktober verurteilte man ihn wegen »Wiederherstellung einer verbotenen Organisation« und »Aufforderung zur Gewalt« zu 18 Monaten Gefängnis.) Mit dem Organisationsverbot und der Inhaftierung von rund 70 Mitgliedern, darunter einiger ihrer wichtigsten Führer, hatte die Gauche Prolétarienne so innerhalb weniger Wochen empfindliche Schläge erlitten. Wie würde sie – und hier kommen wir auf die Frage nach der organisatorischen Reaktion auf eine Blockade bisheriger Handlungsfreiräume zurück – die damit für sie entstandene kritische Lage bewältigen? Candide (der Name ist ein Pseudonym) gab die Entscheidungssituation und die Alternativen, vor die sich die GP in diesem Moment gestellt sah, in einem 1978 gegebenen Interview folgendermaßen wieder: »Wir haben sofort gesagt, daß wir nicht in den Untergrund gehen dürfen. Aber gleichzeitig wurden einige Genossen dazu bestimmt, eine parallele Organisation aufzubauen... Dies war der Beginn eines Wegs, der dem der Roten Brigaden (BR) hätte gleichen können. Doch suchten wir andererseits auch neue Lösungen. Wir sagten uns, wenn sie uns aufgelöst haben, dann deswegen, weil wir doch ziemlich im Recht sind, weil wir ihnen Angst machen. Jetzt kommt es darauf an, uns den Intellektuellen zuzuwenden. So ist die Rote Hilfe entstanden. Wir wollten unsere kleine Gruppe auflösen und zu einer breiteren Bewegung werden. Unsere Gruppendisziplin wollten wir aufrechterhalten, aber mit veränderten politischen Vorstellungen, weniger sektiererisch.«[150]

Diese Äußerung Candides, eines der nationalen Führer der GP, faßt aus selbstkritischem Abstand recht anschaulich die Zwiespältigkeit der Verhaltensstrategie zusammen, die die antiautoritären Maoisten nun zu entwickeln begannen. Auf der einen Seite setzten sie ihre bisherige Linie des »gewaltsamen Partisanenkampfs« mit Straßenschlachten, Attacken gegen »kleine Chefs«, Betriebssabotagen, Entführungen, Einsperrungen und Umverteilungsaktionen à la Robin Hood (vgl. die Enteignungsaktion im Luxuskaufhaus Fauchon) fort; ja, einige Aktionen übertrafen an Schärfe und Risiko noch das Niveau der vorangegangenen Periode. Auch fanden jetzt in verstärktem Maße die Regeln der Untergrundarbeit im Verhalten der verbotenen GP Eingang; die Neue Volksresistance, das Instrument zur »Selbstverteidigung der Massen«, sollte zur Geheimorganisation entwickelt werden, die – »wie eine Armee, die aus dem Dunkeln kommt« – den Impuls zum Aufbau von Volksmilizen geben sollte.

Die ideologische Berichtigung

Auf der anderen Seite wurde nach den repressiven Maßnahmen der Regierung gegen die GP ab Mai 1970 eine politische Berichtigungsbewegung eingeleitet, die unter der Losung »Das Zentrum erobern« geführt wurde. Die damals begonnene Selbstkritik und Neuorientierung wurde in einem Aufsatz mit dem Titel *Aus Anlaß einer Auflösung* in den *Cahiers Prolétariens* – einer Beilage von *La Cause du Peuple* – zusammengefaßt und veröffentlicht.[151] Um den Schlägen des Feindes nicht isoliert und wehrlos ausgesetzt zu sein, müsse man die Widerstandsbewegung erweitern, d. h., sich »dem Zentrum«, den breiten Massen zuwenden, die unter dem Einfluß der ideologischen Manipulation des Gegners noch viele konfuse Ideen mit sich herumtrügen. Welche Vorstellung machen sich die Massen zum Beispiel von den Maoisten? Daß sie Randalierer und Kaputtmacher seien. Um dies ändern und die Reihen der Widerstandsbewegung vergrößern zu können, müsse sich auch die revolutionäre Linke verändern. Nun brauche man einen neuen Stil, mit Sinn für Einheit und Demokratie unter den Massen. Wichtigstes Mao-Zitat in der aktuellen Phase sei »An die Mehrheit denken«.

Früher habe man den Aspekt der revolutionären Gewalt einseitig betont. Man müsse aber die untrennbare Einheit von Gewehr und Demokratie sehen. Zwar sei die Beherrschung der Gewaltfrage nach wie vor der wichtigere Aspekt, doch habe man die Notwendigkeit der Demokratie bisher unterschätzt.

Von nun an sei die Propaganda der Maoisten auf die neuen Erfordernisse der Arbeit mit den breiten Massen einzustellen. Es genüge nicht, zur Sabotage aufzufordern, sondern es müsse genau das Warum erklärt werden. Man könne nicht einfach sagen: »Was wir wollen? Gewehre!«, sondern es müsse heißen: »Was wir wollen? Frieden!« ..., und der sei nur mit dem Gewehr zu haben.

Eine völlig verkehrte, nur scheinbar linke Auffassung sei es, den Widerstand in rein militärischen Begriffen erfassen zu wollen. Der Aufbau der neuen Untergrundarmee bedeute nicht, daß es auf der einen Seite »Politiker« und auf der anderen Seite »Kombattanten« gebe. Alle Organisationen des Widerstands, auch die »demokratischsten«, haben Guerillaaufgaben. Die Gesellschaft der »Freunde der *Cause du Peuple*« zum Beispiel führe demokratische Aktionen durch, deren Gewaltniveau niedrig ist; gleichwohl seien es illegale Aktionen, die einer gewissermaßen an die demokratische Öffentlichkeit angepaßten Guerilla entsprechen. Sartre sei ein Gesetzesbrecher ganz eigener Art; er beute ideologisch den Widerspruch zwischen Legalismus und repressivem Terrorismus im Lager des Feindes aus und nütze auf diese Weise dem Widerstand.

Ein Irrtum bestehe darin, jeden Kampf, der nicht sogleich gewaltsam geführt werde, als »gewerkschaftlich« abzuqualifizieren. Eine breite, illegale Kampfbewegung, deren Gewaltniveau niedrig ist, könne unter Umständen mehr einbringen als eine harte Partisanenoperation. Ziel der Maoisten sei es, den Widerstandsgeist unter den Arbeitern zu verallgemeinern, aber sie erfinden die Gewalt nicht, noch importieren sie sie in die Arbeiterbewegung.

Der im Mai 1970 begonnene Berichtigungskurs führte die Maoisten der Ex-Gauche Prolétarienne schließlich dazu, den Aufbau einer »allgemeinen demokratischen Bewegung« anzustreben. In diesem Wunsch flössen die Aspirationen der großen Masse der Intellektuellen und der Arbeiter zusammen. Wenn die Arbeiter den Patron angreifen und die »Chefs« entführen, so stehen dahinter demokratische Forderungen; wenn Kleinbürger wegen des Verbots einer Zeitung oder gegen die Zensur demonstrieren, so gehe es ebenfalls um demokratische Ziele, auch wenn diese ihrem Inhalt nach nicht proletarisch seien. Auf der Basis der Gemeinsamkeit demokratischer Forderungen sei das Bündnis zwischen Arbeitern und Intellektuellen zu errichten.

Verschiedene Massenorganisationen können auf der Grundlage der demokratischen Bewegung aufgebaut werden, bescheidenere, wie die »Freunde der *Cause du Peuple*«, oder wichtigere, wie die Rote Hilfe. Im übrigen habe die Gauche Prolétarienne ihre Aufgabe, linke Kerne von Aktivisten und erste Formen von Widerstand zu bilden, erfüllt. Den Anforderungen der neuen Kampfetappe sei sie nicht mehr gewachsen; so müsse sie aufgelöst werden.[152]

Verbot und Auflösung der GP fanden bei den Betroffenen mit dieser Argumentation eine positive Interpretation; man machte aus der Not eine Tugend. Es wiederholte sich ein ideologischer Vorgang, der es den antiautoritären Maoisten schon nach dem Mai 1968 ermöglicht hatte, das Verbot ihrer Organisation (der UJC (ml)) mit einer vorwärtsweisenden, optimistischen Perspektive zu verarbeiten. »Die Gauche Prolétarienne muß zerstört werden, um ein neues Instrument zu schaffen, das es den linken Kernen ermöglicht, eine breite Wirkung unter den Massen zu entfalten, breite Sektoren der Massen in den Widerstand einzubeziehen, das Zentrum zu erobern.«[153]

DIE INTELLEKTUELLEN UND DIE BERICHTIGUNGSBEWEGUNG

Die Autoren des Berichtigungsdokuments *Aus Anlaß einer Auflösung* versuchten zwar, eine gewisse Kontinuität und Kohärenz der neuen Linie mit der Strategie der Gauche Prolétarienne vor dem 27. Mai 1970 zu behaupten. Dennoch fielen ihre Selbstkritik und das Maß der vorgeschlagenen strategischen Neuorientierung deutlich genug aus. Mit der Berichtigungsbewegung entfernte man sich zweifellos ideologisch von dem Terrain, auf dem der »gewaltsame Partisanenkampf« in isoliertes terroristisches Agieren hätte umschlagen können.

Welches war der Grund für diesen Sinneswandel? Warum reagierte die GP auf ihr Verbot, auf die Blockade ihrer bisherigen organisatorischen Tätigkeit mit ideologischer Mäßigung und politischer Öffnung und nicht mit einer Radikalisierung und Verschärfung ihrer Gewaltstrategie? Weshalb wurde einer Eskalation in Richtung terroristischer Aktionen mit Tötungsrisiko aus dem Wege gegangen?

Ein Schlüsselereignis, das wesentlich zur Annäherung der Maoisten der GP an die Intellektuellen beitrug, war die Übernahme der Leitung der *Cause du Peuple* durch Sartre. Sartre selbst beschrieb in einem Gespräch mit Pierre Victor, dem nationalen GP-Führer, und Philippe Gavi, einem GP-Sympathisanten und späteren Redakteur in der Zeitung *Libération*, die Schutzfunktion, die er seiner Handlung beimaß: »Zwei Direktoren von *La Cause du*

Peuple, des Organs der Gauche Prolétarienne, waren hintereinander in den Knast gekommen. Ihr Prozeß hatte noch nicht stattgefunden, aber man konnte sich leicht vorstellen, welche Maßnahmen Marcellin ergreifen würde, wenn der nächste Direktor wieder ein junger Mann von der GP sein würde. Daher seid ihr auf die Idee gekommen, mich um die Übernahme der Leitung der *Cause du Peuple* zu bitten... Marcellin hat es nicht gewagt, mich zu verfolgen: Wie man sieht, kann man vom Startum auch guten Gebrauch machen.«[154]

Sartres Unterstützung für *La Cause du Peuple* beschränkte sich nicht darauf, formal als Direktor der Zeitung zu firmieren. Ab Mai 1970 verbot die Regierung systematisch jede Nummer der *Cause du Peuple*. Da die Zeitung jedoch weiterhin klandestin gedruckt wurde, ließ Innenminister Marcellin jeden Verteiler der Zeitung, dessen er habhaft werden konnte, festnehmen und vor den Staatssicherheitshof bringen; mehrmonatige Gefängnisstrafen wurden verhängt. Sartre trat nicht nur als Zeuge zugunsten der angeklagten GP-Maoisten vor Gericht auf, sondern begann selbst, die *Cause du Peuple* im Quartier Latin und in Arbeitervierteln von Paris zu verteilen. Andere Intellektuelle, die kurz nach dem Verbot der Gauche Prolétarienne die Vereinigung der »Freunde der *Cause du Peuple*« gebildet hatten, schlossen sich ihm an.

Die Hilfsaktion Sartres und anderer bekannter Intellektueller erzielte ein breites Echo in den französischen Massenmedien und sogar im Ausland. Wie Innenminister Marcellin selbst schreibt, brachte sie die Regierung in eine gewisse Verlegenheit, da man den Sturm der Entrüstung, den eine Verhaftung und Verurteilung Sartres hervorgerufen hätte, nicht riskieren wollte: »Sartre hat mir das Leben in einem Punkt nicht leicht gemacht: Ich wurde beschuldigt, zweierlei Maß anzuwenden, indem ich die anderen verhaftete, ihn jedoch nicht.«[155]

Im Moment des Verbots der Gauche Prolétarienne und der verschärften Repression gegen ihre Mitglieder kam also ein politischer Mechanismus in Gang, dessen Wirkungsweise wir schon während des Algerienkrieges beobachtet haben: Gruppen von Linksintellektuellen, die in der Gesellschaft über ein hohes Prestige verfügen, protestieren gegen die Verfolgung einer militanten Organisation und stellen so die Verbindung her zu einer demokratischen Öffentlichkeit; die Isolierung der verfolgten Gruppen wird durchbrochen. Die de-facto-Immunität, die Persönlichkeiten wie Sartre genießen, wirkt für die verfolgte Gruppe als Schutzschild und schwächt die Repression ab. Sartre ist im übrigen nicht als Einzelperson zu sehen, die aufgrund ihrer Bekanntheit und ihres persönlichen Ansehens den Maoisten wirksamen Beistand leisten konnte; vielmehr verkörperte er die Funktion, die die Intellektuellen im politischen System Frankreichs innehaben.

Der publizistische Effekt und politische Nutzen, den die Maoisten aus der Aktion Sartres und der »Freunde der *Cause du Peuple*« ziehen konnten, ließen sie ihre Haltung gegenüber den Intellektuellen überdenken. Für Sartre war das Bloßlegen des Widerspruchs zwischen universalen Normen und ihrer partikularistischen Anwendung durch die Herrschenden die genuine Funktion des klassischen Intellektuellen.[156] Unter Sartres Einfluß kamen die Maoisten zu der Erkenntnis, daß ein Bündnis mit solchen kritischen Intellektuellen ganz neue Aktionsfelder für sie eröffnete.[157]

In ihre neue Bündnisstrategie begannen die Maoisten sogar die »bürgerlichen Demokraten« einzubeziehen, die die Institutionen und die Legalität respektieren.[158] Sie galten allerdings nur als »sekundäre« Verbündete, mit denen man sich lediglich für begrenzte Zwecke zusammentat. Die Hauptverbündeten unter den Intellektuellen hingegen waren diejenigen, die grundsätzlich gegen die bürgerlich-demokratischen Institutionen, gegen die Legalität waren, wie eben Sartre und die »Freunde«, die die verbotene *Cause du Peuple* verteilten.

Nach den »Freunden der *Cause du Peuple*« entstand im Sommer 1970 die wichtigste Bündnisorganisation der Ex-GP: die Rote Hilfe. In ihr waren vor allem Intellektuelle vertreten. Das Gewicht, das die Rote Hilfe in den politischen Aktivitäten der antiautoritär-maoistischen Bewegung in den Jahren 1970/71 erhielt, illustriert ebenfalls die Wende in ihrer strategischen Orientierung, und zwar hin zu eher defensiven Positionen. Die Rote Hilfe war freilich nicht nur ein Organ der Rechtshilfe für Arbeiter oder auch Mitglieder der Ex-GP, die mit der Justiz aneinandergeraten waren, sondern sie verstand sich vor allem als Instrument der politischen Anklage in konkreten Fällen von Ungerechtigkeit und Ausbeutung. Ihre vielleicht öffentlichkeitswirksamste Aktion war die Durchführung des Volkstribunals von Lens in Nordfrankreich, wo im Herbst 1970 bei einem Grubenunglück 14 Bergleute ums Leben gekommen waren. Das Volkstribunal stand unter dem Vorsitz Sartres; Ingenieure und Ärzte, die mit der Roten Hilfe zusammenarbeiteten, trugen umfangreiches Beweismaterial über die unzureichenden Sicherheitsvorkehrungen und die gesundheitsschädlichen Arbeitsbedingungen in den Kohlebergwerken vor.[159] Ein anderes Beispiel für die Arbeit der Roten Hilfe war die Gefängniskampagne von Anfang 1971, die die menschenunwürdigen Verhältnisse in den Haftanstalten anprangerte; Michel Foucault beteiligte sich an dieser Kampagne.

Als Organ der Anklage gegenüber empörender Ausbeutung und gegenüber den Unterdrückungsmaßnahmen eines »neuen Faschismus«, den die verfolgten Maoisten in Gestalt von Innenminister Marcellin heraufkommen sahen, wurde – wieder unter Beteiligung Sartres wie auch von Simone de Beauvoir – im Januar 1971 die Zeitung *J'accuse* (»Ich klage an«) gegründet. *J'accuse* verstand sich als »Zeitung der revolutionären Demokratie, eine Zeitung, in der das Volk seine Beschwerden vorbringen kann«.[160] Die Zeitung berichtete nicht nur über repressive Aktionen von Regierung und Polizei, sondern auch über Vorfälle von Alltagsgewalt, in denen die Diskriminierung z. B. von Ausländern oder Jugendlichen ihren Ausdruck fand.

Die antiautoritären Maoisten hatten ihre Berichtigungsbewegung erklärtermaßen unter dem Einfluß des Bündnisses mit den Intellektuellen eingeleitet, das nach dem Verbot der Gauche Prolétarienne entstanden war. Dennoch glaubten sie, diejenigen zu sein, die die Intellektuellen für ihre Ziele benutzten und die im Bündnis über die ideologische Hegemonie verfügten. Klagen über den »Meinungsterror«, den die Maoisten in der Roten Hilfe ausübten, blieben nicht aus. Interessant ist aber nun, daß der ideologische Einfluß der neuen Bündnispartner auf die Maoisten wesentlich stärker war, als diese zuzugestehen oder zunächst auch nur wahrzunehmen bereit waren. Dieser allmähliche ideologische Durchdringungsprozeß fand seinen Niederschlag vor allem auf zwei Gebieten: in der Frage der Legalität und in der Frage der Gewalt.

Der Schwenk, den die Maoisten nach dem Mai 1970 von einer mechanischen Ablehnung der bürgerlichen Legalität hin zu einer differenzierten Betrachtung des Verhältnisses von Legalität und Illegalität vollzogen, ging ironischerweise selbst Sartre zu weit. In seinen Diskussionen mit Gavi und Victor[161] sagte er, es mache ihm Sorgen, daß die maoistische Bewegung um 1970/71 eine Wendung ins Legalistische erhalten habe. Anstatt die herrschende Gesetzlichkeit von außen, im Namen der Legitimität, in Frage zu stellen, bleibe man nun auf einmal in einer immanenten Kritik befangen.[162]

Diese im Namen eines konsequenten Durchhaltens des Widerspruchs von Legitimität und Legalität von Sartre vorgebrachten Einwände gegen die neue Linie der Ex-GP wurden im selben Gespräch von Victor, dem aktiven Maoisten, zurückgewiesen. Der Widerstand müsse erweitert werden; dazu müsse man sich vom bisherigen sektiererischen gauchistischen Stil abwenden. Ein Mittel hierzu sei es, an dem Gerechtigkeitsempfinden des Volkes anzuknüpfen, das sich vielfach an den bestehenden Gesetzen orientiere. Man könne diese Gesetze aber gegen die Herrschenden wenden, indem man auf ihrer universalen Geltung bestehe. Dies könne durch sogenannte »subversive institutionelle Aktionen« geschehen.[163]

Mit der Entdeckung des möglichen subversiven Werts von Aktionen, die sich an der Ausnutzung gesetzlich-institutioneller Normen ausrichten, war für die Maoisten freilich noch nicht die Konsequenz eines Verzichts auf illegale und gewaltsame Aktionen verbunden. Die Zeit nach dem Verbot der Gauche Prolétarienne war vielmehr durch ein Nebeneinander beider Aktionsformen, legaler und illegaler, gekennzeichnet. Grob gesagt, waren für die »subversiven« institutionellen Aktionen die Rote Hilfe (bis zu ihrer Auflösung gegen Ende 1971), für die illegal-gewaltsamen Aktionen die Neue Volksresistance zuständig. In den Betrieben wurden weiterhin die »kleinen Chefs« attackiert, Bänder angehalten, Sabotageaktionen durchgeführt. Im Frühjahr 1971 kam es zu einer Welle von Einsperrungen von Fabrikdirektoren. Zwei Aktionen schließlich brachten die Ex-GP in gefährliche Nähe des Abgleitens in eine terroristische Logik: die Entführung des gaullistischen Abgeordneten De Grailly und der Bombenanschlag auf die rechtsradikale Zeitung *Minute*.

Im November 1970 entführte die Neue Volksresistance (NRP) den Abgeordneten De Grailly, der in eine Unterschlagungsaffäre größeren Ausmaßes verwickelt war. Die NRP wollte damit gegen die kurz zuvor erfolgte Verurteilung von Alain Geismar zu zwei Jahren Gefängnis protestieren. Wenig später ließ man De Grailly wieder frei.[164] Diese Aktion stieß bei den verbündeten Intellektuellen auf Kritik. Sartre war der Meinung, wenn schon Entführung, so müsse ihr ein Urteil vorausgehen. Kritisiert wurde auch, daß die Aktion bewaffnet durchgeführt worden war. Die NRP verteidigte sich dagegen mit dem Argument, es habe sich um »eine bewaffnete Aktion im Rahmen der ideologischen Revolution«, nicht um eine Aktion des bewaffneten Kampfs gehandelt.[165] Die *Cause du Peuple* hob ebenfalls den politisch-symbolischen Charakter der bewaffneten Entführung hervor: »Diese Operation hatte nicht die Tötung des Abgeordneten zum Ziel, sondern sollte der mit den Großunternehmern verfilzten politischen Clique ein Stück Autorität, etwas von ihrer Arroganz nehmen.«[166]

Die schnelle Freilassung von De Grailly deutet darauf hin, daß die Neue Volksresistance tatsächlich von vornherein nicht mehr beabsichtigte, als spektakulär und symbolisch gegen die Verurteilung von Alain Geismar zu protestieren. Man war sich offenbar bewußt, daß man das Spiel nicht über eine bestimmte Grenze stillschweigenden Einverständnisses mit Regierung und Polizei hinaus weitertreiben durfte, wollte man nicht eine scharfe Gegenreaktion provozieren und eine unkontrollierbare Dynamik von Repression und Terrorismus in Gang setzen. Dennoch barg die Mitführung von Waffen bei der Operation die Gefahr einer Eskalation in sich, etwa im Falle einer Gegenwehr des Abgeordneten oder des unerwarteten Eingreifens der Polizei. Wäre es zu einer Schießerei gekommen, hätte die weitere Entwicklung vielleicht einen anderen Verlauf genommen.

Allerdings scheint es, als sei die Polizei – trotz der harten Gangart von Innenminister Marcellin gegenüber den gauchistischen Gruppen – gar nicht an einer Eskalierung der Auseinandersetzungen mit den »Maos« interessiert gewesen. Marcellin versuchte zunächst sogar, den Maoisten den beabsichtigten Propagandaeffekt zu stehlen, und ließ eine Meldung verbreiten, in der Rechtsradikalen die Entführung De Graillys in die Schuhe geschoben wurde.[167] Die Polizei von Paris, noch bis Mitte 1971 unter der Leitung des Präfekten Maurice Grimaud, versuchte, den Konflikt herunterzuspielen. In einem Interview mit Bruno Giorgini aus dem Jahre 1978 schätzte ein früherer Maoist die damalige Situation so ein: »Ich glaube, der französische Staat und seine Polizei haben diese Aktionen nicht aufgebauscht, sondern versucht, sie zu entschärfen. Der damalige Polizeipräfekt von Paris gab den Dingen eine geringere Bedeutung und entdramatisierte sie. Wenn man es wie in Deutschland gemacht hätte, wäre vielleicht ein Teil unserer Aktiven in den Terrorismus getrieben worden.«[168]

Das Sprengstoffattentat gegen die rechtsradikale Zeitung *Minute*, die sich mit rassistischen Artikeln gegen die arabischen Arbeiter in Frankreich hervortat, stieß bei den »Intellektuellen-Freunden« ebenfalls auf entschiedene Ablehnung und wurde von den GP-Führern später auch als grober Fehler bezeichnet.[169] Die Kritik der Intellektuellen an einer solchen Aktion, die leicht Menschenleben hätte fordern können, blieb offenbar nicht ohne Wirkung, denn danach wurde von den Maoisten der Ex-GP nie wieder ein Bombenattentat verübt.

Der schon zitierte Candide, bis 1973 einer der Führer der GP-Maoisten, beschrieb in seinem 1978 gegebenen Interview die Rolle, die die Intellektuellen bei der Vermeidung gewaltsamer Aktionen spielten, die in eine terroristische Richtung hätten abgleiten können: »Anfangs hatten wir die Vorstellung, die Intellektuellen für unsere Zwecke einspannen zu können ... Danach hat sich das geändert. Und in gewisser Weise hat uns die Beziehung zu ihnen daran gehindert, irgendwelchen Quatsch zu machen. Beispiel: Wir wollten militärische Aktionen gegen einen Bourgeois unternehmen, der nach Überzeugung der in der Nachbarschaft wohnenden Genossen ein Mädchen umgebracht hatte. Die Idee war ungefähr folgende: Der muß gelyncht werden, ... die Stimme des Volkes ist die Stimme der Wahrheit. Aber der Widerstand von seiten der Intellektuellen war sehr stark: Das ist Faschismus! Diese heftige Reaktion brachte uns zum Nachdenken und hat wer weiß was verhindert: daß man den Typ entführt oder ähnlichen Schwachsinn, der unter den Genossen zirkulierte.«[170]

Die innere Auseinandersetzung – im »Innern« auch des einzelnen Mitglieds – zwischen dem politischen Stil der Intellektuellen und der Doktrin des antiautoritär-gewaltsamen Kampfs der Ex-Gauche Prolétarienne setzte die maoistische Bewegung zunehmend einer ideologischen Zerreißprobe aus. Wie lange noch würde sie ihre widersprüchliche Doppelstrategie, die Spannung zwischen illegalem Kampf und Aktionen im Namen der Legalität, zwischen gewaltsamen Guerillaoperationen und demokratischer Frontbildung, zwischen Neuer Volksrésistance und Roter Hilfe, zwischen Ablehnung des klassischen Intellektuellenstatus und Annäherung an die Intellektuellen durchhalten können? Im Laufe des Jahres 1971 begann sich eine gewisse Ratlosigkeit über die weitere Strategie unter den »Maos« breitzumachen. Symptomatisch ist wohl, daß man sich mangels klarer strategischer Vorstellungen an die

Idee des Parteiaufbaus, die vorher bei den antiautoritären Maoisten keine Gegenliebe gefunden hatte, zu klammern begann.[171]

Kritisch wurde die Situation der Maoisten überdies dadurch, daß nach über dreijährigem politischem Aktivismus das Fundament der bisherigen Strategie, der Glaube an die zu erwartende Beteiligung der Massen am bewaffneten Kampf, brüchig zu werden begann. Unter dem Einfluß der Intellektuellen hatten die Maoisten nach dem Mai 1970 schon gewisse Abstriche an ihrer Konzeption des zum Bürgerkrieg führenden gewaltsamen Partisanenkampfs gemacht. Ohne diese Konzeption auf einer proklamatorischen Ebene aufzugeben, hatten sie sich immer mehr den Intellektuellen und den diesen zur Verfügung stehenden ideologischen Kampfmethoden angenähert. Die prekäre Balance, die sie zwischen ihrer Hoffnung auf die Gewalt der Massen und ihrer Erfahrung politischer Wirkung an der Seite der Intellektuellen zu halten versuchten, konnte freilich nicht von Dauer sein. Und in der Tat führte die inzwischen eingetretene Situation zu einer erneuten Krise der maoistischen Bewegung, als Anfang 1972 ein schwerwiegendes Ereignis die Unhaltbarkeit gewisser Hoffnungen auf die Arbeiterklasse schlagartig sichtbar machte.

4.3 Der Tod des Pierre Overney und das Ende der »Maos« in Frankreich

Am 25. Februar 1972 war eine Demonstration algerischer Arbeiter an der Metrostation Charonne geplant; zehn Jahre zuvor waren an derselben Stelle beim Protest gegen den Algerienkrieg acht Personen ums Leben gekommen.[172] Die Maoisten waren an der Vorbereitung der Demonstration, die »hart« werden sollte, aktiv beteiligt. Im Renault-Werk Boulogne-Billancourt verteilten sie Flugblätter, die zur Teilnahme an der Demonstration aufriefen. Als der Werkschutz dies verhindern wollte, entwickelte sich eine Schlägerei, bei der die Maoisten, unter ihnen Pierre Overney, im gewohnten Stil der Aktion gegen »kleine Chefs« – aggressiv und mit Schlaggegenständen (Eisenstangen) bewaffnet – vorgingen. Bei diesen Auseinandersetzungen wurde Pierre Overney von dem Werkschutzmann Tramoni aus kurzer Entfernung mit der Pistole erschossen.[173]

Wieder standen die Maoisten vor einem Kreuzweg: Sollten sie hart zurückschlagen und die Repressionsmacht des Staates herausfordern, oder sollten sie der Gewalteskalation aus dem Wege gehen und statt dessen an die demokratische Öffentlichkeit appellieren? Candide schildert die Entscheidungssituation, in der er sich mit seinen Genossen am 25. Februar 1972 fand, folgendermaßen: »Vielen von uns kam als erster Gedanke, alles mit Feuer und Schwert kaputtzuschlagen... Wir begannen zu diskutieren: Entweder wir steuerten auf einen Zusammenstoß zu und gerieten in eine Spirale, deren Ende nicht abzusehen war, oder wir versuchten, eine Bewegung für Demokratie, gegen den Faschismus in den Fabriken, gegen die Unternehmermilizen in Gang zu bringen. Wir wählten die zweite Lösung.«[174] Im Bewußtsein der Gefahr, daß die für denselben Abend geplante kämpferische Demonstration in der emotionsgeladenen Atmosphäre nach dem Mord an Pierre Overney in eine Straßenschlacht mit unübersehbaren Konsequenzen hätte ausarten können, unternahmen die verantwortlichen Maoisten alles, um ihr einen ruhigen Verlauf zu geben; schon vorbereitete Molotow-Cocktails z. B. wurden wieder eingesammelt.[175]

Die Reaktion der Öffentlichkeit auf den Tod Pierre Overneys schien den Maoisten mit ihrer Option für den friedlichen Weg recht zu geben. Pierre Overneys Begräbnis wurde zu einer riesigen Protestdemonstration, an der 200 000 Personen teilnahmen.[176]

Einige Tage nach dem Tod Pierre Overneys entführte die Neue Volksresistance einen leitenden Angestellten von Renault, Robert Nogrette, aus Protest gegen die Verhaftung und Entlassung von Renault-Arbeitern, die die Maoisten unterstützt hatten. Damit bewegte man sich bedenklich in der Nähe von terroristischen Aktionsformen, wie sie bald von der RAF und den Roten Brigaden angewandt werden sollten. Doch beeilte sich die Neue Volksresistance zu betonen, daß es ihr mit der Entführung von Nogrette nur darum ging, ihren Protest gegen die Entlassung und Verhaftung der Renault-Arbeiter in eine breitere Öffentlichkeit zu tragen; ein Geschäft »Freilassung von Nogrette gegen Freilassung und Wiedereinstellung der Arbeiter« habe niemals zur Diskussion gestanden.[177]

Die Maoisten der Neuen Volksresistance waren sich darüber im klaren, daß sie sich mit jeder anderen Zielsetzung als der einer bloß symbolischen Entführung Nogrettes von der Öffentlichkeit und den Massen, die sie für ihre Strategie gewinnen wollten, vollkommen isoliert hätten. Eine Hinrichtung von Gefangenen wie Nogrette, so die Neue Volksresistance, sei erst möglich, wenn die

Mehrheit des Volkes es so wolle, wenn das ganze Volk von der bewaffneten Selbstverteidigung überzeugt sei.[178]

In richtiger Erkenntnis der gefährlichen und vor allem politisch fragwürdigen Lage, in die sich die Neue Volksresistance mit der Entführung Nogrettes gebracht hatte, ließ sie diesen nach zwei Tagen wieder frei. Die Linie der Zusammenarbeit mit den Intellektuellen zur Einwirkung auf die öffentliche Meinung hatte sich endgültig gegen die terroristische Versuchung durchgesetzt.

Aber trotz des offenbaren politischen Erfolgs der Massenkundgebung bei der Beerdigung Pierre Overneys saß der Schock über seine Ermordung tief; die antiautoritäre maoistische Bewegung sollte sich nicht mehr davon erholen.

Langsam begann sich unter den »Maos« die Erkenntnis durchzusetzen, daß man mit der Strategie des gewaltsamen Partisanenkampfs, der direkten Aktion an eine unüberschreitbare Grenze gestoßen war: Die Arbeiter folgten den Maoisten auf dem Weg zum Bürgerkrieg nicht. Wie eine herbe Ernüchterung mußte es auf sie wirken, daß in der Arbeiterschaft nahezu jede Reaktion auf den Tod von Pierre Overney ausblieb. Den verhaßten Revisionisten der CGT-Gewerkschaft gelang es sogar, im Renault-Werk Boulogne-Billancourt die Bemühungen der »Maos« um das Zustandebringen von Protestaktionen zu vereiteln. Ganz anders das Verhalten der Intellektuellen und die Reaktion in Sektoren der Öffentlichkeit, die nicht der Arbeiterschaft zuzurechnen waren: Hier erfuhr man Unterstützung und Zuspruch, hier schienen sich erfolgversprechende Perspektiven für eine politische Arbeit aufzutun.

Im Gegensatz zur Berichtigungsbewegung nach der Krise im Mai 1970 wurden Überlegungen über eine grundsätzliche Neuorientierung, die sich in der Situation nach dem Tod Pierre Overneys vielen aktiven Maoisten – bewußt oder unbewußt – wohl aufdrängten, nicht mehr öffentlich diskutiert oder in theoretischen Dokumenten festgehalten.[179] Statt dessen setzte ein allmählicher ideologischer Auflösungsprozeß ein, der die antiautoritär-maoistische Bewegung ihrem Ende nahebrachte. Ihr Niedergang wurde schon im Laufe des Jahres 1972 sichtbar: Ihre Aktionen wurden sporadischer, Mitglieder setzten sich ab, eher ins Privatleben als in andere politische Gruppen.[180] Ein schrumpfender Kern hielt noch bis Ende 1973 durch, dann erfolgte die formelle Selbstauflösung.

Der Niedergang der maoistischen Bewegung, das Zusammenbrechen der mit ihr verbundenen revolutionären Hoffnungen hätte in einer politisch ausweglos erscheinenden Situation die terroristische Option noch einmal auf den Plan rufen können. Doch zeichneten sich in den Jahren 1972/73 neue politische Alternativen für die heimatlos gewordenen Maoisten ab. Ende 1972 kam die Idee der Zeitung *Libération* auf, die ein Organ der Gegeninformation über das Frankreich der unteren Klassen werden sollte; das Volk sollte darin zu Wort kommen und über Comités-Libération eine Kontrolle über die Redaktion ausüben. Das Projekt *Libération* war also kein Zeitungsprojekt im herkömmlichen Sinne, sondern verfolgte über die Schaffung einer Gegenöffentlichkeit hinaus auch einen organisatorischen Anspruch. Wieder einmal war Sartre derjenige, der die Weichen für eine allmähliche Richtungsänderung der antiautoritär-maoistischen Strategie gestellt hatte: Er war einer der Intitiatoren des Zeitungsprojekts und übernahm anfangs auch die Leitung der *Libération*, die nach mehrmonatigen Vorbereitungen im Mai 1973 zu erscheinen begann.[181] Gut die Hälfte des Redaktionsteams waren Maoisten aus der Ex-Gauche Prolétarienne.

Auch wenn die mit dem Projekt *Libération* verbundenen Intentionen zu Beginn noch deutlich von der politischen Ideologie der anti-autoritären Maoisten geprägt waren, so veränderte sich diese Ausrichtung bald. Dies ist nicht nur mit den Zwängen des Zeitungsbetriebs und einer – bei Strafe des Untergangs der Zeitung – notwendigen Professionalisierung ihrer Journalisten zu erklären[182], sondern vor allem dadurch, daß das GP-maoistische Denken schon zuvor in eine Krise geraten war. Gegen den Widerspruch eines Teils der Redaktion und der Leserschaft unterstützte die Zeitung schon 1974 den Präsidentschaftskandidaten der auf der Grundlage des »Gemeinsamen Programms« vereinigten »traditionellen« Linksparteien, François Mitterrand. Die ehedem scharfen politischen Konturen der Gauche Prolétarienne wichen einem vagen und unverbindlichen Gauchismus; bei in der Linken umstrittenen politischen Fragen – wie 1977 die Ermordung Tramonis aus Rache am Tod Pierre Overneys oder wie die Stammheim-Affäre – ging die *Libération* einer eindeutigen Stellungnahme aus dem Weg und griff allenfalls zu dem Hilfsmittel, die Leserbriefspalten dezidierten Meinungsäußerungen zu öffnen.[183] Die kollektive Leitung der Zeitung machte – im Namen der Effizienz – allmählich hierarchischen Strukturen Platz, und Serge July, Mitautor von *Vers la guerre civile,* nahm bald die Rolle eines recht autokratisch waltenden Chefredakteurs ein.

So war ein, zwei Jahre nach dem ersten Erscheinen von *Libération* nicht mehr viel von den ursprünglichen Ideen übriggeblieben, die die Maoisten mit dem Projekt verknüpft hatten. Doch die Zeitung hatte die Funktion erfüllt, einen politischen Ausweg aus der Krise zu bieten, in die die antiautoritär-maoistische Bewegung 1972 geraten war.

Als politische Alternative erschien vielen Maoisten auch der Kampf der Arbeiter der Uhrenfabrik Lip in Besançon, die angesichts der drohenden Schließung ihres Werks Mitte 1973 Fertigung und Vertrieb in eigene Hände genommen hatten. Dieses Selbstverwaltungs-Experiment abseits der üblichen Kampfformen der Gewerkschaften und Parteien begann gerade die Maoisten anzuziehen, und viele engagierten sich in der auf ganz Frankreich sich ausdehnenden Solidaritätsbewegung mit den Lip-Arbeitern. Pierre Victor sagte in seinen Gesprächen mit Sartre und Gavi, Lip sei für ihn das Ereignis gewesen, das ihn dazu gebracht habe, viele seiner politischen Ideen in Frage zu stellen und neue Positionen zu beziehen.[184]

Eine ähnliche Funktion wie *Libé* und Lip als alternative politische Projekte hatten auch die Kämpfe der Bauern von Larzac in Südfrankreich gegen die Erweiterung eines Truppenübungsplatzes. Führende Maoisten, wie Michel Le Bris – der frühere Leiter der *Cause du Peuple* – setzten sich publizistisch für diese auch schon ökologisch orientierte Bewegung ein, schrieben Artikel und Bücher[185], die die landesweite Unterstützung für die Bauern von Larzac verbreiten halfen.

Damals begannen die desorientierten Maoisten auch ganz neue Themen zu entdecken, denen man sich bisher nicht gestellt hatte: die Unterdrückung der »sexuellen Minderheiten« (Frauen, Homosexuelle), die Problematik des Verhältnisses von Alltagsleben und Politik, die Revolutionierung der persönlichen Lebensformen.[186] Das Aufgreifen solcher Themen war häufig begleitet von einem Rückzug ins – wenn auch manchmal »alternativ« gestaltete – Privatleben.

Doch war es vielen Maoisten in Frankreich möglich, nach 1972/73 die beruflich-private Alternative zur bisherigen militanten Lebensweise mit einer politischen Perspektive zu verbinden: Als politische Schriftsteller und Journalisten (wie in den oben genannten Fällen), als einflußreiche Mitarbeiter in Verlagshäusern, in Universitäten, Forschungsinstituten, Funk und Fernsehen.[187] Damit hatten sie wieder den »klassischen« Intellektuellenstatus eingenommen, den abzulegen sie 1967 angetreten waren. Das politische System Frankreichs hatte seine Integrationsfähigkeit einmal mehr unter Beweis gestellt.

5. Der Weg in den Terrorismus

Um 1972 brachen in Frankreich die organisatorischen Entwicklungsstränge, die aus der Mai-Bewegung heraus zur Entstehung eines linksradikalen Terrorismus hätten führen können, ab. Die 68er-Generation hatte – anders als in Italien und der Bundesrepublik – die historische Möglichkeit eines terroristischen Abenteuers ausgeschlagen.

Dies will freilich nicht besagen, daß aus den Tiefen gesellschaftlicher Widersprüche nicht jederzeit neue Potentiale für den terroristischen Protest hervorbrechen konnten. In der Tat begannen sich bald nach dem Ende der maoistischen Bewegung wieder militante ultralinke Kleingruppen zu bilden, die illegale und gewaltsame Kampfformen in den Mittelpunkt ihrer Strategie stellten. Ihre Mitglieder gehörten überwiegend einer Generation an, deren politische Sozialisation nicht mehr unter dem prägenden Einfluß des Mai 68 erfolgt war. Vereinzelte jüngere »Maos«, die in dem von ihren Führern eingeschlagenen Weg der gesellschaftlichen Integration keine Alternative für sich sehen konnten, schlossen sich den neu entstehenden, klandestin operierenden Gruppen an. In den Jahren 1974 bis 1977 blieben diese Gruppen aber isoliert und auf eine kleine Anhängerschaft begrenzt. Erst mit dem Aufschwung der Autonomen ab 1977 gerieten die Dinge wieder in Bewegung, und die Idee des bewaffneten Kampfs konnte neue Schubkraft gewinnen.

5.1 Die Autonomen

Ideologische Orientierungen

Die Protestaktionen gegen den Atom-Reaktorbau in Malville im Juli 1977 bildeten den Auftakt für die autonome Bewegung in Frankreich.[188] Das große Autonomen-Treffen in Bologna im September 1977, an dem sich 80000 Jugendliche und Studenten, darunter auch einige aus Frankreich, beteiligten[189] und das vor allem die dortige kommunistische Stadtverwaltung ins Visier genommen hatte, übte eine faszinierende Wirkung auf die französischen Autonomen aus.

Eine klar umrissene Ideologie der Autonomen ist kaum auszumachen. Dies liegt nicht nur an ihrer Uneinheitlichkeit, an ihrer Zersplitterung in verschiedene Gruppen und Strömungen, sondern auch an der verschwommenen Artikulation ihrer Gedankenwelt. Nur einige wenige Intellektuelle meist anarchistischer Provenienz unterzogen sich der Anstrengung, eine gewisse Kohärenz und Systematik in den politischen Diskurs der autonomen Bewegung zu bringen.[190] Manche Äußerungen von Ideologen der Bewegung erweckten den Eindruck der Scharlatanerie, wie etwa diese: »Wir jonglieren mit den Begriffen und unseren Wünschen und lassen uns nirgends einsperren!«[191]; Theorie war wohl wenig gefragt. Aus der Not eine Tugend machend, wurde im Gegenteil einer spontaneistischen Praxisvorstellung gehuldigt, nach der nicht durchdachte politische Orientierungen, sondern die unzähligen »alltäglichen« Akte der Verweigerung, des Bruchs der bürgerlichen Gesetze, der Gewalt von unten die autonome Bewegung konstituierten.

Die Autonomen nahmen einen Teil des Spektrums antiautoritär-libertärer Ideen auf, das schon ein Kennzeichen der Mai-Revolte, insbesondere ausgedrückt durch die »Bewegung des 22. März«, und der antiautoritären Elemente des Maoismus gewesen war[192]: Antiökonomismus und Antikonsumismus (»die neue Kirche des Jahrhunderts: der Konsum«[193]), Antibürokratismus bis hin zu Organisationsfeindlichkeit im Namen von Spontaneität und direkter Aktion, in etwas elaborierter Form auch in die Forderung nach »generalisierter Selbstverwaltung« gekleidet[194], die Vorstellung, die Revolution müsse am »Alltagsleben«, nicht an der Arbeitssphäre ansetzen, vor allem aber ein stark ausgeprägter Hedonismus waren Bestandteile der autonomen Ideologie.

Organisationsfeindlichkeit, Spontaneismus und Hedonismus traten bei den »neuen« autonomen Strömungen stärker hervor als bei den aus dem anarchistischen Lager stammenden Gruppen. Doch waren es gerade die neuen, allenfalls zu lockeren Gruppen zusammengeschlossenen Autonomen, die der Bewegung ihren Stempel aufdrückten. Unbekümmert um objektive Zusammenhänge und Begrenzungen beanspruchten sie, die unmittelbare Bedürfnisbefriedigung zum Inhalt ihrer Praxis zu machen. Einer ihrer Ideologen, Bob Nadoulek, der »größte Megalomane seiner Straße«, wie er von sich selbst sagte[195], stellte die Forderung nach dem »Kommunismus sofort« auf.[196] Nicht die Arbeit, sondern die unproduktiven Zeiten, Arbeitslosigkeit und Freizeit, bildeten den Ort, von dem Subversion und Befreiung ausgehen könnten. »Wir werden versuchen, unsere Bedürfnisse zu befriedigen, ohne das vom System geforderte Lösegeld zu bezahlen: die Arbeit.«[197] Zwischen Alltagsleben und politischer Militanz dürfe es keine Trennung mehr geben; sie könne aufgehoben werden, indem die Revolutionierung des Alltagslebens durch Abschütteln der herrschaftssichernden Unterwerfungsmechanismen (die tödliche Routine des métro-boulot-dodo[198]) zur politischen Praxis werde.

Die Verbindung von Bedürfnisbefriedigung und subversiver, befreiender Praxis glaubten die Autonomen vor allem durch Akte der Verweigerung, des Bruchs der Legalität, der Massendelinquenz, der Gewalt herstellen zu können. Im Produktionsbereich lehnte man eine Beteiligung an Kämpfen um Lohn oder um die Verbesserung der Arbeitsbedingungen ab, da man hier dem Kapital auf seinem eigenen Terrain entgegentrete und von vornherein zum Mißerfolg verdammt sei. Das System könne aber in Gefahr gebracht werden, sobald bei einer Zuspitzung von betrieblichen Auseinandersetzungen die Gewerkschaften überrannt würden und die Basis illegale Kampfformen anwende, wie z. B. wilde Streiks, Betriebsbesetzungen, Sabotage, Entführungen. Solche Aktionen müßten nicht unbedingt von autonomen Gruppen im Betrieb ausgehen, sondern könnten einer spontanen Reaktion der Arbeiter entstammen; wesentlich sei, daß die Kämpfe autonom, unabhängig von den Gewerkschaften geführt würden. Eine andere Form des subversiven Protests im Betrieb bestehe im Absentismus, im Zuspätkommen, im Erzeugen von Ausschuß.

Trotz dieser Aktionsmöglichkeiten im Produktionsbereich müsse aber »der alte marxistische Glauben an die Arbeiterklasse« stark relativiert werden. Ein neues revolutionäres Subjekt, das radikaler und entschlossener den subversiven Kampf führe, sei auf den Plan getreten: der junge Proletarier. Von den italienischen Autonomen und ihrem Theoretiker Toni Negri übernahm man die Unterscheidung zwischen dem »ouvrier garanti« und dem »ouvrier non-garanti«, zwischen dem abgesicherten Arbeiter mit festem Arbeitsplatz und sozialen Garantien und dem ungesicherten Arbeiter, der von den Leistungen des Systems weitgehend ausgeschlossen sei. Dieser Sektor der jungen marginalisierten Arbeiter sei in ständiger Zunahme begriffen und umfasse eine Vielzahl von Einzelerscheinungen: junge beschäftigungslose Arbeiter, proletarische Studenten, Marginale, Delinquenten, Halbstarke, junge Ausländer, Schüler, Kriegsdienstverweigerer, Homosexuelle, Feministinnen...[199]

In der Aufweichung des Begriffs des revolutionären Subjekts »Arbeiterklasse« gingen die Autonomen damit noch einen Schritt weiter als die antiautoritären Maoisten: Obwohl die »Maos« schon allerhand Interpretationskünste unternommen hatten, um Studenten, Schüler, Intellektuelle, ausländische Arbeiter und auch lumpenproletarische Schichten in den Vordergrund ihrer Strategie zu rücken, hielten sie doch theoretisch am Fabrikproletariat als dem entscheidenden Faktor für eine revolutionäre Entwicklung fest. Bei den Autonomen nun weicht die von den »Maos« vorgenommene Differenzierung, die bei diesen gleichwohl noch mit einer Avantgarde- oder Bündniskonzeption verbunden war, einer schroffen Gegenüberstellung. Der Widerspruch zwischen den »traditionellen« Arbeitern mit sozialen Garantien und dem jungen marginalisierten Proletariat erscheint unversöhnlich, ihr Verhältnis geradezu als das zwischen feindlichen Klassen.

Während der traditionelle Arbeiter in der Freizeit manipuliert werde und im Produktionsbereich durch die Gewerkschaften in das System integriert sei, kämpfe der junge Proletarier an allen Fronten. In der Produktion, wo er als Gelegenheitsarbeiter eine prekäre und unterbezahlte Existenz führe, sei er es, der den Kämpfen – vorbei an den gewerkschaftlichen Machenschaften – eine subversive Stoßkraft gebe. Mehr noch aber sei er der Träger der Revolutionierung des Alltagslebens. Seine Ablehnung der Vergötzung der Warenwelt und des Konsums setze er durch die »wilde Aneignung« der Ware, durch Kaufhausdiebstahl, autoréductions[200], Zerstörung der Symbole des Luxuskonsums (z. B. durch Einschlagen und Plündern von Schaufenstern) in die Tat um.

Nicht zufällig erfuhr die Kategorie des Lumpenproletariats von den Autonomen eine radikale Aufwertung.[201] Es sei einseitig und verschleiernd, die Delinquenz nur in ihrer systemstabilisierenden Funktion darzustellen. Heute beginne eine »wilde« Kriminalität den Herrschenden zunehmend Probleme zu bereiten, indem sie für die kapitalistische Maschinerie die Gefahr der Subversion mit sich bringe.[202]

Der Gewaltdiskurs der Autonomen war einerseits bestimmt von einer Art instrumentalistischer Position (Gewaltanwendung ist keine moralische, sondern einer Frage der Zweckmäßigkeit, die je nach der konkreten Situation zu beantworten sei), andererseits von der hedonistischen Vorstellung, daß spontane Ausbrüche von Gewalt gegen die Symbole oder die Vertreter des Systems gerechtfertigt seien.[203] Es wurde als Teil der Revolutionierung des Alltagslebens gewertet, seine Aggressionen ungezügelt auszuleben; dies habe nicht nur eine subversive, sondern auch eine befreiende Wirkung für den einzelnen und für das Kollektiv.

Trotz dieser Gewaltphraseologie und auch -praxis grenzten sich die französischen Autonomen in den Jahren 1977 bis 1979 relativ deutlich ab vom Terrorismus klandestiner Kleingruppen wie dem der Roten Brigaden und der RAF. Drei Argumente vor allem wurden für diese Kritik an terroristischen Strategien vorgebracht: Durch ihre notwendig klandestine Operationsweise isoliere sich die terroristische Gruppe von der Bewegung; mit dem bewaffneten Kampf begebe man sich auf ein Terrain, auf dem der Staat die überlegenen Mittel besitze, nicht nur in militärischer, sondern auch in propagandistischer Hinsicht, da die »Botschaft« der Terroraktion im Medienspektakel untergehe, gar gegen ihre Urheber gerichtet werde; schließlich – und dies ist wieder bezeichnend für die hedonistische Orientierung – sei man nicht bereit, in die vom Staat gestellte Falle zu tappen und sich zum Opfer des Systems machen zu lassen. »Am Tag, an dem wir in die Ecke dieser Gewalt gedrängt sind, ... befinden wir uns nicht mehr in Bewegung, sondern in der Agonie.«[204] Die Gewalt der autonomen Bewegung sehe ganz anders aus: Sie sei eine destruktive und gleichzeitig einigende Kraft, die all jene in einer ständigen Bewegung zusammenführe, die sich gegen eine Zukunft der Bedeutungslosigkeit, gegen das Trugbild der Welt der Kühlschränke, Fernsehgeräte, Autos usw. auflehnten...[205] Oder wie es ein anonymer Autonomer im Gespräch mit *Le Monde* formulierte: Man greife lieber auf dem Felde der »kleinen Gewalttaten« ein und lehne die Logik der Terroristen ab, auch wenn man nicht grundsätzlich gegen den bewaffneten Kampf sei.[206] Offensichtlich wollten die Autonomen nur kleine, kalkulierbare Risiken eingehen. Es hätte sich auch schlecht mit ihrer Vorstellung von der Gewalt als Akt der Bedürfnisbefriedigung und Befreiung vereinbaren lassen, hätten sie sich den selbstmörderischen Risiken des terroristischen Untergrundkampfs stellen wollen.

Entwicklung und Krise der Autonomen

Von Anfang an bezog die autonome Bewegung in Frankreich einen Großteil ihrer Themen vom Ausland, insbesondere aus Italien und der Bundesrepublik. Dies gilt für die Protestaktion gegen den Reaktorbau in Malville – die französischen Autonomen nannten damals Malville stets in einem Atemzug mit Kalkar – ebenso wie für die Resonanz auf Bologna wie überhaupt für die Aufnahme wichtiger ideologischer Anstöße aus der italienischen Autonomie.

Besonders augenfällig wurde die Außenorientierung während der Stammheim-Affäre im Oktober 1977. Eine Versammlung der Pariser Autonomen erhob ihren Protest gegen die Ermordung, wie sie es sah, der in Stammheim gefangenen RAF-Mitglieder sowie gegen die drohende Auslieferung des Rechtsanwalts Klaus Croissant an die Bundesrepublik. Protestiert wurde aber nicht nur gegen den Staatsterrorismus in der Bundesrepublik, sondern auch gegen die zu laue Haltung der Zeitung *Libération,* der man vorwarf, die Version der bundesdeutschen Behörden vom Selbstmord Andreas Baaders, Jan Carl Raspes und Gudrun Ensslins nicht eindeutig zurückgewiesen zu haben.[207] Zweihundert Autonome besetzten die Redaktionsräume von *Libération* und forderten den Abdruck ihrer Stellungnahme zum Thema, die von einer unzweideutigen Solidarisierung mit der RAF und ihren in Stammheim ums Leben gekommenen Mitgliedern gekennzeichnet war.

Gleichwohl setzte man sich kritisch mit der RAF-Linie auseinander, so auf einer Autonomen-Versammlung Anfang November 1977 anläßlich des Auslieferungsprozesses gegen Croissant. Die

Teilnehmer debattierten über das Problem der Gewalt und die Praxis der RAF. »Im Ergebnis kam man zu einer klaren und mehrheitlichen Kritik an der (politisch-militärischen) Linie der RAF. Alle Anwesenden waren sich dessen bewußt, daß die Bildung von Gruppen in der Art der RAF in Frankreich vermieden werden müsse.«[208]

Nach dem Bekanntwerden des Beschlusses zur Auslieferung von Klaus Croissant Mitte November 1977 riefen die gauchistischen Organisationen (v. a. die Trotzkisten) zu einer Protestdemonstration auf, an die sich auch die Autonomen anhängten. Bei dieser Gelegenheit wandten sie ihre Taktik an, aus einer ruhig verlaufenden Demonstration heraus Schlägereien mit der Polizei zu provozieren, Polizeiwagen mit Molotow-Cocktails in Brand zu setzen, Schaufenster einzuschlagen, symbolische Ziele (z. B. einen BMW-Salon als Zeichen für die repressive deutsch-französische Zusammenarbeit) aufs Korn zu nehmen.[209] Bei dieser Aktion trat auch schon der typische Autonome, ausgestattet mit Turnschuhen, Lederjacke, Motorradhelm, Maske und bewaffnet mit Schlagstock, Schleuder und Molotow-Cocktail in Erscheinung.

Im Januar 1978 setzten die französischen Autonomen ihre Solidaritätsbekundungen mit der RAF fort bei einem großangelegten Treffen »Gegen die Repression« und gegen das »Europa der Bullen« in Straßburg. Straßburg wurde nicht zuletzt wegen seiner Nähe zur Bundesrepublik und zum Gefängnis in Stuttgart-Stammheim ausgewählt.[210] Ebenso wie schon bei den Kommentaren zum Tod der RAF-Mitglieder in Stammheim wurde auch beim Anti-Repressions-Treffen in Straßburg eine Haltung erkennbar, die in der Bundesrepublik die Speerspitze repressiver und reaktionärer Tendenzen in Europa und einen Hort des Staatsterrorismus sah. Auch wenn ähnliche Tendenzen in Frankreich angeprangert wurden, war aber nicht zu verkennen, daß man in Sachen Repression einen Unterschied zwischen dem eigenen Land und der Bundesrepublik machte.

Während des Jahres 1978 versuchten die Autonomen, ihre Strategie der Subversion, der »kleinen« kollektiven Gewalt und der Revolutionierung des Alltags, in verschiedenen Bereichen voranzutreiben. Vor allem mit ihren Initiativen für Hausbesetzungen und für Untergrund-Radiosender machten sie eine Weile von sich reden. Als eine ihrer wichtigsten Aktionen betrachteten sie die Unterstützung des Mietstreiks in der Ausländersiedlung SONA-

COTRA in Paris. Daneben wurden Parkuhren zerstört, Fahrkartenautomaten demoliert, Sprengstoffanschläge auf symbolische Ziele verübt. Während Anfang der siebziger Jahre die Zahl der Sprengstoffanschläge in Frankreich noch zwischen 100 und 200 jährlich schwankte, war deren Zahl im Jahr 1978 auf 637 hochgeschnellt; ein nennenswerter Teil davon wurde den Autonomen zugeschrieben.[211]

Anfang 1979 verschärften die Autonomen sichtlich ihren Kurs. Bei einer Ende Januar von ihnen einberufenen Demonstration »gegen die teuren Lebenshaltungskosten« im Viertel Saint-Lazare kam es zu den üblichen Ausschreitungen gegen Geschäfte und zu wüsten Auseinandersetzungen mit der Polizei. In Saint-Lazare und bei einer anschließenden Durchsuchung im Autonomen-Treffpunkt in der Passage Hébrard, wo auch Waffen gefunden worden sein sollen, wurden mehrere Autonome festgenommen und nach dem Anti-Kaputtmacher-Gesetz vor ein Schnellgericht gestellt.

Bestimmte Gruppen innerhalb der Autonomie waren nun versucht zurückzuschlagen. Wenige Tage nach der Aktion in Saint-Lazare und den Festnahmen durch die Polizei drang ein dreiköpfiges Kommando in die Wohnung des Richters Berger ein, fesselte die Anwesenden und schlug die Einrichtung zusammen. Dieses Unternehmen traf auf keine ungeteilte Zustimmung innerhalb der Bewegung. Manche Autonomen fanden, man habe sich damit zu sehr dem Risiko genähert, in die Klandestinität abtauchen zu müssen und von der Eigendynamik einer Entwicklung zum Terrorismus erfaßt zu werden.[212] Tatsächlich verstärkte die Polizei auch ihre Überwachungsmaßnahmen, der Autonomen-Treffpunkt in der Passage Hébrard wurde geschlossen, wohl mehrere hundert Autonome waren nun in den Karteien der Sicherheitsorgane erfaßt.

Eine noch härtere Reaktion der Polizei traf die Autonomen nach den Ausschreitungen am 23. März 1979. Die Gewerkschaften CGT und CFDT veranstalteten an diesem Tag in Paris eine große Protestdemonstration gegen drohende Entlassungen in den Stahlwerken von Denain und Longwy in Lothringen. Die Demonstration führte ohne Zwischenfälle über die Grands Boulevards zur Place de l'Opéra. Nachdem die Veranstalter dort die Kundgebung offiziell für beendet erklärt hatten, griffen die Autonomen ein. Ohne daß die Polizei, die in großer Zahl versammelt war und sämtliche Ausfallstraßen der Place de l'Opéra besetzt hatte, zunächst eingriff, begannen 100 bis 200 Autonome in der üblichen Aufmachung zuerst das Café de la Paix, dann Juwelierläden, Parfümerien und andere Geschäfte zu demolieren und zu plündern. Von der Place de l'Opéra bewegte sich das Gros der Autonomen dann die Grands Boulevards aufwärts, zertrümmerte und plünderte wieder Schaufenster und zerstörte Bushaltestellen, Ampeln und Parkuhren. Es vergingen zwanzig Minuten, bis die Polizei einschritt.[213] Die Autonomen gingen darauf mit Pflastersteinen und Schleudern gegen die Polizei vor und setzten Autos in Brand. Der gewerkschaftliche Ordnungsdienst versuchte, die sich über die Grands Boulevards entfernenden Demonstranten von dem, was sich zwischen Autonomen und Polizei abspielte, getrennt und die Autonomen in Schach zu halten. Hierbei überwältigten CGT-Ordner einen Autonomen in typischem Dreß, der Pflastersteine auf die Polizisten warf.[214] Bei der Kontrolle seines Ausweises entpuppte sich dieser Autonome als Polizist.

Die provokatorischen Absichten, die die Regierung mit ihrem Verhalten gegenüber der Demonstration der lothringischen Stahlarbeiter verbunden hatte, wurden dann auch bestätigt durch die Art und Weise, wie sie in der Öffentlichkeit die Ausschreitungen nach der Demonstration auszuschlachten bestrebt war. Die regierungsnahe Presse berichtete kaum von der Demonstration, brachte aber in großer Aufmachung Bilder vom Agieren der Autonomen. Unternehmerverbände und Abgeordnete der Regierungsmehrheit forderten ein Verbot von Demonstrationen im Stadtgebiet von Paris. Präsident Giscard d'Estaing gab Anweisung an alle Präfekten, Demonstrationen, bei denen ein sicherer Ablauf nicht gewährleistet sei, zu verbieten.

Die Ereignisse des 23. März legen die Vermutung nahe, daß die Regierung die autonome Szene nicht nur zum Zweck der Kontrolle infiltriert und genau unter Beobachtung hatte, sondern daß sie die Autonomen in traditionellem Provokationskalkül[215] auch bis zu einem gewissen Grade gewähren ließ, um deren – einigermaßen abschätzbares – Gewaltpotential in der Öffentlichkeit in politische Münze umsetzen zu können. Dieses provokatorische Gewährleisten oder gar Schüren autonomer Gewaltakte stand nicht im Widerspruch zu polizeilichen und richterlichen Verfolgungsmaßnahmen, die aus Gründen der Glaubwürdigkeit und auch wegen der relativen Autonomie der hierfür zuständigen Staatsorgane parallel unternommen werden mußten.

Es scheint, daß im Gefolge des 23. März eine gewisse Demoralisierung in den Reihen der Autonomen Einzug hielt. Dies nicht allein deshalb, weil die polizeiliche Repression die Bewegung nun härter traf – etwa vierzig Autonome wurden in dieser Zeit teilweise auch zu Haftstrafen verurteilt[216] –, sondern auch, weil die Infiltration der autonomen Gruppen durch die Polizei (»le flicage du mouvement«) diese zu größerer Zurückhaltung und auch zu verstärktem gegenseitigen Mißtrauen veranlaßte. Hinzu kam, daß die Treffpunkte, die die Autonomen in Paris besessen hatten, aus verschiedenen Gründen geschlossen wurden. Dadurch trat eine zunehmende Fraktionierung, eine Isolierung der autonomen Gruppen untereinander ein.

Die Bilanz, die die französischen Autonomen nach zwei Jahren ihrer Existenz ziehen mußten, bot wohl zu Optimismus keinen Anlaß. Die Hausbesetzerbewegung stagnierte, das Experiment der Untergrundsender war fehlgeschlagen. Mehrere Zeitschriften, über die die Bewegung als Ausdrucksmittel verfügt hatte (z. B. *Camarades, Marge, Matin d'un blues, Front libertaire*), hatten ihr Erscheinen eingestellt. Obwohl einige der Vorstellungen von subversiver Alltagspraxis, die von den Autonomen propagiert wurden, in nicht geringen Teilen v.a. der studentischen Jugend Widerhall fanden (nach einer Umfrage aus dem Jahre 1979 sympathisierten 13% der Studenten mit den Autonomen, 24,5% hielten es für »normal«, in einem Kaufhaus Lebensmittel zu klauen, 8% sogar, eine Bank zu knacken, 6,7% ein Schaufenster einzuschlagen[217]), hatten es die Autonomen nicht vermocht, aus ihrem »revolutionären Ghetto« von einigen wenigen tausend Aktiven auszubrechen und zu einer breiten Bewegung zu werden, wie sie gehofft hatten.

Im Frühjahr 1979 hatte sich für die Autonomen also eine typische Krisensituation herausgebildet, die durch die von der Regierung empfangenen Schläge einerseits, durch Erfolglosigkeit, organisatorische Zersplitterung und Orientierungslosigkeit andererseits gekennzeichnet war. Eine solche Situation forderte zu kollektiven und individuellen Entscheidungen über das weitere Vorgehen heraus. Ein Teil der Autonomen, die »kreative« oder »wunschorientierte« Strömung[218], zog sich auf eine alternative Stadtteilarbeit zurück und organisierte Feste, Kunstateliers, Stadtteilzeitungen. Gleichzeitig aber war unter einer Minderheit der Autonomen die Tendenz zu erkennen, den Gewalteinsatz zu steigern und – wenn auch weiterhin in Übereinstimmung mit der bisherigen Kritik am Beispiel der RAF und der Roten Brigaden – zu einem nur locker organisierten, »diffusen Terrorismus« voneinander unabhängig operierender Aktionsgruppen überzugehen.

5.2 Action Directe

Vorläufer

Am 15. und 16. September 1979 wurden gegen Gebäude des Arbeits- und des Gesundheitsministeriums sowie gegen die Wohnungsbaugesellschaft SONACOTRA in Paris Sprengstoffattentate verübt. Am 16. September wurden überdies auf die Fassade des Hauptsitzes des Arbeitsministeriums mehrere MP-Salven abgefeuert. Eine bisher nicht in Erscheinung getretene Organisation bekannte sich zu den Anschlägen: Action Directe. Wie spätere Ermittlungen ergaben, war Action Directe jedoch schon am 1. Mai 1979 mit der Beschießung des Sitzes des Unternehmerverbands CNPF in Paris aktiv geworden.

Wer stand hinter Action Directe? Woher kamen ihre Mitglieder? Im Laufe der auf die Attentate im September folgenden Monate gelang es der Polizei relativ rasch, den die neue Organisation tragenden Personenkreis zu identifizieren: Anarchisten aus dem Milieu antifrankistischer spanischer Emigranten, ehemalige spontaneistische Maoisten, Autonome.

Anarchistischer Provenienz sind mehrere der wichtigsten Führungsfiguren von Action Directe: Jean-Marc Rouillan, Nathalie Ménigon, Régis Schleicher. Schon früh hatten sie sich der 1973 im Milieu von Asyl-Spaniern in Toulouse gegründeten Organisation Groupes d'action révolutionnaire internationaliste (GARI) angeschlossen, die sich den Kampf gegen die Franco-Diktatur auch mit gewaltsamen Mitteln zum Ziel gesetzt hatte. 1974 verübten die GARI 24 Attentate, vor allem in Paris und in Südfrankreich.[219] Nach einem Anschlag auf das spanische Generalkonsulat in Toulouse im Juli 1974 kam die Polizei auf die Spur der anarchistischen Gruppe und verhaftete fünf ihrer Mitglieder, unter ihnen Jean-Marc Rouillan. Im Fahrzeug von Rouillan und seiner beiden Mitstreiter Floréal Cuadrado und Raimond Delgado wurden automatische Waffen und Sprengkörper gefunden. Dennoch setzte man bald darauf die Attentäter wieder auf freien Fuß.

Bei einer erneuten Verhaftungsaktion im März 1978 wegen des Verdachts der Teilnahme an Überfällen auf Postämter in Paris wurde Rouillan zusammen mit anderen Mitgliedern der GARI in der Wohnung eines polizeibekannten Autonomen in Paris festgenommen und kurz danach wieder freigelassen. Nach dem Ende des Franco-Regimes in Spanien und dem Verlust der raison d'être der antifrankistischen GARI hatte sich offenbar schon 1977/1978 eine Annäherung zwischen Teilen dieser anarchistischen Gruppe und den Autonomen vollzogen.

Die NAPAP (Noyaux armés pour l'autonomie populaire) machten zum ersten Mal im März 1977 mit der Ermordung von Antoine Tramoni von sich reden.[220] Tramoni hatte als Werkschutzmann im Februar 1972 den Maoisten Pierre Overney bei einer Aktion im Renault-Werk von Boulogne-Billancourt erschossen. Die polizeilichen Ermittlungen führten zur Verhaftung von Michel Lapeyre. Frédéric Oriach und Jean-Paul Gérard. Oriach und Lapeyre spielten bald eine zentrale Rolle bei Action Directe.

Die NAPAP waren maoistischer Herkunft, behaupteten aber, die Etappe der Gauche Prolétarienne überwunden zu haben.[221] In der Tat demonstrierten sie mit dem Racheakt an Tramoni und einer Reihe von Bombenattentaten während des Jahres 1977, daß sie zu einer härteren Gangart entschlossen waren als die »Maos« der Gauche Prolétarienne.

Eine weitere maoistisch inspirierte Gruppe, die Brigades Internationales (BI), verübte in den Jahren 1974 bis 1977 fünf Mordanschläge auf diplomatische Vertreter rechter Militärdiktaturen in Paris. Getötet wurden dabei im Dezember 1974 der Militärattaché Uruguays und im Mai 1976 der Botschafter Boliviens. Die Täter konnten nie gefaßt werden, doch gibt es Indizien für Verbindungen zwischen GARI, NAPAP und BI.[222]

Bei der Entstehung von Action Directe standen schließlich auch die Autonomen Pate, vor allem Mitglieder der Gruppe Camarades, die die gleichnamige Zeitschrift herausgegeben hatte. Die Autonomen sorgten zumindest in der Anfangszeit von Action Directe für den Zugang zu einem subkulturellen Milieu, das eine totale Isolierung der Gruppe vermeiden half.

Spiel mit dem Feuer

Nach einer Stillhaltephase zwischen September 1979 und Januar 1980 startete Action Directe im Februar 1980 eine Serie von Sprengstoffattentaten, zumeist gegen öffentliche Einrichtungen, wie zum Beispiel den Sitz der Gegenspionagebehörde DST. Die Polizei war bemüht, die Aktionen herunterzuspielen: Auch die Medien machten nicht viel Aufhebens. Am 18. März steigerte Action Directe den Einsatz: Am hellichten Tag wurde das Entwicklungshilfeministerium von einem Mann und einer jungen Frau aus Maschinenpistolen beschossen. Sieben Kugeln durchschlugen die Fenster des Ministerbüros im Erdgeschoß. Die Täter hinterließen Flugblätter, in denen Action Directe der neokolonialistischen Politik der Regierung Giscard d'Estaings in Afrika den Kampf ansagte. Der für den Anschlag benutzte Mercedes brachte die Polizei auf die Spur des Täterkreises. Wenige Tage später wurden 28 Personen festgenommen, gegen siebzehn von ihnen wurde Anklage erhoben. Die Mehrzahl der Verhafteten waren ehemalige Mitglieder der GARI und der NAPAP; eine der Festgenommenen, Olga Girotto, gehörte der italienischen Gruppe Prima Linea an und wurde von der italienischen Polizei wegen Mordes gesucht; in ihrer Wohnung fand man 604 kg Sprengstoff, sieben Revolver, zwei Maschinenpistolen und 1000 Vordrucke für italienische Personalausweise.[223]

Mit dieser massiven Verhaftungsaktion war es der französischen Polizei, nicht zuletzt aufgrund intimer Kenntnis der Autonomen-Szene, gelungen, innerhalb kürzester Zeit einen recht genauen Einblick in die Organisation der Action Directe zu gewinnen. Doch trotz des gelungenen Schlags war der Polizei das Paar entwischt, das am 18. März die Schüsse auf das Entwicklungshilfeministerium abgegeben hatte: Jean-Marc Rouillan und Nathalie Ménigon. Wie um ihre ungebrochene Aktionsfähigkeit zu beweisen, verübte Action Directe am 28. März ein weiteres Sprengstoffattentat, diesmal auf eine Spezialeinheit der Gendamerie in Maisons-Alfort. Einen vorläufigen Höhepunkt erreichte der Kampf von Action Directe schließlich mit mehreren Anschlägen am 15. April 1980. An diesem Tag wurden zwei Gebäude des Verkehrsministeriums mit Antipanzerraketen aus Bazookas beschossen. Der Sachschaden war erheblich, verletzt wurde aber niemand, da die Raketenüberfälle morgens um sechs Uhr stattfanden; offensichtlich gingen die Täter einem Tötungsrisiko bewußt aus dem Wege.

Nach längerer, intensiver Suche gingen Jean-Marc Rouillan und Nathalie Ménigon am 13. September 1980 der Polizei in die Falle. Ein Infiltrant hatte die erforderlichen Hinweise geliefert. Nach einem Attentat auf die Militärschule in Paris am 19. September folgten weitere Verhaftungen. Ein Großteil der Aktivisten von Action Directe saß damit hinter Gittern, die noch auf freiem Fuß befindlichen Mitglieder und Sympathisanten waren der Polizei weitgehend bekannt. War damit, weniger als zwei Jahre nach Gründung der Action Directe, die Gefahr eines französischen Terrorismus gebannt?

Heute wissen wir, daß im Herbst 1980 nur eine erste Phase in der Entwicklung von Action Directe zum Abschluß gekommen war. Charakteristisch für diese Phase war das klar erkennbare Bemühen, dem Einsatz gewaltsamer Protestformen (Sprengstoffattentate, Beschießen öffentlicher Gebäude) da Grenzen zu ziehen, wo Menschen hätten zu Schaden kommen können. Anschläge auf Personen, erpresserische Entführungen und ungezielte Bombenattentate auf Menschenansammlungen, die eine wesentlich härtere Reaktion der Ordnungskräfte hervorgerufen hätten, wurden bis dahin sorgsam vermieden. Hedonistische Orientierungen, die Abneigung gegenüber Opferbereitschaft und Märtyrertum, schienen weiter wirksam zu sein. Insgeheim konnte damit kalkuliert werden, daß Protestformen, die vor einem bestimmten Gewaltniveau Halt machten, vom politischen System noch als Jugendsünden zu tolerieren waren; eine Hintertür zurück in die Gesellschaft blieb offen.

Action Directe spielte zwar mit dem Feuer, wollte aber keinen Brand entstehen lassen. Ob dies gelang, hing vor allem vom Gegenspieler ab: Solange Ordnungskräfte und Regierung das Spiel mitmachten – und nicht ins Feuer bliesen – oder gar das Treiben von Action Directe herunterspielten (wie beim Verschweigen von Attentaten), solange konnte das Feuer unter Kontrolle gehalten und verhindert werden, daß aus dem Spiel blutiger Ernst wurde.

Freilich, mit der Festnahme der wichtigsten Führer und Aktivisten von Action Directe war im Herbst 1980 eine neue Situation entstanden, die zu Entscheidungen über das weitere Vorgehen herausforderte. Für Action Directe als Organisation bewegten sich die Handlungsalternativen zwischen dem einen Extrem der Selbstauflösung und dem anderen Extrem, den Gewalteinsatz mit den noch vorhandenen Ressourcen zu steigern, etwa durch Entführungen zur Freipressung der eigenen Gefangenen, wie es die RAF vorexerziert hatte. Auf der anderen Seite konnten die politisch Verantwortlichen versucht sein, Action Directe durch Fortsetzung und Verschärfung der Verfolgungsmaßnahmen vollständig zerschlagen zu wollen, oder aber sie konnten auf die Möglichkeit setzen, die Organisation dadurch zu entradikalisieren, daß sie ihren Mitgliedern den Weg zu legaler oder zumindest geduldeter politischer Betätigung öffneten.

Widersprüche einer Amnestie

Im Mai 1981 gewann François Mitterand die Präsidentschaftswahlen. Schon Monate zuvor hatten sozialistische Politiker die Fühler zu Action Directe ausgestreckt, um der Organisation die Möglichkeit einer Amnestie für ihre verhafteten Mitglieder im Falle eines Wahlsiegs von Mitterrand zu signalisieren. Diese Kontakte hatten zunächst einmal den taktischen Zweck, Action Directe während des Wahlkampfs zum Stillhalten zu bewegen, da zu erwarten war, daß spektakuläre Attentate dieser linksradikalen Gruppe der hinter Giscard d'Estaing sich scharenden Rechten in die Hände gearbeitet hätten.

Doch über diese wahltaktischen Überlegungen hinaus verfolgten die Sozialisten mit ihrem Amnestieangebot das Konzept einer Entradikalisierung und Reintegration von Action Directe. Im August 1981 beschloß die sozialistisch-kommunistische Mehrheit in der Nationalversammlung ein Amnestiegesetz, das binnen kurzem zur Freilassung aller verhafteten Mitglieder von Action Directe führte, selbst derer, die wegen gewöhnlicher krimineller Delikte, z. B. Banküberfälle, angeklagt waren.[224] In der Durchführung des Amnestiebeschlusses konnte die Linksregierung von Action Directe also nicht der Inkonsequenz und Halbherzigkeit beschuldigt werden.

Inkonsequenzen und Widersprüche bestanden jedoch in anderer Hinsicht. Während auf Regierungsebene der politische Wille vorhanden war, Action Directe durch das Amnestiegesetz, d. h. durch ein Stoppen der Spirale von Gewalt, Repression und Gegengewalt, den Weg in die Legalität zu ebnen, stieß die Maßnahme bei nicht wenigen im Polizei- und Justizapparat auf empörte Ablehnung. Auch in der Öffentlichkeit fand die Integrationspolitik der neuen Regierung, vertreten vor allem durch Justizminister Badinter, ein geteiltes Echo. Die konservative bis rechtsradikale Presse – voran die Wochenzeitung *Minute* – nahm neben Badinter mit Vorliebe den Ersten Sekretär der Sozialistischen Partei, Lionel Jospin, aufs Korn.

Jospin spielte als Kontaktmann und Vermittler zwischen Sozialisten und Action Directe eine zentrale Rolle und bemühte sich auch als Abgeordneter des 18. Arrondissements von Paris, den – wenn auch mühsamen – Dialog zwischen der politischen Macht und den frisch Amnestierten nicht abreißen zu lassen. Die nach ihrer Freilassung ins Autonomenmilieu untergetauchten Mitglieder der Action Directe wurden bei Polizeirazzien in der Hausbesetzerszene mehrmals verhaftet, doch aufgrund von Instruktionen des Justizministers wie auch auf persönliche Intervention von Jospin umgehend wieder freigelassen. Das erklärte Ziel dieser Politik war, eine erneute Kriminalisierung von Action Directe im Ansatz zu unterbinden.[225] Die von rechts geführten Kampagnen unterstellten freilich ein Zusammenspiel zwischen manchen führenden Mitgliedern der Sozialisten und dem Terrorismus.

Die Widerstände und Attacken gegen die von der Führung der Sozialistischen Partei vertretene Amnestie- und Integrationspolitik, die sowohl von innerhalb wie von außerhalb der Linksregierung kamen, blieben nicht ohne Wirkung auf deren Kurs. Die vorhandenen Widersprüche äußerten sich vor allem in gegensätzlichen Positionen des Innen- und des Justizministeriums, die sich bis zur öffentlichen Polemik steigerten. Die Stellung von Justizminister Badinter wurde dadurch im Laufe des Jahres 1982 zunehmend geschwächt, und es gelang ihm nicht, seine liberale Politik gegenüber Action Directe konsequent durchzuführen.

Die Widersprüchlichkeiten der Regierungspolitik fanden ihr Gegenstück bei Action Directe. Dort war einerseits durchaus eine Tendenz zu erkennen, zumindest stillschweigend auf das »Waffenstillstandsangebot« der Linksregierung einzugehen. Nach der Amnestie versuchten einige Führer von Action Directe, die Organisation mit einem weitgefaßten Schutzschild von Sympathisanten zu umgeben; dies hätte der Anfang einer Entwicklung sein können, wie sie 1970 nach dem Verbot der Gauche Prolétarienne von der Roten Hilfe und den mit den »Maos« sympathisierenden Intellektuellen ausgegangen war. Rouillan wollte in dieser Zeit eine Art halblegale Struktur von Action Directe aufbauen.

Auf der anderen Seite bestand eine starke Strömung in Action Directe auf der weiteren Notwendigkeit des bewaffneten Kampfes. Die neue Linksregierung werde nichts an den Übelständen des Kapitalismus – Akkordarbeit, Arbeitslosigkeit, Ausländerghettos, Hochsicherungstrakte usw. – und an der imperialistischen Intervention in Afrika, Lateinamerika usw. ändern.

Auf diese Weise war nach der Amnestie ein kompliziertes Beziehungsgeflecht entstanden, bei dem sich in beiden Lagern die Vertreter einer »harten« und einer »weichen« Linie gegenüberstanden. Das mit der Amnestie erreichte neue Gleichgewicht war derart prekär und instabil, daß jede Verletzung der für seine Erhaltung notwendigen Spielregeln sofort ein neues Aufschaukeln von Gewalt und Gegengewalt bewirken konnte.

Action Directe schien sich zunächst an die neuen Spielregeln halten zu wollen. Einem fortgesetzten Verbalradikalismus stand eine deutliche Zurückhaltung in der Aktion gegenüber. Man begnügte sich mit einigen »symbolischen« Aktionen, wie der Plünderung von Luxusrestaurants oder dem Diebstahl der Büste des Präsidenten Mitterrand aus einem Museum. Doch schon Ende Dezember 1981 wurden wieder einige Sprengstoffattentate, nun gegen Luxusgeschäfte in Paris, durchgeführt.

Während des Jahres 1982 war eine allmähliche Steigerung des Gewalteinsatzes zu beobachten. Bemerkenswert war dabei eine Annäherung von Action Directe an libanesische und palästinensische Organisationen, die in dieser Zeit eine Reihe von Attentaten auf israelische und amerikanische Ziele in Frankreich verübten. Eine dieser Organisationen, die Fractions armées révolutionnaires libanaises (FARL), ermordete im Januar 1982 den Militärattaché der US-Botschaft und den zweiten Sekretär der israelischen Vertretung in Paris. Die FARL bekannten sich zu einem weiteren Anschlag im März 1982 auf die israelische Handelsmission. Nach Ermittlung der Polizei gehörte die bei dem Attentat verwendete Maschinenpistole zum Arsenal von Action Directe; das benutzte Fahrzeug führte die Polizei auf die Spur von Régis Schleicher, einem Vertreter der harten Linie in Action Directe.[226]

Im August 1982 überstürzten sich die Ereignisse. Action Directe bekannte sich zum erstenmal zu einem Attentat auf ein israelisches Ziel: Am 1. August wurde der Dienstwagen eines Sicherheitsbeamten der israelischen Botschaft beschossen. Am 9. August tötete eine Bombe, die in das Restaurant Goldenberg im jüdischen Viertel von Paris geworfen wurde, sechs Menschen und verletzte zwanzig weitere. Dieses Attentat löste eine große Welle der Empörung in der französischen Bevölkerung aus. Am 11. August explodierte ein Sprengkörper in der israelischen Importfirma Citrus und verletzte eine Passantin schwer. Am 19. August kamen zwei Polizeispezialisten bei der Entschärfung einer Bombe, die an einem US-Fahrzeug angebracht war, ums Leben.

Obwohl Action Directe für den mörderischen Anschlag auf das jüdische Restaurant Goldenberg nicht verantwortlich war – dafür aber für den Anschlag gegen die israelische Importfirma Citrus –, rechtfertigte Jean-Marc Rouillan in einem Interview mit der Zeitung Libération diese Aktion als eine »normale Antwort auf die Situation im Libanon«.[227] Damit lieferte er der Regierung ein weiteres Argument dafür, Action Directe in die Maßnahmen zur Bekämpfung des Terrorismus einzuschließen, die von Präsident Mitterrand am 24. August 1982 als Reaktion auf das Attentat im jüdischen Viertel verkündet wurden. Action Directe wurde verboten.

Mit der gesetzlichen Auflösung von Action Directe gab Mitterrand dem Druck der Hardliner inner- und außerhalb der Regierung weitgehend nach. Wenn auch nach dem 24. August 1982 die zwischen der Justiz und Action Directe geknüpften Fäden nicht endgültig abrissen, markiert das Verbot doch das Scheitern der Integrationsstrategie gegenüber einem potentiellen Terrorismus. Die Ursachen und Verantwortlichkeiten für dieses Scheitern zu klären, ist angesichts der komplexen Interdependenz des Agierens beider Seiten schwer.

Sicherlich hätte eine durch Widerstände im Regierungsapparat und in den Medien weniger behinderte Politik der Integration deren Erfolgschancen erhöht. In der Tat hatte die Amnestie durchaus den Effekt eines zeitweiligen Innehaltens, und es entstand eine ambivalente Situation, in der sich bei AD Mäßigungs- und Radikalisierungstendenzen die Waage hielten. Nach Aussagen von Rouillan, die durch Ermittlungen der Polizei bestätigt wurden, hatten sich im Herbst 1982 drei Strömungen innerhalb von Action Directe herausgebildet: die Internationalisten, die Legalisten und die Nationalisten.[228] Während die Internationalisten und vor allem die Nationalisten einen harten Kurs steuern wollten, setzten sich die Legalisten für eine Mäßigung der Kampfmethoden ein; durch Beiseiteschaffen von Sprengstoff und Waffen sabotierten sie sogar gelegentlich die Durchführung von Attentaten.

Auch sagten sich nicht wenige Mitglieder nach der Amnestie von Action Directe los[229] und zogen sich ins Privatleben zurück – oder versuchten dies zumindest, denn in den folgenden Jahren wurden sie durch häufige Festnahmen immer wieder daran erinnert, daß das einmal erworbene Stigma des Terroristen nicht so leicht zu löschen ist. Man kann also der Amnestie von 1981 durchaus den Erfolg bescheinigen, daß sie zu einer gewissen Desertion von Mitgliedern von Action Directe und damit zu einer Schrumpfung und fortschreitenden Isolierung der Organisation geführt hat. Zurück blieb ein harter Kern derer, die nach Wegen zur Fortsetzung des bewaffneten Kampfes suchten. Dieser harten Linie innerhalb von Action Directe wurden nun von den Gegnern der Integrationspolitik in Polizei, Justiz und Medien die Vorwände zu einer weiteren Verhärtung ihres Kurses geliefert.

Neben dieser Dynamik des gegenseitigen Aufschaukelns waren bei Action Directe jedoch sicherlich noch weitere ideologische Faktoren wirksam, die die Hemmschwellen gegenüber dem Marsch in die terroristische Eskalation herabsetzten. So war die von den Autonomen übernommene Vorstellung vom jungen marginalisierten Proletariat einem Übergang zu »höheren« Kampfformen eher günstig, da die von den Maoisten noch geübte Rücksichtnahme auf die Arbeiterklasse und damit auf eine bremsende Außeninstanz wegfiel. Da das revolutionäre Subjekt mit dem Subjekt der autonomen Bewegung und der eigenen Organisation identisch war, genügte eine selbstfabrizierte Begründung jedweder Aktion, um sie zu rechtfertigen.

Eine weitere kontrollierende Außeninstanz, die auf die antiautoritären Maoisten einen starken hemmenden Einfluß gegenüber einem Abgleiten in den Terrorismus ausgeübt hatte, war bei Action Directe ebenfalls kaum noch wirksam: die Linksintellektuellen. Im Unterschied zu den Sprechern der Mai-Revolte 1968 und der danach sich konstituierenden trotzkistischen und maoistischen Gruppen kamen die Führer der Autonomen-Bewegung und von Action Directe nicht mehr typischerweise aus den renommierten hauptstädtischen Fakultäten und Denkschulen, bewegten sich nicht mehr wie selbstverständlich im Intellektuellen-Milieu des Quartier Latin. Das dürftige theoretische Niveau der ideologischen Positionen von Action Directe stellte eine schwer überwindbare Distanz zwischen dieser Gruppe und den linken Intellektuellen her.

Dazu kam, daß Frankreich vielleicht seit Mitte der siebziger Jahre einen allmählichen Auflösungsprozeß des Status der klassischen Linksintellektuellen erlebte, die als politisch-moralische Instanz lange Zeit einen nicht zu unterschätzenden Einfluß in der Politik ausgeübt hatten. Dieser Auflösungsprozeß wurde von einigen rechtsstehenden Meinungsmedien bewußt vorangetrieben. Ihnen stellten sich Intellektuelle zur Verfügung, die – wie die selbsternannten »neuen Philosophen« – sich von ihrem ursprünglichen Gauchismus losgesagt hatten. Sartres letzte Lebensjahre und sein Tod im Jahre 1983 fielen mit dem Ende einer Epoche zusammen, in der ein linksintellektuelles Milieu in der Hauptstadt über politisches Eigengewicht verfügt hatte und auch von radikalisierten Gruppen noch als Bezugsgröße, als politisch-moralische Instanz respektiert worden war.

Ein »französischer« Terrorismus?

Nach dem Scheitern der Integrationspolitik im Herbst 1982 waren die Weichen für eine Radikalisierung von Action Directe gestellt. Doch zunächst mußte die Organisation infolge Verschärfung der polizeilichen Verfolgungsmaßnahmen eine weitere Reduzierung ihrer aktiven Kader hinnehmen. Der Restgruppe, unter ihnen die »historischen Führer« Rouillan, Nathalie Ménigon, Schleicher, blieb keine andere Wahl, als in der völligen Klandestinität weiterzuarbeiten.

Wie aber war die durch Verbot, Verhaftungen und Desertion von Mitgliedern entstandene Isolierung und Schwäche der Organisation zu überwinden? Als Ausweg aus der Krise erschien die Internationalisierung der Organisation, die Zusammenarbeit mit terroristischen Gruppen anderer Länder. Die schon vor dem Verbot bestehenden Beziehungen zu den libanesischen FARL verstärkten sich. Action Directe war zwar an den Terrorakten dieser Gruppe in Frankreich nicht direkt beteiligt, gab aber logistische und propagandistische Unterstützung.

Vor allem aber kam es 1983 zu einer weiteren Annäherung an italienische Organisationen. Diese Annäherung war allerdings nicht nur auf das Bestreben von Action Directe zurückzuführen, seine Schwäche durch externe Unterstützung zu kompensieren, sondern auch auf die Absicht der italienischen Terroristengruppen, mit Hilfe von Action Directe in Frankreich Rückzugspositionen für ihre flüchtenden Kämpfer aufzubauen, Waffen zu beschaffen und auch für finanziellen Nachschub zu sorgen. Dies bewegte die Italiener auch dazu, ihre ursprüngliche Zurückhaltung gegenüber Action Directe, die ihnen als wenig seriöse Organisation und als zu stark durch Spitzel verseucht galt, aufzugeben.

Einen dramatischen Höhepunkt erreichte die Zusammenarbeit italienischer Terroristen mit Action Directe am 31. Mai 1983, als eine Polizeistreife eine ihnen verdächtig erscheinende Gruppe von drei Männern und einer Frau in der Avenue Trudaine kontrollieren wollte. Die Gruppe eröffnete sofort das Feuer, zwei Polizisten blieben tot zurück. Im Laufe der Untersuchungen stellte sich heraus, daß an der Bluttat neben Action Directe auch Gloria Argano und Franco Fiorina, Mitglieder der italienischen COLP[230] (einer Nachfolgeorganisation von Prima Linea) beteiligt waren.

Action Directe war damit zum erstenmal erwiesenermaßen in eine Aktion verwickelt, die menschliche Opfer gefordert hatte. Spätere Zeugenaussagen deuten darauf hin, daß die Franzosen von Action Directe beim Auftauchen der Polizisten von den Italienern überfahren wurden und daß Gloria Argano ohne Zögern als erste schoß. Der Pakt mit den italienischen Terroristen war nun blutig besiegelt worden. Action Directe hatte damit in den Augen der italienischen Verbündeten vielleicht ihre Feuertaufe bestanden; aber der Weg zurück war für immer verbaut.

Im Laufe des Jahres 1983 wurden mehrere gemeinsame Aktionen mit den COLP durchgeführt, vor allem Banküberfälle, mit denen die Italiener ihre Kriegskassen und Waffenbestände aufzufüllen gedachten. Bei einem dieser Raubzüge erschoß die Polizei am 14. Oktober 1983 den Italiener Ciro Rizzato, Mitglied der COLP. Den italienischen und französischen Behörden gelang es in dieser Zeit, die Verbindungslinien zwischen COLP und Action Directe weitgehend aufzuklären: Verbindungsmann auf seiten der Action Directe war Régis Schleicher, der im März 1984 verhaftet wurde.

Während die italienische Verbindung Ende 1983/Anfang 1984 offenbar zu funktionieren begann, tat sich zur gleichen Zeit eine neue Alternative auf: die Zusammenarbeit mit der RAF, die nach ihrer nahezu völligen Zerschlagung damals wieder erste Lebenszeichen von sich gab. Eine der Schlüsselfiguren hierbei war Jean Asselmeyer, der in früheren Jahren die französische Solidarität mit den RAF-Rechtsanwälten koordiniert hatte. Die Annäherung zwischen RAF und AD wurde ab Mitte 1984 in einer Häufung von Sprengstoffattentaten gegen militärische Institutionen und gegen Einrichtungen der Rüstungsindustrie offenkundig. In den Kommuniqués, die Action Directe bekanntgab, wurden vor allem die Nato und der US-Imperialismus attackiert.

Das tödliche Attentat auf René Audran, Direktor des internationalen Beschaffungsamts der französischen Streitkräfte, signalisierte am 25. Januar 1985 die weitgehende Unterordnung der Action Directe unter die Strategie der RAF. Deren »ideologische Hegemonie« über Action Directe war kurz zuvor, am 15. Januar, durch ein gemeinsames Dokument mit dem Titel *Die wesentlichen Aufgaben der kommunistischen Guerilla in Westeuropa*[231] augenfällig geworden. Das Originaldokument war in deutscher Sprache abgefaßt und dann in ein schlechtes Französisch übersetzt worden.

Eine weitere Dimension der Internationalisierung von Action Directe bestand in den engen Kontakten, die in den Jahren 1984/85 mit den Cellules Communistes Combattantes (CCC) in Belgien aufgebaut wurden.[232] Es bildete sich eine Art Dreieck RAF–AD–CCC heraus, dessen deklarierte ideologische Stoßrichtung der Kampf gegen Nato und US-Imperialismus und dessen praktische Grundlage die gegenseitige logistische Unterstützung waren.

Der Attentatsversuch am 26. Juni 1985 auf Henri Blandin, Generalkontrolleur der Armee, und der Mord an Georges Besse, Leiter der Renault-Werke (und früherer Vorsitzender der Atomenergiebehörde COGEMA) am 17. November 1986 lieferten eine Bestätigung der von Action Directe seit ihrer Verbindung mit der RAF eingeschlagenen Linie. Die Festnahme des Führungsgespanns Rouillan–Ménigon zusammen mit Joëlle Aubron und Georges Cipriani am 21. Februar 1987[233] läßt die Frage offen, ob damit der französische Zweig des Euroterrorismus ausgetrocknet ist oder ob frische Impulse aus den Nachbarländern zu seiner Neubelebung führen werden.

Anmerkungen

1 Der Begriff »linksradikal« wird hier in dem spezifischen Sinne gebraucht, wie er in der europäischen Arbeiterbewegung Eingang gefunden hat.
2 Biard 1976; Krivine 1975.
3 Vgl. Morin 1970: 64 f.
4 Vgl. Maurice 1977; Jean-Paul et Claudine Bachy 1973.
5 Hoffmann 1974: 41–66 und 67–87.
6 Koeller/Toepfer 1976: 351.
7 Vgl. zum gesellschaftlichen, psychologischen und politisch-strategischen Hintergrund des FNL-Terrors Fanon 1959.
8 Colette et Francis Jeanson 1955; Bourdet 1955.
9 Ausführlich hierzu Vidal-Naquet 1962 und Vidal-Naquet 1972.
10 Winock 1978: 172 f.
11 Winock 1978: 173.
12 Winock 1978: 174.
13 Winock 1978: 102.
14 Vidal-Naquet 1972: 158.
15 Vidal-Naquet 1972: 190 f.
16 Aron 1957 und Aron 1958.
17 Mehr Angaben dazu bei Vidal-Naquet 1972: 187 f. und bei v. Muenchhausen 1977: 239 f.
18 Die entsprechenden Argumente werden übernommen und wiedergegeben von Moneta 1968.
19 Vgl. Zum Verhältnis von »extrême gauche intellectuelle« und PCF: Jean Poperen 1972: 158 ff.
20 Poperen 1972: 162.
21 Vidal-Naquet 1972: 148 f.
22 Zu dieser Entwicklung der De Gaulleschen Außenpolitik von Muenchhausen 1977: 312 ff.
23 Zum »Attentismus« der Opposition Poperen 1972: 160 ff.
24 Vgl. z. B. Teodori 1976: 48 ff.
25 v. Muenchhausen 1977: 353.
26 Vgl. die Selbstdarstellung der Gruppe durch Francis Jeanson, *Notre Lutte,* Paris 1960.
27 Poperen, ehemaliger Kommunist, war einer der führenden Vertreter der Neuen Linken.
28 Poperen 1972: 173.
29 Vgl. Poperen 1972: 173; zur Gewaltdiskussion vgl. auch das Vorwort von Sartre zu Frantz Fanon, *Die Verdammten dieser Erde,* Frankfurt 1966 (frz. Ausgabe: Paris 1961).
30 v. Muenchhausen 1977: 354 und 394.
31 Zitiert bei Poperen 1972: 182, Anm. 14.

32 Zur Position der Kommunistischen Partei in dieser Frage vgl. den Artikel von Maurice Thorez in *L'Humanité* vom 4. 10. 1960, abgedruckt bei Moneta 1968: 228 f.
33 Vgl. zum RDR die Darstellung von Sartre in Philippe Gavi/Jean-Paul Sartre/Pierre Victor, *On a raison de se révolter*, Paris 1974: 28 f.
34 Vgl. v. Muenchhausen 1977.
35 Auf der Linie dieser Kritik liegt Moneta 1968. Zur Selbstdarstellung der Algerienpolitik der KP vgl. die bei Moneta abgedruckten Dokumente sowie Mignot 1972.
36 Winock 1978: 127 ff.
37 Poperen 1972: 143.
38 Winock 1978: 127 ff.
39 Maurice 1977: 153 f.
40 Vgl. die Schilderung bei Winock 1978: 173 f.
41 Vgl. die Schilderung bei Winock 1978: 173 f.
42 Poperen 1972: 188 f.
43 Moneta 1968: 228 f.; Poperen 1972: 183 f.
44 Teodori 1976: 188 f.
45 Im Jahre 1962 waren von 15 000 Mitgliedern 26% Lehrer und Professoren, 8% leitende Angestellte und Ingenieure, 3% Freiberufliche, 5% Studenten. Vgl. Teodori 1976: 134.
46 Martinet 1968: 168 f.
47 Martinet 1968: 168.
48 Vgl. zu dieser Entwicklung Goguel/Grosser 1975: 104–110.
49 Vgl. die Charakterisierung des Intellektuellen bei Sartre 1975: 64 f.
50 Vgl. Viansson-Ponté 1971.
51 Zur Entwicklung der UNEF: Rach/Schirmbeck 1968: 28 ff.; Teodori 1976: 164 ff.; Maurice 1977: 154 f.; Delale/Ragache 1978: 48 f.
52 Krivine 1973: 11 f.
53 Zur Entwicklung der trotzkistischen Gruppen vgl. Seale/McConville 1968: 42 ff.
54 Teodori 1976: 172.
55 Vgl. zu dieser Kritik: Situationistische Internationale (1977), *Über das Elend im Studentenmilieu, betrachtet unter seinen ökonomischen, politischen, psychologischen, sexuellen und besonders intellektuellen Aspekten und über einige Mittel, diesem abzuhelfen*, Hamburg.
56 Henri Lefebvre, *Critique de la vie quotidienne*, Paris 1947.
57 Vgl. hierzu Hoffmann, *Mai 1968: Le drame derrière le psychodrame*, in: Hoffmann 1974, S. 207–259 und Schonfeld 1976.
58 Zur antiautoritär-libertären Strömung in der Studentenbewegung vgl. Prévost 1969; Cohn-Bendit 1968; Touraine 1968; Aron 1968; Salini 1968; Lefebvre 1968; Mouvement du 22 mars 1968, Labro 1968.
59 Vgl. Hess in diesem Band, Kap. 1.3.
60 Vgl. Kreipe 1968: 156 ff.; Rauche/Schirmbeck 1968: 28 ff.

61 Vgl. zur Krise der französischen Universität v. a. Touraine 1968: 69 ff.; Antoine/Passeron 1966: 219 ff.
62 Bachy/Bachy 1973: 27; Maurice 1977: 14 ff.
63 Kreipe 1968: 159.
64 Maurice 1977: 22.
65 Prévost 1969: 130.
66 Die hier gegebene ideologische Charakterisierung des Gauchismus in der Mai-Bewegung stützt sich auf verschiedene Veröffentlichungen und Quellen zum Pariser Mai. Als wichtigste seien genannt Aron 1968; Clavel 1968; Cohn-Bendit 1968; Glucksmann et al. 1969; Kreipe 1968 und 1969; Labro et al. 1968; Lefebvre 1968; Mouvement du 22 mars 1968; Salini 1968; Prévost 1969; Rauch/Schirmbeck 1968; Philip 1968; Seale/McConville 1968; Touraine 1968; Sauvageot et al. 1968; UNEF/SNE Sup 1968; Waldeck Rochet 1968 a und 1968 b; Beynac 1978; Delale/Ragache 1978; Hobsbawm 1977; Teodori 1976.
67 Der auch von de Gaulle gern benutzte Begriff der »Konsumgesellschaft« spielte in der Gedankenwelt der Sprecher der Mai-Bewegung eine zentrale Rolle; vgl. Prévost 1969: 35 ff. und Touraine 1968: 20 ff.
68 Vgl. Aron 1968: 31 ff.
69 Von den aktiven Maoisten wurden ein »einfacher Lebensstil« und »harter Einsatz im Kampf« verlangt. Vgl. *Cahiers de la Gauche Prolétarienne*, Nr. 2, Mai 1970, S. 29.
70 Vgl. hierzu Touraine 1968: 15 ff. und 189 ff.
71 Um Mißverständnissen vorzubeugen, sei wiederholt, daß diese Suche nach einer adäquaten Gewaltstrategie nicht einer fiktiven »Prädisposition zur Gewalt«, sondern zunächst einer abstrakten Einsicht in die revolutionäre Rolle der Gewalt entspringt, die dann aus revolutionärer Ungeduld vorschnell konkretisiert und in die Praxis umgesetzt wird; vgl. auch Harich 1971.
72 Benjamin 1974: 12.
73 Glucksmann 1969: 7.
74 Vgl. zur Technik der symbolischen Provokation auch Vincent 1969: 164 f.
75 Vgl. vor allem Geismar et al. 1969.
76 Geismar et al. 1969: 212.
77 Geismar et al. 1969: 209.
78 Geismar et al. 1969: 348.
79 Ein quantitativer Vergleich der »privaten« Mordziffern zwischen Frankreich und Italien weist auf ein Verhältnis von 1 : 10 um 1900 hin; auch bei einer historisch-quantitativen Gegenüberstellung der Todesfälle bei öffentlichem Protest ergibt sich eine erhebliche Divergenz zwischen Frankreich und Italien. Vgl. hierzu Todd 1979.
80 Maurice Grimaud, *En mai, fais ce qu'il te plaît*, Paris 1977; André Gavaud, *De l'autre côté des barricades,* Paris 1978.

81 Grimaud 1977: 165.
82 Viansson-Ponté.
83 Zit. bei Geismar 1977: 166.
84 Grimaud 1977: 169.
85 Vgl. den Exkurs von Steinert über die Jugendbewegung als »akute Masse« in diesem Band.
86 Grimaud 1977: 171 f.
87 Grimaud 1977: 71.
88 Grimaud 1977: 88 f.
89 Gavaud 1978: 61.
90 Vgl. Steinert in diesem Band.
91 Gavaud: 1978: 70.
92 Grimaud 1977: 75 f.
93 Grimaud 1977: 69 f.
94 Gavaud 1978: 193.
95 Grimaud 1977: 102.
96 Grimaud 1977: 97 f.
97 Gavaud 1978: 60 f.
98 Grimaud 1977: 101 f.
99 Gavaud 1978: 70.
100 Grimaud 1977: 167.
101 *La Cause du Peuple* Nr. 10, Juli 1969, S. 9.
102 Geismar et al. 1969: 352.
103 Die Darstellung der Ereignisse von Flins im Juni 1968 stützt sich im wesentlichen auf Rauch/Schirmbeck 1968; Delale/Ragache 1978; Mouvement du 22 mars 1968.
104 Vgl. zu den Auseinandersetzungen in Sochaux: Delale/Ragache 1978; *La Cause du Peuple*, Nr. 1, November 1968.
105 Vgl. z. B. *La Cause du Peuple,* Nr. 1, November 1968, S. 6 f.
106 Geismar et al. 1969: 348.
107 *La Cause du Peuple,* Nr. 10, Juli 1969, S. 9.
108 Geismar et al. 1969: 361.
109 *La Cause du Peuple,* Nr. 10, Juli 1969, S. 9.
110 Geismar et al. 1969: 355.
111 Geismar et al. 1969: 358.
112 Geismar et al. 1969: 364.
113 Vgl. Kessel (Hg.) 1978: 211 ff.
114 »Wir haben erst angefangen; kämpfen wir weiter!«
115 »Wir sind einen Schritt zurückgegangen, aber nur, um besser zum Sprung ansetzen zu können.«
116 Vgl. Delale/Regache 1978: 153 f.
117 Marcellin 1978: 24 ff.
118 Interview mit Candide, in: Giorgini 1978: 63.
119 Victor 1973: 149.

120 Vgl. auch Victor 1973: 151.
121 Victor 1973: 152 f.
122 Vgl. *La Cause du Peuple*, Nr. 7, Mai 1969, S. 6.
123 *Cahiers de la Gauche Prolétarienne*, Nr. 1, April 1969.
124 *La Cause du Peuple*, Nr. 7, Mai 1969, S. 7.
125 *La Cause du Peuple*, Juli 1969, Nr. 10, S. 11.
126 Vgl. z. B. den Text in: Gauche Prolétarienne 1972: 50.
127 *La Cause du Peuple*, Nr. 11, August 1969, S. 5.
128 *La Cause du Peuple*, Nr. 11, August 1969, S. 5.
129 Aus: *Vaincre et Vivre*, zit. und übers. in: Gauche Prolétarienne 1972: 43 f.
130 *La Cause du Peuple*, Nr. 12, September 1969, S. 13.
131 *La Cause du Peuple*, Nr. 17, Februar 1970, S. 3.
132 *La Cause du Peuple*, Nr. 13, Oktober 1969, S. 1.
133 *La Cause du Peuple*, Nr. 14, Dezember 1969, S. 3.
134 Interview mit Victor, in: *Der Westen wird rot* 1973: 158.
135 Interview mit Victor, in: *Der Westen wird rot* 1973: 159.
136 *La Cause du Peuple*, Nr. 17, Februar 1970, S. 4; vgl. auch das Interview mit Guy, in: *Der Westen wird rot* 1973: 109 f. und *Cahiers de la Gauche Prolétarrienne*, Nr. 2, März 1970: *Rapport d'enquête sur l'édification de la Gauche Prolétarienne à Renault Billancourt*, S. 51 ff.
137 *La Cause du Peuple*, Nr. 16, Februar 1970, S. 8.
138 *La Cause du Peuple*, Nr. 6, April 1969, S. 7; vgl. auch *La Cause du Peuple*, Nr. 19, April 1970, S. 4 f.
139 *Cahiers de la Gauche Prolétarienne*, Nr. 2, März 1970, S. 48; vgl. auch: Gauche Prolétarienne 1972: 55.
140 Interview mit Victor, in: *Der Westen wird rot* 1973: 163 f.
141 Ebda.
142 *Cahiers de la Gauche Prolétarienne*, Nr. 2, März 1970, S. 41 f.
143 *Cahiers de la Gauche Prolétarienne*, Nr. 2, März 1970, S. 48; Übersetzung übernommen von: Gauche Prolétarienne 1972: 61, vgl. auch *La Cause du Peuple*, Nr. 18, März 70, S. 2 f.
144 *Cahiers de la Gauche Prolétarienne*, Nr. 2, Mai 1970, S. 63–68.
145 *Cahiers de la Gauche Prolétarienne*, Nr. 2, Mai 1970, S. 74.
146 Vgl. Interview mit Candide, in: Giorgini 1978: 61.
147 Vgl. auch Anm. 79.
148 *La Cause du Peuple*, Nr. 20, Mai 1970, S. 3.
149 Interview mit Victor, in: *Der Westen wird rot* 1973: 160.
150 Interview mit Candide, in: Giorgini 1978: 67.
151 *Cahiers Prolétariens*, Nr. 1, Januar 1971, Beilage von *La Cause du Peuple*.
152 *Aus Anlaß einer Auflösung*, in: *Cahiers Prolétariens*, Nr. 1, Januar 1971: 3; Beilage von *La Cause du Peuple*.

153　Ebda., S. 11.
154　Jean-Paul Sartre, in: Gavi/Sartre/Victor, 1974: 79 f.
155　Marcellin 1978: 54.
156　Vgl. Sartre 1975: 64 ff.
157　Interview mit Victor, in: *Der Westen wird rot* 1973: 162.
158　Interview mit Victor, in: *Der Westen wird rot* 1973: 169.
159　Rancière 1978: 14 ff.
160　Gauche Prolétarienne 1972: 89.
161　Gavi/Sartre/Victor 1974.
162　Gavi, in: Gavi/Sartre/Victor 1974: 87.
163　Victor, in: Gavi/Sartre/Victor 1974: 90 ff.
164　Vgl. zu dieser Aktion: *La Cause du Peuple*, Nr. 32, Dezember 1970, S. 7, Gauche Prolétarienne 1972: 116 f.
165　Gauche Prolétarienne 1972: 117.
166　*La Cause du Peuple*, Nr. 32, Dezember 1970, S. 7.
167　Ebda.
168　Interview mit Gérard, in Giorgini 1978: 56.
169　Candide, in: Giorgini 1978: 75.
170　Interview mit Candide, in: Giorgini 1978: 64.
171　Interview mit Victor, in: *Der Westen wird rot* 1972: 193 f.
172　Vgl. oben 2.2.
173　Vgl. Marcellin 1978: 198; Interview mit Glucksmann, in: *Libération* 1977: 102.
174　Interview mit Candide, in: Giorgini 1978: 61.
175　Interview mit Glucksmann, in: *Libération* 1977: 102.
176　Ebda.
177　*La Cause du Peuple*, 25. 3. 1972, zitiert und übersetzt in: Gauche Prolétarienne 1972: 134.
178　Ebda., S. 137.
179　Candide, in: Giorgini 1978: 61.
180　Giorgini 1978: 28.
181　Gavi/Sartre/Victor 1974: 9.
182　Vgl. hierzu Saint-Germain 1978: 60.
183　Saint-Germain 1978: 67.
184　Victor, in: Gavi/Sartre/Victor 1974: 12 f.
185　So veröffentlichte Michel Le Bris in der – gemeinsam mit Sartre und Le Dantec herausgegebenen – Reihe »La France Sauvage« (Gallimard) ein Buch über die Kämpfe in Larzac: *Les fous du Larzac*, Paris 1975.
186　Vgl. Gavi/Sartre/Victor 1974: 106 ff.
187　Vgl. Giorgini 1978: 22.
188　Vgl. *Le Monde*, 23. 2. 1979.
189　Vgl. Macciocchi 1978: 102 ff.
190　Vgl. etwa Guillerm 1979.
191　Nadoulek 1979: 193.

192 Vgl. oben Kap. 3.3.
193 Nadoulek 1979: 195.
194 Vgl. Guillerm 1979; vgl. auch: *Dialogue avec l'o.c.l.*, Paris o.J.: 26.
195 Nadoulek 1979.
196 Nadoulek, in: Alternatives 1978: 95.
197 Alternatives 1978: 113.
198 Metro-Arbeit-Schlafen.
199 Nadoulek 1979: 211.
200 Z. B. eigenmächtige Reduzierung von Gebühren/Stromrechnungen, Mieten, Fahrpreisen.
201 Ebda., S. 35.
202 Ebd., S. 37.
203 *Martin d'un blues*, Paris 1978, Nr. 1, April, S. 29.
204 Nadoulek 1979: 222.
205 Ebda.
206 *Sur le terrain des petites violences*, in: *Le Monde*, 23. 2. 79.
207 *Libération* (Edition spéciale) 1977: 111 ff.
208 Front Libertaire, édité par l'Organisation Communiste Libertaire, Nr. 79, 10. Dezember 1977, S. 7.
209 *Front Libertaire*, Nr. 79, S. 8.
210 *Front Libertaire*, Nr. 82, 10. Januar 1978, S. 9.
211 *Les autonomes de l'an III*, in: *Le Monde*, 16. 10. 1979.
212 *Le Monde*, 23. 2. 1979.
213 *Le Monde*, 25.–26. 3. 1979.
214 Vgl. Informationspapier der CGT-Pressekonferenz vom 28. 3. 1979; *Le Monde*, 30. 3. 1979.
215 Vgl. zur Geschichte der politischen Provokation, u. a. auch in Frankreich: Bernard Thomas, *Les provocations policiéres*, Paris 1972.
216 *Le Monde*, 16. 10. 1979.
217 *Le Monde*, 16. 10. 1979.
218 *Le Monde*, 23. 2. 1979.
219 Hamon/Marchand 1986: 26.
220 Ebda., S. 26 f.
221 Ebda., S. 29.
222 Ebda., S. 28.
223 Ebda., S. 36 f.
224 Ebda., S. 54 f.
225 Ebda., S. 56.
226 Ebda., S. 65.
227 Ebda., S. 76.
228 Ebda., S. 101 f.
229 Ebda., S. 89 ff.
230 Communisti organizzati per la liberazione proletaria.
231 Hamon/Marchand 1986: 137.

232 Ebda., S. 145 ff.
233 *L'Express* Nr. 1860, 27. 2.–5. 3. 87, S. 19 ff.

Literatur

Alleg, Henri (1958), *Die Folter*, Berlin.
Alternatives (1978), Nr. 5, 2e trimestre 1978: *Desobéissance civile et luttes autonomes*, Paris.
Andrieu, René (1968), *Les communistes et la révolution*, Paris.
Antoine, Gérard u. Jean-Claude Passeron (1966), *La réforme de l'Université*, Paris.
Ardagh, John (1969), *Frankreich als Provokation. Die permanente Revolution 1945–1968*, Berlin.
Aron, Raymond (1957), *La tragédie algérienne*, Paris.
ders. (1958), *L'Algérie et la République*, Paris.
ders. (1968), *La révolution introuvable*, Paris.
Bachy, Jean-Paul et Claudine (1973), *Les étudiants et la politique*, Paris.
Baumann, Bommi (1976), *Tupamaros Berlin-Ouest* (dt.: *Wie alles anfing*), Paris.
Beynac, Jacques (1978), *Mai retrouvé*, Paris.
Berger, Denis, Henri Weber u. Jean-Marie Vincent (1977), *La Ve République à bout de souffle*, Paris.
Bertini, Bruno, Paolo Franchi, Ugo Spagnoli u. Paolo Bufalini (1978), *Terrorisme et démocratie*, Paris.
Biard, Roland (1976), *Histoire du mouvement anarchiste*, Paris.
Bisseret, Noël (1974), *Les inégaux ou la sélection universitaire*, Paris.
Borella, François (1973), *Les partis politiques dans la France d'aujourd'hui*, Paris.
Bourdet, Claude, *Votre Gestapo d'Algérie*, in: *France Observateur*, 13. 1. 1955.
Brochier, Jean-Jaques (1977), *L'Aventure des Surréalistes. 1914–1940*, Paris.
Brückner, Peter (1976), *Ulrike Marie Meinhof und die deutschen Verhältnisse*, Berlin.
ders. (1979), *Über die Gewalt*, Berlin.
Caille, Marcel (1977), *Les truands du patronat*, Paris.
Claude, Henri, Danielle Tartakowsky, Elie Mignot u. Roland Leroy (1972), *La IVe République (La France de 1945 à 1958)*, Paris.
Clavel, Maurice (1968), *Combat d'un Franc-Tireur pour une Libération*, Paris.
Cogniot, Georges (1976), *Parti Pris, Bd. 1: D'une guerre mondiale à l'autre*, Paris.

Cohn-Bendit, Daniel u. Gabriel (1968), *Le Gauchisme. Remède à la maladie sénile du communisme*, Paris.
Cohn-Bendit, Daniel (1975), *Le grand bazar. Mai et après*, Paris.
Croissant, Klaus (1979), *Procès en république fédérale allemande*, Paris.
Debray, Régis (1978), *Modeste contribution aux discours et cérémonies officielles du dixième anniversaire*, Paris.
ders. (1979), *Le pouvoir intellectuel en France*, Paris.
Delale, Alain (1978), *La France de 68*, Paris.
Der Westen wird rot (1973), *Die »Maos« in Frankreich. Gespräche und Reportagen*, München.
Dubost, Nicolas (1979), *Flins sans fin...*, Paris.
Duclos, Jacques (1970), *Anarchistes d'hier et d'aujourd'hui*, Paris.
Elleinstein, Jean, *La Libération. Espoirs et déceptions*, in: Willard 1972, S. 95-126.
Fanon, Frantz (1959), *Sociologie d'une révolution*, Paris.
ders. (1966), *Die Verdammten dieser Erde*, Frankfurt.
Fetscher, Iring (1978[2]), *Terrorismus und Reaktion*, Frankfurt.
Fohlen, Claude (1973), *Mai 1968. Révolution ou psychodrame?*, Paris.
Frémontier, Jacques (1975), *Renault – die Arbeiterfestung*, München.
Gauche prolétarienne (1972), *Strategie und Taktik der proletarischen Linken*, Berlin.
Gaveau, André (1978), *De l'autre côté des barricades*, Paris.
Gavi, Philippe, Jean-Paul Sartre, Pierre Victor (1974), *On a raison de se révolter*, Paris.
Geismar, Alain, Serge July, Erlyn Morane (1969), *Vers la guerre civile*, Paris.
Giorgini, Bruno (1978), *Que sont mes amis devenus? (Mai 68 – été 78, dix ans après...)*, Paris.
Glucksmann, André, André Gorz, Ernest Mandel, Jean-Marie Vincent, *Revolution Frankreich 1968*, Frankfurt.
Goguel, Francois, Alfred Grosser (1975), *La politique en France*, Paris.
Gombin, Richard (1971), *Les origines du gauchisme*, Paris.
Greilsamer, Laurent, *Sur le terrain des petites violences*, in: Le Monde, 23. 2. 1979.
Grimaud, Maurice (1977), *En mai, fais ce qu'il te plaît*, Paris.
Grosser, Alfred u. François Goguel (1975), *La politique en France*, Paris.
Grumbach, Tiennot, *En partant de l'expérience de Flins*, in: Les Temps Modernes, Nr. 301-302, August-September 1971, S. 1-88.
Guedj, Aimé, Jacques Girault (1970), *Le Monde... Humanisme, objectivité et politique*, Paris.
Guillebaud, Jean-Claude (1978), *Les années orphelines. 1968-1978*, Paris.

Guillerm, Alain (1979), *L'autogestion géneralisée*, Paris.

Hallier, Jean-Eder (1978), *Chaque matin qui se lève est une leçon de courage*, Paris.

Hamon, Alain u. Marchand, Jean-Charles, *Action directe. Du terrorisme français à l'euroterrorisme*, Paris 1986.

Harich, Wolfgang (1971), *Zur Kritik der revolutionären Ungeduld*, Basel.

Hobsbawm, Eric J. (1977), *Mai 1968*, in: *Revolution und Revolte*, S. 322–336, Frankfurt.

Hoffmann, Stanley (1974), *Essais sur la France. Déclin ou Renouveau?* Paris.

Holz, Hans Heinz, *Die schlechten Söhne Lenins – Anarchismus einst und heute*, in: *Die abenteuerliche Rebellion*, Darmstadt und Neuwied 1976, S. 249–269.

Internationale Situationniste (1975), Sammelband der Nr. 1–12, 1958–1969, Paris.

Jeanson, Francis et Colette, *L'Algérie hors-la-loi*, Paris 1955.

Jeanson, Francis (1960), *Notre guerre*, Paris.

ders. (1974), *Sartre dans sa vie*, Paris.

Julliard, Jacques (1968), *La IVe République (1974–1958)*, Paris.

Kessel, Patrick, *Le mouvement »maoiste« en France. Textes et Documents*, Bd. 1 (1963–1968), Paris 1972, Bd. 2 (1968–1969), Paris 1978.

Köller, Heinz, Bernhard Töpfer (1976), *Frankreich. Ein historischer Abriß*, 2 Bde., Berlin.

Kreipe, Walter, *Studenten in Frankreich. Hintergrund und Potential einer politischen Bewegung*, in: *Kursbuch* 13, Juni 1968: 154–178.

ders., *Spontaneität und Organisation. Lehren aus dem Mai-Juni- 1968*, in: *Kursbuch* 16, März 1969: 38–76.

Krivine, Alain (1973), *Questions sur la révolution*, Paris.

Labro, Philippe, et al., *Ce n'est qu'un début*, Paris.

La mort d'Ulrike Meinhof (1979), Rapport de la Commission Internationale d'Enquête, Paris.

Langlois, Denis (1979), *Nouveau guide du militant*, Paris.

Lefebvre, Henri (1947), *Critique de la vie quotidienne*, Paris.

ders. (1968), *L'irruption de Nanterre au sommet*, Paris.

Libération (Edition spéciale), *L'affaire allemande*, Paris 1977.

Macciocchi, Maria-Antonietta (1977), *De la France*, Paris.

dies. (1978), *Après Marx, Avril*, Paris.

Maitron, Jean (1975), *Le mouvement anarchiste en France. Bd. 2: De 1914 à nos jours*. Paris.

Marcellin, Raymond (1978), *L'importune vérité*, Paris.

Martinet, Gilles (1968), *La conquête des pouvoirs*, Paris.

Mauriac, Claude (1977), *Une certaine rage*, Paris.

Maurice, René (1977), *L'UNEF ou le pari étudiant*, Paris.

Merle, Robert (1969), *Derrière la vitre*, Paris.

Mignot, Elie, *Les guerres coloniales de l'Indochine a l'Algérie*, in: Claude 1972, S. 89–138.

Moneta, Jakob (1968), *Die Kolonialpolitik der französischen KP*, Hannover.

Morin, Edgar, *Autocritique*, Paris 1975.

Mouvement du 22 mars, *Ce n'est qu'un début, continuons le combat*, Paris 1968.

von Muenchhausen, Thankmar (1977), *Kolonialismus und Demokratie: die französische Algerienpolitik von 1945–1962*, München.

Nadeau, Maurice (1969), *Histoire du surréalisme*, Paris.

Nadoulek, Bob (1979), *L'iceberg des autonomes*, Paris.

Paganelli, Serge, Martine Jacquin (1975), *Peugeot. La dynastie s'accroche*, Paris.

Paugam, Jacques (1977), *Génération perdue*, Paris.

Peter, Lothar (1972), *Klassenkämpfe in Frankreich heute*, Frankfurt.

Peyrefitte, Alain (1977), *Réponses à la violence, Bd. 1: Rapport Général*, Paris.

Philip, André (1968), *Mai 68 et la Foi Démocratique*, Paris.

Poperen, Jean (1972), *La gauche française. Le nouvel âge*, Paris.

Prévost, Claude (1969), *Les étudiants et le gauchisme*, Paris.

Rancière, Danielle et Jacques, *La légende des philosophes (les intellectuels et la traversée du gauchisme)*, in: *Les lauriers de mai ou Les chemins du pouvoir* (1968–1978), Numéro Spécial de *Les révoltes logiques*, Paris 1978, S. 7–25.

Rauch, Malte J. und Samuel H. Schirmbeck (1968), *Die Barrikaden von Paris*, Frankfurt.

Saint-Germain, Pierre, *Libération, mon amour?*, in: *Les lauriers de mai ou Les chemins du pouvoir* (1968–1978), Numéro Spécial de *Les révoltes logiques*, Paris 1978, S. 59–68.

Salini, Laurent (1968), *Mai des prolétaires*, Paris (dt.: *Frankreichs Arbeiter-Mai 1968*, Frankfurt 1970).

Sartre, Jean-Paul, *Mai '68 und die Folgen, Reden, Interviews, Aufsätze*, Reinbek bei Hamburg 1974 (Bd. 1) – 1975 (Bd. 2).

Sauvageot, Jacques, Alain Geismar, Daniel Cohn-Bendit, Jean-Pierre Duteuil (1968), *La révolte étudiante. Les animateurs parlent*, Paris.

Schonfeld, William R. (1976), *Obedience and Revolt. French Behavior Toward Authority*, Beverly Hills/London.

Seale, Patrick, Maureen McConville (1968), *Die Revolution oder de Gaulle*, München und Esslingen.

Situationistische Internationale (1977), *Über das Elend im Studentenmilieu, betrachtet unter seinen ökonomischen, politischen, psychologischen, sexuellen und besonders intellektuellen Aspekten und über einige Mittel, diesem abzuhelfen*, Hamburg.

Tartakowsky, Danielle, *Guerre froide et troisième force (1947–1954)*, in: Claude et al. 1972, S. 41–88.

Teodori, Massimo (1976), *Storia delle nuove sinistre in Europa (1956–1976)*, Bologna.

Todd, Emmanuel, *Beaucoup de bruit pour rien*, in: Le Monde, 23. 2. 1979.

Touraine, Alain (1968), *Le communisme utopique. Le mouvement de mai 1968*, Paris.

Tragt den Klassenkampf in die Armee!, Beiträge der Gauche Prolétarienne und von Lotta Continua zum antimilitärischen Kampf, München 1971.

UNEF/SNE Sup (1968), *Le livre noir des journées de mai*, Paris.

Vaneighem, Raoul (1967), *Traité de savoir-vivre a l'usage des jeunes générations*, Paris.

ders. (1972), *Terrorisme ou Révolution*, in: Ernest Cœurderoy, *Pour la Révolution*, Paris.

Viansson-Ponté, Pierre, *Histoire de la république gaullienne. Le temps des orphelins. Août 1962–Avril 1969.* Paris 1971.

Vidal-Naquet, Pierre (1962), *La raison d'état*, Paris.

ders. (1972), *La torture dans la république*, Paris.

Vincent, Jean-Marie, *Mai 1968 und danach*, in: Glucksmann et al. 1968, S. 147–177.

Waldeck-Rochet (1968), *Qu'est-ce qu'un révolutionaire dans la France de notre temps?*, Paris.

ders. (1968), *Les enseignements de mai-juin 1968*, Paris.

Willard, Germaine, Victor Joannès, François Hincker et Jean Elleinstein (1972), *De la guerre à la libération (La France de 1939 à 1945)*, Paris.

Winock, Michel (1978), *La République se meurt. Chronique 1956–1958*, Paris.

Martin Moerings
Niederlande:
Der subventionierte Protest

Warum gibt es in den Niederlanden kaum oder gar keine sozialrevolutionäre Gewalt? Bestehen die gesellschaftlichen Probleme, die zu derartiger Gewalt führen können, in den Niederlanden nicht, zumindest im Vergleich mit Ländern wie Deutschland oder Italien? Oder liegt eine wichtige Erklärungsmöglichkeit in der Art und Weise, wie man in Holland mit Konflikten umgeht und sie eventuell löst?

In dem Versuch, diese Fragen zu beantworten, sollen zunächst einige für die niederländische Gesellschaft typische strukturelle Kennzeichen skizziert werden. Daran anschließend werden einige Protestbewegungen (Provo-, Studenten-, Hausbesetzerbewegung) beschrieben: ihre Entstehung, ihre Entwicklung, die Reaktion der Obrigkeit (u. a. der Polizei). Ausgeschlossen bleibt das Problem der Molukker, deren Zugüberfälle und Geiselnahmen Aufsehen erregten. Es gab auch einige Schießereien zwischen Mitgliedern der deutschen RAF und der Polizei. In beiden Fällen geht es jedoch um Gruppierungen, die nicht direkt in und aus der niederländischen Gesellschaft hervorgegangen sind.

1. Zur politischen Struktur der Niederlande

1.1 »Versäulung«

Die Union von Utrecht aus dem Jahr 1579 gilt allgemein als der Gründungsakt des niederländischen Staates; die sieben Provinzen, die dazugehörten, blieben zwar weitgehend souverän, die politische und ökonomische Macht lag jedoch bei einer kleinen Elite von Kaufleuten, oft die »Regenten« genannt, in der Provinz Holland.[1] In dasselbe Jahrhundert fällt auch die Blütezeit der Reformation, insbesondere des Calvinismus. Die Anhänger Calvins formten die junge Republik in eine protestantische Nation um, während der Teil, der den Süden der heutigen Niederlande ausmacht, mit Hilfe der Spanier katholisch blieb. Bis auf den heutigen Tag konzentrieren sich die Protestanten oberhalb der sogenannten »großen Flüsse«, Lek, Waal und Maas, während sich die Katholiken im Süden, unterhalb dieser Flüsse, konzentrieren.

Trotz der Spannungen zwischen Katholiken und Protestanten bestand weiterhin Religionsfreiheit. Die Zweiteilung in Protestanten und Katholiken bedeutet allerdings eine Vereinfachung, denn auch innerhalb der protestantischen Kirche ergab sich eine Spaltung zwischen den orthodoxen und den gemäßigteren Calvinisten mit liberaleren Auffassungen. Die Orthodoxen wurden hauptsächlich von der einfachen Bevölkerung unterstützt, die liberaleren Protestanten von den Kaufmanns-Regenten. Die orthodoxen Calvinisten waren überzeugt von ihrer religiösen Superiorität. Die gemäßigten, liberaleren Protestanten hatten weniger Interesse an religiösen Angelegenheiten, besetzten dafür aber Machtpositionen im wirtschaftlichen und politischen Leben. Die Katholiken, als dritter Block, waren an nationalen Fragen kaum beteiligt, obwohl ihr Anteil an der Bevölkerung beträchtlich war. Die Napoleonische Zeit beendete die Periode der Dezentralisierung. Seit 1815 sind die Niederlande Königreich (seit 1830 in den heutigen Grenzen). Die neue Staatsform verstärkte die Zentralisation. Damit einher ging ein Prozeß nationaler Integration, aber die Provinz Holland dominierte weiterhin die anderen Provinzen, und auch die ökonomische Macht blieb weiterhin bei den gemäßigten Protestanten mit ihren Handelsinteressen in den niederländischen Kolonien (Ostindien).[2]

Im 19. Jahrhundert bilden die wichtigste politische und soziale Entwicklung die Emanzipation der beiden religiösen Minoritäten, der orthodoxen Calvinisten und der Katholiken. Die Calvinisten und die Katholiken sahen sich bedroht durch die liberale Bourgeoisie, die, obwohl sie nicht gänzlich a-religiös eingestellt war, unter anderem das Erziehungswesen säkularisieren wollte. Der heftige Kampf der Calvinisten und Katholiken gegen diese Bestrebungen, der seinen Niederschlag im sogenannten »Schulstreit« fand, blieb nicht ohne Ergebnis: Schulen auf calvinistischer und katholischer Basis verteidigten und befestigten ihre Position neben den liberalen Schulen. Auch politische Parteien formierten sich auf religiöser Grundlage, um die Vertretung der spezifischen Interessen zu garantieren.

Gegen Ende des 19. Jahrhunderts wurde mit dem Aufkommen der Arbeiterbewegung die politische Arena noch um einen sozialistischen Block erweitert. Der liberale Flügel mußte seine überlegene Stellung aufgeben und wurde in eine den übrigen Blöcken gleichwertige Position gedrängt.[3]

Die Formierung der politischen Parteien basierte in erster Linie auf sozial-edukativen und religiösen Prinzipien statt auf sozialökonomischen. Das ist auch die Ursache der traditionellen Spaltung der Arbeiterbewegung in den Niederlanden; der Sozialismus war dadurch erheblich geschwächt und konnte bis zum Zweiten Weltkrieg nicht in das politische Machtzentrum eindringen.

Diese Aufteilung in Blöcke ist in den Niederlanden unter dem Begriff »verzuiling« (Versäulung) bekannt: Das bedeutet, daß die verschiedenen (religiösen) Gruppierungen der Bevölkerung unterschiedliche »Säulen« darstellen. Der Soziologe Kruijt definiert eine Säule als einen integrierten Komplex gesellschaftlicher Organisationen auf lebensanschaulicher Grundlage.[4] »Lebensanschauung« muß hier in einem weiteren Sinn verstanden werden und umfaßt sowohl Konfessionen als auch Ideologien. Der Grad jedoch, in dem die Lebensanschauung die Basis einer Säule formt, ist sehr unterschiedlich. Beim Katholizismus und dem calvinistischen Protestantismus ist die lebensanschauliche Grundlage sehr stark. Neben den konfessionellen Säulen gab es bis zum Ende des vorigen Jahrhunderts nur eine liberale Säule, die sich auszeichnete durch eine mehr oder weniger liberale Ideologie, basierend auf laissez faire, Rationalismus, individueller Verantwortung und der Betonung von persönlichen Freiheitsrechten im Staat. Die andere nicht-konfessionelle Säule ist die sozialistische.

Die Versäulung in den Niederlanden blieb nicht auf die Politik beschränkt, sondern hat das gesamte gesellschaftliche Leben durchdrungen; politische Parteien, Unterrichtsinstitutionen, Radio und Fernsehen, Arbeitgeberorganisationen, Gewerkschaften, Sport- und Freizeitvereine, Krankenkassen usw. sind oder waren alle lange Zeit in der Versäulung verankert: Unterricht in einer katholischen Schule, Sport bei einem katholischen Fußballverein, Tanzstunde in einem katholischen Tanzclub, Mitglied des katholischen Radiovereins usw. Im allgemeinen haben die verschiedenen Organisationen, wie z. B. die Parteien, die sozial-ökonomischen Organisationen und die Medien, innerhalb einer jeden Säule engen Kontakt miteinander. Manchmal sind diese Kontakte formeller, viel öfter jedoch informeller Art: So kann z. B. dieselbe Person Vorstandsmitglied verschiedener Organisationen innerhalb einer Säule sein. Die Mäßigung im politischen und außerpolitischen Bereich ist wesentlich auf die Versäulung zurückzuführen. Diese verschleierte nämlich die Klassengegensätze, da sie Solidarisierungen nicht gemäß dem ökonomischen Interesse, sondern gemäß der religiösen Überzeugung zustandebrachte, die beide keinesfalls zusammenfielen. Aus der sozial-ökonomischen Perspektive betrachtet, boten z. B. die protestantische und die katholische Säule jeweils buchstäblich einen Querschnitt durch die gesamte Bevölkerung. Aufgrund dieses Systems kamen Modernisierungsprozesse in Holland zunächst nur sehr langsam voran. Sie wurden vorsichtig und ohne revolutionäre Tumulte eingeleitet und entwickelten die gesellschaftlichen Muster weiter, die sich in den vorangegangenen Jahrhunderten herausgebildet hatten.[5]

Weil die politischen Parteien sich von religiösen Überzeugungen herleiteten, die nicht mit sozio-ökonomischen Interessenskonflikten identisch waren, führten auch die Wahlen kaum einmal zu aufsehenerregenden Verschiebungen. Arbeiter z. B. finden sich in der sozialdemokratischen Partij van de Arbeid, aber auch in der Partei, in der sich Katholiken zusammenschließen und in den Parteien der Protestanten.

Die gemeinsamen Interessen der Arbeiter sind – auch außerhalb der Politik – nicht gebündelt, sie wurden und werden teilweise noch auf Gewerkschaftsniveau durch eine protestantische, eine katholische und eine allgemeine Gewerkschaft vertreten. Die relative Ruhe auf dem Arbeitsmarkt, die – verglichen mit anderen westeuropäischen Ländern – geringe Zahl von Streiktagen[6] usw. sind wahrscheinlich auf diese Zersplitterung einerseits, auf die Zusammenarbeit der Säulenspitzen andererseits zurückzuführen.

Protestanten und Katholiken haben die Versäulung immer stark unterstützt. »In unserer Isolation liegt unsere Stärke« (Groen van Prinsterer). Die liberale Säule war immer eine Säule wider Willen; sie ist mehr die Folge der Abgrenzungsbemühungen von seiten der Konfessionellen. Die Sozialisten sahen sich vor dem Zweiten Weltkrieg ebenfalls als eine wichtige Emanzipationsbewegung, die über Einheit im Innern und Abgrenzung nach außen ihr Ziel zu erreichen suchte. Nach dem Zweiten Weltkrieg jedoch versuchte die sozialistische Säule, ihre Isolation zu durchbrechen. Die Versäulung der Konfessionellen verhinderte dies. Das Bedürfnis nach Sicherheit und Stabilität brachte es mit sich, daß gerade nach dem Krieg ein starker Restaurationsprozeß des alten Säulensystems einsetzte.[7]

1.2 Koalitionen und Eliten

Die Versäulung hat die Zusammenarbeit in den Niederlanden nicht behindert, im Gegenteil: Gerade weil nicht eine einzelne

Säule die absolute Mehrheit im Parlament hat, muß man zusammenarbeiten. In der politischen Arena ist deshalb der Begriff »Koalition« von großer Wichtigkeit. In jedem Kabinett sind mehrere Parteien vertreten. Die Partei, die in dem einen Kabinett an der Regierung beteiligt ist, sitzt in einer anderen Regierung auf der Oppositionsbank.

Das Ziel hauptsächlich der konfessionellen Blöcke läßt sich vielleicht am besten mit dem Begriff »segmentierte Integration« umschreiben: betroffen sein von und beteiligt sein an (politischen) Beschlüssen, aber gleichzeitig auch festhalten an der internen Einheit und Kohäsion. Das bedeutet vor allem Zusammenarbeit auf höchster Ebene. Die soziale Aufspaltung wird hauptsächlich auf Eliteebene durchbrochen, und zwar durch Dachverbände, z. B. auf dem Gebiet der sozio-ökonomischen Organisationen, die die Säulen überspannen. Die konfessionellen Blöcke scheinen so an der Spitze »offen« und an der Basis »geschlossen« zu sein. Oder, um in der Säulenmetapher zu bleiben: Es gibt eine Anzahl einzelner Säulen, die ein gemeinsames Dach tragen. Versäulung bedeutet eine stillschweigende Negierung von Klassengegensätzen, weil es das wichtigste Ziel der Konfessionellen war, die Gläubigen aller gesellschaftlichen Schichten zusammenzuhalten. Das Schließen von Kompromissen ist daher ein wichtiges Charakteristikum der niederländischen Gesellschaft.

Der Kompromißgedanke läßt sich nicht nur in der Innen-, sondern auch in der Außenpolitik konstatieren. Seit dem 18. Jahrhundert waren die Behauptung der Unabhängigkeit und der Schutz des Überseehandels und der Niederlassungen im Ausland eines der primären Ziele der Außenpolitik des hauptsächlich vom Handel lebenden Landes. Im Vertrauen auf das Kräftegleichgewicht der großen europäischen Mächte wurde die Position der Neutralität gewählt. Dadurch entwickelte sich eine Tradition des Vermittelns, die auch in der Innenpolitik und im öffentlichen Leben allgemein erkennbar ist.

Einheit und Verschiedenheit sind Schlüsselworte für die niederländische Gesellschaft. Die Verschiedenheit bringt Toleranz mit sich, wenn auch nur innerhalb der abgesteckten Grenzen von Ordnung und Wohlverhalten. Nonkonformität wird toleriert, solange sie die bestehende gesellschaftliche Ordnung nicht in Frage stellt. Innerhalb dieser Grenzen werden soziale Minderheiten und abweichendes Verhalten in stärkerem Maße akzeptiert, als das in anderen europäischen Ländern der Fall ist. Die Emanzipation der Homosexuellen und die Toleranz ihnen gegenüber sind in den Niederlanden z. B. stärker ausgeprägt als in anderen westeuropäischen Ländern. Konflikte eskalieren nicht schnell, weil man stets versucht, sie in Schlichtungsverfahren zu kanalisieren und, wenn möglich, beizulegen. Ein Beispiel hierzu bilden die Interessenkonflikte zwischen Arbeitgebern und Arbeitnehmern; sie haben sich gewiß im Laufe der Zeit nicht aufgelöst, aber beide Parteien sind übereingekommen, die Konflikte auf dem Verfahrensweg zu lösen, der ausgeprägter ist als in vielen anderen Ländern. So kann, um über die Rechtmäßigkeit eines Streiks zu entscheiden, über eine sogenannte einstweilige Verfügung die Justiz eingeschaltet werden. Während in den meisten Ländern die Tarifverhandlungen seit Jahr und Tag gänzlich in der Hand der betroffenen Parteien liegen, wird das in den Niederlanden erst seit 1968 so gehandhabt. Der Schwerpunkt der Verhandlungen lag bis dahin auf nationaler Ebene, bei den Gewerkschaftszentralen, der zentralen Organisation der Arbeitgeber und der Regierung.[8]

Das soeben gezeichnete Bild ist, soweit es die Politik betrifft, ein Beispiel für die Politik der Befriedung, einer Politik, die in den vergangenen 50 Jahren für die Stabilität der niederländischen Demokratie verantwortlich war.[9] Die Befriedungspolitik ist der Prozeß, in dem die Probleme, die sich aus den Beziehungen zwischen den Säulen ergeben und die große Spannungen erzeugen, auf friedliche Weise gelöst werden. Diese Politik erfordert zumindest ein Minimum an Konsens. Daneben muß die Elite, müssen die Führer der voneinander isolierten Säulen, von der Überzeugung durchdrungen sein, daß die Politik den Rahmen des bestehenden Staatsgefüges nicht durchbrechen darf und daß die nationale Einheit trotz der Versäulung erhalten bleiben muß. Das verlangt von der Elite eine gewisse Wendigkeit: Man tritt vor der Öffentlichkeit als Gegner auf, findet sich aber doch stets – und zwar meist hinter verschlossenen Türen – zu Absprachen zusammen.[10] Das könnte Legitimationsprobleme der Führungsspitze gegenüber der Basis mit sich bringen; es setzt zumindest eine gewisse Bereitschaft von seiten der Öffentlichkeit voraus, der Obrigkeit ohne viel Kritik zu folgen, eventuell eine gewisse Gleichgültigkeit und Passivität.

Die Gefolgschaftstreue der Basis wird jedoch gefördert und verstärkt durch die Unterstützung, die den Eliten von den Kirchen zuteil wird. Im Religionsunterricht und in den Kirchen wird den

Gläubigen beigebracht, daß man der Autorität in Treue und folgsam zu dienen habe. So verstärken die Kirchen die Machtposition der Eliten.[11]

Ein wichtiges Moment einer erfolgreichen Befriedungspolitik ist die sogenannte Proportionalitätsregel, die hauptsächlich für die Verteilung der finanziellen Mittel gilt: So werden die staatlichen Gelder z. B., die allen Grundschulen, öffentlichen wie privaten, zur Verfügung stehen, proportional zur Schülerzahl verteilt. Das Proportionalitätsprinzip wird überall angewandt, auch im nichtfinanziellen Bereich, wie bei der Verteilung der Sendezeit unter die verschiedenen Radioorganisationen. Die Proportionalitätsregel ist eine nützliche Methode zur Neutralisierung von Differenzen zwischen den Säulen, aber sie kann nur angewandt werden, wenn es etwas zu verteilen gibt.[12]

Als Neutralisierungsfaktor kann die Proportionalitätsregel jedoch nur Erfolg haben, wenn nicht eine einzelne Säule ein deutliches Übergewicht besitzt. Sobald eine Säule über eine signifikante Mehrheit verfügt, ist die Garantie für eine stabile Politik nicht mehr gegeben. Die Elite der betreffenden Säule würde ihr Übergewicht und ihre Macht auf Kosten der anderen ausspielen, was wiederum einer gemäßigten und sachlichen Haltung der übrigen Säulen bzw. deren Eliten entgegenwirken würde. Das Proportionalitätsprinzip ist ein ausgezeichnetes Mittel, um jeden zum Zug kommen zu lassen; niemand wird vergessen, und gleichzeitig kann man auf diese Weise bestimmte Probleme vermeiden. In diesem Prinzip offenbart sich der stark paternalistische Charakter der niederländischen Gesellschaft: Vater Staat sorgt dafür, daß alle Kinder ihren Anteil bekommen. Das Sozialpaket ist in den Niederlanden sehr großzügig bemessen (Versorgung von der Wiege bis ins Grab), und viele Initiativen der Bevölkerung auf z. B. sportlichem oder kulturellem Gebiet werden durch Subventionen honoriert. Vater Staat vergißt niemanden, aber er behält dadurch auch gleichzeitig seine Kinder in der Hand.

1.3 Entsäulung

Seit dem Ende des 19. Jahrhunderts[13] bis in die sechziger Jahre stand die Geschichte der Niederlande in vieler Hinsicht im Zeichen einer sich immer weiter ausbreitenden Versäulung. Während in beinahe allen westlichen Ländern Industrialisierung, Migration und Urbanisierung den Verfall des Glaubens, Säkularisation und Zunahme von Mischehen mit sich brachten, nahm in den Niederlanden die Versäulung nach dem Krieg sogar zu. Das Bedürfnis nach Sicherheit und Stabilität führte dazu, daß man die Vorkriegssäulen weiter ausbaute.[14] Die voneinander getrennten Säulen bieten in ihrer Isolation den verschiedenen Bevölkerungsgruppen die Gewähr für eine eigene Identität. Zu Beginn der sechziger Jahre jedoch setzten Veränderungen, z. B. in der Politik, ein. Die großen Parteien erlitten allmählich Verluste zugunsten neuer kleiner Parteien, wie der Pacifistisch Socialistische Partij (PSP) und der rechtsgerichteten Boerenpartij. Mangels einer Fünfprozentklausel können sie leicht einen Sitz im Parlament erringen. Die größte Verschiebung ergab sich bei den Wahlen im Jahr 1967, als sowohl die größte christliche Partei, die Katholieke Volkspartij (KVP), als auch die sozialdemokratische Partei (die seit dem Krieg Partij van de Arbeid heißt) eine schwere Niederlage einstecken mußte zugunsten der Democraten '66, einer nicht-konfessionellen, linksliberalen Partei.

Diese Partei formierte sich in einer Periode, in der der Widerstand gegen die traditionellen Autoritäten zu wachsen begann. Sie hatte mit ihren pragmatischen Programmpunkten, wie z. B. der Forderung nach einem gewählten Ministerpräsidenten und der Propagierung des Distriktmodells, vor allem bei Jüngeren Erfolg. Zweifellos läßt sich ein Großteil dieses Erfolgs aus der Tatsache ableiten, daß sie eine nicht-konfessionelle Partei ist.

Die Entsäulung machte es möglich, daß kleine neue Parteien entstanden und an Einfluß gewannen. Die politischen Verhältnisse wurden weniger berechenbar.[16] Die Wechselwähler nahmen stark zu; die Parteien konnten viel weniger auf einen festen Kern von Anhängern zählen. Die Versäulung hatte zu ihrer Zeit dazu geführt, daß eine Reihe gesellschaftlicher Widersprüche verhüllt worden waren. Die Entwicklung der sechziger und siebziger Jahre geht nun in die entgegengesetzte Richtung: Die Entsäulung bringt gesellschaftliche Widersprüche ans Licht und verstärkt den politischen Bewußtwerdungsprozeß und die Ideologisierung. Es findet sogar eine gewisse Polarisierung statt: Auf der einen Seite stehen die drei christlichen Parteien, die im Laufe der Zeit immer enger zusammenarbeiten (1977 unter dem Namen Christen-Demokratisch Appel = CDA, 1981 folgt die Fusion) und auf der anderen Seite die progressiven Parteien.[17] Diese Polarisierung bedeutet eine Bedrohung der Machtposition der Konfessionellen und markiert das definitive Ende des alten Gesellschaftsmodells mit Trennung an der Basis und enger Kooperation an der Spitze.

Die Konfessionszugehörigkeit verliert nicht nur im politischen Bereich an Bedeutung, sondern auch auf sozial-ökonomischem Gebiet setzt sich in den sechziger Jahren die Entsäulung durch. Es entstehen nicht-versäulte Organisationen, z. B. in den Medien. Unter den Säulen entwickelt sich weitere Zusammenarbeit, jetzt aber nicht mehr bloß an der Spitze, sondern auch an der Basis, z. B. in Gewerkschaften und Parteien. Man kann die Entsäulung zurückführen auf den gesellschaftlichen Wandel, wie Industrialisierung, Urbanisierung, zunehmende Permissivität usw. Aber auch innerhalb der Säulen gibt es Tendenzen zur Auflösung der starren Traditionen. Besonders eindrucksvoll ist dabei vor allem die Rolle des Klerus innerhalb der katholischen Säule.[18] Der Wandel in Mentalität und Verhalten ist bei den Priestern mindestens ebenso stark wie bei den Gläubigen, wenn nicht stärker: Durch viele Amtsniederlegungen und wenig Neuweihen geht die Zahl der Priester in schnellerem Tempo zurück als der sonntägliche Kirchenbesuch.[19] Es gibt unter den niederländischen Kirchenprovinzen auch Konflikte über den neuen Katechismus, die Enzyklika über die Geburtenregelung, das Zölibat und die Ernennung von konservativen Bischöfen. Thurlings These ist, daß die Entwicklungen innerhalb der Kirche teilweise zentrifugale Kraft haben: Die Kirche gibt ihren Gläubigen Anstöße zu Veränderungen. So zeigt sich, daß in den Niederlanden die Trends zum Fernbleiben von der Messe, Austritt aus dem Priesteramt und Mischehe zwar später in Gang kommen als in den umliegenden Ländern, daß sie sich aber durch die interne Krise der niederländischen Kirche schließlich doch schneller entwickeln.

Diese Entwicklungen in der Kirche, die gleichzeitig dazu führen, daß viele sich von ihr abwenden, sich ihr Tun und Lassen nicht länger vorschreiben lassen wollen, waren in den sechziger Jahren durch ihre Neuheit besonders auffallend, setzten sich aber auch in den siebziger Jahren fort. So sagten 1966 noch 48% der niederländischen Bevölkerung aus, daß sie an einen persönlichen Gott glaubten; 1979 waren es nur noch 34%. 1966 waren noch 67% Mitglied einer Kirche, 1979 nur noch 58%. Der Kirchenbesuch nimmt demzufolge auch weiterhin ab: 1966 gingen noch 51% regelmäßig zur Kirche, und 1979 sind es nur noch 34%.[20]

Auch das Bedürfnis nach versäulten Organisationen hat in dieser Periode weiter abgenommen. 1966 hielten 74% der Bevölkerung getrennte Sportvereine nicht mehr für wünschenswert, 1979 war diese Zahl auf 85% angewachsen. Für Bildung auf konfessioneller Basis sprachen sich 1966 noch 56% aus; 1979 schickten nur noch 45% ihre Kinder auf konfessionelle Schulen.[21] Die Tendenz zur Entsäulung setzte sich hauptsächlich vor 1975 durch, danach stabilisieren sich die Verhältnisse, und es gibt sogar einen geringfügigen Trend zurück zur Versäulung.[22] Das Tempo, mit dem sich vornehmlich in den sechziger Jahren bestimmte Wandlungen vollzogen, steht in starkem Kontrast zu der gemächlichen Art, in der vorher in den Niederlanden Veränderungen stattgefunden hatten. Reagierten die Niederlande noch in den ersten Jahren nach dem Krieg träger als verschiedene andere westeuropäische Länder, so waren die Veränderungsschübe in den sechziger Jahren um so heftiger. Und die Versäulung, die lange Zeit den sozialen Wandel in den Niederlanden verschleiert und gelähmt hat, hat ihn nun – so die These von Ellemers – beschleunigt.

Immer, wenn ein bestimmter gesellschaftlicher Faktor eine relative Bedeutung bekam, versuchte man, ihn mit Hilfe von Organisationen auf weltanschaulicher Grundlage in den Griff zu bekommen. Außer Beherrschung bedeutete das jedoch auch Konkurrenz; was der einen Säule zustand, mußte die andere auch haben. die Prinzipien der Versäulung ermöglichten einen relativ geschmeidigen Übergang ohne allzu große Spannungen und Konflikte von einer überwiegend traditionellen zu einer viel komplexeren modernen Gesellschaft. Das Paradoxe daran ist, daß der Wandel in den sechziger Jahren teilweise gerade durch die versäulten Strukturen möglich war, da die Konkurrenz der Säulen untereinander Veränderungen auslöste.[23] Die Struktur der Säulen, auf der sowohl politische Parteien als auch der Gesundheitssektor und die Medien beruhten, bot viel mehr Möglichkeiten, als man anfangs zu hoffen gewagt hatte.

Die rasante Entwicklung des Fernsehens spielte dabei eine große Rolle. Obwohl dieses Phänomen sich nicht auf die Niederlande beschränkt, lassen sich doch hier spezifische Aspekte beobachten. Das Fernsehen nämlich durchbrach die ziemlich strenge Abkapselung und Isolation der verschiedenen Bevölkerungsgruppen voneinander. Hauptsächlich gilt das für die Katholiken und die orthodoxen Protestanten, aber bis zu einem gewissen Grad ebenso für die Nichtkirchlichen. Zum ersten Mal wurden die verschiedenen Bevölkerungsgruppen in wirklich großem Umfang mit Auffassungen konfrontiert, die von ihren eigenen abwichen.[24] Die Massenmedien lösten sich im allgemeinen aus der Abhängigkeit von den etablierten Parteien.[25] Die einzelnen konfessionell gefärbten Sender sind zwar nicht verschwunden, aber eine Reihe von ihnen legt nun Wert darauf, die Unabhängigkeit deutlicher zu betonen. Fernseh- und Radiosender können einen eigenen Kurs eher verfolgen als Zeitungen, weil sie nicht ausschließlich von Abonnenten abhängen, sondern außerdem einen vom Staat garantierten Zuschuß erhalten. Aus Gründen der Aktualität werden Aktionen, Konflikte und Zwischenfälle akzentuiert, und auf diese Weise spielte das Fernsehen bei der Politisierung und Ideologisierung in den sechziger Jahren eine wichtige Rolle.[26]

Ein Aspekt der sechziger, der bisher implizit behandelt wurde, verdient genauere Betrachtung: Die traditionellen Autoritäten verlieren an Einfluß, oder, besser gesagt, werden nicht länger akzeptiert. Das wird in der katholischen Kirche deutlich, wo die niederländischen Kirchenführer ihren eigenen Kurs steuern und sich weniger um Rom kümmern. In der Familie stellen die Kinder die Autorität der Eltern in Frage und kritisieren heftig deren Auffassungen über Ehe und Familienleben. In der Landespolitik büßen die traditionellen Parteien und ihre Führungsspitze Autorität ein, neue Parteien entstehen, neue Personen treten in den Vordergrund: die sogenannte sekundäre Elite[27], Menschen mit weiterführender oder Universitätsausbildung, die zwar den Ehrgeiz, aber noch nicht die Möglichkeiten haben, Spitzenpositionen einzunehmen, in denen sie ihre neuen Ideen artikulieren können. Sie kommen nicht mehr ausschließlich aus Schichten, aus denen sich traditionsgemäß die Studenten rekrutierten, und sie haben »neue Fächer« (wie Soziologie, Psychologie, Sozialpädagogik) studiert. Von der Masse der Studenten, die seit Ende der fünfziger Jahre an die Akademien und Universitäten strömen, sind sie die erste Generation, die Examen abgelegt hat. Spitzenpositionen liegen zwar für sie noch nicht in greifbarer Nähe, aber Arbeit gibt es auf jeden Fall.

In der akademischen Welt wollen die Studierenden mit Demonstrationen und Besetzungen ihre Forderungen nach Einspruchs- und Mitbestimmungsrecht durchsetzen: die Studentenbewegung. Innerhalb wie außerhalb des offiziellen Rahmens entstehen Aktions- und Protestgruppen, deren berühmteste in den Niederlanden wohl die Provobewegung und die »Kabouters« (Zwerge) sind. Daneben zieht die Frauenbewegung[28] im Laufe der Zeit immer mehr Aufmerksamkeit auf sich, während andere Emanzipationsbewegungen, wie die der Homosexuellen[29], ebenfalls mit ihren Belangen an die Öffentlichkeit treten. In diese Zeit fallen auch die ersten Ansätze zu einer organisierten Hausbesetzerbewegung, deren eigentliche Entwicklung allerdings erst in den siebziger Jahren stattfand.

2. Die Provobewegung

2.1 Aktionen und Ziele

Politische Aktionen gab es in der ersten Hälfte der sechziger Jahre in den Niederlanden nur in sehr geringem Umfang. Höchstens einige Dutzend junge Leute äußerten ihren Protest gegen Entwicklungen außerhalb ihres Landes, und die Studenten, sofern sie aktiv waren, kümmerten sich um die Durchsetzung ihrer materiellen Interessen. Erst mit der Provobewegung breitete sich der politische Protest – gerichtet hauptsächlich gegen die Situation in den Niederlanden – aus.

Die Provobewegung entwickelte sich teilweise aus der Ostermarschbewegung (ban-de-bom-beweging), die zu Beginn der sechziger Jahre auf die Gefahren der Atombewaffnung hinwies und dagegen demonstrierte. In dieser Gruppe, in der Roel van Duyn eine zentrale Rolle spielte, entstand die Idee, ein anarchistisches Blatt zu gründen, das man *Provo* nannte. (Der Name war inspiriert durch Buikhuisens Buch *Achtergronden van nozemgedrag,* einer Studie über rebellische, provozierende, aber apolitische Halbstarke.)[30] In dieser Zeit fanden in Amsterdam am »lieverdje«, dem von einem Zigarettenfabrikanten gestifteten Standbild des Amsterdamer Straßenjungen, regelmäßig Protesthappenings statt gegen die Konsumgesellschaft und die Verschmutzung der Umwelt. Robert Jasper Grootveld, der »Anti-Rauch Magier«, organisierte diese Happenings. Sie erregten nicht zuletzt wegen ihres provozierenden Charakters, die Aufmerksamkeit der vorher genannten Gruppe um Roel van Duyn. Aus der Verschmelzung dieser beiden Gruppen entstand dann das, was man die Provobewegung oder einfach Provo nennt. Daß diese beiden Gruppen zueinander fanden, war nicht das Resultat einer tiefschürfenden Analyse der politisch-ökonomischen Verhältnisse, sondern viel eher die Folge einer zunehmenden Frustration einzelner Individuen durch eine von Steifheit und Wohlanständigkeit geprägte Wohlstandsgesellschaft. Was die Mitglieder der Provobewegung einte, war ihre Kritik an der (im Vergleich zu anderen Ländern wenig, aber immer noch zu) autoritären Art und Weise, mit der vom Establishment politische Entscheidungen gefällt wurden. Sie setzten der autoritären Haltung eine Art Anarchismus mit Betonung der individuellen Freiheit entgegen.[31]

Selbstbefreiung und gesellschaftliche Befreiung waren die Ziele; aber gleichzeitig erkannte man in der Provobewegung auch, daß das System derart versteinert war, daß es im besten Fall provoziert werden konnte. Auf Revolution war man nicht aus, dazu war man auch nicht stark genug. Die Provobewegung rief zum Widerstand auf, wohl wissend, daß ein Sieg gegen das Establishment nicht zu erringen war.[32] Es war jedoch nicht die – sowieso nicht detailliert ausgearbeitete – Ideologie der Provobewegung, die die Aufmerksamkeit der Öffentlichkeit erregte, vielmehr taten das ihre Happenings und ihre sehr unkonventionellen Reformvorschläge. Die Tatsache, daß sich die Provos für die gewaltlose Lösung konkreter gesellschaftlicher Probleme (Verkehr, Wohnungsnot) einsetzten, verschaffte der Bewegung Sympathisanten. Sie lancierten den »weißen Fahrradplan« (witte fietsenplan), der zum Ziel hatte, die Autos in der Stadt überflüssig zu machen durch unentgeltliche Bereitstellung weißer Fahrräder. Sie entwickelten auch einen »weißen Wohnungsplan« zur Bekämpfung der Wohnungsnot und einen »weißen Sexplan« zur Förderung der Emanzipation von minderjährigen Mädchen und von Homosexuellen.[33]

Diese Programmpunkte sind alles andere als revolutionär. Sie sollten die Aufmerksamkeit der Öffentlichkeit auf Mißstände lenken, die Autoritäten demaskieren und die öffentliche Meinung mobilisieren.[34] Die ludike, gewaltlose Methode, mit der die Provos dabei vorgingen, verschaffte ihnen vor allem zu Beginn sehr viel Resonanz.

Anfangs spielten sich die Aktivitäten der Provos hauptsächlich am »lieverdje« in Amsterdam ab. Man kann beinahe sagen, daß diese Happenings die Provobewegung darstellten. Übrigens hätten die Provos nie einen solchen Bekanntheitsgrad erlangt, wenn nicht die Presse und die Polizei sich auf diese Happenings gestürzt hätten. Die Happenings hatten für die Medien Neuheitswert: Derartiges war man im damals noch steifen Holland nicht gewöhnt. Die Veranstaltungen führten jedoch – z. T. auch durch die große Menge der Neugierigen, die stets hinzuströmte – zur Störung der öffentlichen Ordnung, wodurch die Polizei sich zum Eingreifen verpflichtet fühlte: Sie setzte Schlagstöcke ein und nahm Verhaftungen vor. Gerade der Polizeieinsatz und die Aufmerksamkeit von seiten der Medien führten zur Solidarisierung innerhalb der Provobewegung, die ursprünglich kaum eine Organisation gekannt hatte, und vergrößerte den Anhang vor allem unter Schülern und Studenten. Anfangs waren die Happenings rein expressiv, aber durch die große Verwirrung, die sie bei den Medien, in der Öffentlichkeit und bei der Polizei stifteten, bekamen sie einen instrumentalen Charakter; ein wichtiger Bestandteil war nun die Provokation der Obrigkeit, hauptsächlich der Polizei.

Der Entschluß der damaligen Kronprinzessin Beatrix, den Deutschen Claus von Amsberg zu heiraten, leitete eine neue Phase in der Entwicklung der Provobewegung ein, die ihren Gipfelpunkt bei der Hochzeit am 10. März 1966 erreichte. Schon 1965, nach der Bekanntgabe der Verlobung, waren auch in der Presse – und nicht nur von seiten der Provos – Proteste gegen die geplante Hochzeit laut geworden; der zukünftige Prinzgemahl war schließlich ein Deutscher, der in der Armee von Hitler als Soldat – wenn auch als sehr junger – gedient hatte. Die Presse jedoch gab nach einiger Zeit ihre kritische Haltung auf und bereitete sich langsam auf eine »Märchenhochzeit« vor. Den Gegnern der Hochzeit, hauptsächlich den Provos, erschien dies wie ein Schlag ins Gesicht. Das Königshaus wurde für sie im Laufe der Zeit immer mehr zum Symbol autoritärer Machtausübung. Die Proteste richteten sich gleichermaßen gegen die Regierung, die beschlossen hatte, die Hochzeit in Amsterdam stattfinden zu lassen, der Stadt, die am meisten unter der Judenverfolgung hatte leiden müssen und in der sich die Gegner der Hochzeit konzentrierten. Die Provos kündigten lautstark an, daß sie vorhatten, die Hochzeit zu stören, und drohten mit höchst kreativen und ludiken Späßen. Die Polizei erwartete beunruhigt das Schlimmste. Am 10. März jedoch blieben die Störungen beschränkt auf die Zündung einiger Rauchbomben, die ungefährlich, aber sehr publikums- und medienwirksam waren. Die Polizei reagierte mit einigen heftigen Attacken.

Auch noch nach dem 10. März verhielt sich die Polizei sehr aggressiv, z. B. bei der Eröffnung einer Fotoausstellung, in der u. a. auch Fotos zum Thema »Polizeieinsatz am 10. März« ausgestellt wurden. Dieses harte Vorgehen gab jedoch nur den Provos Argumente in die Hand. Sie sahen im Verhalten der Polizei den besten Beweis für die Machtlosigkeit der Bürger gegenüber den autoritären Institutionen der Gesellschaft.

Die Spannungen in Amsterdam nahmen zu und entluden sich am 13. und 14. Juni im sogenannten »Bauarbeiteraufstand«. Gewerkschaftlich nicht organisierte Bauarbeiter protestierten, weil man ihnen 2% ihres Feriengeldes für Verwaltungskosten abgezogen hatte. Diese Proteste hatten eigentlich mit der Provobewegung nichts zu tun, aber die Polizei war durch die vorangegangenen Ereignisse, bei denen die Provos eine wichtige Rolle gespielt hatten, in gewisser Weise konditioniert. Sie beurteilte die Aktivitäten der Bauarbeiter nach dem stereotypen Bild, das sie sich von den Provos gemacht hatte, und meinte, innerhalb der Bauarbeiterbewegung Elemente davon erkennen zu können. Die Polizei ließ es auf eine Konfrontation ankommen, was wiederum zu Unruhen führte, in deren Verlauf ein Bauarbeiter starb (allerdings an Herzversagen – wie sich später herausstellte). Die Provobewegung erklärte sich übrigens nicht mit den Bauarbeitern solidarisch, was bedeutete, daß sie sich von ihnen distanzierte. Das ist ein deutlicher Beweis dafür, daß die Provos die Chance nicht wahrnahmen, sich wirklich zu politisieren, und daß sie nicht imstande waren, soziale Spannungen in politische Aktionen umzusetzen.[35] Die Pläne der Provobewegung erwiesen sich wieder einmal um so deutlicher als ziemlich unschuldige Programmpunkte, die das System nicht wirklich in Frage stellten.

Während die Ereignisse der ersten Hälfte des Jahres 1966 eine sich steigernde und sich weiter eskalierende Entwicklung anzudeuten schienen, wurde es doch danach um die Provobewegung erstaunlich ruhig, und es erwies sich, daß sie ihren Höhepunkt schon überschritten hatte. Vor dem Versuch, diese De-Eskalierung zu erklären, sollte jedoch sinnvollerweise die – zumindest für niederländische Verhältnisse – vorhergehende eskalierende Entwicklung näher beleuchtet werden.

2.2 Eskalation

Der Prozeß der Eskalation läßt sich in folgenden Stichworten beschreiben:
– Polarisierung: Es entstehen zwei Lager (Provo/Polizei), in denen sich das Schwarz-Weiß-Denken immer mehr ausbreitet. Das Überbrücken der Konflikte wird schwieriger. Diese Polarisierung ist sowohl verbal als auch in Handlungen zu erkennen. Wie die Provoanhänger gehen einige Vertreter der Autoritäten systematisch verbalaggressiv vor. Auch in den Handlungen ist die Polarisierung zu erkennen. Die emotional aufgeputschten Äußerungen von Provos spiegeln sich in der gleichfalls massiven und emotionalisierten Repression der Polizei.
– Ausweitung: Immer mehr Außenstehende werden in den Konflikt hineingezogen und damit parteiisch. Der Bürgermeister und das Justizministerium stellen sich hinter die Polizei, während die Provos Unterstützung erhalten von sehr unterschiedlichen Gruppierungen der Bevölkerung, die manchmal wenig mit den Ideen der Provos selbst zu tun haben. Dieser Prozeß wird erheblich gefördert durch die große Beachtung, die Presse und Fernsehen den Ereignissen einräumen.
– Verselbständigung des Konflikts: Aus dem Konflikt als Mittel zum Zweck wird allmählich der eigentliche Zweck. In der Provobewegung beginnen die Provokationen die eigentlichen Ziele (z.B. die »weißen Pläne«) zu verdrängen. Während die Provos eifrig nach neuen Provokationsmöglichkeiten suchen, liegt die Polizei auf der Lauer nach möglichen strafbaren Handlungen.

Die Beschreibung der Eskalation läßt die Frage offen, wie sie zu erklären ist, warum die Eskalation stattfand. Dabei ist die Taktik der Provobewegung evident: Auch wenn man den eskalierenden Effekt nicht vorausgesehen hatte, durchschaute man ihn später doch und nützte ihn aus.[37] Zudem machten die Medien mit der Publizität, die sie den Provos gaben, diese zu Gefangenen ihres eigenen Erfolgs; der Erfolg reizte zum Weitermachen; um aber den gleichen Erfolg zu erzielen, mußte die Dosis stets erhöht, d. h. der provokative Akt stets provokanter werden.[38]

Ein weiterer Faktor, der zur Eskalation beitrug, war der geringe Manövrierraum der Polizei. Anfangs durchschaute die Polizei nicht genügend, was da passierte; sie betrachtete die Happenings als Störung der öffentlichen Ordnung, die – gemäß den damals geltenden Regeln – geahndet werden mußte. Die Polizei handelte nach dem stimulus-response-Modell[39]: Der Störung der Ordnung mußte mit Gewalt entgegengetreten werden, auch wenn die Happenings selbst kaum oder gar nicht gewalttätig waren. Äußerstenfalls könnten sie als »quälendes Ärgernis« – die Aktionen um die Hochzeit von Beatrix und Claus ausgenommen – bezeichnet werden.[40] Bei den Polizeieinsätzen gegen die Provokationen lag der Akzent auf der Anwendung physischer Gewalt von seiten der Polizei, die mit Säbeln und Schlagstöcken auf die Demonstranten einschlug. Auch die Justiz griff ein und verhängte Gefängnisstrafen von einigen Tagen bis zu einigen Wochen mit und ohne Bewährung. Nach den Ereignissen im März änderte sich die offizielle Politik. Der Akzent verschob sich von Polizeieinsätzen mit dem Ziel, die Demonstranten auseinanderzutreiben, auf justizielle Maßnahmen. Der intensivere Einsatz der Justiz war allerdings nicht begleitet von einem gemäßigteren Einsatz polizeilicher Gewalt. Beim Bauarbeiteraufruhr am 13. und 14. Juni zögerte man zwar anfangs, Polizeieinheiten einzusetzen, weil – angesichts des Einsatzes von Gewalt bei früheren Ereignissen, die dann eskalierten – Unsicherheit entstanden war. Die Zurückhaltung wurde aufgegeben, als sich das Gerücht verbreitete, daß Polizisten von den Menschenmassen belästigt worden waren. Es wurden Spezialeinheiten eingesetzt; zuerst gab es keine Zwischenfälle, später jedoch wurde »in Notwehr« vereinzelt »spontan von der Waffe Gebrauch gemacht«.[41]

Man sieht, daß die Bedrohung der eigenen Gruppe, hier der Polizei, unmittelbar Abwehrreaktionen zur Folge hatte. Der Apparat zur Erhaltung der öffentlichen Ordnung ist dann manchmal mehr auf seine eigene Erhaltung ausgerichtet als auf die der öffentlichen Ordnung, die dadurch eher gestört wird.[42]

Ein weiterer die Eskalation fördernder Faktor war die Unverhältnismäßigkeit der von der Polizei benutzten Mittel. Wenn Schlagstöcke gegen Menschen, die selbst unbewaffnet sind, gebraucht werden, dann ruft das auf jeden Fall Aggressivität und Emotionalität hervor. Wenn es etwas gibt, das die Loyalität der Bevölkerung gegenüber der Regierung unterminieren kann, dann ist es ein derartiges Vorgehen.[43] Wenn darüber hinaus auch noch Polizisten eingesetzt werden, die nicht genügend auf Straßenunruhen vorbereitet worden sind, sind Exzesse zu erwarten. Eigentlich sind dafür dann indirekt die Amsterdamer Behörden verantwortlich, aber das wurde kaum jemals öffentlich zugegeben, was wiederum die Unzufriedenheit bei wichtigen Teilen der Bevölkerung schürte, neuen Exzessen Vorschub leistete und das Vertrauen in die Justiz untergrub – jedenfalls dann, wenn Provos wegen relativ leichter Vergehen verfolgt wurden, während Mitglieder der Polizei für ihre Übergriffe keine Strafe zu erwarten hatten.[44]

2.3 De-Eskalation

Zur Erklärung der Tatsache, daß die Provobewegung so stark ins Blickfeld des öffentlichen Interesses rückte – weit über die Vorstellungen der Akteure hinaus –, ließen sich verschiedene Faktoren anführen. Aber dieses Anwachsen und die Eskalation waren nur von kurzer Dauer. Im nachhinein stellte man fest, daß die Ereignisse der ersten Hälfte des Jahres 1966 bereits den Höhepunkt der Bewegung gebildet hatten. Danach erregten die Provos zwar noch große Aufmerksamkeit dadurch, daß sie bei den Amsterdamer Kommunalwahlen kandidierten und einen Abgeordneten in den Gemeinderat brachten. Doch dies war der Anfang vom Ende. Wie läßt sich diese De-Eskalation erklären?
– Geringe Organisation: Die Provobewegung hatte von Anfang an nur ein Minimum an Organisation. Zwar gab es führende Personen, aber sie waren nie offizielle »Führer«, auch wenn die Medien sie dazu stilisieren wollten. Die Provos vertraten einen spielerischen und gespielten Anarchismus[45] und distanzierten sich von den linken wie den rechten Autoritäten und Machtsystemen. Das erklärt auch die Abneigung gegen »Führer« innerhalb der eigenen Bewegung. Es ist jedoch kennzeichnend für Bewegungen, die sich nicht organisieren wollen, daß sie nach einem begeisterten Anfang sehr schnell auseinanderfallen und sich auflösen. Es fehlen die strukturellen Bedingungen für Kontinuität. Die Provobewegung rekrutierte ihre Anhänger hauptsächlich aus der Gruppe der mehr oder weniger links orientierten jungen Leute, ohne sich selbst aber explizit als linke Bewegung zu präsentieren. Vor allem in Studentenkreisen stieß sie auf viel Sympathie und Unterstützung. Menschen aus Randgruppen der Gesellschaft und aus den am meisten unterprivilegierten Schichten gehörten kaum dazu.[46]
– Relativität der Probleme: Dazu kommt, daß die Pläne und Ziele der Provos sich auf relativ wenig drängende Probleme einer Überflußgesellschaft bezogen. Duco van Weerlee, ein damals bekannter

Provo, behauptet zumindest selbst, daß »der Rauch bei der Hochzeit (von Beatrix und Claus, 10. März 1966) bei diesen Jungens auf der anderen Seite des Atlantiks (in den Vereinigten Staaten) den Eindruck erwecken mußte, wir seien hier ungeheuer reaktionär, sonst würden wir uns wegen so archaischer Angelegenheiten wie einer Monarchie nicht aufregen... Aber schließlich haben wir kein civil rights movement, kein poverty problem, und nach Vietnam müssen wir vorläufig auch nicht. Man muß sich mit dem zu behelfen wissen, was man hat.«[47] Wahrscheinlich ist das einer der Gründe, warum die Konflikte, um die es den Provos ging und die – in globaler Perspektive – in Umfang und Inhalt begrenzt waren, nicht wirklich eskalierten. Man kann auch die These aufstellen, daß Probleme wie Umweltverschmutzung und Konsumgesellschaft gewiß eminent wichtig sind, daß aber die Provobewegung im Benennen dieser Probleme steckenblieb und es versäumte, die dahinterliegenden gesellschaftlichen und ökonomischen Interessen gründlich zu analysieren. Antiautoritäre Aktionen, die nicht unmittelbar eine weiterreichende gesellschaftliche Perspektive zur Diskussion stellen können, sind zu Mißerfolg und Integration verdammt.[48]

– Partizipation am offiziellen politischen Leben: Ein anderer Faktor, der zum Abklingen der Provobewegung beigetragen hat, ist die Tatsache, daß die Provos sich in den Rahmen der offiziellen Politik haben integrieren lassen. Wie weiter oben schon angedeutet, nahmen die Provos ein Mandat im Amsterdamer Gemeinderat wahr und ließen sich auf diese Weise »einpacken«. Damit verschwand der Elan der außerparlamentarischen Opposition.

– Kommerzialisierung: Darüber hinaus ließ sich die Bewegung »kommerzialisieren«. Die diversen Medien schenkten der Bewegung höchste Beachtung und begannen allmählich, Forderungen an sie zu stellen. Sie kamen mit verführerischen Vorschlägen, die mit dazu beitrugen, das Ende der Bewegung einzuläuten. So wurde z. B. auf Vorschlag des deutschen Fernsehens ein Happening inszeniert, das man sich bezahlen ließ. Es wurde auch das Angebot angenommen, in einem italienischen Film mitzuspielen. Aus einer Enquete, die im Zusammenhang mit den Gemeinderatswahlen durchgeführt worden war, läßt sich ersehen, daß die Wähler der Provos hauptsächlich Jüngere waren, daß sie aus höheren sozialen Schichten stammten und daß sie mit der Hochzeit zwischen Claus und Beatrix nicht einverstanden waren.

– Flexibler Polizeieinsatz: Ab Sommer 1966 reagierten Polizei und Justiz angemessener auf die Provokationen; die Polizei gab ihr konditioniertes Reaktionsmuster auf (Provokation provoziert automatisch Polizeireaktion) und begann, flexibler aufzutreten. Man könnte auch sagen, daß die Polizei gegen die Ordnungswidrigkeiten, die so zahlreich und an so vielen verschiedenen Orten auftraten, nicht mehr ankam. Am Anfang verstärkte das Eingreifen der Polizei das intensive Zusammengehörigkeitsgefühl der Provos, als dieser Druck aber wegfiel, wurden die verschiedenen Strömungen innerhalb der Bewegung wieder sichtbar, und das Zusammengehörigkeitsgefühl nahm ab.

3. Die Studentenbewegung und einige linke Gruppen

1967 verschwanden die Provos als Bewegung, aber diejenigen unter ihren Anhängern, die politisch bewußt waren und aktiv bleiben wollten, suchten Anschluß an die Studentenbewegung, die schon erstarkt war, ihren Höhepunkt jedoch noch nicht erreicht hatte. Eine Reihe von Alt-Provos, die sich weiterhin politisch betätigen wollten, fühlten sich von der schon länger existierenden Sozialistischen Jugend (Socialistische Jeugd) angezogen. Auch wurden die von den Provos angesprochenen Themen in den darauffolgenden Jahren von allerlei Aktionsgruppen übernommen, die sich von der Taktik der Provokation inspirieren ließen, z. B. den Kabouters (Zwergen). Im Namen der Kabouter steckt schon ihr Programm: weg von der Gigantomanie der modernen Entwicklungen, hin zum kleinen Maßstab, zur Dezentralisation, zur Bürgernähe. In Umweltschutz- und Nachbarschaftsgruppen reagierte man begeistert auf diese Ideen, die unter dem Schlagwort eines zu schaffenden »Oranje Vrijstaat« propagiert wurden. Die Kabouterbewegung war eigentlich eine freundliche und etwas weniger aggressive Fortsetzung der Provobewegung[50] zu einer Zeit, in der in Ländern wie Deutschland und Italien stark radikalisierte Gruppen durch Terroraktionen Schrecken verbreiteten. Ebenso wie bei der Provobewegung lag die Stärke der Kabouter in ihrem antiautoritären Charakter und in der Unkonventionalität ihrer Pläne. Man ermutigte die Bevölkerung, brachliegendes Terrain zu Spielplätzen umzugetalten und vor ihren Häusern Blumenkästen aufzustellen. Es wurden auch schärfere Aktionen organisiert, wie z. B. Hausbesetzungen, wobei man mit Jugendgruppen und Teilen der Studentenbewegung zusammenarbeitete.

Die Kabouterbewegung genoß bei der Bevölkerung ungeheuer viel Sympathie, wie sich bei den Amsterdamer Gemeinderatswahlen zeigte, wo sie 11% der Stimmen gewann. Das bedeutete fünf Sitze im Gemeinderat plus das Amt eines Senators für van Duyn. Dieser Erfolg genügte jedoch nicht zur Bildung und Fortführung einer dauerhaften Bewegung; die internen Konflikte wurden stärker, die Bewegung zerfiel und trat zu den nächsten Wahlen nicht mehr an.[51]

3.1 Die Studentenbewegung: Studentengewerkschaft, Kritische Universität, Protestaktionen[52]

Nach dem Zweiten Weltkrieg nimmt in den Niederlanden, wie auch in anderen Ländern, die Zahl der Studenten stark zu. Beim Aufbau des Landes benötigte man neben Facharbeitern eine große Zahl von Wissenschaftlern in Behörden und in der Industrie. Der große Mangel an Hochschulabsolventen hatte zur Folge, daß man durch Senkung der Studiengelder und durch bessere Stipendienregelungen ein Studium auch für die Kinder der Mittelschicht attraktiver machte. So entwickelte sich die Zahl der Studenten folgendermaßen:

	Fachhochschulen	*Universitäten*
1958		35 000
1965	53 000	64 000
1970	72 000	103 000
1978	127 000	143 000

Durch den Massenandrang an den Universitäten entstanden große praktische Probleme, die sich mit traditionellen Mitteln nicht lösen ließen. Diese Entwicklungen verlangten neue Organisationsformen, eine Reform der Universität, und entsprechende Forderungen waren der erste Inhalt studentischer Proteste und Demonstrationen. Doch bei der Entstehung der Studentenbewegung spielten neben diesem Einsatz für konkrete Interessen auch eine Reihe mehr ideologischer Überlegungen eine Rolle, jedenfalls, wenn man diese neue Bewegung aus internationaler Perspektive, über die Grenzen der Niederlande hinaus, betrachtet.

Die konkrete Entwicklung der holländischen Studentenbewegung läßt sich am besten am Beispiel der SVB (studenten-vakbeweging = Studentengewerkschaft) charakterisieren. Bis in die frühen sechziger Jahre betrachtete man Studenten – und das stimmte mit ihrem Selbstbild überein – als Mitglieder ihrer Sozietäten, die Bier tranken, Fuchstaufen veranstalteten und sich von Politik fernhielten. Die Studentenkorporationen waren straffer als in vielen anderen Ländern organisierte Vereinigungen, denen ein Großteil der Studenten angehörte. Die Korporationen dominierten auch in den sogenannten »Basisräten« (grondraden), der Instanz, die die Interessen der Studenten auf Universitätsniveau vertreten sollte. Als landesweiten Dachverband gab es den »Niederländischen Studentenrat« (De Nederlandse Studentenraad/NSR).[53] Die Studentengewerkschaft wurde ins Leben gerufen, als die konkreten Probleme der Studenten, wie Stipendien, Wohnung oder Überfüllung der Hörsäle, als dringlich empfunden wurden. Die Grundsätze der SVB wurden im demokratischen Manifest und einem gesonderten Aktionsprogramm niedergelegt; sie beruhten eigentlich noch auf dem Harmoniemodell und zielten auf die Emanzipation der Studenten als gesellschaftliche Gruppe, ohne daß jedoch an den Fundamenten der Gesellschaft gerüttelt werden sollte.[54] Der Student wird als vollwertiges Mitglied der Gesellschaft gesehen, dessen Ausbildung eine Investition im Hinblick auf die Verbesserung seines Arbeitsvermögens sein soll. Das dient nicht nur dem Interesse des Studenten, sondern ebenso dem Interesse der Gesellschaft (im internationalen Vergleich eine erstaunlich systemimmanente Analyse). Man plädiert für eine gesellschaftliche Neubewertung des Studenten, was gleichzeitig bedeutet, daß man vom Studenten gesellschaftliches Engagement verlangt. Das Dringlichkeitsprogramm enthielt fast ausschließlich Forderungen nach Sozialmaßnahmen zugunsten der Studenten, wie z. B. Verbesserung der Stipendien, der Studentenheime, der sozialen Absicherungen. Ins Programm aufgenommen war auch die Forderung nach mehr Mitbestimmungsrechten in der universitären Selbstverwaltung. Die Forderung nach höheren Stipendien wurde später umformuliert zu »Recht auf vollständige Studienkostenvergütung« (»von Wohltätigkeit zum Recht auf vollständige Vergütung«). Die alltägliche Situation des Studenten war der Ausgangspunkt, aber daneben kündigte man an, daß man sich auf grundlegendere Fragen besinnen werde, wie z. B. auf die Demokratisierung des Wissenschaftsbetriebs. Schon die Tatsache, daß man sich als Gewerkschaft präsentierte, bedeutete eine grundsätzliche Ablehnung der Studentenvereinigungen alten Stils. Dank der SVB demokratisierte sich die Studentenschaft, traten Wahlen an die Stelle von Kooptationspraktiken. Später kritisierte man, daß die SVB in den Anfangsjahren allzu stark auf die Vertretung konkreter studentischer Interessen ausgerichtet war.

1965 weitete die SVB ihren Aktionsradius aus: Mit ihrer Unterstützung wurde eine große Vietnamkampagne geführt, an der sehr viele Studenten teilnahmen. Hinsichtlich politischer Analysen war die niederländische Studentenbewegung stark von Analysen aus dem Ausland abhängig. Dies gilt in minderem Maße für die Formen politischer Aktionen. Das Interesse der SVB am Ausland bezog sich anfangs hauptsächlich auf Situationen, die Studenten betrafen: die Apartheid an den südafrikanischen Universitäten und die Segregation an den Universitäten der Vereinigten Staaten. Übrigens arbeitete die SVB auch weiterhin innerhalb der bestehenden Strukturen, denen sie von innen heraus neues Leben verleihen wollte. Indem sie sich in die bestehenden Strukturen einfügte, hoffte sie, mehr Studenten für ihre Aktionen und Grundsätze gewinnen zu können. Der Erfolg blieb nicht aus, denn bei den Wahlen für den NSR (Niederländischer Studentenrat) errang die SVB 1965 33% der Stimmen. Übers »Parlamentspielen« im NSR, wo Differenzen immerhin offen ausgetragen wurden, wuchs die Studentenbewegung zu einer Einheit zusammen.[55] 1966 stimmten sogar 41% für die SVB. Die Pläne der Politiker, die an den Stipendien ansetzten, um Einsparungen auf dem Bildungssektor vorzunehmen, brachten 1966 und 1967 viele Studenten im wörtlichen Sinn auf die Beine. Man organisierte u. a. Fußmärsche aus Universitätsstädten nach Den Haag, um dort gegen die vorgeschlagenen Kürzungen zu demonstrieren und um für vollständige Studienkostenvergütung zu plädieren. Doch auch in diesen Jahren beschäftigte sich die SVB mit außeruniversitären Ereignissen. Sie unterstützte z. B. 1963 den Streik der Typographen, 1966 den Bauarbeiterstreik und 1967 den Streik in der Schuhindustrie. Letzterer übrigens führte zu heftigen Auseinandersetzungen innerhalb der SVB und diese schließlich zu der Stellungnahme, daß nur Streiks, die von den offiziellen Gewerkschaften unterstützt wurden, mit der Solidarität der SVB rechnen konnten. 1968 wurde dieser Standpunkt jedoch revidiert.[56]

Die Ideen von der gesellschaftlichen Verantwortung der Studenten und der Wissenschaft im allgemeinen, der Beziehung zwischen Universität und Gesellschaft und der Demokratisierung gesellschaftlicher und universitärer Institutionen sollten durch die Kritische Universität (KrU), die aus einer Reihe internationaler Kongresse hervorgegangen war, weiterentwickelt werden. Im Juni 1967 wurde die Kritische Universität in Berlin lanciert, einige Monate später in Amsterdam. Voraussetzung für die Entstehung der KrU waren die Übereinstimmungen in den offiziellen Plänen der verschiedenen Länder hinsichtlich der Umstrukturierung der Universitäten (Trennung von Lehre und Forschung, Verkürzung der Studienzeit, strenge Einteilung der Studienzeit in Phasen und Verschärfung der Selektion). Die Umstrukturierungspläne bedeuteten in verstärktem Maße Unterordnung der Wissenschaft unter die gesellschaftliche Produktionsweise und Anpassung von Lehre und Forschung an die Erfordernisse der Industrie, was nun – im Gegensatz zur Anfangsphase der SVB – heftig kritisiert wurde. Diese Kritik an der angepaßten Wissenschaft wurde stark befördert durch die wachsende Beschäftigung mit dem Vietnamkrieg und durch die Einsicht in die Handlangerrolle, die die technische Intelligenz in solchen Kriegen spielt. (Der Vietnamkrieg bleibt während der ganzen Studentenbewegung präsent, und deren Radikalisierung läßt sich ablesen an ihrer Identifizierung zunächst mit dem leidenden, dann mit dem kämpfenden Volk.[57])

Die KrU wollte in das Universitätsstudium einen Prozeß gesellschaftlicher Bewußtwerdung einbauen. Um die gesellschaftlichen Implikationen der Wissenschaft deutlich machen zu können, mußte die permanente Kritik an der Gesellschaft im Studium verankert werden. Gleichzeitig mußte die Demokratisierung der universitären Selbstverwaltung vorangetrieben werden.[58] Die KrU ging davon aus, daß Wissenschaft und Technik, neben Arbeit und Kapital, Produktionsfaktoren der heutigen Gesellschaft sind, mit dem Ziel, wendige Intellektuelle heranzubilden.

In Amsterdam wurde die KrU von Studenten (teilweise auch von Mitgliedern der SVB) gebildet, in deren Augen die ganz auf Verbesserung der sozio-ökonomischen Situation der Studenten gerichteten Aktionen der SVB nicht radikal genug waren. Die Kooperation mit der SVB war mühsam, oder, wenn man so will, nicht möglich wegen der Feindseligkeiten, die zwischen den beiden Gruppen herrschten. In Nijmegen war die KrU mehr praxisorientiert, wodurch eine so enge Zusammenarbeit mit der SVB zustande kam, daß die beiden Organisationen teilweise ineinander aufgingen. Die KrU in Amsterdam ist kaum über die gesellschaftlich ausgerichtete theoretische Diskussion im kleinen Kreis hinausgekommen, wo man übrigens probierte, das antiautoritäre Prinzip zu verwirklichen.[59] Die KrU in Nijmegen, die die praktische Aktion nicht scheute, trug übrigens enorm zur Verbreitung der Schriften der Frankfurter Schule bei, die der Diskussion als Inspirationsquelle dienten. Die konkreten Aktivitäten, wie sie in Nijmegen durch enge Zusammenarbeit mit der SVB zustande kamen, bezogen sich 1968 hauptsächlich auf die Kritik des (regierungsoffiziellen) Maris-Berichts. Der Maris-Bericht schlug eine Reform der universitären Verwaltungsstrukturen vor, die sich deutlich an der Organisationsstruktur großer Wirtschafts-Unternehmen orientierte. Auf Fakultätskonferenzen und Vollversammlungen wurde gegen diese Pläne protestiert, was erheblich dazu beitrug, daß der Maris-Bericht zurückgenommen wurde. Diese Aktivitäten fielen mit der französischen Mai-Revolte zusammen, und aus dieser Tatsache leiteten viele die Befürchtung ab, daß auch die Niederlande am Vorabend einer Studentenrevolte stünden. Das Zurückziehen des Maris-Berichts und die spätere Politik des Bildungsministers, die darauf gerichtet war, die Unruhe durch Mitspracherechte zu kanalisieren, lassen sich zweifellos darauf zurückführen, daß man in den Niederlanden Pariser Zustände vermeiden wollte.[60] Die KrU schlug als Alternative zum Maris-Bericht die Räteuniversität vor. Ihr Plan sah vor, in der autonomen Universität das Mitbestimmungsrecht für alle Beteiligten einzuführen und die Verwaltung zu dezentralisieren, wobei die Verwalter zur Rechenschaft verpflichtet und die Geschäftsführung öffentlich sein sollte. Die Amtsführung sollte in der Hand gewählter Räte liegen.

Bezog sich der Maris-Bericht auf die Organisationsstruktur der Universität, so hatte das bald darauf erscheinende Posthumus-Papier die Lehre selbst zum Thema. Das Papier stimmte weitgehend mit Vorstellungen überein, die auch in anderen Ländern verbreitet waren: Studienzeitverkürzung, Trennung von Lehre und Forschung, strengere Aufteilung des Studiums in Phasen und schärfere Selektion. Außer der Kritik, die von seiten der Studentenbewegung gegen diese Vorstellungen vorgebracht wurde, hatte das Papier noch eine andere Wirkung: Überall im Land entstanden Studentengruppen, die sich unter dem Stichwort »Projektgruppen« für Experimente in der Lehre einsetzten. Gleichzeitig bemühte man sich auch, Einfluß und Machtpositionen innerhalb der Universität zu erlangen, um dort gegen die technokratischen Vorstellungen, wie sie in den diversen Vorschlägen zum Ausdruck kamen, Widerstand zu leisten. Nicht nur Studenten, sondern auch der Mittelbau und Professoren setzten sich für die Demokratisierung der Organisationsstrukturen und eine Reform der Lehre ein.

Hat die KrU etwas erreicht? Sicherlich brachte sie keine allumfassende Neuordnung von Universität und Gesellschaft zustande. Schopman meint, man könne das auch kaum erwarten von einer so kleinen Gruppe, schwach organisiert und versehen mit einer schlechten, unvollständigen politischen Theorie.[61] Und doch legte sie die Basis für die Demokratisierungsaktionen im Jahre 1969 und für alle folgenden, bei denen es um Mitbestimmung, gesellschaftskritische Wissenschaft und um nicht-autoritäre Formen der Lehre ging. Daß die KrU nicht über Ansätze hinausgekommen ist, schreibt Boekraad dem Fehlen einer marxistischen Tradition an den niederländischen Universitäten zu.[62]

Die Entwicklung der SVB wird häufig dargestellt als der Wandel von einer apolitischen, auf rein soziale Belange sich konzentrierenden Organisation zu einer politisch bewußteren Gruppe, die vom Harmoniemodell abrückt, aber weiterhin vornehmlich innerhalb der und in bezug auf die Universität operiert. Es ist auffällig, in welch rasantem Tempo die anfangs rein gewerkschaftlichen Aktionen der Studenten für eine bessere Sozialversorgung sich politisierten. Parallel zu der eben genannten Entwicklung wandeln sich auch die Mittel, derer man sich bedient. Am Anfang verfolgen die Studenten den parlamentarischen Weg. Je weiter die Politisierung jedoch fortschreitet, um so mehr wächst die Befürchtung, daß gute Reformen das bestehende Gefüge stärken und dadurch letztlich die Revolution hinauszögern. Nun werden Demonstrationen und Besetzungen die Kampfmittel.[63] Gleichzeitig verschiebt sich das Aktionsterrain von den Basisgruppen in die Fakultäten, die Seminar- und Praktikumsräume. Dies wurde insbesondere bei den Aktionen gegen den Maris-Bericht deutlich, wo Vorlesungsstreiks, Examensboykotte usw. organisiert wurden.[64] Den Nährboden hierfür bilden die meist informell zustandegekommenen Aktionsgruppen. Von ihnen gehen Bewegungen aus, die manchmal die ganze Universität auf den Kopf stellen.[65]

Diese Aktionen hatten übrigens auch bedenkliche Folgen; überall im Land entstanden nach der Anti-Maris-Aktion in fast allen Studienrichtungen Strukturkommissionen, die die Ansätze zur Politisierung innerhalb der Fakultäten auf die effektivste Weise abzufangen, zu isolieren und zu entschärfen suchten.[66]
Reformen im Lehrbetrieb, die von oben propagiert werden, beziehen sich beinahe ausschließlich auf verwaltungstechnische Reformen (Maris) und formale Aspekte des Lehrbetriebs (Posthumus) wie Numerus clausus und Studienzeitbeschränkung. Die inhaltlichen Aspekte der Lehre spielen eine untergeordnete Rolle. Von unten her, also bei der SVB und auf jeden Fall bei der KrU, stehen inhaltliche Veränderungen im Vordergrund, wobei das Schwergewicht auf der kritischen und gesellschaftlichen Funktion der Wissenschaft liegt.[67]
Die Aktionen und Diskussionen drehten sich nicht nur um die Zustände innerhalb der Universität – obwohl diese primär waren –, sondern es bestand weiterhin, vor allem bei der SVB, Interesse an Ereignissen außerhalb der Alma Mater, wie den Unruhen vor den Olympischen Spielen in Mexiko, bei denen über zweihundert Demonstranten umkamen. Aus Protest besetzte eine Gruppe von SVB-Mitgliedern das mexikanische Konsulat. Anläßlich der Prozesse gegen die Besetzer fanden wiederum diverse Demonstrationen statt, die sowohl zu einer Konfrontation mit der Polizei als auch mit der Universitätsverwaltung führten, weil Demonstranten, unter ihnen Nicht-Studenten, sich in Universitätsgebäude geflüchtet hatten. Im November 1968 organisierte die SVB eine »Dritte-Welt-Woche«, und damals wurde auch – übrigens international – gegen die Nato demonstriert.
Im Januar 1969 sandte der Kultusminister den Universitäten einen Brief, in dem er sie bat, ihre Stellungnahme zu verschiedenen möglichen Organisationsstrukturen für die Universitäten abzugeben: Der Minister stellte der »Räteuniversität« (der KrU) die Universität als berufsständische Organisation gegenüber. In der berufsständischen Organisation spielen die Unterschiede zwischen den Professionen beim Erreichen der Organisationsziele eine zentrale Rolle. Der ranghöchste Berufsstand hat erhebliches Übergewicht bei der Festlegung der Ziele und Leistungsnormen wie auch bei der Handhabung dieser Normen. In der Räteuniversität ist die Verantwortung nicht direkt an die spezifische Funktion gekoppelt, die man in einer Organisation innehat. Alle Mitglieder

der Organisation bestimmen über die gesamte Geschäftsführung, sei es in einem one man-one vote-System, sei es über Delegierte von Arbeitseinheiten, in denen verschiedene Funktionen integriert sind. Im Modell der berufsständischen Organisation ist das Gewicht der Stimme an den »Sachverstand« und die Position in der Hierarchie gekoppelt. In der Räteuniversität wird keiner der verschiedenen Funktionen ein besonderes Gewicht zugesprochen. An der Hochschule Tilburg spricht man sich in einer offiziellen Stellungnahme (unterzeichnet von einigen Professoren und Verwaltungsangestellten) für das berufsständische Modell aus. In einem Gegenvotum, an dem auch Studenten mitgearbeitet haben, plädiert man für demokratischere Entscheidungsstrukturen. Die offizielle Erklärung führte zur Besetzung der Hochschule durch Studenten, der ersten großen Universitätsbesetzung in den Niederlanden. Nach gut einer Woche wurde die Besetzung aufgehoben, nachdem die Kuratoren (die Verwalter) sich im Prinzip für das Mitbestimmungsrecht aller Beteiligten auf allen Ebenen ausgesprochen hatten.

Die in Tilburg aufgestellte Forderung nach mehr Mitbestimmung auf allen Ebenen wurde u. a. von Studenten der Amsterdamer Gemeindeuniversität unterstützt und übernommen. Um ihren Forderungen Gewicht zu verleihen, besetzten sie am 16. Mai 1969 das Maagdenhuis, das zentrale Verwaltungsgebäude der Amsterdamer Universität. Die Besetzung sollte erst aufgehoben werden nach Zustimmung zu den in einem Votum niedergelegten Forderungen der Studenten. Dies war die Einleitung zu der spektakulärsten Universitätsbesetzung in den Niederlanden, spektakulär nicht zuletzt durch die Konfrontation mit der Polizei und die Beachtung, die sie bis ins Parlament hin fand (Debatte in der Zweiten Kammer). Die Polizei legte einen Kordon um das Maagdenhuis, um die Besetzer zu isolieren, aber über eine von Bauarbeitern angelegte Brücke, die die Verbindung mit einem angrenzenden Gebäude herstellte, konnten Kontakte zur Außenwelt aufgenommen werden. Diese Brücke verhinderte auch die Aushungerung der Studenten. Die Besetzer fanden im Universitätsgebäude eine Reihe von Dokumenten, aus denen hervorging, daß die Verhandlungen über Zentralisationsmaßnahmen mit dem Minister schon weit fortgeschritten waren. Viele Dozenten erklärten sich nach Bekanntwerden dieser Sachlage mit den Studenten solidarisch. (Die Presse allerdings reagierte wegen der angewandten Methoden weniger positiv.[68]) Aus einer Umfrage unter Studenten ging hervor, daß 41% mit der Besetzung einverstanden waren; ein noch größerer Prozentsatz, nämlich 63%, verurteilte das Eingreifen der Polizei.

Der Bürgermeister von Amsterdam, der gleichzeitig – wenn es um die Erhaltung der öffentlichen Ordnung geht – Polizeipräsident ist, übernahm die Leitung der Polizei. In der Nacht des 20. Mai gelang es der Polizei, nachdem sie das Maagdenhuis mit Tränengas angegriffen hatte, die Brücke abzureißen. Dieser Angriff der Polizei war nicht zuletzt verantwortlich dafür, daß die studentischen Aktionen Unterstützung bei der niederländischen Bevölkerung fanden, und zwar in verschiedenen Gruppen. So sandten Bau- und Hafenarbeiter Solidaritätstelegramme, und in Amsterdam fanden sogar kleine Proteststreiks statt. Am 21. Mai griff die Polizei wiederum an; 570 Menschen wurden aus dem Maagdenhuis geschleppt, ihre Personalien registriert. Am selben Abend diskutierte die Zweite Kammer über die Besetzung und nahm ein Votum an, das auf die Herstellung von Ruhe und Ordnung in Amsterdam drängte. Der Polizeieinsatz wurde nicht verurteilt, wohl aber der »Terror« von seiten der Studenten (Besetzung des Gebäudes, Aussperrung des Personals, das seiner Arbeit nicht nachgehen konnte, usw.). Die wissenschaftlichen Mitarbeiter verabschiedeten am 22. Mai eine Resolution, die inhaltlich im großen und ganzen mit den Anträgen der Studenten übereinstimmte, deren Durchsetzung durch die Besetzung erzwungen werden sollte.

Im Laufe des Juni finden die Prozesse gegen die Besetzer statt; nachts kommt es zu Demonstrationen, die in einer Straßenschlacht zwischen ungefähr 6000 Menschen und der Polizei enden.[69] Die Ereignisse in Amsterdam lassen die Studenten in anderen Städten nicht unberührt: Auch dort brechen Konflikte mit den Universitätsbehörden aus, was seinen Niederschlag in Massenversammlungen und einer Besetzung (Vrije Universiteit) findet.

Die auf Demokratisierung der Hochschulen gerichteten Protestaktionen beschäftigten einige Male die Zweite Kammer. Die Besetzung in Tilburg fand noch Unterstützung bei den linken Oppositionsparteien, die Amsterdamer Besetzung jedoch wurde auch von der größten Linkspartei, der PvdA (Sozialdemokraten), verurteilt. Innerhalb der PvdA war die radikalste Strömung, Nieuw Links, allerdings mit dieser Verurteilung nicht einverstanden.

3.2 Das Ende der Studentenbewegung

Die Besetzungsaktionen konnten auch nicht verhindern, daß der Kultusminister mit einem Arbeitspapier aufwartete (dem Veringa-Papier), das vorsah, den Schwerpunkt der Universitätsverwaltung in die Verantwortlichkeit einer von der Krone ernannten und nicht absetzbaren geschäftsführenden Direktion zu legen anstelle des von Mitarbeitern gewählten Universitätsrates.

Nach der Räumung des Maagdenhuis durch die staatlichen Stellen entstand in der Spitze der niederländischen Studentenbewegung, vor allem in Amsterdam, eine heftige Diskussion über die zu verfolgende Strategie.[70] Die Demokratisierungsaktionen hatten kaum Resultate gezeitigt oder waren durch die Gewährung von Mitspracherechten kanalisiert worden. Die Studentenbewegung nahm Abschied vom demokratischen Radikalismus und der antiautoritären Bewegung. Ihre beste Zeit schien vorbei zu sein. Studentenführer kamen zu der Einsicht, daß man sich für gesamtgesellschaftliche Veränderungen einsetzen müsse. Das wurde in relativ kleinen Gruppen ausführlich diskutiert. Die Meinungen über die Art und Weise, in der man sich für die Masse der Bevölkerung einsetzen sollte, divergierten. Eine Strömung vertrat die Ansicht, daß Studenten und Dozenten (als Führungsgruppe der Gesamtarbeiterschaft) als Avantgarde der Arbeiter in ihrem Kampf gegen das Kapital fungieren müßten. Sie sollten den Weg der Arbeiter vorzeichnen. Die andere Gruppe verfocht die Auffassung, daß Studenten nur dann einen Beitrag zum Klassenkampf liefern konnten, wenn sie selbst Arbeiter wurden. Diese Diskussion spielte sich nahezu ausschließlich auf theoretischer Ebene ab.[71] Das Gros der Studenten war verwirrt. Der schnellen Entwicklung von der Forderung nach Mitbestimmungsrechten zur anti-kapitalistischen Revolution konnte man in der Regel nicht folgen.[72] Nur einige kleine Gruppen begannen auf Fakultätsniveau mit dem Studium der Lehrbedingungen und der vorgeschlagenen Reformen; es waren die Fakultätsgruppen, die sich mit ihrer Politik der gegenseitigen Schulung und vereinzelter Fakultätsaktionen gegen neue Regierungsvorlagen und Gesetzesvorschläge zur Wehr setzten. Sie waren skeptisch gegenüber den Methoden, die man bisher angewandt hatte: »Massenveranstaltungen sind zu unverbindlich«; »Öffentlichkeit paßt zum liberalen Rechtsstaat«; »Mitbestimmungsrecht entspricht der Ideologie des Wohlfahrtsstaates«. Diese Fakultätsgruppen waren sowohl voneinander als auch von der Masse der Studenten isoliert. Andere kleine Gruppen[73] begannen sich aktiv für die Interessen der von der Gesellschaft Benachteiligten einzusetzen, indem sie z. B. sogenannte »Rechtsläden« zur alternativen Rechtsberatung in verschiedenen Stadtteilen einrichteten.

Derartige Gruppen entstanden u. a. aufgrund der Vorstellung, daß der Prozeß der technokratischen Reformen in der Universität nicht mehr aufzuhalten war. Viele Studenten engagierten sich auch aktiv auf gesellschaftspolitischem Gebiet; sie organisierten z. B. Kampagnen gegen die pharmazeutische Industrie und brachten ein Griechenland-Bulletin heraus. Im Frühjahr 1970 gelang es noch einmal, die Studenten in einer Demonstration gegen das Vorgehen der Amerikaner in Kambodscha zu mobilisieren. Eine andere, weit größere Gruppe, suchte Zuflucht in der (viel weniger politisch orientierten) Subkultur, die allgemein Ende der sechziger Jahre eine große Blütezeit erlebte. Im Jahre 1970 bietet die Studentenbewegung ein Bild der Zersplitterung und Zerrissenheit. Von Einheit und einer starken Organisation konnte keine Rede mehr sein.

Bei den Studentenführern – falls sie noch da waren, denn einige von ihnen hatten sich zurückgezogen, um den Rückstand in ihrem Studium aufzuholen und Examen zu machen – gewannen allmählich Gesellschaftsutopien die Oberhand. Aber die Chance, einen großen Anhang zu versammeln, wird geringer, je weniger konkret die Interessen sind, die man vertritt. Ihre Gefolgschaft nahm ab.[74] Das WUB (Wet op Universitaire Bestuurshervorming = Universitätsreformgesetz) wurde 1970, wenn auch nur zögernd, von den Studenten angenommen. Inzwischen verändert sich auch die Marktsituation für Akademiker; das Anwachsen der Studentenzahlen verschlechtert die Lage der (jungen) Akademiker; die Folgen sind Einfrierung der Anfangsgehälter für Akademiker auf verschiedenen Gebieten und auch Arbeitslosigkeit. Die Vorschläge der Regierung zur Organisation der Universitäten werden immer häufiger mit notwendigen finanziellen Kürzungen begründet, für bestimmte Studienfächer wird der Numerus clausus eingeführt, und die Studiengebühren werden auf 1000,– Gulden erhöht. Dieser letzte Beschluß mobilisiert die Studenten 1972 nochmals. Man protestiert gegen die Einführung dieses 1000-Gulden-Gesetzes, und nach der Einführung wird es massenhaft boykottiert. Als die Studiengebühren aber dann von 1000 auf 500 Gulden herabgesetzt werden, fällt ein wichtiger Grund zum Demonstrieren weg. Die Reformpläne forderten gerade durch ihre Komplexität weniger zum Demonstrieren heraus als die simple Erhöhung der Studiengebühren.[75]

In verschiedenen Fakultäten kamen trotzdem noch Projekte zustande, die einen Beitrag zur Analyse und zum Kampf der Arbeiter in den Betrieben und Regionen zu liefern versuchten. Von diesen Gruppen gingen Mitte der siebziger Jahre auch die Impulse aus zu einem langen Kampf gegen die Studienzeitverkürzung und die inhaltliche Verarmung der Lehre im Gefolge der Reform des Posthumus-Gesetzes.

1975 zwang die Basis den Amsterdamer Basisrat noch zur Solidaritätserklärung mit den Bewohnern des Stadtteils Nieuwmarkt in Amsterdam, die wegen des Metrobaus ihre Häuser aufgeben mußten; zu wirklichen Aktionen des ASVA (Algemene Studenten Vereniging Amsterdam) kam es jedoch in diesem Zusammenhang nicht.

Als die Communistische Partij Nederland (CPN) bei den Wahlen zur Zweiten Kammer 1977 einige Sitze verlor, bedeutete das einen weiteren moralischen Tiefschlag für die Studentenbewegung, die sich im Laufe der Regierung Den Uyl immer stärker an dieser Partei orientiert hatte. Während des Jahres 1980 gab es in kleinem Stil Proteste und Besetzungen von Universitätsgebäuden als Maßnahme gegen die Einführung von Studiengebühren für die älteren Semester (ab 12. Semester). Insgesamt spielt die Studentenbewegung jedoch keinesfalls mehr eine aufsehenerregende Rolle in der Öffentlichkeit. Eher kommen wieder gewisse Aspekte des traditionellen Studententums in Mode, was sich aus dem wachsenden Interesse an traditionellen studentischen Verbindungen ablesen läßt.

3.3 Socialistische Jeugd (SJ)[76]

1960 wurde in Amsterdam die Socialistische Jeugd gegründet, eine unabhängige Jugendorganisation, die einem traditionellen marxistischen Gesellschaftsbild verbunden war und aktuelle soziale und politische Entwicklungen, besonders auch im Ausland (Kolonialismus, Imperialismus, Atombewaffnung), kritisch verfolgte. Sie wollte mit Demonstrationen auf ihre konkreten sozialistischen

Forderungen aufmerksam machen. Die Gründer waren eine Gruppe Zwanzigjähriger, meist Studenten oder Graduierte, die ihrem sozialdemokratischen Hintergrund zu Beginn sicher weitgehend treu blieben. Mit ihrem marxistischen Ausgangspunkt orientierte sich die Organisation hauptsächlich an der sozialdemokratischen Partij van de Arbeid. Die Socialistische Jeugd gehörte nicht zur Arbeiterbewegung, fühlte sich ihr aber sehr verwandt: SJer waren auch Mitglieder der Gewerkschaft.

In der Anfangszeit beschäftigte sich die SJ (etwa 60 Mitglieder) hauptsächlich mit interner Schulung und Diskussion, was den Zusammenhalt stärkte. Die Aufmerksamkeit richtete sich anfangs stark nach innen, auf die eigene Organisation, die hierarchisch aufgebaut war und in der strenge Disziplin herrschte. Politische Aktionen standen zwar auf dem Programm, aber sie waren am Anfang den internen Aktivitäten untergeordnet. Sofern man protestierte – die Proteste richteten sich hauptsächlich gegen die Atombewaffnung –, schloß man sich der Initiative anderer Organisationen an. Auch die SJ überschritt am Anfang nicht die Grenzen, die das Gesetz steckte (z. B. durch die Auflage, die mitgeführten Spruchbänder vorher begutachten zu lassen). Gleichzeitig mit dem Entstehen der Provobewegung veränderte aber auch die SJ ihren Charakter. Oder besser: Von der Provobewegung geht ein neuer Impuls aus, so daß sich die SJ im Laufe der Zeit zu einer wirklich linksradikalen Jugendbewegung entwickelt, deren Hauptinteresse sich auf außerparlamentarische Aktionen richtet; ihr Aktionsterrain ist die Straße. Die Ideologie tritt nun etwas in den Hintergrund. Die SJ läßt sich in ihren Aktionen nicht mehr länger (ausschließlich) durch die Initiative anderer Gruppen leiten, sie veranstaltet selbst Aktionen und Demonstrationen, für die sie große Gruppen – darunter auch viele jugendliche Arbeiter – mobilisieren kann. Die Hochzeit von Beatrix und Claus ist auch für die SJ ein wichtiges Ereignis, aber in noch stärkerem Maße als bei den Provos bedeutet diese Hochzeit für die SJ eine Hinwendung zu öffentlichen Angelegenheiten und eine gute Gelegenheit, um für die Abschaffung der Monarchie zu demonstrieren. Ebenso ist sie am Bauarbeiteraufstand vom 13. und 14. Juni desselben Jahres beteiligt. Im Gegensatz zu den Provos erklärt sich die SJ nachdrücklich mit den Bauarbeitern solidarisch.

Die SJ selbst initiierte die Anti-Vietnamdemonstrationen, die sich sowohl gegen Amerika als auch gegen die Nato richteten.

Durch das Mitführen von verbotenen Spruchbändern, wie »Johnson Mörder«, riskierten sie Haft. Tatsächlich gab es dann auch in großem Umfang Festnahmen. Auch wenn die Provos und die SJ im großen und ganzen an denselben Aktionen beteiligt waren und obwohl es, z. B. bei den Vietnamdemonstrationen, zu echter Zusammenarbeit kam, gab es doch deutliche Unterschiede zwischen den beiden Bewegungen. Die SJ betrachtet die Provos als eine zwar ludike, aber systemstabilisierende Bewegung: »Ihr Protest ist zum Amusement geworden.« Um 1966 herum etwa rückte der Aktionismus – wie schon gesagt – an die Stelle der Ideologie ins Zentrum der Bewegung. Daraus lassen sich auch die großen Meinungsverschiedenheiten unter den Mitgliedern erklären, deren Zahl auf ca. 500 angestiegen war: Sozialdemokraten, Pazifisten und Trotzkisten waren unter ihnen. Die interne Disziplin und Organisation, die den Anfang der Bewegung kennzeichneten, verschwanden im Laufe der Zeit immer mehr. Obwohl die revolutionäre Idee in den Hintergrund gedrängt wurde, galt die SJ in jenen Jahren als die radikalste unter den größeren Bewegungen. Bei Demonstrationen und anderen Aktionen waren ihre Mitglieder am militantesten und mehr und mehr machte die Polizei sie auch für Provokationen und Gewaltakte verantwortlich.

Die SJ hatte ihren Höhepunkt in den Jahren 1966 bis 1969. Danach zerfiel diese linksradikale Gruppe im Zuge der gleichen Entwicklungen, die auch das Ende der Studentenbewegung herbeiführten. Die Methode des politischen Aktionismus erschien mit der Zeit als immer unwirksamer, Demonstrationen hatten wenig Zweck, schon aus dem Grund, weil das Interesse der Öffentlichkeit und der Massenmedien daran allmählich erlahmte. Die Gruppe verlor an Anziehungskraft, und die Mitgliederzahl ging stark zurück. Die SJ war in einer Krise; die am meisten Politisierten schieden aus, während andere – ähnlich wie in der Studentenbewegung – mit dem Aufbau von Basisgruppen begannen, wo man sich für die konkreten Probleme spezifischer Gruppen (Wohnprobleme und Hausbesetzungen) einsetzte. 1972 wurde die Gruppe offiziell aufgelöst. Ein Teil der Mitglieder gehörte schon der in jenen Jahren aufblühenden Subkultur oder »Gegenkultur« an, die in der Nachfolge der amerikanischen »flower power«- und »Hippie«-Bewegung entstanden war. Hier lag der Akzent stärker auf der Ablehnung des dominanten Kulturmusters und auf dem Experimentieren mit alternativen Gesellschaftsformen. Popmusik und Drogen (Haschisch) standen in der Subkultur in hohem Ansehen. Anfangs war der Kontrast zwischen der Subkultur und den beiden oben besprochenen Bewegungen groß, später – mit dem Ende von Provo und SJ – wurde die Subkultur für viele ihrer Anhänger zum Zufluchtsort.

Die SJ gilt als eine der wenigen größeren linksradikalen Bewegungen in den sechziger Jahren. Sie hatte sich als eine mehr oder weniger parlamentarische Gruppe formiert und sich anschließend zu einer radikalen außerparlamentarischen Bewegung entwickelt. In den Vereinigten Staaten gab es eine ähnliche Entwicklung beim SDS (Students for a Democratic Society), von dem sich schließlich die revolutionäre Gruppe der »weathermen« abspaltete, deren Intention es war, das Gesellschaftssystem durch Bombenanschläge auf gewaltsame Weise zu verändern. In Deutschland entstand aus der linksradikalen Bewegung die Baader-Meinhof-Gruppe. Wie kommt es, daß in der SJ eine solche Entwicklung und Abspaltung nicht stattfand?

Im ersten Kapitel wurden schon einige strukturelle Kennzeichen der niederländischen Gesellschaft behandelt, wie die »Versäulung« und die Integration in das offizielle politische System (»Einkapselung«), aus denen sich der relativ friedliche Austrag von Konflikten erklärt. Hinsichtlich der Socialistische Jeugd läßt sich folgendes konstatieren: Die SJ blieb, trotz ihres radikalen Charakters, immer relativ stark an ihren traditionellen Hintergrund gebunden. Sie orientierte sich, zumindest in der Anfangsphase, mit ihrer marxistischen Ideologie an der sozialdemokratischen Partij van de Arbeid. Sie engagierte sich auch bei der Entwicklung der Arbeiterbewegung, arbeitende Mitglieder der SJ waren Mitglieder der Gewerkschaft, und 1966 hatte man sich mit den protestierenden Bauarbeitern solidarisiert. Auch der Widerstand der Gewerkschaft Anfang der siebziger Jahre, als sich die ökonomische Situation verschlechterte, wurde von der SJ positiv aufgenommen. Das heißt aber nicht automatisch, daß die SJ als Organisation sich aktiv für die Interessen der Arbeiter einsetzte, eher verfolgte man die Entwicklung mit Sympathie. Außer diesem traditionellen Hintergrund gab es – vor allem über einzelne Mitglieder – Verbindungen zwischen der SJ und anderen Jugendorganisationen wie der Provo- und der Studentenbewegung. Trotz großer ideologischer Unterschiede nahm man gemeinsam an Demonstrationen teil. Die SJ hatte ein eigenes Image und wollte eine unabhängige

Position einnehmen, aber sie war nicht isoliert. Auch nach der Auflösung der Bewegung zogen sich die meisten Mitglieder nicht in die Isolation zurück, sondern hatten (schon früher) Anschluß gesucht bei anderen Gruppierungen der Studentenbewegung, dem Oranje Vrijstaat und den Subkulturen. Ein weiterer Faktor, der schon im Zusammenhang mit der Provobewegung genannt worden ist, aber auch hier gilt, ist das relativ zurückhaltende Eingreifen der Obrigkeit; es wurden zwar Verhaftungen vorgenommen und Strafen verhängt, aber sie waren milde im Vergleich zum Ausland.

3.4 Rode Jeugd[76]

Obwohl die Socialistische Jeugd oft als radikale Bewegung charakterisiert wird, so hat der vorangehende Abschnitt doch deutlich gemacht, daß sie sich trotz ihrer Radikalität keinesfalls zu einer Bewegung entwickelte, die Gewalt auf ihre Fahnen geschrieben hatte. Anders die sogenannte Rode Jeugd, die von sich behauptete, »als einzige Gruppe aus dem marxistisch-leninistischen Lager den Mut zu haben, die Gewalt aus dem staubigen Theoriepaket hervorzuholen«. Die Rode Jeugd war eine 1966 entstandene Organisation von etwa 150 militanten Jugendlichen, die zur Gewaltanwendung aufrief, um das kapitalistische und imperialistische System zu stürzen. Sie wollte z. B. den Protest gegen das Vorgehen der Amerikaner in Vietnam durch mehr Gewaltakte militanter machen; sie organisierte Protestdemonstrationen gegen die Firma Philips, die in dem damals von den Obristen regierten Griechenland eine neue Niederlassung gründen wollte. Die Befürwortung von Gewaltanwendung brachte die Gemüter in den Niederlanden in heftigen Aufruhr, besonders, als an verschiedenen Orten primitive Bomben (von denen eine explodierte) entdeckt wurden. Und doch wurde die Rode Jeugd eher bekannt durch das (dubiose) Auftreten der Obrigkeit und die Panikreaktion der Presse als durch eigene Gewaltakte. So versuchte der Geheimdienst (Binnenlandse Veiligheidsdienst, BVD) einen V-Mann (der sich später als doppelter V-Mann erwies!) in die Rode Jeugd einzuschleusen, und die Polizei verhaftete Mitglieder der Gruppe unter dem Verdacht der Bombenherstellung und Gewaltanwendung, was am Ende nur selten bewiesen werden konnte.

Die Rode Jeugd war ein dankbares Objekt, dem man schnell die

Verantwortung für Gewalttakte zuschieben konnte. In Wirklichkeit jedoch war die Rode Jeugd weit aktiver bei der Propagierung von Gewalt als bei deren Anwendung. 1974 löste sich die Rode Jeugd selbst auf, aber die ehemaligen Mitglieder hatten auch weiterhin, z. B. bei einem mißglückten Bombenanschlag im Jahre 1976 und bei Aktionen der Molukker 1977, eine Sündenbockfunktion.

3.5 Provo, Studentenbewegung, Socialistische Jeugd: Unterschiede und Gemeinsamkeiten[77]

Die wichtigsten Bewegungen aus den sechziger und siebziger Jahren, die Vorhutfunktion hatten, sind bisher getrennt vorgestellt worden, aber es wurden wiederholt Querverbindungen gelegt, weil sie einen gemeinsamen Hintergrund hatten und in wichtigen Aktionen zusammen operierten, ohne daß die Gegensätze gänzlich verwischt worden wären.

Der gemeinsame Ausgangspunkt der Jugendbewegungen zu Beginn der sechziger Jahre ist ein allgemeines Unbehagen an der gesellschaftlichen Entwicklung, eine allgemeine moralische Entrüstung, die sich in der Ostermarschbewegung (ban-de-bombeweging) niederschlug, aus der sowohl die Socialistische Jeugd als auch Teile der Provobewegung hervorgingen. Die SJ war vor allem in ihrer Anfangsphase strikt organisiert, es gab eine formelle Mitgliedschaft und ein eigenes Programm. Sie war sozialistisch inspiriert, aber orientierte sich weiterhin in der Praxis stark an der sozialdemokratischen Partij van de Arbeid, was ihr einen recht reformistischen Charakter verlieh. Was Organisation und Ideologie betrifft, war die SJ der Studentenbewegung, die hier im großen und ganzen zusammenfällt mit der Studentengewerkschaft (SVB), näher als der Provobewegung. Auch die SVB hatte eine ausgeprägte Organisationsstruktur, es gab formelle Mitgliedschaft, und dahinter stand eine sozialistische, an der P.v.d.A. orientierte Ideologie.

Die Provobewegung dagegen war eher anarchistisch, hatte Verbindungen zur Subkultur und besaß – angesichts ihrer antiautoritären Haltung – per definitionem – fast keine Organisation. Sie kannte keine formale Mitgliedschaft und zählte bei Aktivitäten und Happenings auf die Unterstützung einer losen Anhängerschaft. Diese Anhängerschaft nahm dadurch sehr schnell zu, nach einiger Zeit jedoch, durch den Mangel an Organisation und die Divergenz, die schnell internen Konflikten Vorschub leistete, ebenso schnell wieder ab. Die wiederholten Konfrontationen mit der Polizei machten es der Provobewegung leicht, ihren antiautoritären Charakter zu unterstreichen.

In dem Maße, in dem die Bewegungen sich in ihrer Organisationsform unterschieden, setzten sie sich auch – u. a. um ihre Identität zu entwickeln und zu betonen – voneinander ab und radikalisierten sich. Die SVB und die SJ kritisierten die Provobewegung als apolitisch und anarchistisch. Die Provos dagegen verabscheuten in gewisser Weise die dogmatischen und humorlosen SVBer und SJler. Bei wichtigen Aktivitäten, wie der Hochzeit von Claus und Beatrix oder Vietnamdemonstrationen, ließ sich jedoch eine Basis für die Zusammenarbeit herstellen. Die Provobewegung zerfiel – ebenso wie der Oranje Vrijstaat, der auf einer ähnlichen Basis funktionierte – wegen ihrer mangelhaften Organisation sehr schnell; die SJ und die Studentenbewegung blieben dank ihrer strafferen Struktur und deutlicheren Ideologie länger bestehen. Beim Auseinanderfallen der verschiedenen Bewegungen zeigte sich, daß die Unterschiede gewöhnlich nicht unüberwindbar waren. So stellten Ex-Provos eine neue Inspirationsquelle für die Studentenbewegung und die SJ dar. Beim Auseinanderfallen der SJ im Jahre 1972 suchte ein Teil der SJ-Anhängerschaft den Kontakt mit den Basisgruppen, an denen auch die Studentenbewegung teilweise mitarbeitete.

Die Radikalisierung hauptsächlich der SJ und der Studentenbewegung (und ihrer Mitglieder) stellt sich nicht als fortschreitende Bewegung dar, sondern war nur von kurzer Dauer. Im Gegensatz zu Deutschland und Italien isolierten sich die Mitglieder im Laufe der Zeit nicht immer weiter, sondern integrierten sich im Gegenteil wieder in das etablierte politische Spektrum, wo sie im linken Flügel aktiv wurden. Dementsprechend finden sich alte Aktivisten in den linken politischen Parteien, als Lehrer an Gymnasien, an den Universitäten und sogar bei der Truppenbetreuung.[78] Der niederländischen Gesellschaft mit ihrer Tradition der Zusammenarbeit aus den versäulten Strukturen heraus ist es gelungen, auch radikaleren Strömungen innerhalb des offiziellen Gefüges einen Platz zu geben.

Am bedeutendsten waren die Aktionsgruppen Ende der sechziger und Anfang der siebziger Jahre. Damals war die Demokratisierungsbewegung auf ihrem Höhepunkt. Danach nahm der Ruf nach Mitbestimmung ab, was sich am deutlichsten an den Universitäten zeigte, wo der Wunsch nach Demokratisierung am lautesten geäußert worden war und wo man sich seit Anfang der siebziger Jahre recht widerstandslos den Vorschlägen der offiziellen Beratungs- und Beschlußorgane fügt. Daß die Aktions- und Pressure-Gruppen danach an Bedeutung verloren haben, ist auf die Institutionalisierung dieser Gruppen innerhalb der festgefügten Kanäle zurückzuführen sowie auf die Gewöhnung der Bevölkerung an Aktionen und die verminderte Beachtung, die sie bei den Medien finden (Erreichen des Sättigungsgrads). Außerdem spielt wahrscheinlich auch das subjektive Gefühl und die Erfahrung, daß der Effekt des eigenen Engagements in Aktionsgruppen nur gering ist, eine Rolle dabei. An der Aktionsfront entsteht eine beachtliche ruhige Periode. Die Menschen kümmern sich anscheinend mehr um sich selbst und ihre unmittelbare Umgebung. Nur die Bewegung der Hausbesetzer bleibt aktiv. Ende der siebziger Jahre, die oft die »Ich-Periode« genannt werden, macht diese Bewegung jedoch immer deutlicher von sich reden, was nicht zuletzt auch durch die Reaktion der Obrigkeit gefördert wird. Jetzt werden andere Protestbewegungen, z. B. gegen Atomkraftwerke und Atombewaffung, wieder stärker. Verglichen mit den Protestbewegungen der sechziger Jahre tragen diese neuen Bewegungen, selbst für niederländische Verhältnisse, weniger ideologischen Charakter. Der Ruf nach Mitspracherecht und Mitbestimmung ist dem Ruf nach einem eigenen Dach über dem Kopf gewichen. Zweifellos hängt das mit der sich verschlechternden ökonomischen Lage und der steigenden Arbeitslosigkeit zusammen.

4. Die Bewegung der Hausbesetzer

Obwohl durch die Verwüstungen des Zweiten Weltkriegs eine allgemeine Wohnungsnot entstanden war, gab es andererseits auch zahlreiche leerstehende Häuser. Wohnungssuchende drohten, in diese Häuser einzuziehen, und taten es teilweise auch wirklich. Das war ein wesentlicher Grund für die Einführung des Wohnraumgesetzes von 1947, aufgrund dessen es möglich war, leerstehende Häuser zu beschlagnahmen, um sie Wohnungssuchenden zuzuteilen.[79] Gleichzeitig wurde das Wiederaufbaugesetz verabschiedet, das den Abbruch der alten Bebauung im Zentrum der Stadt möglich machen sollte, um hier Geschäftshäuser errichten zu können. Den Bewohnern, die aus diesem Grund weichen mußten, wies man häufig Wohnraum in Stadtgebieten an, die ebenfalls saniert werden sollten. Diese Maßnahmen genügten keineswegs, um das Problem der Wohnungsnot, weder in Amsterdam noch anderswo, zu lösen. Es kann also nicht überraschen, daß die Gruppen, die die Wohnungspolitik kritisiert hatten, also Ex-Provos, Vertreter der Studentenbewegung, Anhänger der Kabouter, in dem Augenblick, als die allgemeine Protestbewegung abflaute und man sich auf konkrete Mißstände zu konzentrieren begann, zum Besetzen von Häusern übergingen. Häuserbesetzungen entwickelten sich in den siebziger Jahren zu einer selbständigen Bewegung, die auch mehr und mehr einen politischen Charakter annahm: Eine Hausbesetzung war nicht nur eine Maßnahme zur Bekämpfung der eigenen Wohnungsnot, sondern lenkte gleichzeitig die Aufmerksamkeit auf die allgemeine Wohnungsnot in einer Zeit, wo die Politiker glaubten, dieses Problem sei gelöst. Die Politisierung löste eine heftige Diskussion innerhalb der Bewegung der Hausbesetzer aus; auf der einen Seite stand die Gruppe derjenigen, die für eine Zusammenarbeit mit den (lokalen) Behörden eintraten, um von innen heraus die Bildung alternativer Wohnungsämter zu betreiben, auf der anderen eine radikalere Gruppe, die nicht das geringste Vertrauen in die Behörden hatte und die Meinung vertrat, daß man unabhängig von den Behörden über direkte Aktionen die Sache selbst in die Hand nehmen müsse. Diese zweite Gruppe hat in der Bewegung der Hausbesetzer deutlich das Übergewicht bekommen. Die offiziellen Instanzen haben nicht ausnahmslos gegen die Hausbesetzer entschieden: Der Hoge Raad, der Oberste Gerichtshof der Niederlande, beschloß 1971, daß das Betreten von Wohnungen und Räumen, die außer Benutzung sind, keine strafbare Handlung ist und schon gar kein Hausfriedensbruch. Wird eine Wohnung einmal bewohnt, dann haben die Bewohner Recht auf Hausfrieden, auch wenn kein Mietvertrag besteht. Das bedeutete, daß der Besitzer eines leerstehenden Gebäudes nicht mehr die Polizei zu Hilfe rufen konnte gegen Hausbesetzer, die in sein Haus eingezogen waren. Allein zivilrechtlich konnte der Hausbesitzer gegen die Besetzer vorgehen, aber um eine Vorladung zu erreichen, mußten erst die Namen der Besetzer bekannt sein. In dieser Sache kam allerdings der Hoge Raad den

Eigentümern entgegen, indem er 1978 bestimmte, daß es von nun an genüge, den Namen eines der Besetzer zu kennen, um auch die anderen hinauswerfen zu können.[80]

Die Bewegung der Hausbesetzer war nicht auf Amsterdam beschränkt. Sie ist im Gegenteil – viel mehr als die Provo- und Kabouterbewegung – überall in den Niederlanden zu finden. Auch in Provinzstädten werden Häuser, wenn auch nicht immer so organisiert wie in Amsterdam, besetzt und diese Häuser unter großem Aufwand an Gewalt geräumt.

4.1 Die Unruhen um den Amsterdamer Nieuwmarkt[81]

Mitte der siebziger Jahre erregte vor allem die Besetzung von Wohnungen und Häusern in der Gegend des Amsterdamer Nieuwmarkt Aufsehen. Dort mußten im Zusammenhang mit dem Bau der U-Bahn, einem wichtigen Prestigeobjekt für die Gemeinde Amsterdam, Häuser abgerissen werden. Die Besetzungen waren Teil eines breiter angelegten, sich über einige Jahre hinziehenden Kampfes, der – neben anderen, z. B. finanziellen Faktoren – mit dazu beigetragen hat, daß der U-Bahn-Bau einige Jahre blockiert war und die Gemeinde schließlich von dem ursprünglichen Plan, ein U-Bahnnetz durch die ganze Stadt zu ziehen, Abstand nahm.

An den Aktionen waren sowohl ursprüngliche Bewohner als auch Studenten und andere Jugendliche beteiligt, die sich erst kurz zuvor, nachdem ein Teil der Bewohner schon weggezogen war, in der Gegend angesiedelt hatten. Der Widerstand äußerte sich darin, daß Gebäude besetzt, Mauern mit Parolen beschrieben (gelegentlich), Drohungen geäußert wurden und man sich weigerte, Häuser zu verlassen, die im Zusammenhang mit der U-Bahnlinie abgerissen werden mußten. »Dazu muß man allerdings sagen, daß diese Formen der Gewalt immer eine direkte Reaktion darstellten auf die rücksichtslose Machtausübung von seiten der Behörden«, so der Rechtsanwalt Willem van Beusekom. In einem offenen Brief der Aktionsgruppe Nieuwmarkt an den Gemeinderat steht: »Wir erklären nachdrücklich, daß wir nicht auf Gewaltanwendung aus sind. Aber wir werden uns weiterhin gegen alle Versuche wehren, Ihren zusammengemauschelten Beschluß in die Tat umzusetzen.« Auf parlamentarischer Ebene, im Gemeinderat, hatte sich eine Opposition gebildet, die sich für die Zurücknahme, Abänderung,

Hinauszögerung der U-Bahnpläne einsetzte. Mit welchen Mitteln versuchte die Gemeindebehörde, den Widerstand in den Griff zu bekommen und zu brechen? Im Gemeinderat geschah das, indem man eine Reihe von Kompromissen schloß. Den Widerstand in der Nieuwmarktgegend wollte man vermindern, indem man den Auszug aus den Häusern, die niedergerissen werden sollten, durch Schaffung von Ersatzwohnraum und Umzugskostenvergütung, durch Information, Beratung und Einschaltung der Aktionsgruppen zu erleichtern suchte. Der Gemeinderat war mit den vorgeschlagenen Kompromissen einverstanden, die Aktionsgruppen leisteten weiterhin Widerstand, wobei sie sich auf die Weigerung konzentrierten, die zum Abbruch bestimmten Häuser zu räumen. Sie fochten weiter die Legitimität der behördlichen Beschlüsse an, indem sie u. a. auch auf die servile Haltung der Gemeinde gegenüber dem Kapital hinwiesen.

Die Amsterdamer Polizei bereitete sich darauf vor, zur Klärung der Situation Gewalt anzuwenden, und sie führte ein groß angelegtes Trainingsprogramm zur Vorbereitung auf die kommenden Ereignisse durch. Die geplanten Räumungen waren allerdings riskant sowohl für die Legitimität der städtischen Obrigkeit als auch für den Ruf der Polizei. Die Stadtverwaltung versuchte deshalb, ihre Legitimität zu vergrößern, indem sie die Demonstranten marginalisierte: Sie seien Feinde, Gegner der demokratischen Gesellschaftsordnung, Gewalttätige und Saboteure, nicht Nieuwmarktbewohner, sondern von irgendwoher zugezogene Elemente, die nur auf Krawalle aus seien...[82] Die Polizei wiederum präsentierte sich als ausschließlich ausführendes Organ und versuchte, bei ihren Vorbereitungen und im Einsatz, so wenig Gewalt wie möglich anzuwenden. Sie definierte sich als Helfer des Gerichtsvollziehers, nicht als Gegner der Aktionsgruppen. Die Räumungen, die Anfang März stattfinden sollten, wurden verschoben, weil die Aktionsgruppen zu Verhandlungen bereit waren. Man traf sich jedoch nur ein einziges Mal.

Das Verhältnis zwischen Nieuwmarktbewohnern und Gemeindeverwaltung verschärfte sich beträchtlich, als der Magistrat die Verantwortung für einen (mißglückten) Bombenanschlag auf eine schon fertige U-Bahnstation in einem anderen Teil der Stadt den »anti-demokratischen Kräften« im Nieuwmarktbezirk zurechnete. Es stellte sich jedoch heraus, daß in Wirklichkeit die ultrarechte Partei »Binding Rechts« für den Anschlag verantwortlich war. Am Montag, dem 24. März, fand die (teilweise) Räumung statt, wobei die Polizei Wasserwerfer und Tränengas einsetzte. Die Polizei selbst erklärte, keine Gewalt dabei angewandt zu haben. Mit der Räumung der Häuser war jedoch der Einsatz nicht beendet, denn der Widerstand ging auf den Straßen verstärkt weiter. Die Polizei beantwortete den starken Druck auf den um die Gegend gelegten Polizeikordon mit Drohbewegungen und Ausfällen. Demonstranten und Polizisten lieferten sich harte Gefechte. Die sogenannten Mobilen Einheiten (Spezialeinheiten der Polizei, die zum Niederschlagen von Krawallen eingesetzt werden) machten schließlich den Auseinandersetzungen ein gewaltsames Ende. Viele Demonstranten erstatteten gegen die Polizei Anzeige. Einige Wochen später, in der zweiten Räumungsphase, wurde mehr Polizei eingesetzt, was von den Besetzern als Provokation und Gewaltanwendung verstanden wurde. Die Polizei hielt sich gegenüber den Demonstranten auf der Straße nicht mehr zurück. Nach der Aufforderung, sich zu entfernen, griff sie sofort ein. Dabei kamen Schlagstock, Tränengas und Wasserwerfer zum Einsatz. »Die politische Gewalt jedoch«, sagte die Aktionsgruppe, »die die Menschen aus ihren Häusern vertrieb, so daß sie weit außerhalb der Stadt wohnen müssen, ist viel schlimmer als die Polizeigewalt.«

4.2 Die Hausbesetzungen der späten siebziger Jahre

Im Kampf um die Gegend am Nieuwmarkt entwickelten sich auf der Seite der Demonstranten die Prinzipien, die für die Hausbesetzerbewegung noch immer gelten: Das Mißtrauen gegen Parteipolitik sitzt sehr tief, aber man pflegt informelle Kontakte zu anderen Nachbarschafts- und Stadtteilgruppen, baut eine eigene Organisation mit Warnsystemen, gegenseitiger finanzieller Hilfe und eigenen Presseorganen auf Stadtteilebene auf, wobei die eigenen Aktionen immer mit dem allgemeinen Kampf gegen die Wohnungsnot in Zusammenhang stehen müssen.[83]

Nach 1975 richteten die Hausbesetzer, in Amsterdam wie auch anderswo, ihr Augenmerk auf Einzelgebäude. Als Reaktion darauf brachte die Regierung im Parlament das sogenannte »antikraak-Gesetz« (Gesetz gegen Hausbesetzungen) ein. Danach soll derjenige, der eine Wohnung oder geschlossene Räumlichkeit widerrechtlich benutzt und sie nach Aufforderung des Interessenten nicht räumt, strafbar sein. Dieses Gesetz wurde 1976 in der Zweiten Kammer angenommen, danach jedoch auf Eis gelegt; einige Sozialdemokraten hatten nämlich als Ergänzung einen Gesetzentwurf vorgelegt, der das Leerstehenlassen von Wohnungen verbieten soll (Leegstandswet). Dieses Gesetz, das inzwischen mit den wichtigsten Artikeln des anti-kraak-Gesetzes verschmolzen wurde, ist mittlerweile in der Zweiten Kammer angenommen worden, hat jedoch die Erste Kammer (den Senat) noch nicht passiert. 1978 war nicht nur das Jahr, in dem das anti-kraak-Gesetz (vorläufig) abgewehrt worden war, sondern gleichzeitig auch das Jahr, in dem die Ereignisse im Zusammenhang mit den Hausbesetzungen einen aggressiveren Charakter annahmen. In Amsterdam florierten von Hausbesitzern zur Räumung von besetzten Häusern ins Leben gerufene Schläger- und Abreißkommandos. Die Eigentümer hatten entdeckt, daß diese Methode oft viel effektiver war, als auf dem Rechtsweg eine Räumung zu erreichen.

1979 entschied das Gericht, daß der »Groote Keijzer«, ein Komplex besetzter Gebäude an der Keizergracht in Amsterdam, geräumt werden müsse. Die Besetzer leisteten der Aufforderung nicht Folge und gingen, angesichts der bevorstehenden Räumung durch die Polizei, dazu über, Gebäude und Straßen zu verbarrikadieren. Der Bürgermeister, als Polizeichef verantwortlich für die öffentliche Ordnung, beschloß, die Räumung wegen des zu großen Risikos für Polizei wie Besetzer zu verschieben. Nach langen Verhandlungen mit dem Eigentümer und den Besetzern kaufte die Gemeinde schließlich die Gebäude auf, und die Besetzer durften teilweise wohnenbleiben. Trotz diesem happy end hatte sich das Klima um die Hausbesetzungen in Amsterdam weiterhin verschlechtert, nicht zuletzt deshalb, weil die Polizei ständig mit massiver Gewalt drohte und sie manchmal auch einsetzte.

1980 war das Jahr einiger aufsehenerregender Hausbesetzungen und nicht weniger aufsehenerregender Räumungen. Im Zentrum von Amsterdam wurden verschiedene große und luxuriöse Wohn- und Geschäftshäuser besetzt, aber im Gegensatz zum »Groote Keijzer« ging man hier sehr schnell mit Hilfe richterlicher Beschlüsse zur Räumung über. Zwar gab es auch in diesen Fällen eine Phase der Verhandlungen mit den Behörden, aber sie brachte keine befriedigenden Ergebnisse für die Besetzer, weil die Räumung eigentlich von vornherein schon feststand. Der einzige Vorteil für die Besetzer war der, daß durch diese Verhandlungs- und

Unterredungsphase das Thema Wohnungsnot erneut und länger im öffentlichen Blickpunkt stand. Den Behörden, d. h. dem Bürgermeister, diente das Scheitern der Verhandlungen dann stets als zusätzliche Legitimation der Räumung unter Einsatz von Polizei sowie Panzern und Wasserwerfern. Typisch für diese Ereignisse war, daß sie nicht auf die Gebäude selbst beschränkt blieben; häufig hatten sich die Hausbesetzer, denen sich »krawallsüchtige Jugendliche« – wie sie inzwischen gern genannt werden – angeschlossen hatten, auch in den Straßen verbarrikadiert. Die Hausbesetzungen, oder besser die Räumungen, entwickelten sich zu öffentlichen Ereignissen mit krawallartigem Charakter, gegen die ein großes Polizeiaufgebot eingesetzt wurde. Manchmal genügte die bloße Drohgebärde mit dem Übergewicht an Gewaltmitteln, um freie Bahn zu schaffen, aber einige Male fanden regelrechte Gefechte mit der Polizei statt, wobei es Verwundete auf beiden Seiten gab. Und das Jahr 1980 brachte schließlich auch die Krönung der neuen Königin Beatrix.

4.3 Geen woning geen kroning[84]

Amsterdam, das ist aus dem Vorhergehenden sehr deutlich geworden, ist keinesfalls die friedlichste Stadt des Landes. Die Ankündigung, daß die Krönung am 30. April (dem Geburtstag der alten Königin Juliana, stets als Feiertag begangen, während der 1. Mai ein normaler Arbeitstag ist) in der Hauptstadt stattfinden und viele Millionen Gulden kosten solle, versetzte die Gemüter der Wohnungssuchenden und Hausbesetzer, die schon durch die regelmäßigen Konfrontationen der vorangegangenen Monate mit den Behörden und der Polizei erhitzt waren, erneut in Aufruhr. Hausbesetzergruppen riefen den Krönungstag zum nationalen »Tag der Hausbesetzungen« aus. Außer der Besetzung von Häusern kündigte man Demonstrationen an unter dem Motto, das überall in der Stadt angeklebt und hingepinselt wurde: geen woning geen kroning (keine Wohnung, keine Krönung). Wegen der voraussichtlichen Krawalle hatte der Innenminister Unruhestiftern (für die man den alten Tatbestand »Aufwiegelei« wiederbelebt hatte) mit harten Maßregeln gedroht. Man traf sorgfältige Sicherheitsmaßnahmen: Schon Tage zuvor kreisten Hubschrauber über der Stadt, am 30. April wurde die Innenstadt abgesperrt, an die Bewohner wurden Anliegerpässe ausgegeben. Der *Telegraaf*, die größte Tageszeitung der Niederlande, sprach im Zusammenhang mit diesen Sicherheitsmaßnahmen und dem großen Aufmarsch von Ordnungshütern von der »gepanzerten Krönung«.

Am Morgen des 30. April wurde in Amsterdam ein Haus besetzt und die davor liegende Kreuzung von den Besetzern für jeglichen Verkehr gesperrt. Kaum war das geschehen, trat die Mobile Einheit in Aktion, griff einige Male an und räumte die Kreuzung. Eine Stunde später war in der Gegend wieder Ruhe eingekehrt, und die Bewohner konnten die Krönung feiern. Kurz darauf kam es jedoch im Zentrum, wo die »Autonomen« (eine Gruppierung, die sich weder vor- noch nachher deutlicher profiliert hat, aber sich wohl an den italienischen autonomi oder den französischen autonomes orientiert) zu einer Demonstration aufgerufen hatten, der einige Tausend Menschen gefolgt waren, zu Auseinandersetzungen. Ihre Versuche, bis zum Dam durchzudringen, wo die Krönung stattfand, gelangen nicht, weil sich ihnen die Mobile Einheit entgegenstellte. Jugendliche aus dem Publikum, in Ledermänteln und Helmen, mit Stöcken bewaffnet, mischten sich unter die Demonstranten und begannen, die Polizei zu provozieren. Schnell waren heftige Gefechte im Gang, in deren Verlauf es sowohl bei der Polizei als auch bei den Demonstranten und den »krawallustigen Jugendlichen« viele Verwundete gab. Der Polizei lag vor allem daran, die Demonstranten gemäß ihren Instruktionen von den Krönungsfeierlichkeiten fernzuhalten. Sie versuchte, die Menge mit Hilfe von Wasserwerfern und Tränengas zu zerstreuen. Auch berittene Polizei wurde eingesetzt. Trotzdem gelang es einer Gruppe hauptsächlich Jugendlicher, die Absperrungen zu durchbrechen; sie steckten Autos in Brand, warfen mit Steinen, zertrümmerten Schaufenster und plünderten. Die Krawalle breiteten sich allmählich über die gesamte Innenstadt aus, wo es bis Mitternacht sehr unruhig blieb und regelmäßig Zusammenstöße mit der Polizei stattfanden. »Man hat es mit einem gänzlich anderen Gegner zu tun als z. B. bei den Maagdenhuiskrawallen (1968), den Nieuwmarktkrawallen (1975) oder den Bauarbeiterkrawallen (1966), die auch recht hart waren, aber nicht mit den heutigen zu vergleichen sind. Die Zeit, in der man ›Bullen ärgerte‹, ist für immer vorbei. Jetzt hat man es mit einem äußerst motivierten, knallharten Gegner zu tun, der eine rücksichtslose Grausamkeit entfaltet.« (So W. Berndson im *Allgemeen Politieblad* vom 21. Juni 1980.)

Die Interpretationen und Beurteilungen dieser Ereignisse vom 30. April sind nicht eindeutig. Abhängig vom politischen Standpunkt und der ideologischen Gesinnung gab man in den Tages- und Wochenzeitungen die Schuld entweder den Hausbesetzern, die schließlich landesweit zum Tag der Hausbesetzungen und zu Demonstrationen aufgerufen hatten, oder jenen Jugendlichen, die – ohne die geringste politische Zielvorstellung – anscheinend nur auf Krawalle erpicht waren, oder auch den Massenmedien, die die Stimmung vorbereitet hatten, oder man betrachtete als zumindest eine Ursache die übertriebenen Sicherheitsmaßnahmen und das Vorgehen der Polizei, die provozierende und eskalierende Wirkung hatten.[85] Die Debatten im Gemeinderat und in der Zweiten Kammer, die bald darauf folgten, aber auch die sofortige Reaktion von vielen Wissenschaftlern trugen nur zur verwirrenden Vielfalt von adhoc-Erklärungen bei. Die Regierung stellte eine Million Gulden zur Erforschung der »wirklichen« Hintergründe und Ursachen der Unruhen bereit.

5. Zum Verhalten der Polizei

Das Verhalten der Polizei wurde bisher nur im Zusammenhang mit der Provobewegung, den Studentenunruhen, dem Bau der U-Bahn am Nieuwmarkt, den Hausbesetzungen sowie der Hochzeit (1966) und der Krönung (1980) von Beatrix beschrieben. Es soll nunmehr etwas allgemeiner in seiner Entwicklung betrachtet werden.

Obrigkeiten setzen Gewalt ein und haben dazu das Monopol. Diese Feststellung gilt jedoch nicht für jegliche Obrigkeit im gleichen Maße. Es gibt Regime, die weniger Gewalt gebrauchen als andere. Die Anwendung von Gewalt kann sich auch mit der Zeit verändern.[86] In Zeiten sozialer Unruhe wird mehr Gewalt von seiten der Obrigkeit angewandt als in Zeiten geringen Protestes und Widerstandes. Gewöhnlich ist die Polizei die Instanz, die von der Obrigkeit mit der Ausübung der Gewalt betraut wird. Sie darf im Namen der Obrigkeit Gewalt einsetzen. In den Niederlanden geschah das bis in die Mitte der sechziger Jahre auf ziemlich autonome Weise, d.h., die Polizeiführung beschloß selber, wann sie mit Schlagstock, Gummiknüppeln oder Pistole auftreten würde. Gab es Krawalle, schritt die Polizei dagegen ein, ohne daß vorher die Gemeinde- oder Landesbehörde eingeschaltet wurde. Die Anwendung von Gewalt war eine Standardreaktion, die bei sehr unterschiedlichen Herausforderungen angewandt wurde.[87] Die Herausforderungen konnten sowohl konkrete Verstöße gegen die Gesetze sein als auch Verhalten, das – ohne strafbar zu sein – als Herausforderung aufgefaßt wurde (Johlen, Pfeifen, Schreien). Die Polizei begann mit Warnungen und trieb, wenn das nichts half, die Menge unter Androhung oder Anwendung von Gewalt auseinander. Dieses Muster eskalierte, wenn die Situation als bedrohlich, insbesondere für die Polizei bedrohlich, empfunden wurde. Man sprach von einer Art stimulus-response-Situation. »Damals wurde nicht so viel geredet. Wer nicht wegging, konnte einen Hieb abkriegen.«[88] Die Polizeigewalt wurde als apolitisch definiert und ihre Legitimität selten angezweifelt. Die Polizei kümmerte sich nicht um die Hintergründe – etwa politischer Art – von Widerstandsbewegungen; ihre Aufgabe bezog sich auf die konkrete Herausforderung, auf die sie prompt reagierte.

In den sechziger Jahren veränderte sich diese Haltung, z. T. auch deshalb, weil der Protest (z. B. der Provobewegung und der Sozialistischen Jugend) viel stärker politisch ausgerichtet war. Die Provokationen prangerten sowohl die Politik der Behörden als auch das Verhalten der Polizei selbst an. Auch die Obrigkeit bemerkte, daß Gewalttaten nicht mehr länger apolitisch waren. Dadurch wurde der Einsatz von Polizeigewalt gegen Demonstranten zu einer politischen Frage, und die Diskussionen darüber beschäftigten nicht nur die zunächst betroffenen Bürgermeister und Gemeinderäte, sondern bald auch und immer wieder Regierung und Parlament (Debatten in der Zweiten Kammer). Der Polizeieinsatz verlor seinen Automatismus, den stimulus-response-Charakter. Vor dem Einsatz polizeilicher Gewalt begann man sich zu fragen, inwieweit sie effektiv sein würde, inwieweit Gewalt das beste Mittel zur Erreichung des angegebenen Ziels sein könnte. So bekam der Polizeieinsatz durch die Variation der Mittel und Ziele eine gewisse Flexibilität. Diese Wende im Verhalten der Polizei, die 1966 einsetzte, ist sicherlich einer der Gründe für die relative Ruhe, die danach (für eine Weile) eintrat.

Die Flexibilität beim Einsatz von polizeilicher Gewalt bleibt auch typisch für die späteren Aktionen, wie die am Nieuwmarkt und bei der Räumung besetzter Häuser. Es wurden sogar neue Aspekte, wie eine Verhandlungsphase und die Androhung der überlegenen Gewalt, eingebaut. Bei den Ereignissen am Nieuwmarkt suchten die Gemeindebehörden den Kontakt mit den Aktionsgruppen, um sie durch das Angebot von Ersatzwohnraum und Umzugskostenvergütung dazu zu bewegen, die zum Abriß bestimmten Häuser zu verlassen. Auch 1980 verhandelte man mit den Hausbesetzern über eine freiwillige Räumung der Häuser.

Hausbesetzer und Aktionsgruppen verwenden allerdings statt Verhandlung lieber den Begriff Scheinverhandlung, weil die Behörden meist von dem von vornherein feststehenden Ziel, der Räumung, nicht abweichen wollen oder (soweit Gerichtsbeschlüsse vorliegen) nicht abweichen können. Zudem sehen sie hinter ihren Verhandlungspartnern doch immer die zum Zuschlagen bereite Polizei.[89] Denn zwar ist die Polizei dazu übergegangen, Gewalt zurückhaltender und abgewogener einzusetzen, aber gleichzeitig wurde das Gewaltpotential sowohl quantitativ als auch qualitativ vergrößert[90]; es wurde ein nationales Team zur Terrorbekämpfung geschaffen, das sich aus einer Gruppe von Polizisten zusammensetzt, die sich ausschließlich mit der Aufspürung terroristischer Verbrechen befaßt (auch wenn diese Formen von Gewalt – wie wir gesehen haben – in den Niederlanden wenig vorkommen; außer den Aktionen der Molukker einige Bombenanschläge auf Anlagen der Gas-Union, auf eine Raffinerie, einige Anschläge, die auf das Konto der Rode Jeugd zu gehen scheinen, einige Feuergefechte zwischen Mitgliedern der RAF und Polizeibeamten). Außerdem wurde eine Brigade der Koninklijke Marechaussee (der kasernierten Militärpolizei) für spezielle Sicherheitsaufträge geschaffen. In der Reichspolizei und in den Polizeicorps großer Gemeinden wurden – nach den als bedrohlich empfundenen Ereignissen mit der RAF 1977 – spezielle »Greifkommandos« gebildet. Auch die Mobile Einheit, die Polizeiabteilung, die am ehesten zum Einsatz bereit ist und die auch tatsächlich bei Krawallen, Demonstrationen, Aktionen, Räumungen und dergleichen eingesetzt wird, hat durch die Anschaffung von gepanzerten Fahrzeugen und kugelsicheren Westen ihre Ausrüstung verbessert. Ein Teil dieser Maßnahmen wurde auch durch die Geiselnahmen der Südmolukker veranlaßt.

Wenn die Beratung mit Aktionsgruppen ergebnislos bleibt, wenn »Krawallmacher« nicht die Flucht ergreifen, wenn Hausbesetzer besetzte Häuser nach einem Gespräch nicht räumen, werden die Panzerwagen und Wasserwerfer, die bereit stehen, eingesetzt. Der

Einsatz polizeilicher Gewalt wird – jedenfalls, wenn sich die Ereignisse, wie bei der Räumung besetzter Häuser, deutlich vorher- und übersehen lassen – möglichst lange hinausgezögert. Wird die Polizei jedoch eingesetzt, dann ist die ausgeübte Gewalt viel stärker als früher und – aufgrund des eingesetzten Materials, z. B. Panzerwagen – buchstäblich schwer aufzuhalten.

6. Nochmals: Warum gibt es in den Niederlanden keinen sozialrevolutionären Terrorismus?

Wie kommt es, daß es in Ländern wie Italien und Deutschland sozialrevolutionären Terrorismus gibt, während er in den Niederlanden ausblieb und der Protest sich auf relativ friedliche Bewegungen beschränkte? Erklärungen für diesen friedlichen Verlauf müssen natürlich komplex und vielseitig sein. Eine einzige richtige Erklärung ist unmöglich, aber es ist möglich, einzelne Faktoren anzugeben, die Einsicht bieten und Erklärungen akzeptabel machen.

Sowohl innenpolitisch als auch in ihrem Verhältnis zu anderen Ländern zeichnen sich die Niederlande durch ihren friedlichen Charakter aus. Im Vergleich zu anderen westeuropäischen Ländern gab es in der niederländischen Geschichte wenig (politische) Gewalt. Man war kaum an Kriegen beteiligt, es gab keine blutigen Revolutionen und Staatsstreiche, keine politischen Morde, keine massenhaften Volksaufstände.[92] Die Niederlande haben keine Gewalttradition. Auch jetzt stehen große Teile der niederländischen Bevölkerung z. B. der Frage der Atombewaffnung sehr kritisch gegenüber. Sie werden dabei unterstützt von verschiedenen politischen Parteien und anderen offiziellen Instanzen, nicht zuletzt auch von den Kirchen. Im Ausland wurde diese kritische Haltung unter dem Namen »Hollanditis« bekannt.

Ein Kennzeichen der niederländischen Gesellschaft war lange Zeit – und ist zum Teil noch heute – die »Versäulung«: Die Bevölkerung ist in vertikale Blöcke oder Säulen aufgeteilt, zu denen man aufgrund einer bestimmten Religion oder Lebensanschauung gehört. Ein Querschnitt durch die einzelnen Säulen ergibt mehr oder weniger einen Querschnitt durch die niederländische Bevölkerung. Säulen sind also nicht identisch mit sozio-ökonomischen Schichten. Diese Organisation auf religiöser Basis stellte ein ausgezeichnetes Mittel zur Überbrückung oder, besser, Verdeckung sozialer und ökonomischer Widersprüche dar. Katholische Arbeitgeber wie katholische Arbeitnehmer gehörten z. B. derselben Säule an. Gesellschaftliche Widersprüche konnten auf niedrigem Niveau gehalten werden und hatten keine heftigen Auseinandersetzungen zur Folge. Wenn der Konflikt nicht länger verhüllt werden konnte, erwies sich die versäulte Struktur als sehr geeignet, um über Verhandlungen zu Kompromissen zu gelangen. Die Kompromißbereitschaft erhöhte sich auf politischem Gebiet noch durch die Tatsache, daß keine einzige politische Partei die Mehrheit besaß oder besitzt. Man kann nur mit Koalitionen regieren. Die Unterschiedlichkeit und relativ geringe Größe der verschiedenen Parteien erklärt sich aus der Tatsache, daß eine Sperrklausel für das Parlament fehlt. Dieses Fehlen einer Sperrklausel, in dem sich die Pluriformität der niederländischen Gesellschaft einmal mehr äußert, scheint auch attraktiv zu sein für progressive und mehr oder minder radikale Strömungen, die sich (vor Gemeinderats- und Parlamentswahlen) dazu entschließen, eine offizielle Partei zu bilden und in Parlament und Gemeinderat Vertreter zu entsenden. In der Praxis erweist sich das als ausgezeichnetes Mittel, um radikale Strömungen in die offizielle Politik zu integrieren (»einzukapseln« sagt man in Holland) und damit ungefährlich zu machen.

Nicht nur in der Politik gilt das Recht auf proportionale Vertretung, sondern auch auf anderen Gebieten, wie z. B. bei der Verteilung der Sendezeit an politische, religiöse und ethnische Minderheiten oder bei der Vergabe von Subventionen an Schulen und Bildungsinstitutionen verschiedener Glaubensrichtungen. Politische, religiöse, kulturelle Minderheiten haben somit eine größere Partizipationschance als anderswo; und wenn sie auch nicht immer die Entscheidungen auf den verschiedenen Ebenen von Regierung und Verwaltung beeinflussen können, so wird ihnen zumindest Gelegenheit gegeben, ihre Stimme in der Diskussion zur Geltung zu bringen, vor allem auch im Fernsehen (nach Demonstrationen kommen die Vertreter der Demonstranten wie die der Polizei zu Wort) und im Radio. (Ein extremes Beispiel: Vier Monate lang konnten 1981 in einer wöchentlichen aktuellen Sendung die junkie-bonden ihre Meinung sagen – junkie-bonden sind die Interessenvertretungen der Drogenkonsumenten, die sich in allen größeren Städten gebildet haben und die mittlerweile auch von der

Ministerialbürokratie im Haag als Verhandlungspartner akzeptiert werden, wenn es um die Drogenpolitik geht.)

Hierin liegt vielleicht der wichtigste Unterschied zur deutschen Situation, das wichtigste Kennzeichen der niederländischen Gesellschaft, das Abdrängen von Andersdenkenden und -handelnden, Isolierung von Minderheiten und damit Polarisierung und Radikalisierung erschwert.

Die relativ große Toleranz gegenüber Minderheiten und gegenübe Andersdenkenden ist nicht allein auf die »Versäulung« zurückzuführen. Sie könnte auch einen sozialhistorischen Grund haben: Die Niederlande waren seit Jahrhunderten eine seefahrende Nation, die vom Handel abhing. Wollten sie als kleines Land ihre Handelsposition erhalten, waren sie auf eine Politik der Neutralität und Vermittlung angewiesen. Die Entwicklungen in den Niederlanden seit dem Zweiten Weltkrieg muß man vor diesem Hintergrund sehen.

Die angeführten Faktoren charakterisieren die politische Kultur der Niederlande als eine Kultur, die der Eskalation von Konflikten gegensteuert. In diesem Kontext muß man die Protestaktionen und die ihnen folgende Reaktion der Obrigkeit sehen, die ein wichtiges Kriterium der andersartigen Entwicklung in den Niederlanden (im Vergleich zu Deutschland und Italien) darstellt.

Zwar nimmt der Einfluß der »Versäulung« in den sechziger Jahren ab, die versäulte Struktur jedoch blieb in der Politik, in den Medien und im Bildungssektor erhalten. Hatte die »Versäulung« lange Zeit moderne Entwicklungen verhindert, so bot sie jetzt, in den sechziger Jahren, jedenfalls auf ideologischem Terrain zusätzliche Möglichkeiten der Erneuerung: Die verschiedenen Rundfunkstationen z. B. existieren weiterhin, ohne jedoch länger in das Korsett der Religion geschnürt zu sein; sie bieten so Raum für die verschiedensten Standpunkte. Auch hier zeigt sich wieder das für die Niederlande charakteristische Phänomen, daß abweichenden Auffassungen innerhalb des offiziellen Systems eine Chance gegeben wird, wodurch sie gleichzeitig einen Teil ihrer Heftigkeit verlieren.

In den sechziger Jahren erleben die Niederlande die Entstehung von Protestbewegungen, wie u. a. die Provo- und Studentenbewegung, die im Gegensatz zu manchen anderen Ländern (wie Italien z. B.) nicht aus großer materieller Not resultieren. Die Ausgangssituation war beträchtliche materielle Wohlfahrt, verbunden mit einer relativ guten sozialen Absicherung. Ein Teil protestierte gerade dagegen (die Provos gegen die Konsumgesellschaft), einem anderen Teil ging es, jedenfalls am Anfang, um die Absicherung der eigenen materiellen Lage (Studentenbewegung). Der Protest trägt ludiken (Provo) und reformistischen Charakter (Studentenbewegung). Mitglieder wie Sympathisanten von Protestbewegungen stammen meist nicht aus den schlechtestgestellten Gruppen der niederländischen Gesellschaft. In der Provobewegung wie in der Socialistische Jeugd, der Studentenbewegung und der Bewegung der Hausbesetzer finden sich viele Jugendliche aus der Mittelschicht.

In einer späteren Phase gab es eine gewisse Eskalation; das Verhalten der Polizei forderte den schärferen Widerstand der Provos heraus, und die Studentenbewegung beschränkte sich nicht mehr ausschließlich auf die Wahrung der materiellen Interessen, sondern setzte sich für die Verbesserung des Lehrsystems ein und nahm z. B. an Protestaktionen gegen das Verhalten der Amerikaner in Vietnam teil. Doch die Radikalisierung dauerte nur kurze Zeit und war sehr begrenzt, sowohl die Provos als auch Vertreter der Studentenbewegung übernahmen Funktionen in offiziellen Beratungsorganen und politischen Instanzen. Ziemlich früh schon zersplitterte sich die Studentenbewegung, und die Provobewegung fiel mangels einer eigenen Organisationsstruktur auseinander. Die Verbindung zur offiziellen Gesellschaft war noch vorhanden oder wurde erneut hergestellt. Nur kurzfristig sprach man von einer gewissen Isolation. Das galt ebenso für die Socialistische Jeugd, eine Organisation, die sich von Anfang an ziemlich gut organisiert und eine recht deutliche Ideologie entwickelt hatte. Aber das Ziel auch dieser Organisation bestand in einer Veränderung der offiziellen Politik. Außerdem haben die Mitglieder der verschiedenen Protestbewegungen untereinander Kontakt und organisieren gemeinsame Aktionen. Ebenso sind einzelne gleichzeitig bei verschiedenen Bewegungen Mitglied oder wechseln von einer Gruppe zur anderen über.

Die Tatsache, daß man weiterhin sozusagen zum offiziellen Leben gehörte, bildet wahrscheinlich ein wichtiges Moment für die Erklärung des Ausbleibens einer andauernden Isolierung und Eskalation, die in Terrorismus hätte münden können. Die Verbindung mit dem offiziellen politischen Leben wirkt sich auf die Art und Weise aus, in der die Protestbewegungen sich von Anfang an verhalten: Die Legitimität der Obrigkeit und das Gesellschaftssystem als Ganzes werden niemals radikal abgelehnt. Andererseits spielt auch das Verhalten der Obrigkeit eine große Rolle, insofern sie den politischen Charakter der Proteste oft anerkennt. Sie hält den Protestbewegungen stets die Reintegration offen, bietet Mitsprachemöglichkeiten an und versucht, durch Verhandlungen zu Lösungen zu kommen. Außerdem bemüht sich die Obrigkeit auf nationaler Ebene um eine pragmatische Politik, bei der die Kompromisse nicht immer nur zugunsten der Behörden ausfallen. Aus Anlaß der Unruhen von 1966 (Provos, Bauarbeiteraufruhr) setzte die Regierung eine Kommission zur Untersuchung der Hintergründe ein. Der Bericht dieser Kommission trug entscheidend zur Entlassung des Bürgermeisters bei, weil sich erwiesen hatte, daß dieser nicht imstande gewesen war, die öffentliche Ordnung durch de-eskalierende Maßnahmen aufrechtzuerhalten bzw. wiederherzustellen. Schon vorher war der Polizeipräsident wegen seines schlechten Arbeitsverhältnisses zum Bürgermeister entlassen worden.

Auch das Auftreten der Polizei ist – verglichen mit anderen Ländern – relativ maßvoll. Darin kann ein weiterer Grund gesehen werden dafür, daß – wiederum verglichen mit anderen Ländern – in den Niederlanden kaum von einer Eskalation die Rede sein kann. Seit dem Ende der sechziger Jahre werden die Effektivität und die politische Opportunität des Polizeieinsatzes in den meisten Fällen reflektiert. Die Anerkennung des politischen Charakters der Proteste hatte dazu geführt, daß an der Entscheidung über den Polizeieinsatz nicht nur die Bürgermeister, sondern auch die Gemeinderäte, die Minister und manchmal sogar das Parlament beteiligt waren. Dadurch kam es zu einer größeren Flexibilität. Im großen und ganzen trifft das auch auf die siebziger Jahre zu. Allerdings wird nun seitens der Polizei immer stärker mit Gewalteinsatz gedroht. Verschiedene neue Polizeiformationen werden ins Leben gerufen und beim Räumen von Wohnungen sowie bei Straßenunruhen eingesetzt. Nach einigen Jahren relativer Ruhe bringt das Jahr 1980 wieder Auseinandersetzungen, vor allem einige Krawalle im Zusammenhang mit der Räumung besetzter Häuser. Kann man nun von Eskalation sprechen? Sind diese Vorfälle, die in Zeiten ökonomischer Rezession und zunehmender Arbeitslosigkeit stattfinden, Vorboten größerer Gewaltakte? Für niederländische Begriffe kann man sicher von einer Explosion von Gewalt reden. Sowohl auf seiten der an den Protestaktionen Beteiligten als auch auf seiten der Polizei erreicht die Gewalt eine für die Niederlande bisher unbekannte Heftigkeit. Dabei ist jedoch anzumerken, daß in einem Land wie den Niederlanden die Sensibilität gegenüber Gewalt besonders groß ist. Gerade weil man an Gewalt nicht gewöhnt ist, keine gewalttätige Geschichte kennt, ist man sehr empfindlich gegenüber Gewalttätigkeiten.[94] Für die Niederlande waren die Jahre 1976 und 1980 bewegte Jahre, und man war schnell bereit, von Gewalteskalation zu sprechen. Im Vergleich zu den Ereignissen in anderen Ländern werden diese Jahre dennoch nur als kleine Wellen auf einer ansonsten glatten See anzusehen sein.

Anmerkungen

1 J. Goudsblom, *Dutch Society*, New York 1968, S. 15 ff.
2 Ebda., S. 32.
3 C.P. Middendorp, *Ontzuiling, politisering en restauratie in Nederland*, Amsterdam 1979.
4 A. Lijphart, *Verzuiling*, in: *Verkenningen in de politiek* 1971 S. 24 ff.
5 J. Goudsblom 1968: 23.
6 Ausfalltage durch Arbeitskonflikte.

	1965	1970	1976	1977	1978
Arbeitskonflikte	60	99	11	9	9
verlorene Arbeitstage (x 1000)	54,6	262,8	14,0	236,1	2,8
verlorene Arbeitstage auf 100 000 verfügbare Arbeitstage	6	27	2	24	0

Quelle: CBS, *75 jaar statistiek van Nederland*, 1975.

7 J. Goudsblom (1968): 25.
8 Andriessen, Miedema, Oort. *De sociaal-economische besturing van Nederland*, Wolters-Noordhoff 1970, S. 68.
9 A. Lijphart, *Verzuiling, pacificatie en kentering in de Nederlandse politiek 1979*, Amsterdam, S. 23.

10 A. Lijphart (1979): 124.
11 A. Lijphart (1979): 116.
12 A. Lijphart (1979): 121.
13 J. M. G. Thurlings, *De ontzuiling in Nederland, in het bijzonder van het katholicisme*, in: *Sociologische Gids*, 1979, 6, S. 472.
14 J. Goudsblom 1968: 25.
15 G. Kuijpers, *Het politieke spel in Nederland*, 1967, S. 54.
16 H. Daalder, *Politisering en lijdelijkheid in de Nederlandse politiek*, Assen 1974, S. 47.
17 C. P. Middendorp 1979: 62.
18 J. E. Ellemers, *Nederland in de jaren zestig en zeventig*, in: *Sociologische Gids* 1979, 6, S. 431 ff.
19 J. Thurlings, *De wankele zuil*, Deventer 1971, S. 85.
20 W. Goddijn, H. Smets, G. van Tillo, *Opnieuw: God in Nederland*, Amsterdam 1979, S. 46.
21 Ebda., S. 57.
22 Von den Kirchenmitgliedern halten 1975 63% eine religiös gebundene Schule für wichtig, 1979 ist dieser Prozentsatz etwas höher, nämlich 67%. Auch die Bindung zwischen einer bestimmten politischen Partei und einer bestimmten Religionsgemeinschaft ist 1979 wieder etwas stärker als 1975 (39% gegenüber 37%). Die Angaben stammen aus Staatsuitgeverij: *Sociaal en Cultureel Rapport*, 's-Gravenhage 1980.
23 J. E. Ellemers 1979: 436.
24 J. E. Ellemers 1979: 434.
25 Daalder 1974: 63.
26 Daalder 1974: 66.
27 J. E. Ellemers 1979: 435.
28 Vgl. zur Geschichte A. Boswijk/D. Couvée, *Vrouwen vooruit! De weg naar gelijke rechten*, Den Haag 1962. Zur Information über die Dolle Mina's, eine Bewegung, die 1970 begann: A. Holtrop, *Dames wilt U hier uw spandoek neerzetten! Tien jaar Dolle Mina*, in: *Vrij Nederland* vom 15. 3. 1980. Bijlage 2–33.
29 R. Tielman, *Homoseksualiteit in Nederland*, Boom 1982, S. 209 ff.
30 W. Buikhuisen, *Achtergronden van nozemgedrag*, Assen 1966.
31 W. Buikhuisen, *Provo en provo*, S. 87 ff. in *Provo, kanttekeningen bij een deelverschijnsel*. Red. F. Frenkel, Amsterdam 1967.
32 W. Holstein, *Die Gegengesellschaft. Alternative Lebensformen*, Bonn 1979, S. 31 ff.
33 D. van Weerlee, *Wat de provo's willen*, Amsterdam 1966.
34 W. Buikhuisen 1967: 87 ff.
35 Vgl. dazu vor allem W. Buikhuisen: *Provo en provo*; A. Nuis, *Amsterdam provoked*, in: *Delta, a review of arts, life and thought in the Netherlands*.

36 J. A. A. van Doorn, *Provocatie en Conflict. De Amsterdamse Provoaffaire opnieuw bezien*, in: *Actuele sociologie* Assen 1970, S. 161 ff.
37 Ebda., S. 163–164.
38 P. van Reenen, *Overheidsgeweld, een sociologische studie van de dynamiek van het geweldsmonopolie*, Samsom 1979, S. 50.
39 L. Hulsman, *Provo en de handhaving van de openbare orde*, in: *Provo kanttekeningen bij een deelverschijnsel*, S. 185 f.
40 P. van Reenen 1979: 136.
41 L. Hulsman, S. 196.
42 Ebda., S. 199.
43 Ebda.
44 J. A. A. van Doorn 1970: 163 f.
45 Ebda., S. 156.
46 J. A. Nuis: 23.
47 D. van Weerlee 1966: 35.
48 J. Vroemen, *Niet elkaar over de bol aaien*, in: *Van provo tot Groenevelt*, 1973, S. 24 ff.
49 A. Nuis, S. 10.
50 H. Schoondergang, *En toen kwamen de kabouters*, Leiden 1971.
51 R. Hagendijk, *Het studentenleven in beweging*. Doctoraal scriptie sociologie, Universiteit van Amsterdam 1978, S. 150 f.
52 Vgl. dazu vor allem H. Kijne, *Geschiedenis van de Nederlandse Studentenbeweging 1963–1973*, Amsterdam 1978.
53 M. Arian in *Student* August/September 1973.
54 Ebda.
55 W. Koning, in: *Student*.
56 T. Regtien, *Universiteit in Opstand*, Amsterdam 1969, S. 60.
57 H. Kijne 1978: 69 ff.
58 J. Schopman, in: *Student*.
59 H. Kijne 1978: 80.
60 Ebda., S. 92.
61 J. Schopman, in: *Student*.
62 H. Boekraad, in: *Student*.
63 C. J. Lammers, *Studenten, politiek en universitaire democratie*. Rotterdam 1976, S. 27 ff.
64 T. Regtien 1969: 61.
65 Ebda., S. 108.
66 Ebda., S. 104.
67 P. Várdy, *Opstand der studenten, waarom? waartegen?* Baarn 1969, S. 88.
68 H. Kijne 1978: 117.
69 Ebda., S. 119.
70 *Did is het begin... geschiedenis van 15 jaar studentenbeweging*. FSO-werkuitgave Nr. 1, S. 71.

71 Ebda., S. 5.
72 W. Koning, in: *Student*.
73 H. Kijne 1978: 70.
74 C. J. Lammers, *Democratisering van bedrijf en universiteit*, in: *Actuele sociologie* S. 187 ff., Assen 1970.
75 Dit is het begin S. 4 und 71.
76 Vgl. dazu vor allem J. Zijlmans, *Een geschiedenis van de Socialistische Jeugd van Nederland, afdeling Amsterdam 1960–1972*, Diss. Universität Amsterdam 1977. Außerdem R. Hagendijk, *Het studentenleven in beweging*, und M. Kuitenbrouwer, *Ontwikkelingen in het Amsterdamse jongerenaktivisme sinds 1955*, Diss. Universität Amsterdam o. J.
76a R. van Meurs, *De BVD*, Amsterdam 1978, S. 153–171. M. Kuitenbrouwer, *Ontwikkelingen in het Amsterdamse jongerenaktivisme 1955*.
77 Vgl. dazu vor allem: M. Kuitenbrouwer.
78 Ebda., S. 138.
79 Klachtenburo politieoptreden – Uw rechtsorde is de onze niet, Amsterdam 1981, und *Kraken in Nederland, Rapport van de Raad van Kerken in Nederland*, Amersfoort 1978.
80 Klachtenburo politieoptreden, S. 48 ff.
81 J. Naeyé, *De sterke arm*, VU Boekhandel 1979.
82 P. van Reenen 1979: 261.
83 Klachtenburo politieoptreden.
84 Vgl. u. a. Klachtenburo politieoptreden, passim und *Delikt en Delinkwent maart*, 1981.
85 F. Bovenkerk, *30 april: hoe de deskundigen de rellen hebben verklaard*, in: *Sociologische Gids*, Januar/Februar 1981, S. 4–22.
86 P. van Reenen 1979: 114.
87 Ebda., S. 50.
88 Ebda., S. 63.
89 Klachtenburo politieoptreden, S. 65 ff.
90 P. van Reenen 1979: 303.
91 Klachtenburo politieoptreden, S. 145 ff.
92 A. Block, *De vraag is waarom niet méér geweld gebruikt wordt*, in: NRC vom 15. November 1980.
93 *Eerste en tweede interim-rapport van de commissie van onderzoek Amsterdam*, 's-Gravenhage 1967.
94 A. Blok, 1980.

Literatur

Amsterdam 30 april 1980; een onderzoek naar de ervaringen van ME-ers, Ministerie van Justitie, 's-Gravenhage 1981.

Andriessen, Miedema, Oort, *De sociaal-economische besturing van Nederland,* Groningen 1970.

W. Banning, *Hedendaagse sociale bewegingen,* Deventer 1974.

A. Blok, *De vraag is waarom niet méér geweld gebruikt wordt,* in: NRC vom 15. November 1980.

K. Boehmer/T. Regtien, *Provo-Modell oder Anekdote,* in: *Kursbuch* 19, 1969: 129–150.

A. Boswijk/D. Couvée, *Vrouwen vooruit! De weg naar gelijke rechten,* Den Haag 1962.

F. Bovenkerk, *30 april: hoe de deskundigen de rellen hebben verklaard* in *Sociologische Gids,* Januar/Februar 1981: 4–22.

W. Buikhuisen, *Achtergronden van nozemgedrag,* Assen 1966.

H. B. G. Casimir u. a. *Nederland na 1945,* Deventer 1980.

H. Daalder, *Politisering en lijdelijkheid in de Nederlandse politiek,* Assen 1974.

Delikt en Delinkwent »30 april 1980«, 1981.

Dit is het begin... geschiedenis van 15 jaar studentenbeweging, FSO-werkuitgave Nr. 1.

Roel van Duijn, *Het witte gevaar,* Amsterdam 1967.

Eerste en tweede interim-rapport van de commissie van onderzoek Amsterdam, 's-Gravenhage 1967.

J. E. Ellemers, *Nederland in de jaren zestig en zeventig,* in: *Sociologische Gids,* 1979, 6.

W. Goodijn, H. Smeets, G. van Tillo, *Opnieuw: God in Nederland,* Amsterdam 1979.

J. Goudsblom, *Dutch Society,* New York 1968.

R. Hagendijk, *Het studentenleven in beweging,* Diss. Universität Amsterdam 1978.

W. Hollstein, *Die Gegengesellschaft. Alternative Lebensformen,* Bonn 1979.

A. Holtrop, *Dames wilt U hier uw spandoek neerzetten! Tien jaar Dolle Mina,* in: *Vrij Nederland* vom 15. März 1980.

A. Hoogerwerf (Hg.), *Verkenningen in de politiek,* 2 Bde., Alphen a/d Rijn 1971.

Het Ik-tijdperk, in: *Haagse Post,* 22. Dezember 1979.

H. Kijne, *Geschiedenis van de Nederlandse Studentenbeweging 1963–1973,* Amsterdam 1978.

Klachtenburo politieoptreden, *Uw rechtsorde is de onze niet,* Amsterdam 1981.

Kraken in Nederland, Rapport van de Raad van Kerken, Amersfoort 1978.

G. Kuipers, *Het politieke spel in Nederland*, Meppel 1967.
M. Kuitenbrouwer, *Ontwikkelingen in het Amsterdamse jongerenaktivisme sinds 1955*, Diss. Universität Amsterdam o. J.
C. J. Lammers, *Studenten, politiek en universitaire democratie*, Rotterdam 1976.
A. Lijphart, *Verzuiling, pacificatie en kentering in de Nederlandse politiek*, Amsterdam 1979.
R. van Meurs, *De BVD*, Amsterdam 1978.
C. P. Middendorp, *Ontzuiling, politisering en restauratie in Nederland*, Amsterdam 1979.
R. A. de Moor, *Studentenprotest en universiteit*, Rotterdam 1970.
J. Naeyé, *De sterke arm*, Amsterdam 1979.
Pressiegroepen en actiegroepen, Justitiële verkenningen, 's-Gravenhage 1979.
Provo, kanttekeningen bij een deelverschijnsel, Amsterdam 1967.
Van provo tot Groenevelt. De Nieuwe Linie, Amsterdam 1973.
P. van Reenen, *Overheidsgeweld. Een sociologische studie van de dynamiek van het geweldsmonopolie*, Alphen a/d Rijn 1979.
T. Regtien, *Universiteit in Opstand*, Amsterdam 1969.
E. Nicolas, P. van Tongeren (Hg.), *Repressie in Nederland*, Amsterdam 1980.
De roerige en oproerige jaren 55–75, Vandaag 1976.
H. Schoondergang, *En toen kwamen de kabouters*, Leiden 1971.
J. M. G. Thurlings, *De ontzuiling in Nederland, in het bijzonder van het katholicisme*, in: Sociologische Gids, 1979, 6.
J. Thurlings, *De wankele zuil*, Deventer 1971.
R. Tielman, *Homoseksualiteit in Nederland*, Meppel 1982.
P. Várdy, *Opstand der studenten, waarom? waartegen?* Baarn 1969.
C. D. van der Vijver, *Geweldgebruik door de politie*, Zwolle 1980.
D. van Weerlee, *Wat de provo's willen*, Amsterdam 1966.
De zestiger en zeventiger jaren: Beweging en tegenbeweging, Amersfoort 1977.

Zu den Autoren

Henner Hess, Jg. 1940, ist Professor am Fachbereich Erziehungswissenschaften der J. W. Goethe-Universität Frankfurt

Martin Moerings, Jg. 1946, Dr. phil., ist Hoofdmedewerker am Instituut voor Straftrechtswetenschappen der Rijksuniversiteit Utrecht

Dieter Paas, Jg. 1940, Dr. phil., arbeitet als Soziologe in Mexico City

Sebastian Scheerer, Jg. 1950, ist Privatdozent am Fachbereich Gesellschaftswissenschaften der J. W. Goethe-Universität Frankfurt

Heinz Steinert, Jg. 1942, ist Professor am Fachbereich Gesellschaftswissenschaften der J. W. Goethe-Universität Frankfurt und Leiter des Instituts für Rechts- und Kriminalsoziologie Wien

Inhalt des ersten Bandes

Vorbemerkung:
»Terrorismus-Diskurs« und Wissenschaft 9

Heinz Steinert
Erinnerung an den »linken Terrorismus« 15

Henner Hess
Terrorismus und Terrorismus-Diskurs 55

Sebastian Scheerer
Ein theoretisches Modell zur Erklärung
sozialrevolutionärer Gewalt 75

Sebastian Scheerer
Deutschland: Die ausgebürgerte Linke 193

Zu den Autoren 430

Inhalt des zweiten Bandes 431

Neue Historische Bibliothek
in der edition suhrkamp

»Hans-Ulrich Wehlers fast aus dem Nichts entstandene ›Neue Historische Bibliothek‹ ist (...) nicht nur ein forschungsinternes, sondern auch ein kulturelles Ereignis.« Frankfurter Allgemeine Zeitung

Abelshauser, Werner: Wirtschaftsgeschichte der Bundesrepublik Deutschland 1945-1980. es 1241

Alter, Peter: Nationalismus. es 1250

Berghahn, Volker: Unternehmer und Politik in der Bundesrepublik. es 1265

Blasius, Dirk: Geschichte der politischen Kriminalität in Deutschland 1800-1980. Eine Studie zu Justiz und Staatsverbrechen. es 1242

Botzenhart, Manfred: Reform, Restauration, Krise. Deutschland 1789-1847. es 1252

Carsten, Francis L.: Geschichte der preußischen Junker. es 1273

Dippel, Horst: Die Amerikanische Revolution 1763-1787. es 1263

Frevert, Ute: Frauen-Geschichte. Zwischen bürgerlicher Verbesserung und Neuer Weiblichkeit. es 1284

Geiss, Immanuel: Geschichte des Rassismus. es 1530

Geyer, Michael: Deutsche Rüstungspolitik 1860-1980. es 1246

Grimm, Dieter: Deutsche Verfassungsgeschichte 1776-1866. es 1272

Hentschel, Volker: Geschichte der deutschen Sozialpolitik 1880-1980. Soziale Sicherung und kollektives Arbeitsrecht. es 1247

Hildermeier, Manfred: Die russische Revolution. es 1534

Holl, Karl: Pazifismus in Deutschland. es 1533

Jaeger, Hans: Geschichte der Wirtschaftsordnung in Deutschland. es 1529

Jarausch, Konrad H.: Deutsche Studenten 1800-1970. es 1258

Jasper, Gotthard: Die gescheiterte Zähmung. Wege zur Machtergreifung Hitlers 1930-1934. es 1270

Kluge, Ulrich: Die deutsche Revolution 1918/1919. Staat, Politik und Gesellschaft zwischen Weltkrieg und Kapp-Putsch. es 1262

Kluxen, Kurt: Geschichte und Problematik des Parlamentarismus. es 1243

Kraul, Margret: Das deutsche Gymnasium 1780-1980. es 1251

Langewiesche, Dieter: Deutscher Liberalismus. es 1286

Lehnert, Detlef: Sozialdemokratie zwischen Protestbewegung und Regierungspartei 1848-1983. es 1248

Lenger, Friedrich: Sozialgeschichte der deutschen Handwerker. es 1532

Lönne, Karl-Egon: Politischer Katholizismus im 19. und 20. Jahrhundert. es 1264

Neue Historische Bibliothek
in der edition suhrkamp

Marschalck, Peter: Bevölkerungsgeschichte Deutschlands im 19. und 20. Jahrhundert. es 1244

Mitterauer, Michael: Sozialgeschichte der Jugend. es 1278

Möller, Horst: Vernunft und Kritik. Deutsche Aufklärung im 17. und 18. Jahrhundert. es 1269

Mooser, Josef: Arbeiterleben in Deutschland 1900-1970. Klassenlagen, Kultur und Politik. es 1259

Peukert, Detlev J. K.: Die Weimarer Republik. es 1282

Reulecke, Jürgen: Geschichte der Urbanisierung in Deutschland. es 1249

Schönhoven, Klaus: Die deutschen Gewerkschaften. es 1287

Schröder, Hans-Christoph: Die Revolutionen Englands im 17. Jahrhundert. es 1279

Schulze, Winfried: Deutsche Geschichte im 16. Jahrhundert. es 1268

Sieder, Reinhard: Sozialgeschichte der Familie. es 1276

Siemann, Wolfram: Die deutsche Revolution von 1848/49. es 1266

Staritz, Dietrich: Geschichte der DDR 1949-1985. es 1260

Thränhardt, Dietrich: Geschichte der Bundesrepublik Deutschland. es 1267

Ullmann, Hans-Peter: Interessenverbände in Deutschland. es 1283

Wehler, Hans-Ulrich: Grundzüge der amerikanischen Außenpolitik 1750-1900. Von den englischen Küstenkolonien zur amerikanischen Weltmacht. es 1254

Wippermann, Wolfgang: Europäischer Faschismus im Vergleich 1922-1982. es 1245

Wirz, Albert: Sklaverei und kapitalistisches Weltsystem. es 1256

Wunder, Bernd: Geschichte der Bürokratie in Deutschland. es 1281

Ziebura, Gilbert: Weltwirtschaft und Weltpolitik 1922/24-1931. Zwischen Rekonstruktion und Zusammenbruch. es 1261

»Krieg und Frieden«
Ausgewählte Literatur
im Suhrkamp Taschenbuch Verlag

»Nicht der Krieg ist der Ernstfall, sondern der Frieden.«
                                                     Gustav W. Heinemann

Adorno, Theodor W.: Erziehung zur Mündigkeit. Vorträge und Gespräche mit H. Becker 1959-1969. st 11
- Kritik: Kleine Schriften zur Gesellschaft. es 469
- Studien zum autoritären Charakter. st 107

Alter, Peter: Nationalismus. Neue Historische Bibliothek. es 1250

Allgemeine Erklärung der Menschenrechte. Verkündet von der Generalversammlung der Vereinten Nationen. Mit dreißig Radierungen von Christoph Meckel. it 682

Benjamin, Walter: Zur Kritik der Gewalt und andere Aufsätze. Nachwort H. Marcuse. es 103

Blasius, Dirk: Die Geschichte der politischen Kriminalität in Deutschland (1800-1980). Neue Historische Bibliothek. es 1242

Bloch, Ernst: Widerstand und Friede. Aufsätze zur Politik. es 257

Brecht, Bertolt: Schriften zu Politik und Gesellschaft. st 199

Broch, Hermann: Massenwahntheorie. st 502

Der bürgerliche Rechtsstaat. Hg. M. Tohidipur. 2 Bde. es 901

Clemenz, Manfred: Gesellschaftliche Ursprünge des Faschismus. es 550

Erikson, Erik H.: Gandhis Wahrheit. Über die Ursprünge der militanten Gewaltlosigkeit. Übersetzt von J. Behrends. stw 265

Freiheitliche demokratische Grundordnung. Hg. E. Denninger. 2 Bde. stw 150

Friedensanalysen. Für Theorie und Praxis. Vierteljahresschrift für Erziehung, Politik und Wissenschaft.
Redaktion: Reiner Steinweg
- Bd. 1: Feindbilder. es 784
- Bd. 2: Rüstung. es 834
- Bd. 3: Unterentwicklung. es 847
- Bd. 4: Friedensbewegung. es 871
- Bd. 5: Aggression. es 891
- Bd. 6: Gewalt, Sozialisation, Aggression. es 925
- Bd. 7: Jungsozialisten und Jungdemokraten zur Friedens- und Sicherheitspolitik. es 955
- Bd. 8: Kriege und Bürgerkriege der Gegenwart. es 958
- Bd. 9: Entspannungspolitik. es 755
- Bd. 10: Bildungsarbeit. es 784
- Bd. 11: Kampf um die Weltmeere. es 855

»Krieg und Frieden«
Ausgewählte Literatur
im Suhrkamp Taschenbuch Verlag

Friedensanalysen. Bd. 12: Der gerechte Krieg: Christentum, Islam, Marxismus. es 1017
- Bd. 13: Das kontrollierte Chaos: Die Krise der Abrüstung. es 1031
- Bd. 14: Unsere Bundeswehr? Zum 25jährigen Bestehen einer umstrittenen Institution. es 1056
- Bd. 15: Hilfe + Handel = Frieden? Die Bundesrepublik in der Dritten Welt. es 1097
- Bd. 16: Die neue Friedensbewegung. Analysen aus der Friedensforschung. es 1143
- Bd. 17: Faszination der Gewalt. Politische Strategie und Alltagserfahrung. es 1141
- Bd. 18: Die Neue Internationale Informationsordnung. es 1166
- Bd. 19: Vom Krieg der Erwachsenen gegen die Kinder. Möglichkeiten und Grenzen der Friedenserziehung. es 1190
- Bd. 20: Rüstung und soziale Sicherheit. es 1196

Kritische Friedenserziehung. Hg. Christoph Wulf. es 661
Kritische Friedensforschung. Hg. Dieter Senghaas. es 478
Friedensutopien des ausgehenden 18. Jahrhunderts. Kant, Fichte, Schlegel, Görres. Hg. Z. Batscha und R. Saage. stw 267
Geyer, Michael: Deutsche Rüstungspolitik 1890-1980. Neue Historische Bibliothek. es 1246
Habermas, Jürgen: Technik und Wissenschaft als Ideologie. es 287
- (Hg.): Stichworte zur »Geistigen Situation der Zeit«. es 1000. 2 Bde.

Held, Karl / Theo Ebel: Krieg und Frieden. es 1149
Hennig, Eike: Bürgerliche Gesellschaft und Faschismus in Deutschland. es 875
- Der normale Extremismus. Politische Kultur und Neonazismus in der Bundesrepublik Deutschland. es 1162

Kluge, Alexander: Schlachtbeschreibung. es 1193
Kriegsursachen. Redaktion: Reiner Steinweg. es 1238
Marcuse, Herbert: Versuch über die Befreiung. es 329
- Konterrevolution und Revolte. es 591
- Kultur und Gesellschaft I. es 101
- Kultur und Gesellschaft II. es 135

Antworten auf Herbert Marcuse. Herausgegeben von Jürgen Habermas. es 263

»Krieg und Frieden«
Ausgewählte Literatur
im Suhrkamp Taschenbuch Verlag

Mitscherlich, Alexander: Toleranz. Überprüfung eines Begriffs. st 213
- Die Unwirtlichkeit unserer Städte. Anstiftungen zum Unfrieden. es 123
- Massenpsychologie ohne Ressentiment. Sozialpsychologische Betrachtungen. st 76
- (Hg.): Bis hierher und nicht weiter. Ist die menschliche Aggression unbefriedbar? st 239

Müller-Link, Horst, Preußisch-deutscher Militarismus 1700-1945. Neue Historische Bibliothek. es 1252

Nowotny, Helga: Kernenergie: Gefahr oder Notwendigkeit. stw 290

Politik der inneren Sicherheit. Hg. E. Blankenburg. es 1016

Politik ohne Gewalt? Beispiele von Gandhi bis Camara. Geleitwort G. W. Heinemann. st 330

Saage, Richard: Der starke Staat? es 1133

Senghaas, Dieter: Imperialismus und strukturelle Gewalt. Analysen über abhängige Reproduktion. es 563
- Rüstung und Militarismus. es 498

Taktische Kernwaffen. Die fragmentierte Abschreckung. Herausgegeben von Philippe Blanchard, Reinhard Koselleck und Ludwig Streit. es 1195

Ziviler Ungehorsam im Rechtsstaat. Herausgegeben von Peter Glotz. es 1214

Wippermann, Wolfgang: Europäischer Faschismus im Vergleich 1922-1982. Neue Historische Bibliothek. es 1245